广告思想简史

卢泰宏　林　慕◎著

清华大学出版社

北京

内 容 简 介

本书是广告思想史的开源之作,将广告史从以"WHAT"(是什么)为主的记述模式转向以"WHY & HOW"(为何及如何)为主的探究模式;从关注事件转向以人物和思想为核心;从只讲"过去"延伸至"现在及未来",尤其深刻洞察了 21 世纪的数智广告。

本书以广告内在逻辑为主,辅以外部的视角,共 12 章,系统揭示了广告近 120 年波澜壮阔、柳暗花明的发展脉络和思想变迁,包括人物流派、重大主题、经典个案、数据印证和里程碑。本书是简明把握广告历史走势及其思想精髓的必读书,适合所有对广告有兴趣的人群、经济管理和传播广告类专业的本科生和研究生,宜作为相关专业的教材或主要参考书。

图书在版编目(CIP)数据

广告思想简史 / 卢泰宏,林慕著. -- 北京:清华
大学出版社,2025.1. -- ISBN 978-7-302-68205-9

Ⅰ. F713.8-091

中国国家版本馆 CIP 数据核字第 202534XC58 号

责任编辑:陈凌云
封面设计:傅瑞学
责任校对:李 梅
责任印制:丛怀宇

出版发行:清华大学出版社

  网 址:https://www.tup.com.cn,https://www.wqxuetang.com
  地 址:北京清华大学学研大厦 A 座 邮 编:100084
  社 总 机:010-83470000 邮 购:010-62786544
  投稿与读者服务:010-62776969,c-service@tup.tsinghua.edu.cn
  质量反馈:010-62772015,zhiliang@tup.tsinghua.edu.cn
  课件下载:https://www.tup.com.cn,010-83470410

印 装 者:河北鹏润印刷有限公司
经 销:全国新华书店
开 本:170mm×240mm 印 张:28.75 字 数:392 千字
版 次:2025 年 3 月第 1 版 印 次:2025 年 3 月第 1 次印刷
定 价:99.00 元

产品编号:102515-01

廣告如何演变

廣告何以演变

盧泰宏　2024.10.

对关注广告、思考历史、探究未来的读者来说，这是一本必读之著。广告是工业社会的重要现象，对人类社会的发展产生了不可替代的推动作用。这本书拨开历史变化的枝枝叶叶，梳理出广告发展背后的思想源流，拓展了广告的学术领域，并启迪我们一起思考：面对数字化的挑战，广告业的发展如何从历史走向未来？

——**陈刚**（北京大学教授，北京大学新闻与传播学院院长，

北京大学新媒体营销传播研究中心主任）

广告的书很多，原创的不多。卢泰宏先生的这部思想史，是本难得的原创好书。所谓思想史，就是灵魂史。不了解一个行业的思想史，难免失魂落魄。

——**丁俊杰**（中国传媒大学教授，国家广告研究院院长，

《国际品牌观察》杂志社社长）

卢教授的《广告创意100》曾经惊艳了一个时代，影响了包括我在内的一代广告人。大师新作《广告思想简史》，高屋建瓴，打开了通往未来广告之门。

——**林升栋**（厦门大学教授、博士生导师，

厦门大学新闻与传播学院院长）

作为菲利浦·科特勒国际营销理论贡献奖大中华区首位获奖者,卢泰宏先生为现代营销科学在中国的传播与发展起到了重要的铺路作用。他的这部《广告思想简史》,不仅对广告的发展变迁做了"致广大而尽精微"的梳理,而且融合了基于新时代坐标的很多洞见,开卷有益,长久有益。

——**秦朔**(著名财经评论家,秦朔朋友圈和中国商业文明研究中心创始人)

历史背后的灵魂是思想的变迁,这本《广告思想简史》以历史与逻辑相统一的视角,展开广告理论和实践 120 年波澜壮阔、大江大海的画卷,以及背后的思想本质。大家笔法,值得深读。

——**王赛**(杰出管理咨询顾问,科特勒咨询集团合伙人,《增长五线》作者)

在一个泛营销、泛广告时代,这本书值得每一位关心广告和品牌(自我品牌、组织品牌)的人士阅读。卢泰宏先生是广告理论在中国的启蒙传播开拓者,本书再次体现了他宏大的视野、见微知著的洞察力和永不衰竭的创新精神。

——**熊晓杰**(中国文旅实战战略家,时代文旅董事长)

序

全球广告营销咨询机构 WARC 的数据显示,全球广告支出 2024 年预计将超过 1 万亿美元,2023 年全球广告支出已达 9 635 亿美元(超过富裕国家瑞士同年的 GDP)[1]。中国大陆的广告规模(年营业收入)在 2021 年和 2022 年也已过 1 万亿人民币大关。所以,今日广告的体量和影响力实在不可轻视。如果说一百年前仅有数亿美元的全球广告总量,好似一只小松鼠,那么当今的广告已经宛如一头魁梧的巨象,在现代经济商业丛林中随时可见其庞大的身影。

如果没有广告,今天已经全面渗透人类社会生活的数字化世界必将坍塌。此话并非危言耸听,原因很简单:因为全球提供史无前例的数字服务的巨头们,如谷歌、脸书(2021 年更名为 Meta)、亚马逊、阿里巴巴、字节跳动、百度、腾讯等,赖以运转和发展的主要财政支柱几乎都是广告收入。例如,多年来谷歌的母公司字母表公司(Alphabet)收入的 80% 左右都是来自谷歌广告,2023 年谷歌广告收入高达 2 379 亿美元!

可是,回看历史,广告一路起伏跌宕,曾几度陷入低谷甚至绝境。广告向来备受争议,褒贬之声至今不绝于耳! 所以,广告值得探究反思,惟洞察广告史的思想脉络的演变和走势,才能驾驭这头大象,让它服务于人类更美好的未来。

广告史早已有之,本书的特色和价值何在? 一言以蔽之,本书力图成为广告的思想史著作。需请读者留意,广告史的着眼点、类型和境界其实大不相同。简言之,以追求之目标而言可兵分两路:**记述**事实的可称为"WHAT"(是什么)类型,**探究**原委的可称为"WHY & HOW"(为何及如何)类型,前者较多见,后者则甚少。进入人工智能（Artificial Intelligence, AI）时代后，更需要的当然是后者。若再按作者及著作风格分辨，则大致有三种广告史：其一是新闻媒体风格的著作，其基于采访和观察，生动好读但往往欠深欠实，如马克·图格（Mark Tungate）的《广告之地：广告的全球历史》[2]；其二是外部视角的研究类著作，主要是通过广告与社会或文化的关联来分析和折射广告之演变，如杰克逊·李尔斯（Jackson Lears）教授的《丰裕的寓言：美国广告文化史》[3]；其三是内部视角的广告研究史，重心放在广告圈自身，或以广告的内在演变以主，如历史学家斯蒂芬·福克斯（Stephen R. Fox）教授1984年的《魔镜创造者：美国广告及创造者的历史》[4]一书。笔者最认同和推崇的是以福克斯为代表的第三种。

为此，本书立足于广告思想史，在充分把握广告史上重大或关键史实的基础上，重在探索广告思想的起源、来龙去脉和演变的动因及走势。笔者相信，面对当今变幻莫测的世界，这种探究尤为必要。

将21世纪的数字广告列为本书的重点，并在书末讨论广告的未来，是本书有别于已有的广告史书籍的另一大特征。**在过去的20年里，广告发生了比此前2000年更多、更深刻的变化。**笔者深深为数字广告带来的翻天覆地的广告巨变所震撼，不惜花费最多的精力完成"数字颠覆"和"全新范式"这两章，并相信这是读者十分关心且不可回避的重要内容。以数据反映广告的演变，是本书的另一个追求。不幸的是，笔者难以获得公认一致且可靠完整的广告数据，各种广告数据往往因来源的不同而存在差异，一些想要的数据可能空白。笔者唯有尽力而为之，在趋势数据和关键数据上力求正确可信。本书所采用的图片，基本来源于互联网上的公开资源，人物图片取自百科类的网站，图书封面源于购书网站，广告图片主要来自英国广告档案网站。

既然是广告思想史，当然人物及思想演变是主角。那么，如何选定书中的人物？**谁是广告思想的主要贡献者？**笔者注意到，有三份名单具有重要的参考价值：第一份名单来自营销思想史的奠基人巴特尔（R. Bartels, 1913—1989），他以学术文献为基础，在其著作《营销思想史》（*The Histroy of Marketing Thought*）中列

出过重要的广告人物[5],此名单偏重早中期。有"现代广告教皇"之称的奥格威
(D. Ogilvy,1911—1999),基于实战和广告公司的视角,提出的现代广告时期的
6 位广告大师[6],乃是重要的补充。第二份名单出自"广告名人堂"(AHF)的入
选名单(1949—2024),这是美国广告联合会(AAF)主办的、始于 1949 年的、极
具荣誉的奖项,代表了广告业内的整体判断。每年年终发布次年的 AHF 入选
名单,2000 年开始每年增加一个公司入选。入选标准有 3 条:贡献卓越、影响深
远、社会责任感。第三份名单来自著名的《广告时代》杂志(*Advertising Age*,
AA),它在 1999 年发布的"20 世纪百位广告名人榜"(Top 100 People of the
Century),以冲击力或影响力为入选的主要标准,视野广阔,囊括了影响 20 世
纪广告进程的主要杰出人物。后两份名单都是集体慎重筛选评估的共识,具有
较高的权威性和参照性。

　　巴特尔在他的经典著作《营销思想史》中指出,1950 年之前,不少于 130 本
的书分为商业实务和教科书两大类,但真正有分量的凤毛麟角。巴特尔列出了
早期对广告及营销思想作出原理性贡献(可以理解为"原创性")的人物名单,包
括:斯科特(W. D. Scott)、何林渥斯(H. E. Hollingworth)、霍尔(S. R. Hall)、
海斯(H. W. Hess)、赫罗尔德(L. D. Herrold)、斯达奇(D. Starch)、霍奇基斯
(G. B. Hotchkiss)、克莱普纳(O. Kleppner)、布鲁斯特(A. J. Brewster)、帕尔
默(H. H. Palmer)、阿格纽(H. E. Agnew)、博登(N. H. Borden)、契瑞通
(P. T. Cherington)、桑德奇(C. H. Sandage)、尼克松(H. K. Nixon)、弗雷
(A. W. Frey)。其中,霍奇基斯被其他文献称为"广告先驱"。笔者注意到,巴特
尔的这份名单是在营销思想史的范畴,从学术文献的视角开出的,缺点是广告
实战中的许多大英雄都被忽略了,如拉斯克(A. Lasker)、奥格威、伯恩巴克
(W. Bernbach)等叱咤风云的人物都未列入。

　　在广告实战的历史舞台上,可谓人才无数、精英荟萃、英雄辈出、各领风骚。
奥格威在他的《奥格威谈广告》一书中,列举了获得广泛认同的创造现代广告的
6 位巨人,他们分别是:拉斯克(广告历史上赚钱最多的人)、霍普金斯(Claude

C. Hopkins,著有《科学的广告》)、雷索(S. Resor,领导智威汤逊成为全球最伟大的广告公司)、罗必凯(R. Rubicam,扬·罗必凯广告公司的灵魂人物)、李奥·贝纳(Leo Burnett,李奥贝纳广告公司的灵魂人物)、伯恩巴克(创意革命第一人,恒美广告公司创始人)。显然,奥格威是从广告实务和广告思想而不是广告学术的视角列举了这些广告巨人。但确定无疑的是,奥格威本人也是大师级的广告巨人,上述 6 人加奥格威共 7 位人物对广告实际进程的影响,胜过巴特尔名单中列举的学者。

"20 世纪百位广告名人榜"中的人物涉及与广告密切相关的领域,其中 63 席(近 2/3)是出类拔萃的广告人加上广告组织灵魂领导人物,构成了该榜单的主体,如伯恩巴克、李奥·贝纳、奥格威和哈珀(Marion Harper Jr.)等;杰出媒体人物占 16 席,如佩利(William Paley)和卢斯(Henry Luce)等;企业家占 9 席,如乔布斯(Steve Jobs)、克罗克(Ray Kroc)和沃纳梅克(John Wanamaker)等;学者占 6 席,如沃森(John B. Watson)、老尼尔森(A. C. Nielsen Sr.)等;其他的重大影响者占 6 席,如索雷尔(Martin Sorrell)、帕卡德(Vance Packard)等。

这三份名单的共同缺陷是,时间边界最迟至 20 世纪末,没有包括 21 世纪的广告英雄,本书在论及数字广告的第 9 和第 10 章中对此有所补充,并有待继续挖掘。

上述三份名单是笔者挖掘广告思想的起源和流变时选择人物的主要依据,本书覆盖了这三份名单中的较多人物,并参考其他的文献资料,涉及的人物有近百位之多,其中重点论述的人物有 20 余位。书中将经过分辨后的重量级广告人物分布在不同章中展开述评,从而让广告思想史呈现出一幕又一幕此起彼伏的精彩。例如,雷索和霍普金斯分别放在第 3 章和第 4 章中,伯恩巴克、李奥·贝纳和奥格威的主要贡献属于 20 世纪 60 年代之后,安排在第 5 章中阐述,等等。

本书得以问世,感谢清华大学出版社及相关人员,感谢林慕空(笔名林慕)极有耐心的助手工作,感谢中山大学图书馆罗春荣热心提供国外相关的重要文献,感谢北京大学陈刚、中国传媒大学丁俊杰、厦门大学林升栋三位教授和秦朔、王赛、熊晓杰三位杰出的商业思想者对拙作的肯定和热心推荐。

开启和推进广告思想史的研究,让广告使人类的未来更加美好——这是笔者的宗旨和愿望所在。广告正处在人类社会深刻变革的大格局中,新生事物层出不穷,广告的未来甚至难以想象。书中的思想观点、探索讨论,难免会有缺失或不当,恳请读者不吝指正!

中山大学教授

菲利浦·科特勒国际营销理论贡献奖

大中华区首位获奖者

2024 年 8 月

注　释

[1] www. madisonboom. com.

[2] Mark Tungate. *Adland：A Global History of Advertising*[M]. 2nd Revised edition. London：Kogan Page Ltd.，2013.

[3] Jackson Lears. *Fables of Abundance：A Cultural History of Advertising in America*[M]. New York：Basic Books，1994.

[4] Stephen R. Fox. *The Mirror Makers：A History of American Advertising and Its Creators*[M]. Reprint edition. Urbana：University of Illinois Press，1997.

[5] Robert Bartels. *The History of Marketing Thought*[M]. 3rd. Columbus Ohio：Publishing Horizons，1988：35.

[6] D. Ogilvy. *Ogilvy on Advertising*[M]. New York：Vintage Books，1985.

目　录

1

广告基因：
神奇三角商业模式

核心问题：为什么广告不仅不会死亡，反而会起死回生？

内容精要：本章探讨广告的持久生命力及其背后的基因结构。通过回顾三则经典广告案例，展示广告在不同历史时期的创新与影响力：宝洁的象牙皂广告开创了品牌广告的先河，伍德伯里香皂广告首次引入"性"元素，凯迪拉克的广告则强调品牌价值观。这些案例揭示了广告从单纯信息传播到复杂劝说的演变过程。广告的持久生命力源于其三方互利的商业模式，即广告主、广告代理＋媒体、受众之间的互动关系。随着时代变迁，这一模式不断演进，尤其在数字时代，广告通过数字平台和 AI 技术实现了更高效的传播和互动。本章为理解广告的持续发展提供理论框架，并为后续章节的深入探讨奠定基础。

　　"广告就像火药一样,它可以被用来点燃人们的热情,但也可以摧毁人们的理智。"美国著名作家马克·吐温评论广告的这句话充满智慧和幽默,他既没有褒奖广告也没有贬低广告,只强调了广告的能量很大。百年来,围绕广告充斥着神话与误解、迷恋与讨厌,爱恨交加只因为人们对于广告行为的历史起源和现代运作、对广告思想的由来和变迁都不甚了解。即使在广告界内部,混沌和朦胧也司空见惯,以至在大变革面前难免惊慌失措、失去定力。

　　本章要回答一个很奇妙的问题:**为什么广告不仅不会死亡,反而会起死回生?** 于是,我们需要先简单交代广告不死的事实,接着对广告概念的演进,即"什么是现代广告"有共识的理解,最后落脚在广告自身的内因探究上,提出并分析广告的基因结构和神奇的生命力。

1.1　从三则源头广告说起

　　广告的生命力和绵延不断从多方面可以证明。我们不妨先从一百年前的三则具有里程碑意义的原创广告说起。这三则广告因其原创而伟大,开创了三大类广告之先河,并显示其延续和经久不衰的生命力,因而在 1999 年都被《广告时代》选入"20 世纪标杆广告百杰榜"[1](见附录 C)。

经典广告:宝洁的象牙皂广告(1882)

　　肥皂是 19 世纪末的主要消费品之一,肥皂制造商是美国历史最悠久的制造商之一,也是最早做广告的广告主,由此培育出了美国和欧洲一些知名的肥皂品牌。宝洁公司(P&G)成为全球最大广告主的故事完全始于一种肥皂产品:该产品最初被称为 White Soap(白皂),后改名为 Ivory Soap(象牙皂),是一种小型空气膨化肥皂。

　　1879 年年初,一名工人在午餐时间忘记关掉正在运转的肥皂混合机便离开了，导致更多的空气混入一批肥皂中。没想到这款"能漂浮"（It Floats）的象牙皂受到了消费者的追捧，一时风靡全球（因皂体充满气泡，可漂浮在水面，在洗涤中很容易被找到）。

象牙皂是宝洁公司第一个全国性的产品。1879年，宝洁注册了"象牙"（Ivory）商标。1882年，宝洁破天荒投入11 000美元的巨额广告预算在全国宣传象牙皂。1882年12月21日，宝洁的第一则象牙皂广告出现在《独立报》上。这是很不寻常的**针对消费者的广告**，与此前大多数广告都是针对经销商或零售商的做法大相径庭。它也是最早体现产品独特卖点的广告，其广告语是"象牙皂，具有精选香皂的所有优良品质，纯度99.44％"（见图1-1）[2]。与早期的广告基本都是简单地陈述告之产品相比较，此广告有本质的区别，可谓最早的品牌广告，因而在《广告时代》的"20世纪标杆广告百杰榜"中高居第16位。

图1-1　象牙皂广告，包含著名的广告语"它能漂浮"和"纯度99.44％"

宝洁此举大获成功，广告的效果超出预期。1897年，象牙皂的广告预算激增到30万美元，赢得了美国市场20％左右的市场份额。由此，宝洁树立了一个标杆，开创了充分运用广告开辟全国市场、建立品牌的这一创新的市场模式。这种消费品品牌的广告模式带动其他品牌纷纷效仿跟进，其影响深广、长久至今。

经典广告:你渴望触摸的皮肤(1911)

1910 年,智威汤逊广告公司(JWT)收购伍德伯里(Woodbury)香皂公司。1911 年,该广告公司最出色的广告人海伦·兰斯当·雷索(Helen Lansdowne Resor,1886—1964)为推广伍德伯里香皂、创作广告文案苦想冥思良久,最终,她破天荒想出了一句妙不可言的金句:"A Skin You Love To Touch"(你渴望触摸的皮肤)(见图 1-2),意指使用该香皂会让你拥有爱人渴望触摸的皮肤。配合画面,这显然是以性的暗示和巨大吸引力作为广告卖点。

图 1-2　伍德伯里香皂广告

这条非同凡响的广告是革命性的,极具深远意义,这是广告史上首次在广告创意中挖掘"性"(sexual)的元素,现代广告之父拉斯克曾高度评价这个创新,认为该广告创意是"广告史上广告表现的三大里程碑式的突破之一"[3]。海伦·雷索的这条广告被证明非常有效,在 8 年内推动该香皂的销售额增加了 10 倍,到第 10 年(1921)其销量增加了 20 倍。因此,该广告语在《广告时代》选出的"20 世纪最佳广告语"中入选前十名,还在 1999 年荣登"20 世纪广告百杰榜"第31 位。

众所周知,后来的广告中"性"趣不断,"性"被列为广告创意的三大基本元素之一。在中国,2000 年清嘴含片的广告是一个成功的例子。该广告文案"你知道清嘴的味道吗"(见图 1-3),巧妙利用汉字的音近字("清嘴"="亲嘴")引发挑逗的相关联想,又恰到好处选择了青春洋溢、活泼俏皮的"清嘴"女孩——高圆圆作为代言人,使"清嘴"具有"清新口腔"和"亲密接吻"的双重含义。此广告好似长了双翼、不胫而走,完全击中了以青春期少男少女为主的消费群,曾经轰动一时,也让高圆圆从此成名。

图 1-3　清嘴含片的广告

如果将上述两则广告进行比较，则意味深长。宝洁公司象牙皂（Ivory Soap）的经典广告文案是"纯度 99.44％"及"它能漂浮"，伍德伯里香皂（Woodbury Soap）的广告诉说却是产品引发的激情。同是原创性的广告，两者却迥然不同：宝洁的广告是产品质量诉求，伍德伯里的广告则是直击消费者内心的体验（见图 1-4）。

图 1-4　伍德伯里香皂广告（左）与象牙皂广告（右）之比较

经典广告：凯迪拉克"出人头地的代价"（1915）

美国两大汽车公司——福特（FORD）和通用（GM），虽都负有盛名，但早年对待广告的态度却并不相同：福特公司趋向免费的宣传，通用公司则主动做广告。也许因为这个差异,福特的创始人虽被奉为世纪杰出企业家,却无缘进入"20世纪百位广告名人榜"(见附录B),而通用的总裁阿尔弗雷德·斯隆(Alfred Sloan,1875—1966)则占据了该榜第20位。下面这则开创性广告就出自通用汽车公司。

这是1914年西奥多·麦克马纳斯(Theodore F. MacManus,1872—1940)为所在广告公司的大客户通用汽车的豪华车凯迪拉克(Cadillac)创作广告时留下的神来之笔,首先刊登在1915年1月2日的美国《星期六晚报》上。事后,这则广告被公认为是前所未有、影响深远、里程碑式的经典广告。

其广告文案以"The Penalty of Leadership"为标题,直译为"领导者的惩罚",宜意译为"出人头地的代价",又译为"出类拔萃的代价"或"敢为人先的代价"。它以哲理表达一种超凡脱俗的气质和品牌价值观。在当时的汽车广告都诉说功能或价格的背景下,这种完全不提产品本身,而只渲染品牌个性和品牌独特价值的广告文案手法,不仅为豪华的凯迪拉克奠定了鹤立鸡群、独领风骚的地位,而且为它往后的广告注入了卓尔不凡、源远流长的品牌基因。这则广告确立了"说什么"的另类标杆,在随后对优质广告的评比和民意调查中,它经常被列为有史以来最伟大的广告。80多年后,它在《广告时代》发布的"20世纪标杆广告百杰榜"中排名第49位。也因此,麦克马纳斯在逝世59年后被选入"20世纪百位广告名人榜",位居第56位。这则百年前的广告文案值得分享,摘引如下。

凯迪拉克:出人头地的代价(The Penalty of Leadership)

在人类活动的每一个领域,获得了第一的人必须永远处在世人公正无私的裁判之中。无论是一个人还是一种产品,一旦出人头地,模仿、赶超和嫉妒便会接踵而至。

在艺术界、文学界、音乐界和工业界,回报和惩罚总是相连的。回报就是得到公认，惩罚则是遭到反对和疯狂的诽谤。当一个人得到世人的一致公认时，他也同时成了个别嫉妒者攻击的目标。假如他的工作很平庸，就没有什么人去理会他；如果他有了杰作，那就会有人喋喋不休地议论他。嫉妒不会伸出带叉的舌头去诽谤一个只有平庸之才的画家。

杰出人物因杰出而遭到非议，无论是写作、绘画、表演还是制造，只要你的作品没有打上杰作的印记，就不会有人力图赶超你、诽谤你。而在重大成果或绝世佳作完成后的很长一段时间里，仍会有嫉妒和失望的人叫喊："那是不可能的。"

这一切都没有什么新鲜，历来就是如此，皆出于世上人类的感情——嫉妒、恐惧、贪婪、野心以及胜出的欲望，但这一切都将徒劳落空，杰出人物终究杰出。杰出的诗人、著名的画家、优秀的工程师，都会遭到攻击，但最终也会拥有荣誉。不论反对的声音多么喧嚣，美好的或伟大的总会流传千古、长存于世。

今日看来，上述三则百年前的广告犹如夺目珍珠，既开风气之先，又立意高远，似乎早已种下了广告后来向不同方向发展的种子。象牙皂广告"纯度99.44％"是**独特销售主张**（Unique Selling Proposition，USP）的先声；"你渴望触摸的皮肤"释放了广告的灵性和人性，可谓**感性广告**之母；"出人头地的代价"则为广告弘扬品牌气质和**品牌价值观**树立了楷模。从中我们似乎可感觉到，广告的延续性虽有时被打断，在深处却埋下了伏笔，没有完全消失而有迹可循。从广告思想的角度，广告的发端与发展、来龙与去脉、传统与创新都有内在的联系。

1.2　不死的商业恐龙

纵观人类商业世界，广告可算是一个长寿的"物种"。不算古远的蛛丝马迹，按最有影响的专业广告杂志《广告时代》的说法，广告大约有几百年之久了，相比之下，营销（marketing）的历史不过一百余年。现代商业的其他"物种"，如银行、股市、超市、连锁店、品牌、服务等,其历史都短于广告。

著名营销史学家巴特尔在其著作《营销思想史》(*The History of Marketing Thought*)中指出,营销学(marketing)作为一个学科发端于 1906—1911 年的美国,主要是指美国大学在 20 世纪初开始创建"营销学"这门新的学科。[4]

营销学最早发育的两个子领域分别是分销渠道和广告。在 20 世纪的前十年,美国密西根大学、宾夕法尼亚大学和俄亥俄州立大学等好几所大学开设了"产品分销"(The Distribution of Products)课程。[5]

美国明尼苏达大学的盖勒(H. Gale)早在 1900 年就写出了《广告心理学》。[6]美国西北大学的沃尔特·迪尔·斯科特(W. D. Scott)在 1903 年就出版了著作《广告理论》(*The Theory of Advertising*)。[7]

尽管人们对广告的价值、商业功能和社会影响还存在着巨大的分歧和不同的看法,尽管广告在学科位置上还处于低位,例如在现代营销学的学科框架目录中,广告只是处于第三级或第三层次,仅仅是促销组合(promotion mix)中的一个元素而已[8];或按中国教育部的学科目录,广告学目前还隶属于传播学,然而一个不争的事实是,广告的影响力和实际贡献,在全球商业世界中非但永不缺席,而且极为醒目。20 世纪以来的一百多年,是广告这个"物种"生长变化最剧烈的时期,从局部的几百元的小活动到全球逼近万亿美元的大产业[9],广告表现出强大的不可忽视的生命力。

笔者从多方数据中,得出近百年来全球广告支出的百年增长曲线,如图 1-5 所示。

百年增长曲线显示出广告发展虽有波动但一直向上的总趋势十分明确。从图 1-5 可粗略看出以下格局和趋势。

(1) 广告支出增长线(Total Ad Spending)与 GDP 增长线相比较,可见广告的增长源于 GDP 的增长,而且在"二战"后快过 GDP 的增长。

(2) 从 20 世纪 70 年代开始,广告增长加速(参见第 7 章),这与 20 世纪 60 年代的创意革命(参见第 5 章和第 6 章)和 20 世纪 80 年代的大并购(参见

第 8 章）有密切关系。

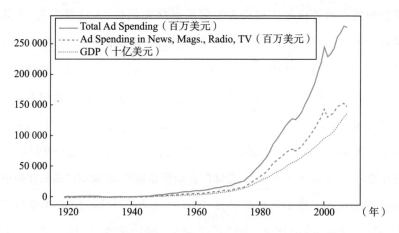

图 1-5 全球广告支出的百年增长曲线

资料来源：Coen Structured Advertising Expenditure Dataset（CS Ad Dataset）.

（3）从 20 世纪末开始，大众媒体广告开始断崖式下滑，而广告总体继续向上强劲增长（虽有局部的曲折），增长的贡献几乎都来自新兴的数字广告（参见第 9 章）。全球知名的市场研究机构 eMarketer 的数据显示，2019 年数字广告的占比已过半（50.3％，3 250 亿美元）。2022 年全球数字广告支出 5 712 亿美元，占全部广告份额的 66％。[10]另一数据显示，2022 年全球数字广告支出已达6 000 亿美元左右。[11]

哲学家黑格尔曾说，凡是存在，皆为合理。在百年广告增长曲线的背后，有一系列值得探究和回答的问题，诸如：

● 为什么广告的规模会长期增长？

● 不同阶段驱动广告增长的力量是什么？呈现出哪些主要的发展时期？

● 为什么 21 世纪或 2010 年之后广告更呈现出史无前例的加速增长？

● 广告发展中的里程碑事件有哪些？

● 哪些人物和思想对广告的发展起了关键的作用？

● 广告本身发生了什么重大的变化？

● 广告的未来会如何？

这些问题对深刻认识广告这个商业庞然大物至关重要，也是本书关注和力图解答的问题。笔者将在梳理广告发展的脉络和趋势、人物与思想、作品与流变的过程中回答这些问题。其答案对于解决许多实际问题也能提供富有价值的启发和帮助，例如思考中国的广告发展，虽然中国的互联网网民和数字经济的规模都已雄居全球前列，但是为什么数字广告的收入与美国比较尚相差巨大？为什么中国市场规模超级宏大却没有出现世界级的广告公司？以及中国为什么没有出现世界级的广告人物？中国的广告教育似乎仍基本处在模仿的阶段等。

总览全局，一个基本的事实是，**全球广告规模总量在 21 世纪的增长非同小可。**

综合 eMarketer 和知名数据平台 Statista 等相关数据，2015 年全球广告支出（Global Ad Spending）接近 6 000 亿美元[12]，2019 年为 6 410 亿美元，2020 年为 6 740 亿美元[13]，2022 年达 7 950 亿美元，近 8 千亿美元；预计到 2025 年将达到 1 万亿美元[14]。而且笔者注意到，近些年的实际数据大都超过各种预测数据（见图 1-6）。

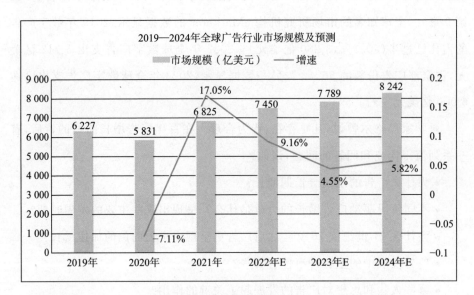

图 1-6 全球广告规模的增长

资料来源：智研咨询。

所以，将广告称为商业世界的恐龙或巨象并不为过。若参看以下比照，对广告的经济体量之巨会有更直接的印象：与国家 GDP 相比，2020 年全球广告收入相当于阿根廷的 GDP 总量，2022 年接近瑞士 GDP（全球排行第 20 位，8 072 亿美元）的总量。[15]若跨行业比较，2021 年全球芯片行业的总收入也不过5 800 亿美元（IDC 数据）。2021 年美国、欧洲和日本跨国公司前 200 大公司在中国的总收入也不过 7 000 亿美元。全球人均广告费约 75 美元/人/年。广告支出最大的地区是北美（2 120 亿美元），其次是亚太地区（1 860 亿美元）和西欧（1 000 亿美元）。若与人均收入比较，北美在广告上的花费已达平均每人每天1 美元，即 366 美元/人/年（2020）。要知道，世界上有多达 10 亿人每天的生活费仅 1 美元。

不过，从原始广告到 20 世纪的现代广告，再进化到 21 世纪的数字广告，广告也曾有过低谷萧条时期，例如"二战"期间。广告更有过濒于绝望的时期，例如 20 世纪末。在广告的生存危机中，**最重大、最深刻的一次危机出现在 2010 年前后**，其中至少有两个浮出水面的、令人难忘的典型事件：其一，2013 年影响极大的、被视为商业思想风向标的《哈佛商业评论》（*Harvard Business Review*）发出的**"传统广告已死"**（见图 1-7）的呐喊，颇有惊心动魄之感！其二，全球名列第一、极

图 1-7 《哈佛商业评论》
2014 年增刊封面

具象征意义、有 128 年历史的广告老店智威汤逊全球广告公司（JWT），居然在2018 年**一夜之间崩塌**，金字招牌叮当落地，不可思议地消失在历史的尘埃中！[16]

21 世纪初，当宝洁（P&G）等大广告主纷纷将广告预算从电视等大众媒体退出转向互联网等新媒体时，当消费者越来越少接触传统媒体而痴迷上网和智能手机时，《哈佛商业评论》作为商业的风向标，其专刊"传统广告已死"更令人

有山雨欲来、风云突变之感,黑云压城城欲摧,人们不由得惊呼:广告即将要退出舞台了! 一些广告人虽强作镇定,但也茫茫然无计可施。

然而,事实证明,广告总是向死而生,而且后浪超越前浪。**广告从未完全灭绝,这一点至关重要。**广告发展过程中有若干耐人寻味的"增长拐点"或"非常时期",包括 20 世纪 20 年代、20 世纪 60 年代、20 世纪 80 年代和 21 世纪前 10 年。尤其是 21 世纪以来,广告脱胎换骨之后,增长飞速向上、突破预测、前所未有,表现出旺盛的生命力。

广告何以不死? 当从内外两个方面分析其原因。从外部环境而言,广告生存之土壤或条件是市场经济,倘若没有了市场经济和市场需求,广告将难以存在。例如,在中国改革开放之前的几十年中,广告活动非常少,因为那时实施的是计划经济;而当社会主义市场经济在 20 世纪 80 年代末立足中国之后,中国内地的广告就如星火燎原,势不可挡地蓬勃发展起来。据国家统计局数据,2021 年和 2022 年中国(内地)年度广告规模均已超过 1 万亿元人民币。

此外,我们更关切的是广告不死的自身内因。"沉舟侧畔千帆过,病树前头万木春。"我们不得不相信,广告本身有一种内在的、顽强的、可再生的基因。**广告的生命力为何如此强大? 就是因为广告具有某种特别的基因。**

那么,广告的基因是什么? 这确实是一个值得追问和探究的根本性问题。不过,在剖析广告基因之前,需要暂且打住,先要弄明白"什么是广告"。

1.3 何谓广告?

关于广告的说法遍地都是,例如图格(Mark Tungate)在他的《广告之地:广告的全球历史》中简明引用过奥格威的一个说法:"广告就是商业秀。"(Advertising is show business)[17]。

在许多广告史的书籍中，对广告的溯源往往满足于寻到"最早"，例如说世界上最早的广告出现在意大利的古老城市庞贝城，其墙面文字有一些是广告[18]；中国最早的广告出现于 3 000 年前，等等；这是因为将古代的标识、墙头的告示、街头的叫卖等都视为了"广告"。

从思想史的角度出发，我们更应看重广告概念思想是如何演进的？

原始的广告概念，一言以蔽之，是将广告理解为"广而告之"。在此概念下，中国商业广告的历史可以追溯到大约 3 000 年前的西周，当时交易市场开始出现，商品展示和街头小贩叫卖等是"广而告之"的广告表现形式[19]。

不过，若要将这些都称为广告，充其量只能说是"粗浅意义上的古老广告"。我们可以称其为"原始广告"。所谓"原始广告"，是指早期社会中一厢情愿的单方信息发布，这种信息发布限于直接和直观的范围。这种广告确实可以追溯到远古时代，但并非是现代广告。

典型的例子是，1473 年英国人威廉·卡克斯顿（William Caxton）为出售一本祈祷书在英国伦敦一间教堂门上张贴的广告，被认为是最早的英文印刷广告（见图 1-8）。它的尺寸只有 80 毫米×146 毫米，比信用卡大一点。与一般的历史文物一样，物体越小，它幸存下来的机会就越小。

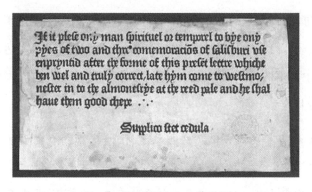

图 1-8　最早的英文印刷广告

注：1473 年英国印刷广告。15 至 16 世纪欧洲广泛运用印刷术，英国出现了世界上第一份纸质印刷广告，当时是用来宣传贩卖教会图书的。拉丁语的结束语"Supplico stet cedula"意为"请留下这个张贴"。

图1-9 "济南刘家功夫针铺"的
广告铜板

在中国,北宋时期(960—1127)已出现"济南刘家功夫针铺"的广告铜板(见图1-9),比1473年英国最早的印刷广告还早至少三百年左右,被认为是迄今为止发现的世界上最早的印刷广告实物。这已被英文现代广告学教科书引用。[20]

铜版一掌大小,长13.2厘米,宽12.4厘米,版面以双线为框,内分三层:第一层栏内印刻楷书"济南刘家功夫针铺"八字;第二层栏内中部是白兔持杵捣药图案,两侧分别刻有四个楷书阳文,连起来为"认门前白兔儿为记";第三栏内则是七列楷书阳文,每列四字,从右往左,全文为:"收买上等钢条,造功夫细针,不误宅院使用,转卖兴贩,别有加饶,请记白。"其上的"白兔儿"是中国最早的商标。

近现代中国对广告也展现出了相当的敏感度和参与度,笔者在此仅扼要列举二例说明之。其中涉及两位著名的人物——弘一法师李叔同(1880—1942)和李鸿章(1823—1901),这或许让许多人深感意外。

20世纪初,极具才华的艺术家、教育家李叔同就发表过论述广告的长篇文稿"广告丛谈"[21]。1918年,李叔同出家为僧,成为历史上著名的弘一大师。他出家前所写的"广告丛谈"开门见山地引用了英美两位名人的广告见解,给广告以正面的充分肯定。

英国大文豪马可累之言曰:"广告之于商业,犹蒸汽力之于机械,有伟大之推进力。"

美国大商家奥古登之言曰:"商业之要件有三:①商品;②生意;③广告。广告尤为三者之原动力。"

李叔同探究广告之性质,说:

广告为科学欤？技术欤？其有研究之价值欤？广告学之存在，尚未经人道及，故难断言广告为科学。然其支配之原理、原则，确凿可证。又未可斥为单纯之技术。广告发达，实在晚近，只供工商家实用而已。学者评究，殆所罕闻。譬犹经济学，逮至今日，靡不认为科学之一。然于百四十年前，殆无人识其为科学者。为萌为芽，行将结良实，缀佳果。"广告科学"必有宣言于世界之一日，是固可为假定者也。

李叔同还亲身投入了广告设计，被称为中国"**新式广告第一人**"。1911 年，31 岁的李叔同从日本留学归国后，被聘为上海《太平洋报》的文艺编辑，其间他设计了大量别具一格的广告。例如，20 世纪 20 年代，为抗衡中国市场大行其道的日本调味品"味之素"，李叔同为国货"天一味母"设计了视觉冲击力极强、堪称经典的包装及广告（见图 1-10）。"天一味母"铁盒高 8.3 厘米，宽 3.8 厘米；铁盒正面写着"完全国

铁盒正面广告　　铁盒侧面广告

图 1-10　李叔同为国货"天一味母"
　　　　设计的包装及广告

货，调味上品，原质素净，鲜美绝伦"，左右侧面为大师手书的题词和说明提要，题词为"天一味母，纯粹国货。制造精良，品质净素。不仅调味，还能滋补。愿为证明，告素食者。晚晴院沙门弘一书"。

19 世纪末，中国还出现过一起标志性的、有趣的全球广告事件，主角是李鸿章，值得留下记录。这件事被梁启超记录在其《李鸿章传》[22]一书中。梁启超在书中如此高度评价李鸿章："李鸿章必为数千年中国历史上一人物，无可疑也；李鸿章必为十九世纪世界史上一人物，无可疑也。"

1896 年，73 岁的李鸿章出访欧美八国，历时半年，考虑到自己年事已高，以备不测，竟随身带棺材一口（海船）。[23]李鸿章出访美国期间，出现的两幅英文广

告耐人寻味。这既印证了 19 世纪末美国商人的广告头脑之前卫,亦表明了中国近代史著名人物李鸿章的开明豁达。其一,纽约报纸用李鸿章在美国受欢迎的程度来做广告:"李鸿章从来没有错过星期天的报纸。"其二,李鸿章在美国还曾为保健品做广告。在李鸿章的照片之下,有英文广告语:"我是 JOHANN HOFF 公司麦精的长期用户,吃了麦精后身体很好,精神很旺——李鸿章。"(见图 1-11)

图 1-11 《纽约日报》(1986 年 8 月 29 日)利用李鸿章的知名度做广告

1.4 "现代广告"的内涵

历史研究通常有一个基本问题——如何断代或分期?鉴于本书的简明性,笔者避开这一问题的繁杂考证,仅在此先简要声明本书有关广告史断代的基本观点,并在后面相关处陆续展开扼要的论证。笔者对广告史断代的主张可归结为如下要点。

(1)从古至今,广告的发展从宏观上可分为**三大段**或**三大时期**,即传统广告时期、现代广告时期和数字广告时期。三大时期间,广告发生了质的变化。

(2)传统广告时期转向现代广告时期发生在 1920 年前后。

(3)现代广告时期转向数字广告时期发生在 2010 年前后。

(4)鉴于本书关注的是广告思想史,而在传统广告时期几乎无思想可言,因此只是将其一带而过。**本书主要探究后两个时期的广告思想史。**

"现代广告"和"数字广告"都是宏观的概念。冠以"现代"的广告思想包括诸多方面，如现代广告的含义、现代广告公司、现代广告之父及人物、现代广告思想的演变等。冠以"数字"的广告思想已是当今最受关注的，也是本书的重中之重，将在第 9 和第 10 章专门展开探究。

由此引出了如何界定现代广告的问题。早年的传统广告往往仅是**单纯的信息发布**，我们强调，这并不是完整意义的现代广告。那么，什么是现代意义的广告或现代广告？

从传统广告到现代广告，是广告思想演进的第一大步。与古老原始的广告概念相比，现代广告带有更多的、必要的约束条件，例如现代广告有明确的广告主付费，通常借助媒体广泛传播，包括任何形式的、有偿的、非个人化的沟通，而且目的性更加具体、明确。由此，现代广告不仅具备了一种三边的结构，并且被赋予了更丰富的功能。

对现代广告的界定众说纷纭，各种正式和非正式的定义很多。为了说清楚现代广告的这种进化，让我们择要引用一些代表性的说法。有两位国外学者理查兹和柯伦，研究了数百种广告定义，试图囊括已经提出的所有不同定义，他们在 2002 年提出了以下这个定义。鉴于此研究被比较权威的《广告学刊》（*Journal of Advertising*）接受并公开发表[24]，又被广告教科书所采纳，例如在著名的威廉·阿伦斯（William F. Arens）的《当代广告学》（*Contemporary Advertising*）第 16 版（2021）中采用，可以认可这是一个相对简洁而全面的定义，我们不妨借此定义分析一下现代广告的基本特征，并加以点评。此定义的中英文如下：

广告来自特定来源，是一种付费的、媒体化的传播，旨在劝说接收者现在或将来采取某些行动。

Advertising is a paid, mediated form of communication from an identifiable source, designed to persuade the receiver to take some action, now or in the future.

该定义实际上提出了区分和判断一条消息(message)是否是现代广告(advertising)的以下 5 条标准。

(1) 是否有为广告付费的**广告主**(个人或公司)? 大多数广告都是付费的，尽管不是全部。商业广告必须有付费者，为媒体时间或空间，以及代理商的广告创意付费。

评论:有非专业人士(各种类型的普通人)完全自己创建广告，将其发布在互联网的不同平台上，例如他们自己的网站、抖音、YouTube 等。当然，这种用户生成的新型广告的效果难以保证。

(2) 广告借助**媒体或平台**传播，如借助电视、报纸、杂志等，或通过 iPad、手机、脸书(Facebook)、谷歌(Google)等社交网络或数字平台进行展示。

评论:通过面对面的人际沟通或口碑相传，而不通过媒体传播的，一般不认为是广告，或称其为病毒式广告。尽管口碑已越来越重要，但更值得强调的是数字平台已突破了传统的媒体概念。

(3) 广告通常经过(**代理商**)精心设计，以对接收者产生所需的特定影响。什么是沟通? 最简单的概念是从来源传递到接收者的意义。在市场和社会场景中，广告传播要复杂、困难得多。因此，广告要投入费用用于研究和专业创意思维。同时，广告从来源(即广告商)到媒介传播也受到版权保护。

评论:人工智能(如 ChatGPT)已实现自动生成广告。

(4) **信息源**。几乎所有的广告都告诉接收者信息来自哪里，尽管来源标识并不总是像期望的那样清晰。

评论:识别消息的来源很重要，因为人们想知道消息中是否存在说服意图。一旦将消息识别为广告，人们对该消息的态度就会发生变化。

(5) 广告本质上是**劝说接收者**。确切的劝说意图可能会有所不同，或改变接收者的购买选择行为，或改变接收者的想法，或建立品牌好感和信任，或引发体验情绪的共鸣。这些正是广告主付费的原因。

评论：若只有信息或信息传播，而无劝说的意图和效果，并非现代广告。

让我们再浏览一下另外两个有代表性的现代广告的定义。

美国广告联合会（American Advertising Federation，AAF）的定义是：

广告是付费的大众传播，其最终目的是传递信息，改变人们对所广告的商品的态度，诱发其行动而使广告主获得利益。[25]

《牛津通识读本》约请著名专家弗莱彻（W. Fletcher）撰写的《广告》（*Advertising：A Very Short Introduction*）一书对现代广告所做的简洁而精辟的定义是：

广告是一种付费的传播活动，其目的在于提供信息，并且劝说一个或多个人。[26]

上述两个定义基本一致，即认为现代广告的**关键要素是"付费""信息""传播""劝说"**。

上述有关现代广告定义的讨论，都是基于 20 世纪大众媒体的场景。最后，笔者特别指出一点，21 世纪的数字广告的场景有了根本的改变，以至于需要明确上述关于现代广告的定义讨论并不能简单直接用于数字时代的广告，或者说，数字广告还需要重新定义。此任务我们将在第 10 章中完成。

至此，我们对广告概念的进化，特别是现代广告的要点已明朗了。但在思想上，往往还会有一些似是而非的观念或看法，例如有一个有趣的问题：不少人以为广告作品是由创作者和广告主决定的，请问：这一说法正确吗？

在微观上，这没有错，付费者和创意方案相结合产生和决定了某一则广告。然而在宏观上考察，任何作品都是时代和环境的产物。丹纳（Hippolyte Taine）的名著《艺术哲学》（*The Philosophy of Art*）[27]的最大贡献，正是证明了艺术作品是如何受到时代和环境影响的。广告作品当然也不例外。如果我们在大的时间尺度上观察,可以发现广告作品更受到时代和文化的不可避免的影响,投射出或隐含着时代和文化的烙印。如果进入广告博物馆,就会看到广告的形态在数百年间有很大的变化。为什么会出现这些面目全非的变化呢?是因为决定一幅广告的内容和风格的,不仅有创作者的偏好和广告主的目标和愿望等因素,还有折射了时代和文化的、潜移默化的、通过消费者表现出的强大力量。

从商业的角度看,广告产生于需求。不同的时代,主导广告的需求迥然不同且悄然变化。从企业卖东西的促销需求,到建立品牌的需求,从迎合消费者口味的分群需求,进而为满足消费者个性化的动态需求,时代和消费者的演变不断延伸了广告的功能,同时迫使不同形态的广告在适应中应运而生,在创新中迭代。

为了极简说明这一演变,让我们以三幅不同时代的广告为例,粗略地看看现代广告受制于时代环境、随时代而发生的大变迁。

图 1-12　百事可乐的
促销广告

第一幅广告(见图 1-12)出现在 1939 年,是百事可乐的促销广告。

百事可乐击中了要害:12 满盎司只要 5 美分! 一角镍币可得两大瓶。百事可乐是你的饮料!

这个广告从内容到形式都聚焦在促销上。广告追求有卖点、有理由。对应的典型背景是 20 世纪中叶之前的科学广告的时代(参见第 4 章),也是以"**促销广告**"为主流的时代。

第二幅广告(见图 1-13)取自贝纳通的反潮流广告[28],这则广告走的是极端路线:大胆使用年轻神父与修女接吻的画面,不惜冒险打破禁区。结果是,此广告遭到宗教人士的强烈抗议,却吸引了年轻的目标人群的广泛记忆甚至认同。这是创意革命带来的产物,广告充分反映的是另一种文化——反传统文化,贝纳通为了迎合叛逆文化的年轻消费者，不惜铤而走险。

图 1-13　贝纳通的反潮流广告(1991)

这是试图拉拢目标消费者的广告，可称为**"讨好广告"**，重点放在引起消费者的共鸣，对应的背景是 20 世纪后半叶创意革命开辟的广告新时代。广告需要表现叛逆文化(参见第 5 章和第 6 章)，而不限于追求短期销量；广告走向更多地关注和帮助公司与消费者及其他利益相关者建立更好的关系。

第三幅广告是 21 世纪手机上的短视频互动广告(见图 1-14)，对应的场景是数字广告时代，广告凸显出的是娱乐性和互动对话性(参见第 10 章)。这可

信息流视频
（In-feed Native Video）

开屏广告
（Brand Takeover）

标签挑战赛
（Hashtag Challenge）

品牌滤镜
（Branded Lenses）

图 1-14　短视频互动广告

称为**"后发广告"**，仅当消费者点击或扣动广告"扳机"时，广告才会出现和响应。换言之，没有消费者的主动关注，广告就是"死的"或不被激活的，消费者已掌握了广告的主动权。

显而易见，现代广告已经大大突破了"广而告之"这一古老的藩篱，虽然促销常常仍是广告的基本目标之一，但是广告的功能目标已扩展到许多方面，除了告之，更有沟通劝说、增进顾客情感、塑造品牌形象、建立和维系品牌关系、改变社会观念等。**广告思想的演进首先反映在对广告内涵的理解不断产生新的答案。**每一种典型的回答都反映了广告在漫长演进中的某一个阶段，诸如：

- 广告是销售工具；
- 广告是传播；
- 广告是商业艺术（创意、设计）；
- 广告是劝说；
- 广告是互动共鸣；
- 广告是娱乐。

当广告的概念、外在表现和内容总在不断变化时，有什么是不变的？什么是广告根本不变的本质和内核。这是一个至关重要的问题，笔者称之为"广告基因"的机制。

何谓广告基因？

广告基因是指广告运作中有一种长期稳定的机制或结构，可以用三角形简单表示。借用基因的比喻，说明此种三方互利参与的广告结构具有高稳定性和延续性。自 19 世纪广告代理公司诞生以来，直到 21 世纪的数字广告，无论广告如何千变万化，万变不离其宗的是，其运作始终都在三方互利的三角结构之中。

1.5 从双方到三方：神奇的商业三角

广告基因涉及不变的结构，广告的运作离不开三方的参与结构。

商业始于交易，通常交易是指发生在卖方和买方之间的交换行为。后来发现，如果变成 ABC 三方游戏，就会导致意想不到的格局和后果，甚至导演出惊人的商业大戏。可以毫不夸张地说，如果没有这种三方游戏，就没有现代广告的生存空间和商业的增长和繁荣。似乎如《道德经》所言："道生一，一生二，二生三，三生万物。"

为什么三方参与就会产生奇迹呢？

让我们先分享一则故事。

大英图书馆搬迁新馆的难题

1973 年，新的大英图书馆落成，有 1 300 万册图书需要从旧馆搬到新馆。搬运公司开价 300 万英镑，但为难的是，搬迁的预算经费只有 150 万英镑，只有开价的一半。怎么办？馆长为此大伤脑筋、一筹莫展、无计可施。最后，馆长在馆内公告招贤，若谁能完成搬书任务，150 万英镑的预算经费就由他自由支配，无须退回。

结果有一位毛遂自荐的年轻馆员声称，只需 100 万英镑就可保证完成任务。馆长大喜而惑之，即与其立下军令状，且看他有何神奇妙计。

该馆员始以大英图书馆名义发布以下广告：本馆对伦敦市民免费开放借书，每人可借 30 册图书阅读两个月，两个月后请还书至图书馆新址。此举很快吸引了大量市民前来借书。两个月后，1 300 万册书籍顺利转移至新馆，可谓神机妙招、皆大欢喜。

这是一个极具启发性的故事。图书馆、该馆员和伦敦市民构成了三方互动,馆长因此破解了经费难题,实现了搬迁目标,还省了 50 万英镑;伦敦市民享受了更宽松的借阅乐趣,还书至新馆址对他们毫不费力;该位机灵的馆员则名利双收,不但赚了钱还出了名。这个故事启示我们:当交易的双方无法达成生意时,引入第三方或可能各得其所、皆大欢喜。其实质是创新的三方交易商业模式。或有人说这个故事带有虚构性,那么,淘宝、拼多多等电商平台的迅速成功,关键亦是三方新商业模式:卖者—平台—买者,平台为千万小店提供商机,消费者因获得海量的购买选择和权益保障而被黏住,平台因竭力维护消费者权益(付款安全、退货无忧等)而获得流量和数据,从而成全了传统市场中原来不可能的千千万万交易。

这个广告魔方至今仍在重复运作,演绎成全了一个又一个商业或社会目标。不妨再举一个例子:中国中央电视台 2022 春节晚会的广告支撑“15 亿元的红包”。

一年一度的春晚是中国收视率最高的电视节目,进入数字化时代,如何让春晚更能“黏住”观众?除了节目内容要精彩外,创新广告效应是新的主要策略。让电视与手机连接,引入吸引观众积极参与的发电子红包环节,“看春晚分15 亿红包和好物”,结果使三方都更加受益。

这次的广告主是电商巨头之一的京东,是提供巨额红包的一方,其红包大都是京东的促销购物券。京东希望通过此举在激烈的竞争中赢得主动,借助中央电视台的背书和高收视率吸引更多的购买,获得促销购买效应和品牌提升的回报。

广大观众是第二方,除了享受春晚的娱乐节目外,还获得了抽奖的机会和实惠,岂不是意外惊喜,何乐不为?此举增加了广大群众看春晚、参与互动的积极性和驱动力。

第三方中央电视台因此可更圆满地办好春晚，获得更高的收视率和口碑效应，以及广告经济收益。

1.6 互利铁三角之演进

这种商业模式就是互利铁三角结构，**三方游戏实现双方对弈无法达成的目标**。广告行业是最早玩这一商业魔方的（见图1-15）。

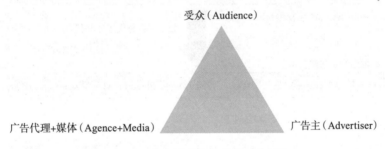

受众（Audience）

广告代理+媒体（Agence+Media）　　　广告主（Advertiser）

图 1-15　广告活动的互利铁三角结构

广告的这一互利三角结构始终没有变，但其中的角色有多次重大的更替。这一点至关重要，而且每次角色的更替都带来了广告发展中的实质性演进。

最初的广告经营结构是由广告主、代理商、媒体形成的三角关系。在这种交易关系中，消费者（受众）并不在考虑之列，相对而言只是一种小三角结构，故称为"小三角"。

对照现代广告的标准定义[29]，现代广告活动包括三个角色：付费方；游说对象；信息加工传播方，对应的结构被称为"大三角"。**从小三角到大三角经历了几十年的演变，大三角结构是发展到现代广告才形成的**（见图1-16）。

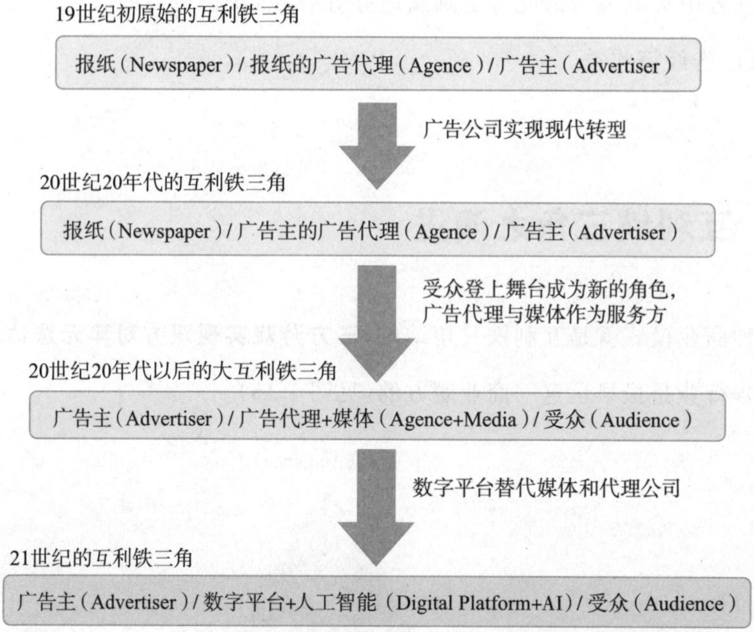

19世纪初原始的互利铁三角

报纸（Newspaper）/ 报纸的广告代理（Agence）/ 广告主（Advertiser）

 广告公司实现现代转型

20世纪20年代的互利铁三角

报纸（Newspaper）/ 广告主的广告代理（Agence）/ 广告主（Advertiser）

 受众登上舞台成为新的角色，广告代理与媒体作为服务方

20世纪20年代以后的大互利铁三角

广告主（Advertiser）/ 广告代理+媒体（Agence+Media）/ 受众（Audience）

 数字平台替代媒体和代理公司

21世纪的互利铁三角

广告主（Advertiser）/ 数字平台+人工智能（Digital Platform+AI）/ 受众（Audience）

图 1-16　广告互利铁三角之演进

广告里程碑 1：广告商业模式

　　广告的灵魂在于，它在早期就萌生了其最具生命力的基因：它打破了一对一的交易，创造了多方参与的商业平台，让参与的各方都有利可图、各得其所，让广告接受者（消费者）可以享受免费（或低费用）的节目或信息。可以说，广告创造了最早的免费商业模式。

　　三方互利的广告商业模式的形成，是现代广告时期最基础的成就，这构成了广告运行的核心结构，也可以说形成了广告不死的基因，这个基因一直延续到 21 世纪的数字广告时代，并且在数字和人工智能（Artificial Intelligence，AI）的全新环境中爆发出前所未有的能量和威力。由图 1-16 可以清楚地看到，三方游戏的基本结构始终没有变，但参与者的角色改变带来了全新的广告场景和广告效果。广告的这种结构和基因，在互联网时代形成了更广义的价值网商业模式。在 21 世纪的数字智能化时代，基于"共创分享价值"（Creating Shared Value，CSV）的价值网商业模式正在并将发挥出更巨大的潜能。[30]

在这种意义上，广告怎么会死呢？的确，最神奇的事实是，从最原始的广告到今天数字化时代的互动精准广告，几百几千年来，广告不断翻新、历久弥坚、返老还童、长生不死。

数字时代以来，越来越被接受的新商业伦理就是互利共赢、共创分享的价值，原来这个新商业伦理，这种 21 世纪数字时代的商业价值观，早在 20 世纪初就被广告魔方的三方游戏实践并持续发扬光大了！这正是广告的神奇所在、广告的生命力所在。

本章提出了广告基因的概念框架，以说明广告魔方运行结构的同一性。后面的章节将对跨世纪广告演进过程中的重大事件、思想展开深入述评。下一章首先要探究的就是广告代理公司的现代转型。

注 释

[1] Ad Age Advertising Century：The Top 100 Campaigns[EB/OL]//Ad Age. (1999-03-29)[2023-09-21].https://adage.com/article/special-report-the-advertising-century/ad-age-advertising-century-top-100-advertising-campaigns/140918.

[2] J. McDonough，K. Egolf. *The Advertising Age Encyclopedia of Advertising*[M].New York：Routledge,2015. 条目：Ivory.

[3] 同[2].条目：JWT.

[4] Robort Bartels. *The History of Marketing Thought*[M].3rd. Columbus Ohio：Publishing Horizons,1988：3.

[5] H. H. Maynard. *Marketing Courses Prior to 1910*[J].Journal of Marketing，Vol. 5，No. 4，1941：382.

[6] J. Eighmey，S. Sar. *Harlow Gale and the Origins of the Psychology of Advertising*[J].

Journal of Advertising,2007,36(4):147-158.

[7] W. D. Scott. *The Theory of Advertising：A Simple Exposition of the Principles of Psychology in Their Relation to Successful Advertising*[M].Boston：Small,Maynard &. Co.,1903.

[8] 菲利普·科特勒,凯文·莱恩·凯勒,亚历山大·切尔内夫.营销管理[M].16 版.北京：中信出版社,2022.

[9] J. G. Navarro. Global advertising spending 2022［EB/OL］//Statista．［2023-09-19］. https://www. statista. com/statistics/273288/advertising-spending-worldwide/.

[10] Digital Ad Spending Worldwide,2017—2022（billions,％ change and ％ of total media ad spending)｜Insider Intelligence[EB/OL]//［2023-09-19].https://www. insiderintelli gence.com/chart/217161/digital-ad-spending-worldwide-2017-2022-billions-change-of-total- media-ad-spending.

[11] 据谷歌母公司年报,2022 年谷歌广告收入为 2 245 亿美元。谷歌广告约占全球数字广告份额的 30％,由此推算 2022 年全球数字广告收入大约为 6 000 亿美元。

[12] INTELLIGENCE I. Digital Advertising in 2022：Market trends &. predictions[EB/OL]// Insider Intelligence. ［2023-09-19］. https://www. insiderintelligence. com/insights/digital- advertising-market-trends-predictions/.

[13] T. W. Counts. Spending on Advertising［EB/OL].［2023-09-19].https://www. the- worldcounts. com/economies/global/spending-on-advertising.

[14] 必应搜索：2022 全球广告收入；2022 全球 GDP 排名_IMF 版。

[15] 同[12].

[16] Goodbye,J Walter：154 years of JWT creative｜The Drum[EB/OL].［2023-09-19］. https://www. thedrum. com/news/2018/11/26/goodbye-j-walter-154-years-jwt-creative.

[17] Mark Tungate. *Adland：A Global History of Advertising*[M].2nd Revised edition. London：Kogan Page Ltd.,2013：1.

[18] J. P. Wood. *The Story of Advertising*[M].New York：Ronald Press Company,1958.

[19] 同[2].条目：History of pre 19th century.

[20] 这一史实已被国外代表性广告学教科书写入书中,参见：W. F. Arens, M. F. Weigold.

Contemporary Advertising and Integrated Marketing Communications [M]. 16th edition. New York：McGraw Hill Education，2021：Ch2。通过现代科技手段不难确定现保存在中国国家博物馆中这件文物的准确年代。

[21] 李叔同.弘一大师全集(修订版)[M].3版.福州：福建人民出版社，2019：654-693.

[22] 梁启超.悲情宰相：李鸿章传[M].北京：新星出版社，2016.

[23] 冈本隆司.李鸿章·袁世凯(全二册)[M].马静，译.北京：北京日报出版社，2021.

[24] J. I. Richards，C. M. Curran. *Oracles on"Advertising"：Searching for a Definition*[J]. Journal of Advertising，2002，31(2)：63-77.

[25] Advertising [Z/OL]//Wikipedia. （2023-08-20）[2023-09-19]. https：//en. wikipedia. org/w/index. php?title＝Advertising&oldid＝1171256884.

[26] 温斯顿·弗莱彻.广告[M].张罗，陆赟，译.南京：译林出版社，2014；W. Fletcher. *Advertising：A Very Short Introduction*[M].Oxford：Oxford University Press，2010.

[27] Hippolyte Taine. *The Philosophy of Art*[M].New York：Holt & Williams，1865；中译本：H. Taine. 艺术哲学[M].沈起予，译.上海：上海社会科学院出版社，2017.

[28] Benetton's Most Controversial Campaigns[EB/OL]//British Vogue. （2017-12-08）[2023-09-19].https://www. vogue. co. uk/gallery/benettons-best-advertising-campaigns.

[29] 同[26]：广告是一种付费的传播活动，其目的在于提供信息，并且劝说一个或多个人。

[30] 卢泰宏，周懿瑾，何云.价值网研究渊源与聚变效应探析[J].外国经济与管理，2012，34(1)：65-73.

2

拓荒转型：
迈向现代广告时期

核心问题：广告公司现代转型的本质是什么？

主要人物：

(1) 韦兰德·艾耶(F. Wayland Ayer,1848—1923)；

(2) 沃尔尼·帕尔默(Volney B. Palmer,1799—1864)；

(3) 亨利·卢斯(Henry Luce,1898—1967)；

(4) 大卫·萨诺夫(David Sarnoff,1891—1971)。

内容精要：

本章探讨现代广告时期的到来,重点关注广告代理公司的现代转型和广告与大众媒体的结合。首先,纠正了广告史中常见的偏见,强调艾耶父子广告公司在广告代理现代转型中的核心地位,而非沃尔尼·帕尔默。韦兰德·艾耶通过公开合同和佣金制,确立了广告代理公司为广告主服务的方向,奠定了现代广告公司的基础。其次,分析了美国率先进入现代广告时期的原因,包括工业化、人口增长和大众媒体的普及。最后,介绍了杂志和广播广告的崛起,特别是亨利·卢斯和大卫·萨诺夫在推动大众传媒与广告结合中的重要贡献。

第一章已从概念和思想上将现代广告与原始广告二者加以区分，现代广告时期的到来，则不会轻易凭空从天而降。本章关注迈向现代广告时期的两大关键因素：广告代理的现代转型；广告与大众媒体的强强联合。

本章要回答的核心问题是：**广告公司现代转型的本质是什么？为什么它是进入现代广告时期的前提之一？为什么首先进入现代广告时期的是美国？**为此，笔者首先纠正了广告史中一个常见的偏见，凸显了广告公司转型的思想及人物，并考察广告进入现代时期的另一因素——广告与大众传媒的早期结盟。

追溯现代广告公司的历史，可以列出一长串光辉响亮的名字：智威汤逊（JWT）、奥美（O&M）、李奥贝纳（Leo Burnett）、电通（Dentsu）、麦肯（McCann-Erickson）、精信（Grey）、恒美（DDB）、博达大桥（FCB）……不过列在最前面的一家广告公司，当数艾耶父子广告公司，它被广告历史学家称为"**现代广告公司的先驱**"。"先驱"的含义是什么？或许有人会说是代理佣金制、早期的市场调查、广告文案和优秀作品等，但它最核心的贡献在于：艾耶父子广告公司率先引领了广告代理公司走向现代的转型。

2.1 广告公司的拓荒：纠正一个偏见

19世纪末孕育兴起的广告代理公司，经历了一次被许多广告史文献所忽略的重大转型。如果没有经历这次转型，广告公司及行业就没有独立的专业地位和价值，也不可能完成现代广告赋予的使命。

造成这一情况的一个重要原因是，在有关广告公司早期历史的述说中，存在一种偏见和误解，并且这种偏见散见于不少文献和网上传播中，如果不予纠正，广告代理现代转型这一重大问题就会被淡化或模糊在"最早创立"的关注之中。不少人在说到广告公司的起源时，突出渲染的都是美国第一个创建广告公司的沃尔尼·帕尔默（Volney B. Palmer，1799—1864），而忽视了韦兰德·艾耶

(Wayland Ayer,1848—1923)的伟大创新。

为了说清楚这一点,笔者只有不避烦琐,列举以下史实。不感兴趣的读者或可选择快进或跳过。

霍兰德(Donald R. Holland)所著的帕尔默的传记 *The Nation's First Advertising Agency Man*[1] 和豪尔(Ralph M. Hower)所著的《广告公司的历史》(*The History of an Advertising Agency*)[2],都强调**帕尔默是美国第一位广告代理人**。他们甚至认为,帕尔默的广告代理公司是世界上第一家广告公司。

更有英文文献这样高度评价帕尔默:"当他于 1841 年在费城创立美国第一家广告公司时,他确实永远地彻底改变了美国的商业。"[3]还有人将 1841 年视为美国广告代理的元年,因为这一年帕尔默创立了美国首家广告代理公司。这些说法的叠加,很容易将帕尔默视为开创广告代理公司的最大贡献者,这一观点亦被中文论著大量照搬、沿用。

上述误解的不幸后果是,**广告公司的现代转型这一关键事件被忽略或淡化了**。同时,为现代转型作出实质性贡献和伟大创新的人物艾耶被置于第二位,甚至被误以为他只是在帕尔默的基础上锦上添花而已。

为此,有必要澄清广告代理公司跨入现代门槛的真正含义,以及这两人的贡献,并说明为什么说帕尔默只是形式上的第一,艾耶才是真正的开拓者。笔者首先声明,之所以要在帕尔默和艾耶两人身上花费笔墨,并非只为比较高下,而是因为这一段历史与广告如何进入现代直接相关,是通向现代广告阶段的第一个关口。

首先简单看一下初始广告代理公司的背景。

尽管原始的广告在人类文明史上的发迹可以追溯到很早期(古埃及、古代中国),但其大发展是在 20 世纪。19 世纪中期,广告成为推动市场经济运作的早期主要力量。

无论如何,广告代理公司的出现是一件改变商业世界的开创性大事。其背景离不开工业革命和世界贸易。工业革命始于 18 世纪中叶的英格兰,并于

19世纪初蔓延到北美。制造商能生产出大量成本低、质量好的商品,购买产品的成本首次低于人们自己制造产品的成本,从而刺激了大量的市场需求。这时,广告应运而生,既传播信息、刺激需求,又推动媒介发展。因此,广告公司首先发源于大西洋两岸的英国和美国。英国伦敦最早几家广告公司的历史可以追溯到19世纪上半叶,如John Haddon & Company(1814)、G. Street & Company(1830)和C. Mitchell & Company(1837)。

最早的广告公司

广告文献表明,历史上最早的广告和广告公司都源自欧洲,特别是英国(15—18世纪)[4]。英国的广告意识和广告活动的早熟主要缘于它是工业革命的发源地。英国既是早期开拓商业和国际贸易的国家之一,也是市场经济理论的源头(亚当·斯密的《国富论》,1776)。为了推动市场的发展,广告作为最早的市场武器应运而生。18世纪后期工业革命促进了广告的发展,与报纸关联密切的广告代理公司在18世纪末开始出现。1786年,威廉·泰勒(William Taylor)在伦敦创办了历史上第一家广告代理公司。帕尔默将这个想法带到了大洋彼岸的美国,在费城开办了美国第一家广告公司(1841)。世界上最早的广告论文也出现在英国,即1856年英国米切尔(Charles Mitchell)的《广告的哲学》(*The Philosophy of Advertising*),其内容包括广告文案技巧、广告闭环、市场调研等[5]。

除了英国和美国,广告代理公司的兴起和领先当数日本。日本不仅是最先出现广告公司的亚洲国家,也是美英之外迄今唯一进入全球一流广告公司的国家。日本电通广告公司(Dentsu)在20世纪后半叶长期居于全球广告公司的前五位,1975—1980年期间曾位居全球第一(全球十大广告集团公司榜)[6]。1867年,日本首次出现报纸广告。1873年,日本开始出现广告代理公司。19世纪八九十年代,日本涌现出一批职业化的广告公司,包括Kohodo、Kokokusha、Mannensha、Hakuhodo等[7]。

1841年,帕尔默在费城创办了美国第一家广告代理公司(见图2-1)。但可信的文献证明,比他更早走出这一步的是英国人,前述伦敦三家广告公司的建立年份都早于1841年。另据《广告时代》2003年出版的《广告百科全书》记录,1786年威廉·泰勒在伦敦创办的广告代理公司被公认为全球历史上的第一家。帕尔默将这位英国人的想法带到大洋彼岸,复制、创办了美国首家广告代理公司[8]。

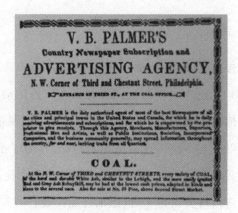

图2-1　帕尔默(Volney B. Palmer,1799—1864)创办了美国第一家广告公司

图片来源:romeroads.blogspot.com.

其实,若论及广告思想在美国的发端和实践,还应提到另外两位比帕尔默更早(1744年和1835年前)的广告拓荒者。其一是印刷商兼发明家、美国开国元勋之一的本杰明·富兰克林(Benjamin Franklin,1706—1790)。他在18世纪中期创办了非常重要的报纸之一《费城公报》(The Philadelphia Gazette)。1744年,富兰克林在该出版物上宣传了自己的发明——家用壁炉。他不仅自己撰写广告,还为广告配插图。另一位拓荒者是巴纳姆(P. T. Barnum),在1835年出版的自传中,他自称"完全了解广告艺术"。他说过一句富有远见的精彩名言:"在广告中播种的每一美元,都会在未来让你收获到几十甚至几百美元的回报。"他在报纸上刊登海报,使用与他的名字相关的华丽语言,提前广告自己的狂欢节和表演活动。[9]

在 19 世纪 40 年代，转手出售报纸广告版面赚钱并非新奇的想法。帕尔默作为报纸企业家的儿子，对这种做法并不陌生。帕尔默的贡献是开设了美国第一家广告代理公司，并且将他的公司扩张到多个城市，成为同行中的领先者和佼佼者。不过，帕尔默的"第一"只是来自模仿和照搬英国的先行者。可以说，帕尔默是一位能干且成功的模仿者。

帕尔默的公司作为报纸的代理商，向当地之外的企业出售广告版面，从报纸收取 25％的版面费作为代理费用，另加邮费和信笺费。1845 年，帕尔默在波士顿开设了他公司的第二家分店。1849 年，他将这一业务模式扩展到纽约、巴尔的摩等城市，在纽约和巴尔的摩开设了两家办事处。此后，虽然其他广告代理公司纷纷出现，但帕尔默的公司始终保持着领先的优势。

值得强调的是，帕尔默自己也确认，他是代表报纸而不是为广告主工作的"**报纸代理人**"（newspaper agent），即帕尔默只是**报纸广告版面经纪人**，充当全国各地报纸出版商和广告主之间的中间人。直到 1849 年出版的 *Melroy's Philadelphia Directory*，帕尔默才正式称自己为"**广告代理商**"[10]。

帕尔默去世后，他的公司几经变动，在 1877 年被艾耶父子广告公司并购。帕尔默只是一位精明的商人，真正为现代广告公司奠基的人物是比帕尔默约晚半个世纪的韦兰德·艾耶，他是第一位现代意义上的**广告公司开创者**。

艾耶父子广告公司被广告历史学家称为"**现代广告公司的先驱**"。在"20 世纪百位广告名人榜"上，韦兰德·艾耶作为"**现代广告公司的奠基者**"高居第 11 位，超过了绝大多数的广告名人，帕尔默则榜上无名。笔者以为，这一天壤之别的历史评价是客观、公正的。

若比较两人，从商业机制上看，帕尔默只是一个赚取差价的、聪明的套利商人。而艾耶是一位真正具有创新精神的企业家。他创办的艾耶父子广告公司不但完成了广告代理的伟大转型，而且在其长达 133 年历史的大部分时间里，都是广告领域的领导者和创新者。

艾耶的开创和辉煌

在大约 150 多年前的 1869 年,21 岁的艾耶(见图 2-2)在美国宾夕法尼亚州费城创立了艾耶父子广告公司(N. W. Ayer & Son, Inc.)。为了增加可信度,

并表达对父亲的尊重,他在公司名称中加上了父亲的姓名"N. W. Ayer","Son"则是指他自己。当初艾耶说服他父亲合力创办公司时,初始投资仅为 250 美元。1873 年,其父去世,艾耶领导这家公司奠定了现代广告公司的原型,并成为广告界的标杆。画像中的韦兰德·艾耶一副绅士气派,威严自信,曾是一位雄心勃勃的年轻教师。他在广告界的作为,证明他是艾耶父子广告公司的灵魂人物,是一位充满创新精神的企业家。

图 2-2　韦兰德·艾耶(Wayland Ayer,1848—1923)

实现广告代理的现代转型,是艾耶首要的历史贡献。

1876 年,艾耶率先与费城的一家农产品供应商 Diggee & Conard 签订公开合同(the open contract),此公开合同表明了艾耶决心"不再当订单接受者",即不再充当报纸广告代销经纪人的角色。公开合同约定,广告主根据投放的广告量支付固定的佣金,使广告代理商坚定地站在广告主这一边,同时保证对广告主信息透明,使其知晓报纸和期刊收取的广告实际费率。广告主直接付款对广告业产生了重大影响,因为其他广告代理被迫对艾耶的更高标准作出回应。更重要的是,公开合同树立了艾耶在"廉洁道德和公平交易"方面的长期声誉。

这一决定不仅改变了广告公司开展业务的方式,更是彻底改变了广告公司的定位。

在其 100 多年的历史中,1869 年创立的艾耶父子广告公司还有过许多的辉煌和骄傲。

艾耶父子广告公司的客户包括：美国电话电报公司（AT&T）、福特汽车公司、纳比斯克和联合航空等。由于艾耶父子俩都曾是教师，艾耶父子广告公司为300多所私立学校、教育营地和学院等教育机构制作了大量广告，在广告中宣传艾耶提出的口号："永远坚持下去就会带来成功。"

艾耶父子广告公司（以下简称"艾耶广告"）留下了不少广告文案的创意经典，例如1895年为施坦威钢琴（Steinway）创作的广告语"不巧的乐器"（The Instrument of the Immortals）（见图2-3），将施坦威品牌推到顶级钢琴的位置，这是后来成为广告巨人的雷蒙·罗必凯早年的神来之笔，该广告入选"20世纪标杆广告百杰榜"；再如1948年为戴比尔斯（De Beers）钻石创作的广告语"钻石恒久远，一颗永流传"（A diamond is forever），经久不衰，深入人心，被选入"20世纪十佳广告语"。

图 2-3　施坦威钢琴广告
（1895，美国）

1888年，艾耶广告聘请了业界**第一位全职文案撰稿人**贾维斯·伍德（Jarvis Wood），1900年正式成立文案部，这是广告公司专业化的一个里程碑。1898年，艾耶广告聘请了第一位商业艺术家查尔斯·柯因纳（Charles Coiner），配合广告文案的设计和插图。12年后，艾耶广告成为第一家提供全职艺术指导（art director, AD）服务的代理公司。艾耶广告还经常为广告主提供除广告投放之外的建议和服务，成为全方位服务的广告公司。

艾耶广告最先在设立专职文案的基础上，开设专职艺术指导职位之先河，使创意初具双翼。1924年，艺术家柯因纳加入艾耶广告后，培养了一批优秀的艺术指导。广告文案与艺术指导的密切结合，诞生了一系列杰出的作品。1993年，柯因纳入选美国广告名人堂（The Advertising Hall of Fame, AHF），是全职艺术指导进入广告名人堂的第一人。

　　艾耶广告在 19 世纪 90 年代成为美国最大的广告代理公司。1918 年,艾耶广告的营收达到 600 万美元;1924 年达到每月 100 万美元,全年 1 200 万美元;1944 年,艾耶广告名列美国第三大广告公司,仅次于智威汤逊(JWT)和扬·罗必凯(Young & Rubicam,Y&R),年营收约为 3 300 万美元;1949 年,艾耶广告成立 80 年时,年营收约为 6 500 万美元,排名第四;1957 年,艾耶广告年收入超过 1 亿美元。自 20 世纪 60 年代创意革命开始后,艾耶广告呈现老迈衰退的趋势,尽管在 1978 年它仍被《广告时代》选为年度最佳广告代理商。随着美国电话电报公司(AT&T)等大客户的丢失,1960 年,艾耶广告在主要代理商中已跌至第十位。

　　艾耶广告诞生于 19 世纪,这家具有 133 年光辉历史、跨越三个世纪的广告百年老店,在经历多次并购、沧桑变迁之后,最终于 2002 年被卡普兰泰勒集团收购,艾耶广告从此消失在广告历史的长河中。[11]

　　不过,在广告史上,艾耶广告无可争辩的是一座不朽的里程碑,因为它开启了广告代理公司转型的方向,是现代广告公司的真正源头,该公司创始人韦兰德·艾耶可谓厥功甚伟。艾耶逝世 76 年后的 1999 年,他荣登《广告时代》评选的"20 世纪百位广告名人榜",并高居第 11 位。这一排名表达了整个广告界对这位开创者的崇高敬意。

2.2　广告小三角及广告公司的现代转型

　　艾耶的历史功绩,首推广告代理的现代转型。那么,何谓转型?

　　如第 1 章所述,广告活动是一种三方交易的结构。现代广告排除单独的信息发布沟通或标识行为,其必要条件之一是有三方共同参与的信息沟通和劝说行为。因此,一个人(或公司)自己发布信息,或者双方的信息交流,并不构成现代意义上的广告。正是有了广告代理作为第三方的出现,才有了三角形的交易结构（见图 2-4）。

如第 1 章所述，后来为企业服务的
宗旨将广告引向关注消费者，于是小三
角的结构开放为大三角的结构：广告主、
代理公司和媒体、消费者各为一方，这三
方的互动带来了广告近百年的发展，产
生了神奇的商业效应。

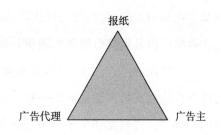

图 2-4　广告小三角结构

广告代理商扮演的角色、取向或定位具有关键性的意义。在广告代理的演
变中，发生了微妙且深刻的变革。**"广告代理是为谁代理？"这是一个核心问题。**

第一阶段，广告代理商做的是**中介套利生意**，从报社批量购进版面，分成一
块块再转卖给广告主。为媒体代销报纸的广告版面，实质是通过批发销售报纸
的广告版面来赚取差价和佣金套利，充当的是为媒体代理的角色。当然，这种
捐客的角色仅出于套利差的目的，等同于许多其他的贸易活动，广告代理没有
独立的专业价值。

初期的代理存在许多灰色地带，例如当时许多新报纸纷纷涌现，版面价格
既不透明也不公开，还可以讨价还价，于是交易中作弊贪污在所难免。乔治·
路威尔（George P. Rowell，1838—1908）主办的杂志《印刷者墨迹》（*Printers'
Ink*）是广告行业早期有影响力的代表性杂志。1869 年，路威尔首次公开发布了
全美 5 411 份报纸的版面广告费费率，该举措稳定了广告代理行业。路威尔走
出了跨区域广告代理的一大步，于 1867 年以纽约为总部发展成为美国最大的
广告代理商。百年之后的 1967 年，路威尔荣登美国广告名人堂。

第二阶段，广告代理商转身，**直面服务于广告主**，为其产品的销售出力，开
始为开拓市场发挥广告的功能和作用，从而使广告代理进入"现代"，并使其具
有了独立存在的专业价值。

这是**广告公司的划时代转型**：原来向媒体收钱、对媒体负责，现在向广告主
（企业）收钱、对广告主负责。这一转身确立了广告代理商服务于广告主（企业）

的基本立场和方向,是转型为现代广告的标志之一。

谁给广告公司支付服务代理费?这是一个既简单又关键的问题。

第一阶段的广告代理公司,是从媒体(主要是报纸)获得经济利益的,报纸向广告代理商支付推销版面的回扣。这意味着报纸(媒体)是付费方,是广告公司的"老板"。直到艾耶父子广告公司改变游戏规则,使广告主成为广告代理商的"老板",允许广告代理商在为客户购买媒体的费用中保留15%作为服务费。例如,广告主投入广告费100万元,全额付给广告代理商,广告代理商交给电视台85万元,自己保留15万元,即代理商收取15%的佣金。

从面对媒体转身到面向广告主,从代销媒体版面到促销企业产品,广告代理商的价值和取向完全不同了!此后,广告在推动商标、包装、品牌名称的形成和改良,以及新产品上市推广(如相机和自行车)等方面,发挥出越来越显著的作用。

在转型过程中,并存着两种角色的广告代理。为了鼓励媒体代理的方向,1893年,美国报纸发行人协会正式决定向经过认定的独立广告代理公司支付佣金,同时不允许给广告主打任何折扣,以此杜绝广告代理公司代表客户压低费率而为自己获利。要指出的是,现代广告代理公司靠向广告主,并不意味着初始面向媒体的代理功能或方向从此销声匿迹;恰恰相反,随着大众媒体在广告产业中的地位越来越重要,媒体代理在新环境中重新抬头。为了抢占媒体资源,从20世纪中期开始,独立的媒体代理公司(media agency)纷纷出现,而且一流和大型的广告公司也纷纷设立媒体部门。[12](详见第7章"黄金时代")

从第一阶段到第二阶段的进化,并非一小步,而是一大步,我们将其称为**广告公司的现代转型**或**广告代理的现代转型**。

这一对广告公司具有长远意义的改变发生在1876年。这一年,艾耶父子广告公司首先改变了广告代理的方向,它不再扮演报纸广告代理的角色,而是转型定位成广告主代理人的角色。1876年,该公司开始向费城一位广告主公司(Diggee & Conard)推出一份公开合同,试图建构与广告主的新关系。合同向广告主公开报纸杂志广告的真实付费价格,明确广告主应向广告代理商支付的佣金——版面价格的 15％。

　　这是一个重大且关键的历史性转型，否则广告就没有独立的生存价值，也不可能有广告业巨大的发展空间。我们将这一转型称为广告走进现代的一个里程碑。

广告里程碑 2：艾耶广告和广告代理公司的转型

　　在全球广告业的历史上，伟大的第一步是 1876 年由美国艾耶父子广告公司（1869—2002）迈出的。

　　这一年，公司创立者艾耶开创了与广告主之间的公开合同，确立了两件大事：其一，广告代理公司不再以报纸等媒体为主要客户，而是转身以广告主为客户，以为广告主服务为己任。这一决策影响并主导了广告代理行业的前进方向和长期的商业模式。其二，提出广告佣金制度——15％佣金制度，该制度后来被全球各国认可和采纳，成为未来一百年的行业标准，沿用至今。

　　这两大创新的影响深远，构成了现代广告代理业的支柱，也拉开了现代广告时期的序幕。广告公司的现代转型意味着，从 19 世纪 80 年代开始，广告公司作为代理服务人，开始确立了其应以如何做好广告的知识和技能为本，而不是以赚差价作为其存在的价值。遗憾的是，广告史文献往往对此有所忽略。正是艾耶广告引导世界广告行业迈出了这历史性的一大步。而且，它发明的这个广告佣金制度在 1917 年获得美国认可，后来成为广告业的国际惯例。再加上 1879 年该公司实施了首例正规的市场调查项目[13]，艾耶父子广告公司因此被广告历史学家誉为"现代广告公司的先驱""第一家现代广告公司"。

　　此外，艾耶广告还有三项影响深远的创新：其一，它是第一家设立文案部门的广告公司，也是第一家使用全职文创人员的公司；其二，它是第一个建立艺术指导部门，率先在广告中使用美术元素的广告公司；其三，它是率先（1879）实施首例正规的市场调查项目的广告公司。[14]艾耶广告打开了通向现代广告时期的大门。

现代广告之父拉斯克首先意识到代理公司转型的重要性,并及时实现了这一历史性转型,其影响波及整个行业,推动了广告代理公司的现代化(详见第3章)。简言之,据文献记载,拉斯克起初"将广告视为新闻",即广告离不开报纸。按此思路理解,在逻辑上,广告代理公司应该面向媒体或立足于媒体。正因为后来他对广告的理解有了颠覆性的转变,接受了"(广告是)纸上的销售术"(sales in print),将广告代理的目标转向广告主(企业),开拓销售与市场服务,才使其成为革命性的"现代广告之父"。如果没有这一转变,广告还只是靠赚取版面佣金或利差而存活的话,现代广告公司从何谈起?艾耶和拉斯克都抓住了代理公司走向现代的关键——转型服务企业,开创出现代广告公司的新道路。同时,这个新方向极大地推动了广告与营销的结合,催化了商业的空前繁荣。

何谓"现代广告时期"?

艾耶的创新和广告公司向现代转型拉开了现代广告大时代的序幕,那么,现代广告时期又意味着什么呢?

"现代广告时期"的概念及其划分,常常随意且含混不清。例如,很有影响力的教科书《克莱普纳广告教程》写道:"现代广告始于1800年代中期的美国。"[15] 20世纪90年代以来的近几十年,在中国冠以"现代"字样的广告学教科书版本甚多,如《现代广告学》《现代广告学教程》《现代广告学概论》《现代广告学导论》《现代广告学原理与应用》《现代广告学原理与实务》《现代广告学论纲》等[16],但遗憾的是,鲜有教材对"现代广告学"一词的内涵作出深究和阐明,往往只在"古代—近代—现代"的一般框架中视"现代"为不言自明。然而,对广告史而言,"现代"是有特定意义和具体内涵。这里涉及两个基本问题:"现代广告时期"的时间界定,"现代广告时期"的标志和特征。

毋庸置疑,近一百年是广告发展最重要的时期。[17] 一般认为,"现代广告时期"是指 20 世纪，并认为现代广告兴起于 20 世纪初的美国。一些论著，如《中国广告史》[18]进一步指出，"现代广告时期"始于 1920 年，但未明确 21 世纪是否仍然属于"现代广告时期"。笔者的看法曾在第 1 章中表述过，即以下两句话：

（1）传统广告时期转向现代广告时期发生在 1920 年前后；

（2）现代广告时期转向数字广告时期发生在 2010 年前后。

为什么转折发生在 20 世纪 20 年代？

笔者提出，进入现代广告时期有三个条件或标志：广告代理公司的现代转型；现代代理制的出现；广告开始普遍使用具备空前传播规模的大众媒体。正因如此，现代广告的三方商业模式才得以确立。或者说，现代广告时期具有 3 个显著的特征：为广告主代理的专业广告公司的出现；广告与大众媒体（技术）的结合产生了空前的影响；现代广告代理制度的问世。

"现代广告时期"的时间界定依据并不在于媒体或广告形式等因素，而在于广告商业模式的形成。在这之前，尽管历史上早就有各种形式的告知或展示性的原始广告存在，但是意义不大，因为这仅仅表明古代有过"广告"，但在出现"多角色互动的结构"和"接受者免费"的商业模式之前，广告并没有具备在商业环境长期生存的"机制"或"基因"。**多方参与的结构是原始广告与现代广告的分水岭**，前者没有第三方付费的商业模式，后者才有这种模式和基因。

2.3　美国率先进入现代广告时期

有文献认为，现代广告时期的特征之一就是美国化（americanization）[19]。尽管从广告渊源上讲，英国早于美国，但 20 世纪初之后，美国在现代广告的崛起大潮中超过英国，成为率先进入现代广告时期并领先的国家。这当然是若干经济社会技术因素促成的结果。促成这一历史转折的环境因素和驱动力包括三方面:大规模生产的增长及运输系统的完善;人口增长和中产阶级的崛起;大众媒体的普及。

具体而言,美国的领先与下列背景有直接关系。

19世纪中期,世界人口达到12亿。交通运输(铁路和轮船)的突破促进了产品在制造商当地市场之外的分销,生产消费规模膨胀。随着大众消费的需求日益增加,需要将产品的可用性告知消费者。直到20世纪20年代,全国分销、不断增长的中产阶级和足够的收入、全国范围的品牌产品、传播媒体的突破,才使现代广告业最先在美国出现成为可能。这些相关的因素简单列举如下。

(1)美国人口从1860年的3 100万爆炸式增长到1920年的1.05亿。大量移民既提供了便宜的劳动力,又提供了新的消费阶层。

(2)随着20世纪之交大企业的出现,美国的商业格局发生了巨大的变化。从1898年到1902年,一波合并浪潮将2 653家独立公司合并为269家公司,总资本为63亿美元。电力、铁路、煤炭、石油、钢铁等基础行业推动经济繁荣发展。

(3)美国工业化增长突飞猛进,提供了数量激增的各类消费品,从食品和饮料到家居用品和汽车,应有尽有。如亨利·福特(Henry Ford)使汽车变成数百万美国人触手可及的消费品。

(4)消费经济和大众市场的蓬勃兴起。1925年,美国近40%的员工年收入不低于2 000美元,每周工作时间从6天减少到5天。人们有足够的空闲时间和经济基础,消费经济上升的迹象随处可见。带包装的肥皂、麦片、罐装蔬菜、烘焙面包和成衣的年消费额均达数亿美元。城市百货商店、邮购公司和连锁店提供了新的购物场所,市场的扩大和新产品源源不断的问世,叩响了广告需求的大门,要买什么、为什么买和在哪里买,都有待广告广而告之。

(5)铁路的扩张和20世纪20年代的高速公路系统使得货物的全国分销和全国品牌的建立成为可能。

（6）高速印刷机和无线电广播的发明使大众发行杂志和出版报纸、创建广播网成为现实。20 世纪 20 年代中期，美国建成无线电网络；1926 年，美国无线电公司（Radio Corporation of America，RCA）组建美国全国广播公司（National Broadcasting Company，NBC）；1927 年，哥伦比亚广播公司的 CBS（Columbia Broadcasting System）网络问世。

伴随现代广告代理制度最早出现在美国、大众传媒（mass media）和大众营销（mass marketing）首先从美国发展、广告专业大学教育首先出现在美国（1900）、消费文化（consumer culture）的蓬勃兴起也率先发生在美国这些内外因素，现代广告的美国化（americanization）和美国成为现代广告的中心就水到渠成了。美国因此相对英国后来居上，率先跨入了现代广告时期。1900—1920 年，美国年广告额激增了近 6 倍，从 5.4 亿美元增长到近 30 亿美元。[20]

美国成为现代广告的领头羊，被美国历史学家李尔斯（Jackson Lears，1947—　）在其广告文化史著作《丰裕的寓言：美国广告文化史》（*Fables of Abundance：A Cultural History of Advertising in America*）[21]中深入反思。他提出了一个醒目的问题：为什么在由清教徒以新教伦理和基督教精神建立的美国（参见马克斯·韦伯的名著《新教伦理与资本主义精神》），现代广告得以张扬和狂飙？因为现代广告鼓吹的物质消费主义似乎有悖于新教伦理中反对一切迷恋物质的精神。其实，美国的广告和经济发展的主要驱动力量是市场经济制度。新教伦理中尽管有保守的因素，更有刻苦勤奋、敬业、诚实、守信和财富回馈社会等积极因素，成为企业家正面的精神来源，从而带来了市场经济和广告的繁荣发展。

1930 年年初，广告界的一件大事是专业杂志《广告时代》在美国创刊，该杂志至今仍是全球广告行业的标杆性出版物，是广告历史的记录者。创始人小克莱恩（G. D. Crain Jr.，1885—1973）在芝加哥创办的这份杂志，以广告商和媒体公司为重点。在它之前，广告行业有过两个出版物《印刷者墨迹》（*Printers' Ink*）和《广告与销售》（*Advertising & Sales*），但都只是发表相对简单的文章，没有聚焦广告业的深度报道,更没有重大的如《广告时代》组织的"世纪广告排行榜"和《广告百科全书》等的发布和出版。小克莱恩也因此在"20 世纪百位广告名人榜"中占有一席之位(第 79 位)。

媒体的发展不仅限于广告界内,更加气势蓬勃、声势浩大的媒体增长已从报纸向特色杂志和广播扩展,为广告业的现代化带来了强劲的推力和适逢其时的大机会。

2.4　广告与大众传媒联姻

本章要回答的主要问题是广告如何进入现代阶段?艾耶广告的创新完成了第一步,开启了广告公司通向现代的转型。另一大步则是广告与大众传媒更广泛的深度联手。

20 世纪 20 年代,媒体有了突破性发展,广告很快成为大众媒体如鱼得水的孪生兄弟。它们相得益彰,共同飞速成长,促成了现代广告产业的形成。我们

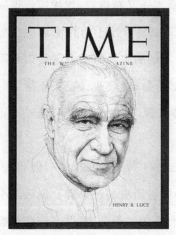

图 2-5　亨利·卢斯(Henry Luce,
1898—1967),《时代》周刊封面,1967

先进入 20 世纪 20 年代崛起的杂志广告和广播广告。至于 20 世纪 40 年代后电视广告的横空出世,将广告产业推至另一个高峰,将放在第 7 章"黄金时代"中另述。

20 世纪 20 年代,路牌广告迅速崛起和普及。报纸广告依然是主角,但不再是独此一家。杂志依托广告顺势而为,很快成为四大媒体之一。引领大潮的风云人物首推出版人亨利·卢斯(Henry Luce,1898—1967)(见图 2-5),或许你不知道此人,但不会不知道名震全球的顶级新闻刊

物《时代》(*TIME*)周刊和顶级商界刊物《财富》(*FORTUNE*)。卢斯 1923 年创办《时代》、1930 年创办《财富》、1936 年创办《生活》(*LIFE*)、1954 年创办《体育画报》(*Sports Illustrated*)，并建立了号称"出版帝国"的时代公司。1999 年，作为出版业和杂志广告的巅峰人物，卢斯入选"20 世纪百位广告名人榜"，高居第 17 位。1941 年，卢斯提出影响巨大的思想"美国世纪"(the american century)，被公认为是 20 世纪最有影响力的出版人。[22]

卢斯已被不少书籍包括他的传记大量描写，在此笔者只想从广告的角度稍多费笔墨对他做一个简单而尽可能传神的速描。

令人意想不到的是，在光芒四射、叱咤风云的光环下，他一生竟然只接受过一次公开采访。那是距他逝世不到一年的 1966 年 5 月，普林斯顿大学历史学教授戈德曼(Eric Goldman)在 NBC 电视上公开采访他，屏幕上 68 岁的卢斯似乎不是当代的盖世英雄，而是一位疲惫而警觉的基督信徒。[23]卢斯内心深处流露出的孤独气质，增添了这位人物的神秘感。

卢斯与中国有一段不解之缘。他于 1898 年出生在中国山东蓬莱，父母是美国来华的传教士。北京大学校园内有一座鲁斯亭(The Luce Pavilion)，就是他为纪念其父(1919 年曾任燕京大学副校长)捐资修建的。卢斯的童年都在中国度过，14 岁才离开中国回美国读书。1920 年，他毕业于美国耶鲁大学，与一位好友创办了《时代》杂志。该杂志开创了"周刊"这一新闻新类别，尽管创刊号售出不足 1 万册，但日后却成了出版企业的顶峰。他的《财富》杂志瞄准商界的需要，成为企业家和管理层的必读杂志。《生活》杂志则开了以照片(配文字)记录社会生活变迁之先河。通过出售大量的广告空间来增加收入是其杂志的生存策略。经数年奋战，到卢斯三十而立之年，他已鹤立鸡群，跻身上流社会的精英阶层，更将目光投向全球和远方。

卢斯的出版帝国代表了出版业的盛世。时代公司作为民间的私人企业，杂志销售收入有限，其主要的财务支柱是靠广告。卢斯认为，好的广告文案将促进杂志的销量，因此他通过出售大量的广告空间来增加收入。时代公司也成为反映杂志广告兴衰的风向标。例如,20 世纪 60 年代后作为标杆的《生活》杂志因广告收入不断下滑而陷入财务困境,映射出电视广告对纸媒的竞争和冲击,以及电视广告强势上升的势头。

为什么《时代》《财富》等能成为全球最具影响的杂志? 这或是许多人会感兴趣的问题。笔者认为,原因是多方面的,首先应抓住卢斯所具有的企业家的创新精神。

卢斯有奋斗不息的韧性和永无止境的好奇心,他经常以大视野提出各种大问题,独具魅力、反响巨大的内容栏目往往由此脱颖而出。例如,《时代》开设倍受全球关注、吸引大量眼球的"封面人物"栏目;《财富》发布的各种商业排行榜,成为全球商业人士举目追逐、不可忽略的对标参照和商业风向标;《生活》推出"千年百位人物榜",评选 1000—1999 年对人类最具影响力的人物等,引发了社会广泛的兴趣和传播。

作为《时代》的灵魂人物,卢斯被称为"时代之父"。《时代》的顾客价值是**"让读者在一小时内纵览当周(重大)新闻"**,即提供高质量的新闻摘要(400 字以下)。这个办刊宗旨意味着要对新闻做独具慧眼的甄别选择、高度浓缩和改写,还要有倾向性的观点。《时代》首创的这种高屋建瓴的新闻文摘被证明是忙碌的现代人所需要的。此外,其独具一格、十分讲究的文风对形成鲜明的品牌个性和吸引读者也功不可没。《时代》的文字给读者留下深刻的印象:简洁、击中要害、生动活泼、不那么正经的俏皮、趣味盎然、回有余甘。它用词看似轻松却格外挑剔,如人物用"闻名遐迩的",而不用"著名的";用"精明强干的",而不用"强大的";用"明目张胆的",而不用"显而易见的";用"猛烈击打",而不用"击打";用"盯着看",而不用"看";用"大步流星",而不用"走";用"得意地笑了",而不用"笑了";用"忿忿然""踉踉跄跄""大伤脑筋""丢了乌纱"等,力求动感的描写。

1967 年 2 月,卢斯因心脏病逝世,他的大部分财产捐赠给了亨利·卢斯基金会。《时代》以封面人物纪念这位创始人,他的画像目光专注而深邃,紧闭的薄嘴唇表现出他的坚定和固执,丰满厚实的鼻头象征着事业的成功。

2.5　商业广播广告应运而生

广播广告紧随杂志广告登上社会舞台。但在 20 世纪 20 年代初,收听广播只是一种由男人和男孩卷入的业余爱好和亚文化。

1926 年,大卫·萨诺夫(David Sarnoff,1891—1971)创建了全美第一个广播网(NBC)。他 9 岁随父母从俄罗斯移民美国,因将广播从美国生活的边缘带入主流而受到普遍赞誉。萨诺夫富有远见地构思着将许多电台连接成一个网络,并在 1926 年实现了。十几年后的 1940 年,他又推动了电视网的诞生。萨诺夫因此被选入"20 世纪百位广告名人榜"(第 50 位)。

萨诺夫首先意识到,无线电广播的市场潜力取决于收音机能否进入家庭。1922 年收音机的售价为 75 美元,这是美国中产阶级触手可及的价格。该创新产品被美国民众迅速接受并扩散,仅第一年的销售额就达到 1 100 万美元,到 1925 年总销售额已超过 6 000 万美元。

在广播界后来居上的另一位传奇人物,比萨诺夫小 10 岁。他就是创建世界上第一个新闻机构广播网络哥伦比亚广播公司(CBS)的威廉·佩利(Willam Paley,1901—1990),我们将在第 7 章"黄金时代"中评述他。

当年广告进入广播这种新媒体曾经遭到各种抵制,20 世纪 20 年代美国广告界的主要争议是决定广播应是商业支持的企业,而不是公共资助的企业。20 世纪 30 年代是美国全国性广播网和广告媒体的关键发展时期,这从以下数据可以得到辅证。

1929 年,美国报纸和杂志的广告量约为 10 亿美元(其中报纸广告占四分之三以上),广播网广告占总数的不到 3%。1927 年,NBC 开启美国广播网络运营,收入为 380 万美元。1928 年,新成立的哥伦比亚广播公司(CBS)加入,NBC 和

CBS 的总收入为 1 020 万美元。1929 年,这个数字增长到 1 870 万美元。1934 年,广播网总收入升至 4 260 万美元。1939 年,这个数字升到约 8 000 万美元。[24]

在广播广告崛起的浪潮中,出现了一批抓住此机遇的新广告公司。洛德·托马斯(L&T)和智威汤逊(JWT)这两家广告公司率先接受并推动了广播广告的发展。由于广播已在美国发展成广告主支持的媒体,所以广告公司开始在广播网络上为其客户创作展示产品的节目,进而涌现了一批传播品牌故事的节目。例如,由高露洁 Palmolive 剃须霜赞助的 *Gang Busters* 就是 20 世纪 30 年代广受欢迎的广播节目。

现在人们司空见惯的广告载体——电视连续剧,发源于 20 世纪 20 年代初美国广播网络中兴起的肥皂剧(soap opera)[25]。"肥皂剧"的名字或因早期广告赞助商宝洁公司为推广其肥皂产品,经常在播放电视剧时插入肥皂广告而得名,通常指一出连续很长时间的虚构剧节目,每周安排多集连续播出。肥皂剧又称"日间连续剧",是供以女性为主要对象的群体消遣休闲的节目。

肥皂剧是广告业务与广播媒体联姻的重要结果,这一商业创新产生了 20 世纪重要而引人注目的商业文化现象之一——将赞助商产品与娱乐节目无缝黏合在一起。广告商已注意到,在大多数家用产品的销售中,女性购买者高达 85%,尤其是肥皂、化妆品、包装食品和保健品等大众消费品。这使女性成为肥皂剧的主要受众。无论是白天还是晚上,女性都占广播观众的大部分。此外,晚上听广播的女性实际上要比白天听广播的女性多(电视也是如此)。

按 20 世纪 20 年代后期制定的政策,主要广播网络白天广播时间的收费价格只有夜间的一半,这刺激了白天播出的肥皂剧的蓬勃发展。宝洁、通用食品等公司非常清楚这种日间连续剧在开拓其主要市场方面的价值。只要花费一半的晚间播出费用,且制作成本远低于大型夜间节目,广告商就可以通过连续的肥皂剧日复一日、年复一年地吸引到他们最看重的那部分人群的注意力。他们积极乐于赞助肥皂剧也就不足为奇了。

请注意,**正是随着广播的出现,幽默才成为一种主要的广告策略**。在 20 世纪的大部分时间里,人们对在广告中运用幽默元素持怀疑态度,这种观点直到

20 世纪 80 年代初才开始改变。广播被视为运用幽默元素最有可能成功的媒介。1995 年对美国媒体的一项调查显示，只有 9.9％的消费者杂志广告具有幽默意图；在电视中，这一比例为 24.4％；在广播中，这一比例为 30.6％。[26]

19 世纪末期，一批光芒四射、彪炳历史的广告公司已在美国创立，如 1878 年被詹姆斯·沃尔特·汤普森(J. Walter Thompson，1847—1928)收购的智威汤逊(JWT)，后来成为全球广告公司领头羊；1873 年的洛德·托马斯(Lord & Thomas，L&T)，后来孕育出一流的博达大桥广告公司(Foote Cone & Belding，FCB)；1891 年的乔治·巴顿公司(George Batten)，其血统成就了大名鼎鼎的恒美(BBD)公司；等等。这些彪炳显赫的伟大公司的出现，首先应归功于开拓现代广告的一批人，包括 20 世纪前期出现的艾耶、拉斯克、雷索、罗必凯等。

让我们进入下一章，近距离见识现代广告的第一批英雄，了解他们如何创立出广告的宏图伟业。

注 释 ::::::::::::::::::::::::::::

[1] Donald R. Holland. *Volney B. Palmer，1799—1864：The Nation's First Advertising Agency Man*[M].Lexington，Ky.：Association for Education in Journalism，1976.

[2] Ralph M. Hower. *The History of an Advertising Agency*[M].Cambridge，MA.：Harvard University Press，1949.

[3] Business Revolution：The Ad Agency | Pennsylvania Center for the Book[EB/OL].[2023-09-19].https://pabook. libraries. psu. edu/literary-cultural-heritage-map-pa/feature-articles/business-revolution-ad-agency.

[4] Advertising Agency[Z/OL]//Wikipedia. (2023-08-05)[2023-09-19].https://en. wikipedia. org/w/index. php？title＝Advertising_agency&oldid＝1168877147.

[5] J. McDonough，K. Egolf. *The Advertising Age Encyclopedia of Advertising*[M].New York：Routledge，2015. 条目：United Kingdom，pp.1585-1587.

[6] 同[5].附录：Top Worldwide Advertising Agencies.

[7] 同[5].pp.745.

[8] 同[5].条目：United Kingdom，pp.1585-1587.

[9] 同[5].条目：United States.

[10] 同[3].

[11] Kevin Tedesco. Ayer：125 Years of Building Brands[M]. New York：Ayer Worldwide,1994.

[12] 同[5].条目：Media Agency.

[13] W. F. Arens，M. F. Weigold. *Contemporary Advertising and Integrated Marketing Communications*[M].16th edition. New York：McGraw Hill Education,2021.

[14] 同[13].

[15] R. Lane，K. King，T. Russell. *Kleppner's Advertising Procedure*[M].18th edition. Upper Saddle River，N. J.：Pearson,2010：Ch1.

[16] 包括不同作者和不同出版社的版本约有十几种。

[17] Ad Age Advertising Century：Timeline[EB/OL]//Ad Age.(1999-03-29)[2023-09-19]. https://adage. com/article/special-report-the-advertising-century/ad-age-advertising-century-timeline/143661.

[18] 赵琛.中国广告史(修订版)[M].2版.北京：高等教育出版社,2008.

[19] M. Tadajewski,D. G. B. Jones. *Historical Research in Marketing Theory and Practice*：*A Review Essay* [J/OL]. Journal of Marketing Management，2014，30（11-12）：1239-1291.

[20] 同[5].条目：History 1900—1920.

[21] 杰克逊·李尔斯.丰裕的寓言：美国广告文化史[M].任海龙，译.上海：上海人民出版社,2005.

[22] H. R. Luce. *The American Century*[J].Diplomatic History,1999,23(2)：159-171.

[23] 艾伦·布林克利.出版人：亨利·卢斯和他的美国世纪[M].朱向阳,丁昌建,译.北京：法律出版社,2011：前言.

[24] 同[5].条目：History 1930s.

[25] R. C. Allen. *Speaking of Soap Operas*[M].Chapel Hill：University of North Carolina Press,1985.

[26] 同[5].条目：humor.

3

立基先驱：
现代广告的早期丰碑

核心问题：现代广告是如何史诗般地迈出了第一大步的？

主要人物：

(1) 阿尔伯特·拉斯克(Albert Lasker，1880—1952)；

(2) 斯坦利·雷索(Stanley Resor，1879—1962)；

(3) 雷蒙·罗必凯(Raymond Rubicam，1892—1978)；

(4) 约翰·肯尼迪(John E. Kennedy，1864—1928)；

(5) 约翰·鲍尔斯(John E. Powers，1837—1919)；

(6) 查尔斯·奥斯汀·贝茨(Charles Austin Bates，1866—1936)。

内容精要：

本章探讨现代广告的早期发展，聚焦几位关键人物及其公司对广告行业的奠基性贡献。拉斯克被誉为"现代广告之父"，他确立了广告的现代内涵，并开创了广告文案这一专业领域。雷索夫妇则通过智威汤逊公司将广告代理公司推向新的高度，特别是海伦·兰斯当·雷索在广告文案创作中有着杰出的表现。罗必凯与Y&R公司通过引入社会调查和研究，提升了广告的效果和专业性。广告文案成为广告公司的核心竞争力，推动了广告行业的专业化和创意发展。

第二章说到，广告代理的现代转型和大众媒体的兴旺，为现代广告时期的到来拉开了大幕。广告驶上现代的康庄大道之后，出现了什么局面？如何评价现代广告的开局阶段？笔者认为，可用 8 个字概括：英雄辈出，波澜壮阔。

本章要回答的核心问题是：**现代广告是如何史诗般地迈出第一大步的？**

为此，本章从两条线来回答这一问题。一条线是通过人物和公司来初步评价这段历史。时势造英雄，一批广告人和公司被推上历史舞台，这些先驱们将现代广告的宗旨付诸实践，为现代广告开辟了广阔的天地，并夯实了地基，树立了标杆，留下了浓墨重彩的一笔。另一条线是通过专业广告文案的形成和确立，反映广告公司迈出的实质性的一大步。专业广告文案的确立是现代广告开局阶段的核心成就。

为 20 世纪 20 年代现代广告开局的英雄成堆，罗列一批人物并非难事。

例如，那个时代著名的广告人之一布鲁斯·巴顿（Bruce Barton，1886—1967），他在 1891 年创立的广告公司后来演变为名垂青史的天联广告（BBDO）。作为牧师的儿子，巴顿的思想特别之处在于他视广告为宗教，或者说他赋予广告以基督教的色彩，"对商业从尊重到敬畏"。1924 年，巴顿写了一本耶稣基督的"现代"传记，名为《无人知晓之人》（*The Men Nobody Knows*），连续两年重印 27 次，发行 75 万册，成为畅销书。中译本书名为《无人知晓之人：耶稣最伟大的 CEO》[1]。书中将耶稣描述为最伟大的商人、最早的广告人和天才的文案创作者，说耶稣"从最底层的商业中挑选了 12 个人，把他们变成了一个征服世界的组织"。《广告时代》称巴顿是"广告的真正信徒"（1999 年 8 月 3 日）。巴顿还在 1999 年入选"20 世纪百位广告名人榜"（第 15 位）。

乔治·路威尔（George P. Rowell，1838—1908，见图 3-1）在 1888 年创办了最早、最成功的广告专业期刊 *Printers' Ink*（见图 3-2），该刊物因影响巨大、长久而载入史册。19 世纪 90 年代，*Printers' Ink* 的发行量约为 16 000 份，成为当时阅读量最大的广告行业杂志。*Printers' Ink* 最后一期出版于 1967 年。早在 1865 年，路威尔在波士顿开设了一家广告代理机构。该机构于 1869 年开始

图 3-1 乔治·路威尔（George P. Rowell,1838—1908）

图 3-2 *Printers' Ink* 封面 （1924 年 2 月刊）

每年制作《美国报纸指南》。该出版物第一次为美国和加拿大 5 000 种报纸编制有用的发行量数据，这是广告商衡量广告受众的重要工具。1870 年，路威尔出版了《广告人：成功广告商的记述，以及广告方法的提示》一书。早在1905 年，路威尔就回顾了他长达 40 年的广告职业生涯，写出了《广告经纪人四十年，1865—1905》一书，这也许是后来广告领域许许多多广告人撰写的回忆录中的第一部，可谓是开了广告人自己撰写传记的风气之先。有人甚至认为，路威尔在带领美国广告业进入现代方面所作的贡献几乎超过了其他任何人。

此外，还有将心理学知识引入广告的先驱学者斯科特（W. D. Scott）和沃森（John B. Watson），将社会调查分析引入广告运作的盖洛普（George Gallap）和老尼尔森（A. C. Nielsen Sr.），我们将在第 11 章中将他们作为影响广告的重要学者进行论述。

早期为现代广告公司树立根基和榜样的一大批伟大先驱人物造就了新的时代。笔者认为，其中最具代表性和最具创新精神的是以下三位人物及其公司：拉斯克从 1912 年掌舵的洛德·托马斯（L&T）公司、雷索从 1916 年领导的智威汤逊(JWT)公司和罗必凯在 1923 年创立的扬·罗必凯(Y&R)公司。拉斯克、雷索和罗必凯分别是将 L&T、JWT、Y&R 这三家广告公司推向顶峰的灵魂人物。这一论断与《广告百科全书》和"现代广告教皇"奥格威的判断一致,前者称这三位人物"对'二战'前美国现代广告的发展起了关键作用"[2]。后者在《奥格威谈广告》[3]一书所列举的"创造现代广告的 6 位巨人"中,属于早期的三位人物。所以,透过这三位人物及其公司的创新,大致能看清现代广告是如何形成和奠基的。让我们一一述说。

3.1 "现代广告之父"拉斯克再造洛德·托马斯公司

顾名思义,"现代广告之父"(the father of modern advertising)是现代广告时期的首位奠基人。

从广告的发源和发展来说,**英国和美国是两个重要的国家**。这两个国家具有最深厚的广告传统和广告创造力。历史上最早的广告和广告公司都源自英国(15—18 世纪)[4],英国早熟的广告意识与它发明市场经济有关:为了推动市场发展,作为最早的市场武器,广告应运而生。美国在全球的广告领导地位则是因为美国在 20 世纪开创了现代广告时期。所以,英国和美国在广告领先权上时有超越,呈现出此起彼伏、互不相让的精彩格局。

也因为这种背景,在广告历史上出现了两位"**现代广告之父**"的有趣现象。这两个国家各自树立了"现代广告之父":一位是美国的阿尔伯特·拉斯克(Albert Lasker,1880—1952),另一位是英国的托马斯·巴雷特(Thomas J. Barratt,1841—1914)。

英国人之所以坚持树立他们的"现代广告之父"巴雷特(见图 3-3),大致有两个主要原因:其一,在时间上,巴雷特更早出现;其二,巴雷特对广告的若干原创性贡献影响久远。

图 3-3 托马斯·巴雷特(Thomas J. Barratt, 1841—1914)

巴雷特提出了成功广告背后的许多原创思想，这些思想在他那个时代广为流传并且影响后人，包括名人和名作路线、塑造品牌联想、广告注入高雅文化等。

巴雷特是最早以非凡的广告创意开创品牌营销的先驱人物。[5]他于 1862 年投身广告，在梨皂(Pears Soap)广告案例中一举成名。梨皂是英国当时著名的广告客户之一 A&F Pears 公司的产品。巴雷特创作的梨皂广告，使梨皂品牌名声大振，空前成功。在梨皂广告案例中，巴雷特的独特创意是，用广告建立起梨皂品牌与高雅文化及优良品质的关联，不断运用广告塑造出强大而独特的品牌联想。作为一种广告策略，巴雷特最奇妙的一手是，他从人气很旺的艺术家约翰·埃弗里特·米莱斯爵士(Sir John Everett Millais)手中收购了一幅画，画作是一个小男孩凝视着上升的肥皂泡(见图 3-4)。他成功说服米莱斯在画作中添加了一块梨皂。通过在前景中添加一块梨皂，他成功将艺术家米莱斯的画作《泡泡》(Bubbles)变成了梨皂的标志性广告。令人遐想和憧憬的"泡泡"为梨皂定下了令人印象深刻的广告基调。在这一广告主题下，巴雷特将梨皂与渴望家庭舒适和上流社会的梦想联系在一起，推出了贵族儿童形象系列的梨皂广告。广告中穿着整齐、体面高贵的儿童们，成为许多人的美好生活和梦想的代言。

图 3-4 梨皂广告(1900 年，英国)

巴雷特又为梨皂首创了名人代言的广告

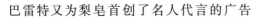

路线,他居然说服了女演员和威尔士亲王的情妇莉莉·兰特里(Lillie Langtry)等名人作为广告代言人。以名人口中说出的一句话"早上好!你用过梨皂吗?"创造出了极具煽动性的广告语。这也是最早的非常成功的偶像广告。

除了原创的广告策略外,巴雷特还具有深谋远虑的广告思想。他在 1907 年就说过:"品味在变,时尚在变,广告商也必须随之改变。如果在今天向公众展示以前一代人有效的想法,会变得平淡、陈旧,是无利可图的。并不是说今天的想法总是比旧的想法好,但它是不同的,它应符合现在的口味。"[6]一百多年前,巴雷特就强调了不断重新评估市场以改变广告品味和习俗的重要性。

让我们转向美国。在开创现代广告和广告全球化的进程中,美国后来居上,树立了在全球的广告领先地位。美国英雄辈出、表现卓越,纽约的麦迪逊大道(Madison avenue)成为全球广告的圣地和象征,影响并且引领了全球广告界。试看发源于美国的广告先驱的惊人之举和创新思想。

图 3-5 阿尔伯特·拉斯克
(Albert Lasker,1880—1952)

群英之首峰,当推在美国乃至全球被称为"现代广告之父"的拉斯克(见图 3-5)[7]。比巴雷特年龄约小 40 岁的拉斯克,在全世界比前者享有更大的声望和名气。让我们重点述评他为现代广告作出的奠基性贡献。

拉斯克是一位罕见的传奇人物。他相貌堂堂、眉清目秀,帅气潇洒、见识过人,衣着体面、一尘不染,语速极快,各种想法如火花四射,思维异常敏捷。拉斯克的魅力和风格博得了许多广告圈的粉丝,他的手下这样评价他:"他兼具明察秋毫又能抓住重点的特质,同时他也是个预测消费者反应的天才。除此之外,他充沛的体力和迷人魅力都是不可抗拒的。他每天工作 15 个小时。"[8]

拉斯克的人生中有两座非同凡响的高峰：被誉为"现代广告之父"；设立流芳后世的世界医学研究最高奖"拉斯克医学奖"（Lasker Medical Research Awards）。

在《广告时代》评出的"20世纪百位广告名人榜"（见附录B）中，拉斯克高居第9位，他也当之无愧入选美国国家商界名人堂（The American National Business Hall of Fame）。不过，拉斯克小时候的梦想却是成为一名伟大的报社记者。他出生于德国，在美国长大，从小家境富裕，在八个孩子中排行第三，父亲是银行家。他从12岁开始撰写每周通讯，并在高中时为家乡的报纸工作过。这一经历影响了他最初对广告的认知（**"广告即新闻"**）。

为什么拉斯克能获得"现代广告之父"的赞誉？是因为他以高瞻远瞩的广告思想和开风气之先的广告实践，将美国乃至全球广告业带进了现代广告的新时代。拉斯克对现代广告作出的奠基性贡献，可概括为以下三个方面。

拉斯克的第一大贡献是思想方面的，他确立了广告的现代内涵、广告代理的现代理念和独立价值。

当年广告的概念处在混沌之中，广告公司的人并不明白广告的本质是什么？怎样才是"明智地做广告"？广告的价值到底何在？拉斯克长期执着地思索这些问题。拉斯克曾一度认定"广告即新闻"，或因为他最初的人生愿望就是想成为一名记者，从小喜欢新闻，"广告即新闻"成为他先入为主的理念。当时广告公司的模糊意识和混沌状态，从它们向客户标榜的公司口号中也能体现出来。例如，洛德·托马斯公司的口号是"明智的广告"，竞争对手艾耶父子广告公司则以"持之以恒才能成功"为口号。它们的广告到底为客户提供什么价值，其实含混不清，因为当时的广告公司并没有想透彻广告到底是什么。

直到拉斯克接受、确认和大力宣扬**"（广告是）纸上的销售术"**（当时只有报纸）这一观念，力求广告代理商要奉行服务企业和产品的方向和宗旨，广告要在销售和客户营销决策中发挥重要作用，广告的内核和广告公司的定位才变得清晰和明确。此后，这也被现代广告公司视为金科玉律。

在这一核心理念诞生的背后,有一段真实的小故事。1904 年,担任洛德·托马斯广告公司总裁的拉斯克,有一次在办公室意外收到了一张来自陌生人的便条:[9]

我在楼下的沙龙里,我可以告诉你什么是广告,我知道你不知道。让你知道它是什么对我来说意义重大,对你来说更意义重大。如果您想知道什么是广告,请在门童旁边写下"是"一词。

约翰·肯尼迪(签名)

拉斯克没有计较写这张纸条的人的鲁莽和不逊,他虚怀若谷地接见了这位神秘的来访者——出身加拿大骑警的约翰·肯尼迪(John E. Kennedy,1864—1928)。肯尼迪写下三个单词递给他:**sales in print**,意为"**(广告是)纸上的销售术**"(当时广告主要印在报纸上)。这让拉斯克眼前一亮,如醍醐灌顶、茅塞顿开,他敏锐地认定这正是那个时代处在混沌中的广告的生存发展之道。

"(广告是)纸上的销售术"这句话意味着什么? 它将广告代理公司的方向和角色从代销报刊广告版面转向为广告主(企业)开拓产品市场。其一,它明确了广告的目标是帮助企业销售产品,要通过增加销售来体现广告的价值。其二,为了实现促销目的,必须使广告内容的表达专而有术,在当时这就是指广告文案(文字的表现)的专业化。明确了这个大方向,广告运作才聚集发展创意、市场调研,向消费者靠拢,从小三角进化到大三角。这真是广告思想史上的一个关键时刻!

拉斯克的第二大贡献是开创了广告文案(advertising copy)这一关键的专业领域。

在 1904 年那场著名的"sales in print"谈话之后,拉斯克随即以 16 000 美元的年薪聘请约翰·肯尼迪加入 L&T 公司,此年薪在一般标准的 10 倍以上(当时 L&T 公司文案撰稿人的年薪从未超过 1 600 美元)。两人的合作为广告的长期发展奠定了极其重要的专业新基础——广告文案。所谓"广告文案",

是指广告内容的文字化表现。它在印刷品时代决定了广告的威力。在文案基础上，广告后来才添加了图片和视频。

肯尼迪为公司开了建立文案部门之先河，他挑选、聘用了几位年轻的新闻记者，用"（广告是）纸上的销售术"的理念训练他们，首创设立并培训广告文案人员的里程碑。拉斯克认为，广告最重要的就是能写出紧紧抓住消费者眼球的文案。他首创对广告文案人员的专业系统训练，强调"（推销）原则是每一位文案人员的准则"。于是，L&T公司成为世界上**第一个拥有广告文案部门并专门培养文案人员**的广告公司。广告文案由此登上了广告的历史舞台，在广告行业中开始发挥关键性的作用。肯尼迪的这两大贡献（提出"（广告是）纸上的销售术"这一重要理念和开创广告文案专业化），让他在20世纪末入选"20世纪百位广告名人榜"，位居第37位。1907年，肯尼迪在工作两年后离开了L&T公司。1908年，拉斯克立即又聘用了另一位更举足轻重的广告天才克劳德·霍普金斯（Claude C. Hopkins）。霍普金斯完美实现了肯尼迪的广告理念，他相信通过反复测试，可以发现广告的基本原则，这些原则将保证销售的成功。拉斯克豁达大度，付给霍普金斯每周1 000美元的高薪，后来薪资增加到6位数，每年185 000美元。最后，霍普金斯升任L&T公司的CEO。在广告史上，霍普金斯不仅是非常出色的文案之一，更是"科学的广告"思想的提出者，是奥格威崇拜的偶像，这些将在第4章中阐述。

拉斯克的第三大贡献是广告管理的创新。

拉斯克是广告公司管理的创新者，如确立客户部和创意部的伙伴关系；坚定地推行15%的佣金制度；培养出一批美国大型广告公司的老板，训练出许多走向未来的广告栋梁。他首创了以肥皂剧（soap opera，电视连续剧的前身）为载体做插播广告的方式，这是广告方式的重大创新。他极大地改变和引导了美国消费者的购买习惯。

更值得敬佩的是拉斯克的人格魅力和胸怀。他的博大胸襟、虚怀若谷和慧眼识英雄的知人善任，为肯尼迪和霍普金斯这种大才提供了施展才能的机会。

若干年后,肯尼迪入选"20世纪百位广告名人榜",或与拉斯克说的这句话有关:"写广告史时,第一个一定要写的名字就是约翰·肯尼迪。到今天为止,他所定下的原则一直是每一位文案人员的准则。"拉斯克为霍普金斯撰写《科学的广告》送上1万美元的支票,这令霍普金斯难以忘怀,并记载于他的自传中。

在高手如云、斗智斗勇、竞争激烈的广告江湖,拉斯克的大气度和大格局,不仅成全了肯尼迪,也成全了他自己,谱写了广告史上叹为观止的双赢佳话。拉斯克被认为是"赚钱最多的广告人",奥格威在《一个广告人的自白》(*Confessions of an Advertising Man*)这本书中感叹:"拉斯克赚得5千万美元的原因之一是他能容忍肯尼迪、霍普金斯、赫默特这批文创人的傲慢。"

在广告历史上,**拉斯克成就了两家伟大的一流广告公司**。首先是创立于1873年的洛德·托马斯广告公司。拉斯克并不是该公司最初的创立者,却是使之伟大、成为当时世界上最大最领先的广告公司的舵手。其次是1942年拉斯克精心设计的博达大桥(FCB)广告公司,这家公司至今仍然是全球一流的广告公司。

1898年,18岁的拉斯克进入洛德·托马斯广告公司,很快领悟到广告代理的核心价值是为广告主提供高质量的广告创意服务。1904年,24岁的拉斯克成为该公司的合伙人,年薪52 000美元。8年后,他买下洛德·托马斯公司的全部股份。1942年,62岁的拉斯克退休,将公司托付给接班人,并将公司更名为"FCB",F、C、B分别是三位接班人姓氏的第一个字母。

最后还必须提及拉斯克对广告研究的极端态度。拉斯克相信直觉而远离学究,他对研究的功效持怀疑态度,通常不以为然,拉斯克说过一句很有个性而刻薄的名言:"研究只能告诉你公驴有两只耳朵。"言外之意是,许多故弄玄虚的研究,其结论不过是说出了人们早就知道的常识而已。这句话对那些玩弄深奥、高深莫测、视研究为高人一等的人,无疑是一副清凉剂。

拉斯克在20世纪上半叶将洛德·托马斯广告公司推上美国广告业的领导地位,赢得了崇高的威望。几十年后,新秀群起,由于他的儿子爱德华表示对广告事业不感兴趣，于是拉斯克在 1942 年决定将该公司出售给公司的三位干将，并以他们名字的首字母组合 FCB 重新组建命名。FCB 也成为出类拔萃的一流公司，以"FCB 方格"等经典策略工具闻名广告营销界。拉斯克自己则隐退广告江湖，走向第二人生。

1952 年，拉斯克在癌症手术两年后病逝，享年 72 岁。观其辉煌的一生，他献身广告长达 40 余年，是将美国（及全球）带入现代广告时期的伟大广告人。但他的人生视野和志向远远超出了广告界。晚年的拉斯克将自己的精力、财富转投向赞助健康事业，成就了他人生的第二高峰。他设立慈善基金（The Lasker Foundation），自 1945 年以来，该基金一直资助和奖励突破性的临床和基础医学研究（laskerfoundation. org）。特别是以他名字设立的"拉斯克医学奖"，是世界上医学研究的最高奖，被称为"医学界的诺贝尔奖"。奥格威对拉斯克的评价是："在广告史上，拉斯克是最会赚钱也是最会花钱的人。"[10] 他自己著述甚少，但别人为他立的传记传遍四海。[11] 影响较大的一本传记 *The Man Who Sold America* 在他逝世 58 年后出版[12]，该书已有中译版（《不做总统就做广告人》），作者之一是他培养的 FCB 公司的 CEO 舒尔茨。[13]

拉斯克在 20 世纪初大力开拓的广告文案，后来成为广告公司 20 世纪首个最重要的专业竞争力。下面让我们一起回溯广告文案兴起的源头、开创人物和思想。

3.2 广告文案：早期的闪光和先锋人物

广告代理转身面向广告主之后，核心问题变成了如何服务好广告主？

可以说，广告文案是为广告主服务的第一把"屠龙刀"。如前所述，现代广告代理公司发育的第一阶段是生长出被称为"广告文案"的专业职能，以及在公司内部出现相应的专职文案人员和文案部门。广告文案变得非常重要而居广告代理公司的核心位置,杰出的文案人员是广告公司的核心财富。甚至在几十年后,已功成名就的奥格威在众多称谓中,仍然坚持将"文案撰稿员"列为自己的第一标签。

一些脍炙人口、经久不衰的广告文案,亦沉淀为广告历史中的传世瑰宝,跨越时空,闪出美妙和智慧的熠熠之光。我们不妨先欣赏几个早期广告文案创意的经典例子。

1899年,艾耶父子广告公司承接了国家饼干公司的优力达(Uneeda)饼干的广告策划、文案创作和广告设计。艾耶父子广告公司设计的文案巧妙地将品牌名称和产品推广语关联起来,令人印象深刻,过目难忘。"Uneeda Biscuit"直译为"优力达饼干",通过读者联想为"你需要这饼干"(U need a Biscuit)(见图3-6)。优力达饼干也是第一个以品牌标识在美国全国范围内推出的饼干。1898年,国家饼干公司的总裁为这款饼干创造了一个图形符号,即淘气男孩的优力达饼干,并把它应用于广告活动中。

图 3-6 优力达饼干广告

1911年,海伦·兰斯当·雷索(Helen Lansdowne Resor)为伍德伯里香皂写出的广告金句:"A Skin You Love To Touch"(你渴望触摸的皮肤)(见图3-7),表达了女性消费者的三重愿望:进入上层社会、具有吸引男人的魅力、拥有浪漫的爱情，不仅深深打动了受众，而且为"性"（sexual）进入广告创意开启了大门。

1957年，FCB公司的女性文案员雪莉·宝丽柯弗（Shirley Polykoff, 1908—1998）为伊卡璐（Clairol）染发剂写下广告金句"Does she ... or doesn't she?"（她染了？还是没染？）（见图3-8），创造了另一个奇迹——开拓出巨大的女性染发市场。在6年内，染发剂的销售额增长了413%，美国染发的女性超过50%，以至于驾驶证上取消了头发颜色的填报。宝丽柯弗后来成为FCB公司董事会的第一位女性高级副总裁兼创意委员会主席。她因此在1973年入选广告文案名人堂（The Copy writers Club's Hall of Fame, CHF），并于1980年荣登美国广告名人堂（AHF）。此广告在近半个世纪后亦被选入"20世纪标杆广告百杰榜"，并高居第9位。

图 3-7　伍德伯里香皂广告　　　　图 3-8　伊卡璐染发剂广告

或许你已经注意到，女性在广告文案创作领域的表现相当出彩，上述三例中的两例都出自女性的灵感。另一位女性——美国杰出广告文案明星菲利斯·罗宾逊（Phyllis K. Robinson, 1921—2010），曾掌管世界一流的广告公司

DDB 的文案部门。她被赞誉为"推动广告从商业转向专业"的人,1999 年荣登 "20 世纪百位广告名人榜"第 40 位。

因杰出广告文案而入选"20 世纪百位广告名人榜"的人物高达 12 位(参见本章"广告里程碑 3")。但回溯超越百年的历史,广告文案的开山鼻祖和思想开创者,当数贝茨和鲍尔斯。

鲍尔斯:现代创意广告之父

约翰·鲍尔斯(John E. Powers,1837—1919)(见图 3-9)被《广告时代》尊称

图 3-9 约翰·鲍尔斯(John E. Powers,1837—1919)

为"现代创意广告之父"(the father of modern creative advertising)[14],因为文案是广告创意的发源和出发之地。同时,鲍尔斯还被誉为"第一位广告文案巨星""广告界最有影响力的文案撰稿人",他创作的广告文案至今被视为典范[15]。他因此入选"20 世纪百位广告名人榜"第 85 位。

鲍尔斯严厉且沉默寡言,一双锐利的眼睛、保持整齐的胡须和发际,这是一位诚实和直言不讳的人的脸。鲍尔斯的广告文案的特征可用两个字概括:平实。

鲍尔斯是早期以广告文案为生的人之一,在 19 世纪后期的独立广告文案撰稿人中排名第一。1880 年,他被广告史上另一位名人约翰·沃纳梅克(John Wanamaker,美国零售广告之父)雇佣为百货商店全职广告文案员(copywriter),这是广告界的一项创举。尽管他们的私人关系陷入了困境,但他们的专业关系却很牢固,鲍尔斯说服沃纳梅克将自己的百货商店的名称从"Grand Depot"(他说听起来太法语了)改为"Wanamaker"。他曾为沃纳梅克的书创作广告金句:"多少八卦都烟消云散了,这正是我们渴望摆脱的东西。"或许是因为这句广告语,该书在短短几小时内就被一抢而空。

鲍尔斯和沃纳梅克都坚持诚实和真诚理念。鲍尔斯创造了广告中通俗易懂的直白语言风格，他称为**"会说话的写作风格"**。鲍尔斯专注于事实，诅咒夸张。他曾经声称："浮华花哨的写作是令人反感的。"随着时间的推移，鲍尔斯的文案风格——强调常识、直接和讲事实，以及内容胜于形式——成为科学广告的主流表达方式。这种真实、无夸张的"理性"广告，被广告代理公司广泛模仿，并持续了很长时间。

后来，他以独立的广告文案创作为职业，立足于纽约。他只为那些他认为值得信赖的人工作。无论是广告文案的标价，还是文案创作的能力，他都树立了早期的标杆。19 世纪 90 年代后期，他撰写广告文案每天的收入已超过100 美元。

在鲍尔斯之前，广告表现通常要么夸大其词，要么是平铺直叙的商品清单。鲍尔斯主张，诚意、令人信服的方法和索赔的承诺将说服客户购买该产品。

在早期不同的广告文案风格中，鲍尔斯确立了最重要的文案思想，提出了杰出广告文案应具备以下 5 个要素：简单、简短、活泼、令人信服和理性——这被誉为广告文案的"鲍尔斯风格"（Power's style）。他强调，正是靠这几个要素，广告文案才凸显出重要价值，才有分量、可信赖，有创见和独立不羁。在此期间，口号制作发展成为概括关键主题或想法的专业，例如国家饼干公司的"Do Uneeda Biscuit?"，还有宝洁公司象牙皂（Ivory Soap）的"纯度 99.44％"和"它能漂浮"（It Floats）等。19 世纪 80 年代，雄心勃勃的绘画广告开始出现在英国插图杂志上。同时，广告语的押韵在英国取得巨大成功，促使广告文案开始追求声韵。其优点是很容易被人记住。

贝茨：广告文案鼻祖

鲍尔斯的成功启发了另一位著名的广告文案人查尔斯·奥斯汀·贝茨（Charles Austin Bates，1866—1936）（见图 3-10）。贝茨是最早以文案创作为职

图 3-10 查尔斯·奥斯汀·贝茨
(Charles Austin Bates,1866—1936)

业的文案人之一,不过他直言不讳地将自己称为"广告匠"。在最早的广告行业杂志《印刷者墨迹》(*Printers' Ink*)上,贝茨开辟了每周个人专栏,以炫耀其广告见解而闻名,被认为是第一位广告专业评论家。他创立的广告公司还提出了为广告主提供"创造性服务"的口号。贝茨还扶植、培养了许多杰出的广告人,其中最有名的一位是欧内斯特·埃尔莫·卡尔金斯(Earnest Elmo Calkins)(将在第 6 章中予以评述),是贝茨在担任广告比赛评委时挖掘出的一位广告大才。

贝茨重要的思想贡献当属他最早提出了通向现代广告本质的一句名言:**广告为广告主服务而具有价值**。以下这段史实有助于澄清广告史中一个重大思想的优先权。如本章前述,"sales in print"(纸上的销售术)这句名言往往被认为是约翰·肯尼迪的发明。1904 年,因为肯尼迪出于想在著名的 L&T 广告公司找一份工作,用这三个单词向拉斯克描述了什么是广告,引起了拉斯克的极大关注并付诸行动,从而改变了广告的价值观念和行业的方向。

但是,2003 年出版的《广告百科全书》披露了另一个重要事实:早在 1897 年,查尔斯·奥斯汀·贝茨已将广告描述为"salesmanship in print",贝茨这句名言也曾出现在当时的行业杂志《印刷者墨迹》的专栏文章(1905 年 9 月 6 日)中[16]。所以,肯尼迪只是在贝茨之后以稍稍改动的相似语句"sales in print"打动了拉斯克。当然,贝茨最早提出的这个思想也是直到 1904 年借助拉斯克的影响力才引起人们的广泛关注和接受的。

上述这两位广告文案的开山人物都彪炳史册,在 1999 年入选郑重评选产生的"20 世纪百位广告名人榜"。不过,其位次悬殊且令人感到意外:鲍尔斯屈居第 85 位；查尔斯·奥斯汀·贝茨则被尊为"广告文案的鼻祖"，位居第 58 位。注意：该榜单中有两位贝茨，另一位是排名第 64 位的西奥多·贝茨（Theodore L. Bates）。或许有人会追问：鲍尔斯似乎应该列在贝茨之前，《广告时代》的评价何以如此？这反映出这次世纪评选中更强调思想的长远影响力。尽管鲍尔斯对文案的思想贡献和技法在当时十分出色并鹤立鸡群，但从长远看，他对后世的发展影响相对较小，故而屈居贝茨之后。

当广告公司纷纷建立和强化自己的专业广告文案竞争力时，一位旷世奇才将目光投向了更远大的目标。他以宏才大略和他的妻子一起将智威汤逊（JWT）这家最古老的广告公司推上了现代广告公司的顶峰，他成就的广告丰功伟业可谓是广告历史上一段最美丽的神话，他就是斯坦利·雷索（Stanley Resor）。

3.3　雷索夫妇：将智威汤逊推向顶峰

广告史上为现代广告奠基作出顶级贡献的、举世无双的一对传奇人物是雷索夫妇。斯坦利·雷索（Stanley Resor，1879—1964）与"现代广告之父"拉斯克几乎同龄，形成了广告史上的两座高峰。拉斯克曾使洛德·托马斯（L&T）公司成为业界第一，雷索则使智威汤逊公司超越 L&T 成为新的业界第一。

智威汤逊广告公司（J. Walter Thompson，JWT，1864—2018）的名字在全球广告界如雷贯耳，被奉为神圣。**JWT 执行业牛耳超过半个世纪，被视为广告业的至高象征，是一家神奇的、充满魅力和传奇色彩的公司。**

JWT 的前身是成立于 1864 年的卡尔顿和史密斯公司。1878 年，詹姆斯·沃尔特·汤普森（J. Walter Thompson，1847—1928）（见图 3-11）收购了该公司，改名为 J. Walter Thompson 公司。公司的标识是一只象征智慧、阅历与判断的猫头鹰（见图 3-12），象征着"指引光明，予人远见，夜以继日地努力，专注于为客户开创伟大的创意"。

图 3-11　詹姆斯·沃尔特·汤普森(J. Walter
Thompson, 1847—1928)

图 3-12　智威汤逊广告
公司的标识

汤普森于 1847 年出生在美国马萨诸塞州的皮茨菲尔德。在海军服役后,他于 1868 年被一家小型广告公司聘用,为报纸和杂志寻求广告客户。为此,他创办了一个客户专享的独家出版物。10 年后的 1878 年,他以 1 300 美元的价格(公司 500 美元＋家具 800 美元)收购并以自己的名字命名了这家公司。

照片中的汤普森威武阳刚、气度非凡,一看就与众不同,雪白的大胡须修剪整齐,炯炯有神的蓝色双眼直视前方,头戴硬边帽,手持雪茄烟,腰板挺直,神态悠然。他像一位稳操胜券、威严笃定的将军,又像一位德高望重、温文尔雅的老船长。

这位"老船长"的过人之处凝聚在两个字上——远见。

他在智威汤逊首创了客户经理的职位,专门服务客户的需求,提供包括设计和广告投放的"全方位服务"。

他布网全国,从纽约开始,在芝加哥、波士顿、辛辛那提开设办事处,又将目光投向国外。早在 1899 年,他就在伦敦开设了第一家向海外扩张的美国广告公司分支机构。

汤普森一生中最具远见卓识的一件事是:他选择了最佳的公司接班人。

1916年，在从业48年后，他做出了一项伟大的决策：选定斯坦利·雷索（见图3-13）为接班人，将公司完全托付给他，从而为智威汤逊走上全球广告公司历史的顶峰奠定了可靠的基石。

图3-13　斯坦利·雷索（Stanley Resor，1879—1962）与海伦·兰斯当·雷索（Helen Lansdowne Resor，1886—1964）

斯坦利·雷索果然领导智威汤逊登上了全球广告公司的"珠穆朗玛峰"。他将广告代理公司提升到了前所未有的历史高度，并对广告行业的发展产生了深刻的影响。智威汤逊在全球广告公司举世无双的名声和地位，首先来自雷索夫妇近50年的贡献。

与斯坦利·雷索在半个世纪内并肩追逐梦想的，是他美丽而聪慧的夫人海伦·兰斯当·雷索。斯坦利·雷索的夫人是实现这一历史使命中的传奇女性。让我们先说说美丽的海伦·兰斯当·雷索吧（见图3-13）。

海伦在智威汤逊因三重原因而倍受尊重：广告文案创作天才；热心女权的公司副总裁；公司总裁的夫人和事业的好搭档。她也是代表智威汤逊广告公司向最大的广告主——宝洁公司董事会呈报广告提案的第一位女性。海伦是广告界女性的光辉典范和楷模。她为女性从事广告职业开辟道路，扶持了一大批女性担任智威汤逊某些部门（如食品、肥皂、药品等）的主要职务，以至于智威汤逊被广告主戏称为"娘子军的公司"（woman's agency）。海伦个性鲜明，坚持为公司树立独特风格，甚至体现在公司的场景中。例如，公司内工作空间由锻铁格栅而不是墙壁分隔,一律采用古董家具,同时让经理们自由挑选他们喜欢的不同年代的古董家具,墙壁上装饰着不断增添的艺术收藏品等。

图 3-14 伍德伯里香皂
广告(1911)

最难得的是,海伦是广告创意文案的天才和领头人,她将情感和魔力注入广告。正如奥格威的评价,"她是那一代最了不起的文案创作者"。第 2 章中曾提到,1911 年海伦为伍德伯里(Woodbury)香皂创作的灵光乍现的经典广告文案——"A Skin You Love To Touch"(你渴望触摸的皮肤)(见图 3-14),首次开启了广告创意中的"性"(sexual)元素,开辟了以消费者体验为广告卖点的方向,因此被"现代广告之父"拉斯克高度评价为"广告史上广告表现的三大里程碑式的突破之一",成为世代广告人高山仰止的榜样。

在《广告时代》遴选的"20 世纪最佳广告语"中,该广告语入选前十名,又在 1999 年荣登"20 世纪标杆广告百杰榜"第 31 位。海伦还在为旁氏护肤霜(Pond's skin cream)制作的第一个国际广告中,最早使用了名人推荐的广告方法。智威汤逊 1927 年的广告语"十分之九的银幕明星都用力士香皂呵护自己的皮肤"就是早期典型的名人推荐广告。

回到斯坦利·雷索的传奇。1916 年,37 岁的斯坦利·雷索从汤普森手中接管智威汤逊,当时公司的年营业额只有 300 万美元;45 年后他退休时,公司年营业额达到 5 亿美元。斯坦利·雷索为满足通用汽车等大客户全球扩张的需求,顺势将智威汤逊分公司延伸到全球,使其真正成为**世界上第一个跨国广告公司**。1957 年,智威汤逊成为**首个年营业额突破 1 亿美元的广告公司**,也是世界上规模最大的广告公司,而且长期雄居全球广告公司之首。

斯坦利·雷索脸型略长,目光锐利,鼻梁高耸、鼻头丰满,一对招风耳和薄嘴唇显示出他独立坚定的个性。他从小家境优越,就读名校耶鲁大学,后来家道中落,1901 年大学毕业后自谋出路。1904 年,25 岁的斯坦利·雷索入职宝洁公司,在宝洁下属的一家广告公司工作,主要职责是推销商品。宝洁公司是消费品领域最大的广告主,他从中学到了不少广告知识和技巧,结识了众多客户,为其终生事业铺垫了良好的基础。但他不满足于只为一家公司做广告,4 年之后,29 岁的斯坦利·雷索离开宝洁,加入智威汤逊。

凭借在宝洁的积累和刻苦精神,斯坦利·雷索很快便在智威汤逊显露出过人的才华。他特别重视广告中品牌名称的设计,视其为广告的灵魂;他还提出,应将有强购买力、人数众多的中产阶级作为重点对象,鼓励他们向富人的生活方式看齐。正是因为这些有创见的思想和出色的工作业绩,在汤普森决定退出智威汤逊时,斯坦利·雷索便成为接班的最佳人选。

斯坦利·雷索是如何使智威汤逊成为世界第一的呢?

1916 年,37 岁的斯坦利·雷索掌管智威汤逊。1917 年,他与美国广告代理商协会(American Association of Advertising Agencies,4A)的缔造者之一海伦·兰斯当·雷索结婚。早在韦尔奇运用聚焦战略使通用电气公司卓越领先之前几十年,斯坦利·雷索已在智威汤逊实施提升公司竞争力的聚焦战略。他大刀阔斧地将广告客户数从 300 家减至 100 家(只保留大客户),从而保证向核心客户提供更好的服务。他精简公司组织和人员,关闭效率不高的分支机构,对各项事务进行了革新和调整。

与"现代广告之父"拉斯克不相信研究不同,斯坦利·雷索是**在现代广告实践中发挥学术和调研作用的先驱。**

斯坦利·雷索是消费者市场调研的开拓者,为其广告策略提供切实依据。早在 1912 年,斯坦利·雷索就在智威汤逊组织过大规模的市场调查,调查涉及上千家零售公司及 500 人以上的美国城镇人口分布、购买力分析、不同阶层商品的喜好程度等。他将调查数据汇编成《人口和分布》并公开出版,受到了广泛的关注,全美有 2 300 多家公司使用了这一调查数据,美国政府的官方统计也收录了该调查结果。1922 年,他聘请哈佛商学院著名教授保罗·彻林顿来公司主持市场研究工作,对消费习惯和购买行为进行大规模调研。1939 年,他开创性地建立了"消费者购买情况调查对象名单",定时定点取样,收集消费者数据。他设立了 5 000 份样本的固定家庭调查,记录他们每个月所购买的所有商品。

斯坦利·雷索极为重视学者和研究的价值。1920 年,他成功邀请开创行为心理学的著名心理学家约翰·布鲁德斯·沃森(John B. Watson,1878—1958)加盟智威汤逊,沃森主持公司的研究部门长达一二十年。斯坦利·雷索聘请的教授还包括经济学家和历史学家,如经济学家阿诺·詹森、美国国家人口调查主持人魏吉尔·李德等。

在研究的基础上,斯坦利·雷索在公司推出了"Thompson T-square"(汤普森 T 方格),建立了追问 5 个基本问题的操作框架,即在向客户正式提案之前,必须汇总和掌握有关品牌和竞争的相关信息,清晰回答"who/what/when/where/why"(是谁/是什么/何时/何地/为何)。

斯坦利·雷索执掌的智威汤逊注重学历和专业化,大量吸收大学毕业生、作家、经济学家、心理学家等进入公司开展研究。他在公司内创办"广告大学"(University of Advertising),培训提高人员素质,使公司更有竞争力、广告更有

图 3-15　晚年的斯坦利·雷索
(Stanley Resor,1879—1962)

成效。在这种土壤和氛围中,智威汤逊培养出了一大批广告人才,包括广告界旷世奇才詹姆斯·韦伯·扬(James Webb Young,1886—1973)。

斯坦利·雷索是一位有思想、有理想、有情怀的创新型企业家(见图 3-15),他期望广告代理不囿于商业(business),追求利用广告的力量来推进社会和慈善事业,为社会创造价值。他主张广告业应该是一种如同律师和医生的专业性职业。他拒绝为烈性酒和香烟等做广告(例如拒绝超级广告主骆驼香烟),此举赢得了社会的普遍

尊重。1961年,82岁的斯坦利·雷索从他奋斗了53年的智威汤逊退休;次年(1962),83岁的他便告别人世。除了对智威汤逊作出空前绝后的贡献外,斯坦利·雷索还给整个广告界留下了三大宝贵的遗产:第一,让广告激发出消费者对产品和服务的渴望;第二,他热情倡导广告是一门科学而不是一门艺术的立场;第三,他奋力将广告行业提升到受社会尊重的专业地位。马丁·迈耶(Martin Mayer)在《麦迪逊大道》(*Madison Avenue*,*USA*)一书中评价道:"雷索对他的公司和整个广告行业的开创性持续贡献,是他坚信广告既不是马戏团的杂耍,也不是生意,而是一支独立力量,应该具有与法律或医学相似的职业地位。"[17]

雷索夫妇在广告史上留下的最后传奇是:他们是唯一荣登1999年《广告时代》"20世纪百位广告名人榜"榜单的一对"双子星",并且高居第14位。早在1967年,他们还双双入选了广告界至高终身荣誉——美国广告名人堂。在全球广告界,这是既前无古人、恐也后无来者的。

据记载,斯坦利·雷索领导智威汤逊时,曾经至少两次向奥格威表示,希望他的奥美广告公司(Ogilvy & Mather,O&M)能加入智威汤逊,即智威汤逊有意收购奥美,但都被奥格威婉言拒绝了。奥格威对行业老大智威汤逊和斯坦利·雷索当然怀有极大的尊敬,但在内心深处或许有某种距离。一些迹象表明,奥格威更亲近的是另外一位广告巨人——雷蒙·罗必凯(Raymond Rubicam,1892—1978)。接下来让我们看看罗必凯和他的公司又是如何为现代广告大厦夯实地基的。

3.4 罗必凯和Y&R公司

有"现代广告教皇"之称的奥格威曾言:"今天世界上最好的广告公司,都是雷蒙·罗必凯影子的延伸。"此言意味深长,概括了罗必凯对后人的重大影响。

从年龄和资历上讲,斯坦利·雷索和罗必凯都是现代广告的第一代,是奥格威的前辈,也都被奥格威列为"创造现代广告的6位巨人"。奥格威以这样的口吻说到罗必凯:"他是我的赞助人、鼓励者、顾问、批评者和良知,而我是他的

图 3-16 雷蒙·罗必凯
(1892—1978)

信徒、崇拜者。因此在他退休后,我请他去当奥美的董事长。""除了我祖父,他是我见过最坦诚的人,他心里有什么就脱口而出,从不考虑会有任何后果。有时,他称赞我的广告使我脸红,但当他很直率地批评我另外一个广告活动时,又使我非常没自信。"

罗必凯沉稳端庄,一副深谋远虑的神态,目光似乎有穿透力,双手环抱,显得笃定自信(见图3-16)。除了人格上的魅力,我们试图理解奥格威所说的"影子"究竟何意。

罗必凯生于19世纪末,他的早年是艰辛而沮丧的,仅靠写短篇小说和新闻,以及在亲戚的帮助下维持生计。所幸的是,他的青春时期恰逢20世纪20年代美国现代广告的崛起,"好风凭借力,送我上青云"。从风华正茂到三十而立,罗必凯抓住广告大发展的上升势头,投身广告界大展宏图,在开拓现代广告的处女地上留下了开拓创新的厚实脚印。他最早崭露头角是在艾耶父子广告公司,为施坦威钢琴创作出了经久不衰的广告文案——"不朽的乐器",从此一鸣惊人。

1916年,24岁的罗必凯进入广告业;1923年,31岁的他与最亲密的朋友约翰·奥尔·扬(John Orr Young)创立了广告史上大名鼎鼎的扬·罗必凯广告公司(Young & Rubicam,Y&R)。扬·罗必凯广告公司从开办资金仅5 000美元,一路发展到年营业额几十亿美元,并开发了一批顶级客户(宝洁、通用电气、通用食品、美国电话电报公司、克莱斯勒等)。1944年,扬·罗必凯广告公司成为美国第二大广告公司,1998年被评为全球第五大广告公司。扬·罗必凯广告公司也是第一家让员工拥有股份的广告公司。这家坐落在

纽约市麦迪逊大道 285 号的公司，令广告界肃然起敬，被奉为楷模。合伙人扬比罗必凯大 7 岁，在 1934 年离开公司。所以，尽管公司名是以"Y"为首，核心和灵魂人物却是"R"——罗必凯。

扬·罗必凯广告公司有许多值得骄傲和自豪之处，包括它的广告大客户和公司业绩，还有它的开创性研究成果，例如在战略品牌管理中应用广泛的品牌资产评估 BAV（Brand Asset Valuator，品牌资产标量）模型。[18]不过，罗必凯的广告思想更具价值。例如，他主张**"销售的方法就是让人先读广告"**，为此他追求广告的完美。他所定义的好广告是："它不仅是具有强力销售力，而且必须让一般大众和广告主可以长久记得那是一件值得称赞的作品。"他赋予施坦威钢琴的经典广告语——"不朽的乐器"恰是一个印证。同时，这表明罗必凯的思想早已突破了**"为销售而广告"**的边界，进入**"为品牌而广告"**的深远境界，尽管那时品牌的概念还未广为人知。

罗必凯的贡献何在？若仅仅提到他创建了世界一流的扬·罗必凯广告公司，显然并不够。罗必凯对全球广告公司的长期影响，必定有其原创性、标杆性的贡献。究其最大的创新和亮点，以及他对广告的历史性贡献，当属罗必凯在 20 世纪 30 年代迈出的一大步——将专业的社会学家和调查研究引入广告公司，开创追求广告效果之先河。尽管前面已提到，斯坦利·雷索在智威汤逊从 1912 年开始就不断引入消费者调查，并且规模很大。但将社会调查更直接地与广告文案和创意对接，聚焦于提升广告实效的是罗必凯。或者说，斯坦利·雷索的专业调研更宏观，罗必凯的专业调研更具执行力——直接为优化广告创意服务。故此，《广告时代》称赞他是**"第一个将研究引入创意过程的人"**。

1932 年，罗必凯邀请爱荷华大学博士乔治·盖洛普（George Gallup，1901—1984）加入扬·罗必凯广告公司。在外人看来，盖洛普并不是广告人，他只是一位统计学基础很好的研究者。1930—1931 年，他发表的两篇论文《用科学方法而不是猜测来确定读者的兴趣》及《性别对文案的不同诉求》，引起了罗必凯的关注和兴趣。

罗必凯立即聘请了盖洛普,由他挂帅在公司开展与广告创意相关的研究工作。从调查广告的阅读率和研究改进方法开始,盖洛普在公司内创建了文案研究部,并根据研究结果来指引和指导广告创作。这种探索获得了令人满意的结果:扬·罗必凯广告公司制作的广告总是比其他广告公司的阅读率更高、效果更好。**这种基于调查和研究的广告创作,是继建立专业广告文案部门之后,现代广告公司迈出的又一大步!** 这一步直接指向广告的效果及其改进方法。从此开始,广告效果成为广告活动孜孜以求的永恒主题,成为一切广告公司成败的关键。可以说,这是现代广告发展的一个里程碑。所以奥格威说,世界上最好的广告公司里,都能发现雷蒙·罗必凯的影子,这个"影子"主要就是对广告效果的追求。1999 年,作为第一位将广告效果研究引入创意过程的人——罗必凯入选《广告时代》的"20 世纪百位广告名人榜",位列第46 位。

广告里程碑 3:广告文案成为专业核心

在广告发展史上,广告文案(advertising copy)扮演着现代广告公司的中流砥柱角色,是其专业立足之本。一流的广告公司必有一流的文创人才,广告文案人才因此成为广告公司的掌上明珠。1888 年,艾耶父子广告公司聘用了历史上第一位全职的广告文案员伍德(Jarvis Wood)。[19]独立身份或自立门户的广告文案人则开始于查尔斯·奥斯汀·贝茨和约翰·鲍尔斯。

广告史上优秀杰出的广告文案名人可以列出一份长长的名单。以最高荣誉的广告名人堂(AHF)为依据,杰出广告文案人在其中所占的比例最高,霍普金斯、奥格威、李奥·贝纳等广告巨星都兼有广告文案的头衔,奥格威甚至说:"我更喜欢人们把我当作能做出大创意(big idea)的文案撰稿人。"

如果进一步分析"20 世纪百位广告名人榜",就会发现一个重要的事实:以广告文案身份入围的人物占了该榜单中最多的席位,出类拔萃的广告文案人物包括(括号中英文名前的数字表示榜单中的排位)：海伦·兰斯当·雷索(14,Helen Lansdowne Resor)、玛丽·威尔斯·劳伦丝(19,Mary Wells Lawrence)、霍华德·勒克·戈萨奇(23,Howard Luck Gossage)、雪莉·宝丽柯弗(24,Shirley Polykoff)、克劳德·霍普金斯(28,Claude C. Hopkins)、约翰·肯尼迪(37,John E. Kennedy)、菲利斯·罗宾逊(40,Rhyllis K. Robinson)、查尔斯·奥斯汀·贝茨(58,Charles Austin Bates)、斯坦·弗雷伯格(59,Stan Freberg)、杰里·德拉·费明纳(71,Jerry Della Femina)、约翰·鲍尔斯(85,John E. Powers)、克里夫·弗里曼(98,Cliff Freeman)。上述名单尚未包括自诩为文案人的奥格威等广告公司创始人。

由此可见，广告文案的诞生具有里程碑的意义。其一，它是广告代理走向专业化的第一个标志，广告不再靠无知识含量的服务赚钱，而是靠一项专职的知识技能和智慧实现价值。其二，广告文案是广告创意最初的起点和源头，文案追求的"广告金句"(slogan)要凭借创意的灵光才能妙手偶得，从而成为长久流传的经典。

广告口号或广告金句是广告文案的重心和创意的核心，它始于19世纪末，在强化品牌个性和重复记忆、建立顾客情感和创造竞争差异等方面功效显著。从1999年《广告时代》评选发布的"20世纪影响和效力最强的10个广告金句"中，读者可体会到广告金句的生命力：[20]

(1)"钻石恒久远，一颗永流传"(A diamond is forever)，戴比尔斯(De Beers)钻石，N. W. Ayer & Son,1948年。

(2)"尽管去做!"(Just Do It!)，耐克(Nike)，Wieden & Kennedy(维登肯尼迪)，1988年。

(3)"享受清新一刻"(The pause that refreshes)，可口可乐(Coca-Cola)，D'Arcy(达美高)Co.,1929年。

(4)"美味妙不可言"(Tastes great, less filling)，米勒淡啤(Miller Lite

beer)，McCann-Erickson Worldwide(麦肯世界集团)，1974 年。

(5)"我们是第二"(Avis is only No.2)，安飞士出租车公司(Avis)，DDB，1963 年。

(6)"滴滴香浓，意犹未尽"(Good to the last drop)，麦斯威尔咖啡(Maxwell House)，Ogilvy，Benson & Mather(奥美的前身)，1959 年。

(7)"冠军的早餐"(Breakfast of champions)，Wheaties 麦片，Blackett-Sample-Hummert，20 世纪 30 年代。

(8)"她染了？ 还是没染？"(Does she … or doesn't she?)，伊卡璐(Clairol)染发剂，FCB，1957 年。

(9)"倾泻如雨"(When it rains it pours)，莫顿食盐(Morton Salt)，N. W. Ayer & Son，1912 年。

(10)"牛肉在哪里？"(Where's the beef?)，温迪汉堡(Wendy's)，Dancer-Fitzgerald-Sample，1984 年。

紧随其后入围备选的两条广告金句如下。

(1)"快看，妈妈，我没有蛀牙！"(Look，Mom-no cavities!)，佳洁士牙膏，本顿与鲍尔斯广告公司(Benton & Bowles)，1958 年。

(2)"创造美好生活"(We bring good things to life)，通用电气，BBDO，1979 年。

20 世纪 90 年代之后，中国的广告人在本土创造了一批又一批广告金句。

"如果失去联想，世界将会怎样"(联想电脑，1991 年)；

"给你一个五星级的家"(碧桂园地产，1995 年)；

"送(收)礼只送(收)脑白金"(保健品脑白金，1997 年)；

"治疗感冒，黑白分明"(白加黑感冒片，1995 年)；

"望子成龙小霸王"(小霸王学习机，1994 年)；

"山高人为峰"(红塔山集团，2003 年)；

"你知道清嘴的味道吗"（清嘴含片，2000 年）；

"农夫山泉有点甜"（农夫山泉饮用水，1997 年）；

"沟通从心开始"（中国移动，2000 年）；

"保利，中国地产长城"（保利地产，2004 年）。

　　拉斯克、雷索夫妇和罗必凯等广告先驱为现代广告奠定了令人瞩目的基石，广告文案确定了广告公司的核心业务。这条脉络的继续深入发展，导致了科学广告流派的兴起，这是广告进程中的特大事件。让我们进入下一章，了解科学广告如何成就了广告思想史上的第一次高潮。

注　释

[1] 布鲁斯·巴顿.无人知晓之人：耶稣最伟大的 CEO[M].陈雅毛，译.西安：陕西师范大学出版社，2006.

[2] J. McDonough, K. Egolf. *The Advertising Age Encyclopedia of Advertising*[M].New York：Routledge，2015.条目：History.

[3] 大卫·奥格威.奥格威谈广告[M].曾晶，译.北京：机械工业出版社，2013.

[4] Advertising agency[Z/OL]//Wikipedia. （2023-08-05）[2023-09-19]. https：//en. wikipedia. org/w/index. php? title＝Advertising_agency&oldid＝1168877147.

[5] Thomas J. Barratt[Z/OL]//Wikipedia. （2022-04-28）[2023-09-19].https：//en. wikipedia. org/w/index. php? title＝Thomas_J._Barratt&oldid＝1085054571.

[6] History of advertising[Z/OL]//Wikipedia. （2023-09-18）[2023-09-19].https：//en. wikipedia.org/w/index.php?title＝History_of_advertising&oldid＝1175927979.

[7] Albert Lasker[Z/OL]//Wikipedia. （2023-08-21）[2023-09-19].https：//en.wikipedia.org/w/index.php?title＝Albert_Lasker&oldid＝1171553159.

[8] J. Gunther. *Taken at the Flood：The Story of Albert D. Lasker*[M]. New York：Harper，1960.

[9] R. C. Worstell，C. C. Hopkins，J. E. Kennedy. *Scientific Advertising Origins*[M].

Raleigh：Lulu Press，Inc.，2014.

[10] 杰弗里·库鲁圣，阿瑟·舒尔茨.不做总统就做广告人："现代广告之父"拉斯克尔和他创造的广告世纪[M].王晓鹂，译.北京：中信出版社，2012.

[11] 阿尔伯特·拉斯克尔.拉斯克尔的广告历程[M].焦向军，韩骏，译.北京：新华出版社，1998.

[12] J. L. Cruikshank，A. W. Schultz. *The Man Who Sold America：The Amazing（but True！）Story of Albert D. Lasker and the Creation of the Advertising Century*[M]. Boston，MA.：Harvard Business Press，2010.

[13] 同[10].

[14] John E. Powers. Ad Age[EB/OL].[2023-09-19].https://adage. com/article/special-report-the-advertising-century/john-e-powers/140264.

[15] C. Doyle. *A Dictionary of Marketing*[M].4th edition. Oxford：Oxford University Press，2016.

[16] 同[2].条目：Hard-Sell/Soft-Sell Advertising，pp.662.

[17] M. Mayer. *Madison Avenue*，*USA*[M].New York：Harper & Row，1958.

[18] 卢泰宏.品牌思想简史[M].北京：机械工业出版社，2020：199.

[19] 同[2].pp.126.

[20] 同[2].条目：Slogan，pp.1440.

4

走向科学：
从混沌到专业

核心问题：作为广告思想的重要流派之一，科学广告流派的思想主张及其对广告发展的贡献是什么？为什么会出现科学广告的思潮和流派？

主要人物：

(1) 克劳德·霍普金斯(Claude C. Hopkins，1866—1932)；

(2) 罗瑟·雷斯(Rosser Reeves，1910—1984)；

(3) 约翰·卡普莱斯(John Caples，1900—1990)。

内容精要：

本章详细探讨科学广告流派的兴起及其对广告业的深远影响。科学广告流派在20世纪初至中叶崛起，代表人物包括霍普金斯、雷斯和卡普莱斯。霍普金斯被誉为科学广告流派的鼻祖，他强调广告的科学性和销售导向。雷斯提出了著名的独特销售主张(Unique Selling Proposition，USP)理论，强调广告必须提供独特且有吸引力的卖点。卡普莱斯则以广告测试方法著称，推动了广告的量化研究。科学广告流派的核心思想是通过科学方法提升广告的有效性，尽管后来在创意革命中受到挑战，但其遗产至今仍在广告业发挥重要作用。

"广告无非是寻求奇招怪术、突发奇想的金点子",这是广告圈内外不少人都认同的一个懵懂想法。读完本章之后,他们或许才会恍然大悟,原来这是约一百年前就被科学广告流派批判过并抛弃的思想。

如前所述,广告代理的现代转型终于解决了"一仆二主"的问题,走上并确立了为广告主服务的大方向。不过,新的问题迎面而来,而且充满挑战:如何才能服务好广告主,以体现广告的独立价值呢? 当时,问题的焦点具体化为:如何为广告主提升销售业绩,并集中在广告文案上?

为了解决这个安身立命的问题,20 世纪上中叶,首先出现了科学化占主导地位的广告大思潮,这对广告的发展有过巨大的贡献,其影响至今仍时时可见。

本章要回答的核心问题是:**作为广告思想的重要流派之一,科学广告流派的思想主张及其对广告发展的贡献是什么? 为什么会出现科学广告的思潮和流派?** 为此,本章将梳理科学广告流派的三位主要人物和他们的思想,并加以比较,从演进的角度分析其产生的背景、流派的存在及对后世的影响。唯有这样,才可明确科学广告流派思想的来龙去脉、合理性和局限性。让我们先了解科学广告流派产生的时代背景及其构成要素。

4.1　科学广告流派的兴起:背景及阵容

如同事物总在历史的左右摇摆中前进一样,在 20 世纪广告发展史上,先有科学广告的兴隆,后有大创意(big idea)的无限风光。现代广告向前迈出的第一大步是走向"为了销售"而召唤的理性和科学。如果不理解科学广告流派产生的背景,我们就无法懂得其开拓广告新境界的价值所在,也无法深刻体会在其之后来到的广告创意的革命巨浪为什么会产生强烈的震撼。

科学广告流派兴起于 20 世纪 20 年代之后,并在 20 世纪 50 年代前出现高峰。

为什么现代广告的第一次思想浪潮是靠向科学？ 这与大环境背景和整个社会思潮有关，也是广告公司自身前进的需要。科学思潮是内外两股力量推动促成的结果。

20世纪初至1920年前后诞生的现代广告面对的首要问题是：如何脱胎和分离于传统广告？如何建构和体现出现代广告自身的价值？

科学广告流派的核心人物之一雷斯，曾以一段生动的话说出了当时广告界的问题所在和科学广告流派追求的理想和目标。

大部分的广告人好像是魔术师，他们相信鬼魅、听魔鼓、哼着咒语，用峥嵘眼、蛙腿混着药剂，他们好像四百年前的外科医生。现在的广告人必须客观地看他们的作品，成为广告领域中真正的解剖学家，就像发现肌腱的维斯里斯和发现血液循环的哈维。[1]

这段话表明了科学广告流派对如何实现现代广告已确立的使命所做出的基本选择。广告人及公司如何界定自我？是点石成金的魔术师，还是靠神秘金点子、撞大运？是靠冲动灵感、心血来潮，还是投入理性的怀抱，走向科学？或是以科学理性来武装自己而成为有知识、有尊严的专业人士和真正的英雄？科学广告流派立下了自己的雄心壮志，以高举科学大旗为首选。但完全实现这个理想的目标，并非轻而易举、一蹴而成，而是机缘巧合的结果。

从外部环境看，历史学家都认为，科学主义的抬头、兴起和主导是20世纪的重大事件之一。爱因斯坦等一批科学巨人横空出世，相对论、量子力学等重大科学发现接踵而至，小科学变成了大科学。美国发表了确立科学长远地位的报告《科学：无止境的追求》。[2]科学的威力和影响力与日俱增。作为一种主导的社会价值观，科学开始向人文社会科学渗透，科学化成为一种大趋势。

20世纪的前20年，科学价值观和方法论对人文社科的渗透日渐明显。例如，实验心理学的崛起标志着心理学对科学的追求，科学管理将管理学推向科学化。1911年，弗雷德里克·温斯洛·泰勒（Frederick Winslow Taylor）出版

《科学管理原理》(*The Principles of Scientific Management*)[3]一书,从其书名刻意沿用英国伟大科学家牛顿的科学名著《自然哲学的数学原理》(*The Principia: Mathematical Principles of Natural Philosophy*,1687)中的"principle"一词,已可窥见其崇尚科学的风向。科学不仅是时髦的,而且是有效和崇高的代名词。

这一切当然也对广告思潮的走势产生了巨大的吸引力和强烈的影响。科学广告思潮的发端的确可从 20 世纪的前 20 年找到端倪。例如,1903 年美国西北大学的沃尔特·迪尔·斯科特(Walter Dill Scott)出版《广告理论》(*The Theory of Advertising*)一书。1910 年,哈佛商学院的丹尼尔·斯达奇(D. Starch)出版《广告原理》(*Principles of Advertising*)一书。[4]上述书名中的"理论""原理"(与泰勒如出一辙)用词带有浓厚的科学色彩。斯达奇试图发展出用科学的方法来处理广告的种种基本问题。他在广告教育中强调方法,并且引入广告案例分析。他们是霍普金斯之前科学广告思想的先声和始作俑者。

由于 1929 年 10 月 29 日美国股市崩盘,大萧条开始。面对销售额下降和企业预算削减,广告支出缩水,广告行业迫切需要提高其竞争力和广告效率,因此呼唤加强广告研究。如第 3 章所述,主流广告公司对调研及数据的依赖成为一种潮流和趋势。在广告公司的推动下,斯达奇(D. Starch)、老尼尔森(A. C. Nielsen Sr.)和盖洛普(G. Gallup)等学者纷纷开展对消费者态度和偏好等对广告的研究,广告对理性的依赖开始顺理成章、蔚然成风。

在这种背景下,科学广告流派应运而生,迅速成为现代广告开创阶段的主角和主流思维。

笔者首先要强调,所谓"科学广告流派",是指当时占主导地位的科学流派,并不限于个别人物,而是许多人卷入形成的一种思想潮流。总体而言,科学广告流派由三类人构成:其一,科学广告流派的核心人物,包括霍普金斯、雷斯和卡普莱斯;其二,一流广告公司的先驱人物,如智威汤逊的雷索、扬·罗必凯的罗必凯等;其三,直接贡献的学者,包括心理学家斯科特、沃森、斯达奇,社会学家盖洛普、老尼尔森等。科学广告流派的许多位人物都入选了"20世纪百位广告名人榜"，从他们身上，可以清楚观察到广告科学化这一方向在当时形成的主流趋势。

关于第二类人物，在第3章中介绍过几位先驱，其中雷索早在1912年便开始进行消费者调查，以及引入沃森等多学科学者开展广告研究；罗必凯在20世纪30年代为追求广告效果而重用盖洛普及依赖市场调查。这些行为说明他们在思想上都是偏好广告的科学理性化，并不遗余力地在广告实践中积极贯彻推行。为科学广告流派提供早期支撑的一批学者，将在本书第11章中展开述评。

为了领略科学广告流派的思想主张以及他们如何将广告推向理性和科学的高峰，一个有效且简单的路径是了解和剖析科学广告流派的三位代表人物：克劳德·霍普金斯（Claude C. Hopkins，1866—1932）、罗瑟·雷斯（Rosser Reeves，1910—1984）和约翰·卡普莱斯（John Caples，1900—1990）。

霍普金斯、雷斯和卡普莱斯之所以能成为科学广告流派的代表和旗手，除了他们杰出的广告作品外，或主要因为他们有影响力的著作。他们各自的代表性著作初次问世的时间是在20世纪20年代至40年代，这也大致反映了科学广告思想的兴起及发展的时间。霍普金斯的《科学的广告》（*Scientific Advertising*），最早出版于1923年。雷斯的核心思想理论USP（独特销售主张），是雷斯20世纪40年代加入达彼思广告公司（Ted Bates & Co.）期间提出的，后写成《实效的广告》（*Reality in Advertising*）一书。[5]卡普莱斯的《广告测试方法》（*Tested Advertising Methods*）一书，最早的版本是1932年。还有一个有趣的现象，科学广告流派的这"三剑客"居然都是大学没有坚持到毕业的退学生！

下面让我们分别述评科学广告流派的三位旗手、在广告界真正产生过重大影响的巨人：霍普金斯、雷斯和卡普莱斯。

4.2　霍普金斯:科学广告流派的鼻祖

1923 年,霍普金斯开明宗义地提出:"广告成为一门科学的时代已经到来。"[6]

霍普金斯是以其自身的广告实干作为鲜明榜样而强硬主张广告要服从科学法则的代表人物。1923 年,他出版了《科学的广告》一书(见图 4-1)。[7]霍普金斯在书中坚定地强调了广告的科学性和广告必须为了销售的鲜明主张。他宣称,"广告已经达到了科学的高度""广告以固定的法则为基础",必须"以既定的原则和原理"做广告。

图 4-1　《科学的广告》英文、中文版封面

无论是广告圈内还有广告圈外,全球知名度最高的广告人恐非奥格威莫属。这位被称为"现代广告教皇"的奥格威曾推崇赞誉过"创造现代广告的 6 位广告巨人",他们分别是阿尔伯特·拉斯克、克劳德·霍普金斯、雷蒙·罗必凯、斯坦利·雷索、威廉·伯恩巴克和李奥·贝纳。6 人中,奥格威认为最具影响力的是霍普金斯,因为奥格威说的一句话,简直就是为霍普金斯而做的横空出世、震耳欲聋的金牌广告语:

"这本书读 7 遍，你才有资格进入广告界！"

奥格威如此看重的"这本书"，就是霍普金斯在 1923 年撰写的《科学的广告》。霍普金斯宣称**"科学原理"**是有效广告的关键。他在《科学的广告》一书的开头写道："（广告）的因果关系已被分析，直到它们被充分理解。正确的程序方法已被证明和确立。我们知道什么是最有效的，我们按照基本法则行事。"此书被列为"奥美公司员工必读的 7 本书之首"，真正贯彻落实在奥格威创立的奥美广告公司的初期管理思想和实践之中。奥格威究竟在霍普金斯身上发现了什么广告秘籍？是什么使得霍普金斯在广告史上名垂青史，长期受到尊重？

霍普金斯（见图 4-2）有一副绅士的面孔和风度，留着修整的小胡须，秃顶的圆头，戴着圆框眼镜。他看上去虔诚而冷静、庄重而自信、内敛而自律。他相信并尊重规则。霍普金斯出生于一个世代牧师的美国家庭，成为一名牧师似乎是他此生的必然。但他最终并没有去宣传基督教的信仰，而是无比热忱地投身于广告事业，为推广形形色色的商品奔走呼号了一生。最重要的是，他在年过半百后写了两本

图 4-2　克劳德·霍普金斯（Claude C. Hopkins，1866—1932）

书。其崇高地位和深远的影响力，都来源于这两本书。他为后人留下了追求科学广告的信仰，在现代广告史上占有重要而醒目的一席之地。

通过解读霍普金斯的名著《科学的广告》（1923）与《我的广告生涯》（*My Life in Advertising*，1927），笔者挖掘霍普金斯的思想贡献，认为大致可简约归结为以下五点。（文中引语均来自《科学的广告》和《我的广告生涯》）

（1）他宣告**"广告成为一门科学的时代已经到来"**，宣称**"广告的成功并非运气，它也有科学规律"**。他主张将广告建立在**"固定的准则上，并按照基本原则来办事"**。他将其著作命名为《科学的广告》，表明他独树一帜的广告风格和主

张,是与天马行空的突发奇想、神秘难测的故弄玄虚和不计广告效果的自我欣赏分道扬镳、大相径庭的。不同于大量善于夸夸其谈和沉迷自我表现的广告人,他大声疾呼"大量的广告沦落成了广告人的随性之作""冒险去打一场商战是很愚蠢的"。

霍普金斯的这种文字很容易让人误以为他是一位象牙塔中的学者,恰恰相反,霍普金斯是一位百分之百的广告实干家,奥格威说他是享受 200 万美元年薪的"惊人的苦干家",是"只对广告感兴趣的人"。他甚至反对大学毕业生为大众产品推广写广告文案,因为他不相信他们真正懂得消费者。

(2) **他奠定了"广告就是为了销售"这一重要的思想**。他说:"广告的唯一目的就是销售。"他在自传《我的广告生涯》中坦言自己的风格是"戏剧化的推销技巧"。他高人一筹,清醒指出过"只卖出产品而没有感化消费者,这样的推销没多大作用",为销售而广告的观念正是传统广告的基石和特征,当然也是后来必须突破的藩篱。

他脚踏实地发明了不少有效的市场推广方法,例如他创立的"免费样品"等推广方法,直到今天仍被宝洁等巨头公司采用,是新品推广十分有效的手段。关于这一方法,霍普金斯说:"我一生中最困难的事就是教导广告商使用样品或者用某些试用手段进行销售。他们将大把钱砸在广告上,却不会派销售员带样品出去推销,企图让顾客不见到产品或者不试用产品就会购买。有的人说样品代价高昂,还有人说贪得无厌的人会一次又一次地来要样品。但是,仅凭劝说说服消费者的花费却会更加昂贵……免费样品能让他们节省成百上千万美元。"

(3) **他是广告文案的鼻祖之一**。他提出了锤炼广告文案有效性的许多真知灼见,被奉为广告文案的圭臬。即使在今天,因为时代场景的变迁,他的某些命题(如邮寄广告)已失去意义,但他关于如何写好文案的某些"金科玉律"仍常青不衰,依然有效。

霍普金斯发明了在广告史上留下印记的文案技巧。例如,在推广 Schlitz 啤酒品牌时，霍普金斯撰写的广告文案强调 Schlitz 的瓶子是"用蒸汽流清洗的"，给人的印象是该品牌比任何竞争对手都更关心纯度和卫生。尽管其他啤酒厂瓶子也一样是用蒸汽清洁的，但只有霍普金斯在广告中首先提出。这是霍普金斯的特色方法，对于每种产品，他都会找到使其与竞争对手区分开来的独特因素。霍普金斯称之为"先发制人的主张"。显然，这是后来雷斯提出的 USP 理论的先声，雷斯将这个想法推向了极致。

霍普金斯强调，广告要注重消费者心理，"广告文案想要获得成功就必须全面了解他的广告对象"。例如，他列举同一情境中以下两条文案：一个是"使用七天，若您有任何不满，我们都会退还全部款项"；另一个则是"若您喜欢，七天后再付款"。霍普金斯认为后者比前者更具吸引力：无须任何费用，就可以直接使用产品。因而后者更能产生明显的效果。

他极其反对夸夸其谈、夸大其词、笼统空泛的文案，他举例说，"我们的净利润只有 3％"这种确定的表达比"美国最低价"之类的文案，能带来更好的销售效果。

霍普金斯在数十年内为许多品类提供的广告文案和市场策划都获得了空前的效果，印证了他在广告思路和方法上确有真功夫。

（4）他的思想实践**孕育了现代行销的胚胎**。如果说前三点已被许多论及霍普金斯的人所涉及，那么这一点就是笔者认为最值得挖掘而却被忽略的，因为它是霍普金斯思想中指向远方的最高处。

"从需求入手和出发"是霍普金斯从一开始就反复强调和实践的思想，他一再阐述"如果我们想要推销产品，就要迎合千千万万消费者的需求"。他坚持先深入了解需求再动手做广告，止步于自己不熟悉的产品。同时，他"立场坚决地反对为损害公共利益的任何产品做广告"。

在霍普金斯众多成功的广告案例中，说服芝加哥和波士顿的面包师接受"康托苏特"人造黄油是最精彩的一幕，也最能凸显霍普金斯与其他广告人的不同。因为竞争对手的同类产品已占领市场且价格更低，销售团队都一筹莫展、束手无策,霍普金斯成功扭转局面、赢得市场的秘诀是将"卖广告"转为"卖服务"。他事后解释说:"广告卖的是服务,我整个谈话的重心就是帮助面包师拓展他们的生意。满足他们需求的同时,我自己能够获得的好处就暗含其中了。"例如,他承诺跨州的长途配送车的车身广告将大幅宣扬面包师,使其扬名于本城千里之外。这位面包师因而动心下了订单。

在传统广告人与霍普金斯之间,有一道难以消弭的鸿沟,霍普金斯之所以能跨越这道鸿沟,是因为他暗合了现代行销"满足他人的需要而获利"的思想原则。由此可见,霍普金斯在传统时代就已在实战中参悟到现代行销的某些秘诀。例如,霍普金斯提出过以下几条广告营销指南。

- 营销是一种利他的服务,这样才能够吸引消费者阅读。
- 美丽的文案无用武之地,明显的促销意图会引来相对的抗拒心理。
- 要提供明确的数字,陈述确切的事实,那么读者会如实相信。
- 以激发购买行为作为广告的目标。
- 最佳的广告学校是挨家挨户地推销商品。

(5)最后,他树立了极其勤奋的广告人形象。他的年薪超过了10万美元(相当于今天的200万美元),这在当时是相当可观的。但要知道,他的付出也超出了一般人的想象。长着一副绅士面孔的他,却是一位极其勤奋的广告人。他说:

"是勤奋成就了我。"

"我在广告行业度过了70个年头。其实按日历算只有35年,可是按我的工作时长和工作量算,我一年相当于两年。"

"我经常在凌晨两点离开办公室。周日就是我最好的工作日,因为没有人打扰。进入商界后的16年里,我几乎所有晚上和周日的时间都被工作占据了。"

"广告业永远容不下懒人。"

这种夜以继日、拼命工作的形象,也几乎成为广告人的工作标签。

上述五点是霍普金斯最闪光的亮点。其思想的核心是追求有销售效果的广告，他崇尚有规可循、全心投入，高喊要迎合需求、倾听洞察消费者。他的著作将我们带回渺茫久远的时代，却又包含了某些令人诧异的直指现代的思想。霍普金斯的过人之处是以他的思想和实践清除了广告业的迷茫、混沌和不确定性，以科学、严谨的理性思维提升了广告的有效性，更为广告拥抱现代行销思想点燃了火炬，树立了榜样。毋庸置疑，霍普金斯身上也有明显的个人缺陷和时代局限，进而制约了他的思想高度，这一点我们将在后面分析。

霍普金斯的价值，更体现在他深深影响了广告界的一批后来者。特别是，其中有两位不同凡响、叱咤风云的广告人物继承了他的思想衣钵，一位是奥格威，另一位是雷斯。

在广告人的江湖里，奥格威受霍普金斯的影响至深！他曾说："霍普金斯改变了我的一生，使我深刻认识到广告的责任在于销售。"[8]在奥格威创立的奥美广告公司，霍普金斯的思想方法在早期得以全面贯彻，形成了独特的公司基因或业务基础。奥格威提出了许多开风气之先的广告新思想，将奥美打造成为名扬四海的伟大广告公司，这一点我们将在后面展开述评。

罗瑟·雷斯是霍普金斯路线的另一位核心继承者，他年轻时是霍普金斯的铁杆粉丝，后来他将其发扬光大，更上一层楼，写出了更具爆发力和个性鲜明的著作《实效的广告》，提出了影响深远的 USP（独特销售主张）理论，为科学广告流派树立了一座长青的丰碑。让我们看一看雷斯是如何青出于蓝而胜于蓝的。

4.3　雷斯：广告殿堂里的伽利略

霍普金斯在 20 世纪 20 年代出版的著作《科学的广告》和《我的广告生涯》，深深地影响了当时美国的一位年轻人。他曾说："大卫·奥格威和我都是霍普金斯的信徒……霍普金斯制定了许多基本的原则，不论怎样变化，这些原则是不会变的。"与他的老师霍普金斯相比，这位年轻人更加激进、更勇往直前，而且更有作为。他在 30 余年后出版了科学广告流派的另一部代表性著作《实效的广告》[9]。他提出的 USP（独特销售主张）理论，不仅产生了巨大的影响，而且长盛不衰。

图 4-3　罗瑟·雷斯(Rosser Reeves,1910—1984)

罗瑟·雷斯（见图 4-3）是极具传奇色彩的广告大师，长着一副四方端庄的脸孔，角质边厚重眼镜的后面有一双深邃的眼睛。他表情严肃、言出必行；带美国南方口音的柔软冲淡减轻了庄重的感觉；平和的外表掩盖了他的广告激情，透射出过人的机智和能力。

这位世界十大广告公司之一的达彼思广告公司的老板，是纽约广告文案名人堂（The New York Copywriters Hall of Fame）的第一位得主，更在 1999 年《广告时代》评选出的"20 世纪百位广告名人榜"中高居第 5 位（紧随奥格威之后）。这意味着，在广告史上，他是诸多科学广告流派人物中获得认可最高、影响最大的一位。

可是，这位巨星差一点与广告无缘。雷斯的一生富有传奇性，他最初想成为一名律师或教师。1934 年，他偶然进入广告公司后就爱上了广告。他既热衷广告，也乐于休闲享受。在这一切之上最重要的是，他创立了 USP 理论，这一开创性的贡献奠定了他在广告史上经久不衰的崇高地位，被现代广告界公认为顶级广告大师。

以雷斯的个性和人文艺术的气质和经历，按常理，他似乎应当成为"艺术派"的掌门人。但是，他却宣称自己是"科学派"鼻祖霍普金斯的信徒。他在《实效的广告》一书中尖锐地批评广告缺乏理论基础，只处于随意性很大的经验状态，大声疾呼广告必须像伽利略那样去"创造世界"。

伽利略是近代实验科学的先驱。当他从比萨斜塔的顶端丢下两枚不一样重的铁弹，推翻了亚里士多德关于重力加速度的臆想之后，力学的历史就由"感觉"经验阶段跨进了实验科学阶段。雷斯对此举大加颂扬，认为它"决定了人类的命运，推翻了以前思考的方法，世界再也不一样了"。怎么不一样了？就是以观察实验的实证科学方法取代臆想和权威来解决问题。雷斯呼吁，广告界必须以此为楷模，并亮出了"实效"的创意哲学旗帜。

雷斯于 20 世纪初生于美国弗吉尼亚州，在弗吉尼亚大学毕业后，他最初担任报社记者。1934 年，雷斯到纽约任广告公司文案一职；1940 年，在他三十而立之年进入达彼思广告公司。雷斯和公司创始人西奥多·贝茨（Theodore L. Bates）的气质相反，但他们两人共同将达彼思打造成了对广告产生巨大影响的一流公司。雷斯比贝茨小 9 岁。贝茨戴着天鹅绒手套，是一位有教养、不张扬且言语柔和的新英格兰贵族。贝茨很少下达命令，也很少分权给高级管理层。雷斯的性格外向，光彩夺目，是公司的第一位文案总监兼首席创意理论家，并于 1942 年成为公司合伙人，1955 年成为公司董事长。作为该公司的思想方法创立者，雷斯出色地抓住了一个至关重要的问题（后被称为掐住了"颈椎"）：**消费者面临的困难是他们收到的消息太多了。因此，广告应创造性提出让消费者易于理解的、独特且令人难忘的信息。**由此切入，经过长期研究，雷斯锤炼提出了 USP 理论。他强调，一旦找到了 USP，"任何优秀的撰稿人都能写出好的广告"。雷斯创立的广告哲学和方法产生了巨大的实效。达彼思广告公司的营收从 1940 年的 290 万美元飙升到 1957 年的 1 亿美元，使这家小型公司跃升为世界最大的广告公司之一（曾排名美国第四）。

USP 必须遵守三条规则。首先，广告必须提出鲜明的利益主张：消费者如果购买，将获得独特的利益。其次，该卖点必须是产品所独有的，竞争对手无法提供。最后，该卖点必须是足够多的消费者都想要而能产生销量的。雷斯最著名的一个 USP 广告实例是赋予 M&M's 巧克力的 8 个字："只溶在口，不溶在手"（Melt in your mouth, not in your hands）。请注意，这并非从产品介绍或说明书中的性能或技术参数中挖掘出的"事实陈述",而是雷斯头脑中的广告创意。

　　大约半个世纪后的中国,出现了应用雷斯 USP 理论的广告。一个广为人知的个案是在 1995 年推出的"白加黑"感冒片的广告"治疗感冒,黑白分明"(见图 4-4)。广告文案"白天服白片,不瞌睡;晚上服黑片,睡得香"凸显了该产品的独特性,并用"白加黑"的命名和黑白对比的包装,将这一卖点反复强化。结果,该药品在众多的感冒药中脱颖而出,获得很高的消费者认知度。

图 4-4 "白加黑"感冒片广告

　　雷斯的第一本也是最重要的著作是《实效的广告》,其核心内容就是雷斯在 20 世纪 40 年代萌发和提出的独特销售主张(USP)这个新思想和新方法。1961 年,该书正式出版发行后,立即成为畅销书,在 6 个月内售出 3 万余本,被翻译成 7 种语言,并为达彼思广告公司吸引了更多的客户。雷斯提出的 USP 理论在广告界不胫而走,产生了巨大的、经久不衰的影响。台湾有位广告名人曾这样评价此书:"若说本书是雷斯花了 10 亿美元写下的,也不为过。因为数十年来,作者经手的广告费数以亿计,这期间他做过许多调查,也做过许多成功和错误的决策,从而得到了本书的一些原则,这些原则称得上是价值连城。"

　　的确,雷斯的彼达思广告公司从美国的西岸到东岸,在 275 个不同的地点,不定时地对几千人做了测试。在通过测量、计算及观察得出的事实中,他们发现了许多惊人的结果。他们还调研了美国最大的 78 家商品广告的成就。一些颇自豪的公司从这些调研资料中也许会发现，他们多年付出的广告费用与实际的回收是不成正比的。但是，雷斯并没有公布这些广告主的名字，不然，一些自以为是的广告"才子"就会因为浪费广告主的金钱而被逮住，并将面临抗议和控诉的风波。

雷斯坚持科学的原则，彼达思广告公司连续 15 年在 48 个州和数百个独立的群体中随时随地地测试了数千人。他们发现了许多惊人的事实。从统计数据中可以看出统计的定律："就像磨石机，磨得很慢，但磨得很精细。模式逐渐浮现，模式自成为原则；原则经反复测试及更进一步观察，逐渐变为广告真实度的定则。"

包装食物 50 年来的统计资料显示出惊人的结果：在 20 个广告中，按科学原则创作的广告有 10 个成功的、6 个卓越的、2 个非常成功的、2 个失败的；而凭"感觉"创作的广告有 2 个成功的、2 个卓越的、2 个非常成功的、14 个失败的。

20 世纪 40 年代，当雷斯举起"科学的广告"大旗之时，他心中的偶像是伽利略。近代科学的先驱伽利略因坚信日心说的科学思想，触怒教会，被宗教法庭判处终身监禁，悲惨地老死狱中。300 多年后，罗马教皇最终公开正式为其平反。雷斯虽然不像伽利略那般面对炼狱，但处境也相当严峻。

当时的广告界，有太多的广告人和广告主排斥法则，认为广告创意被广告法则限制住，比广告不能创造利润还严重。就像雷斯形容的那样，"大部分的广告人好像是魔术师，他们相信鬼魅、听魔鼓、哼着咒语，用峥嵘眼、蛙腿混着药剂"。这些人不仅哼哼着"原创性"这个令人眩惑的符咒，制作大量没有实效的广告，像吸血鬼般榨取广告主数以亿计的美元；而且蛮不讲理地祭起"原创性"这根魔杖，扼杀成功的实效广告，把极其成功的广告评判为"最差"的广告。

面对广告界这股主观随意性的狂潮，雷斯没有随波逐流，而是挺身而出，高声疾呼："丢炮弹的时候到了！"（指伽利略从比萨斜塔上丢铁弹的实验）

雷斯身体力行，向当时的广告界丢下了几枚重磅"炮弹"。

纽约广告俱乐部写信邀请雷斯参加广告评审小组,他毅然拒绝参加这种没有科学基础的评奖活动。因此,他被那些假充内行的广告"艺术家"们称为"莽撞的家伙"。

当纽约广告文案协会提名他为杰出撰文家,并将在庆祝典礼上给他颁发金钥匙的时候,雷斯却"不合时宜"地对新闻界说:"我要说,我急欲知道这些人是否了解,当你给他们一把金钥匙的时候,你并不是因为他们写过好的策划活动而给他们金钥匙——而是因为你认为他们可能写过好的策划活动,因为证据还没有得到呀!"

"如果你想要成为真正的杰出人士,如果你想在此项庆典中选出一个伟大的策划活动,那么我想你一定要回头去找一些已经去世的不朽的撰文人员,像路兹鲁夫、肯尼迪、霍普金斯、盖其尔、魏因特、史魏因——为了他们伟大并且有历史意义的策划活动,曾改变了这行业的面貌而颁给他们金钥匙。它们真正地有效果,他们的策划活动都是永垂不朽的里程碑。"

他以广告评奖为典型例证。一个由 25 家大广告公司的创意总监组成的评委会,选出了 3 个最差的电视广告,但其中有 2 个是长期成功地播映、实效极高的广告片。这 2 个"最差"的广告中有 1 个是雷斯的达彼思广告公司制作的广告"行动牌漂白剂"。这个广告片成功地将新商品导入市场,在 8 个月内就抢夺了竞争对手 60% 的市场,成为第一品牌。雷斯给评委们看尼尔森指教、普及率图表、市场资料,但这些执迷于"原创性"而不悟的人,仍然坚持原则会破坏广告艺术。对这种离开科学原则、仅凭个人意见的随意评论,雷斯毫不客气地斥之为一文不值的垃圾!

"实效"是判断广告文案和创意成功与否的基础。因此,怎样创作"实效"的广告及怎样评估"实效"的有无和大小,就成了雷斯创意哲学的问题域。**"实效"不等于"有效"**。只要广告信息被人看到、听到,引起了人们的注意,就可判为"有效"。但是,只有最终吸引人们来购买广告商品,才算有"实效"。与实效相对应的问题群落和逻辑空间是事实、数据、原则、法则;它的方法是测试、审核、调查；它的工具是统计、图表、数字；它的标准是量化指标，如"广告渗透率""吸引使用率"等。

雷斯所说的"广告迈向专业化"，就是强调科学原则。雷斯的信条是：**广告需要原则，而不是个人意见。否定原则，就会倒向随意性**。雷斯认为，用"原创性"包装着的随意性，是"广告中最危险的字眼"。"原创性"是广告界不断追寻的"金羊毛"——一种虚无缥缈的东西。那些盲目的追求者也不知道那是不是他们真正要追求的。雷斯强调，凭"原创性"也创作过成功的广告，但它对好广告的破坏性往往高于它的建设性。

原则和感觉本是一枚硬币的不同两面，为什么要把它们截然分开？

雷斯在《实效的广告》一书的第 21 章中这样写道。

当"你必须面临二者必居其一的时候，最好的目标还是把感觉融入诉求中去。"

"在数学上二加二等于四，可是在本文的意义中，它可以达到六、八，甚至十。"

以雷斯的标准来衡量，他获得杰出文案人物的称号和金钥匙也是当之无愧的。他依据 USP 理论创造了广告史上的实效奇迹。他的一篇文案"喧闹的安乃近"，广告主毫不犹豫地花费 8 400 万美元进行传播，公司的收款机也因此发出欢快跳跃的回响。因为雷斯的达彼思广告公司能够创造实效，所以 25 年只丢失了一个客户。而且，达彼思的客户都是世界上最大、最精明的一些公司。

敢于力挽狂澜的反潮流精神，兢兢业业追求科学进步的敬业精神，为科学广告殿堂树立坚实支柱的辉煌业绩，使雷斯成为一位令人景仰的广告巨人。

广告里程碑 4：独特销售主张（USP）

著名的美国广告史学家斯蒂芬·福克斯（Stephen R. Fox）在其重要著作《魔镜创造者》[10]中曾评论雷斯说："他是对 50 年代广告运作最有影响力的理论家。"

雷斯最大的贡献和核心思想是 USP 理论，这一理论使他成为科学广告流派当之无愧的对后世影响最大的核心人物。

USP 发端于雷斯 20 世纪 40 年代在达彼思广告公司形成和提出的思想，曾作为公司培训教材的内容，他由此获得了公司首席创意理论家的美称。[11] 1961 年，这一理论出现在他正式出版的代表性著作《实效的广告》（见图 4-5）一书中。[12] 他在前言中说此书是"基于 20 年的深入研究"，"如果说此书成本高达 10 亿美元，我觉得并不为过。我们就是花了客户这么多钱，还犯了许多错误才总结出这些原则的"。

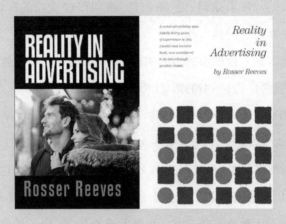

图 4-5 《实效的广告》英文版封面

该书共 36 章，200 多页。就述说文体而言，该书是雷斯这位杰出广告人多年研究心得、体验精要的随笔文章。雷斯性情所至，挥洒自如；该书暗藏机锋，石破天惊。

石破天惊者，USP 也。

《实效的广告》一书的精髓就是 USP（独特销售主张），USP 被视为广告的创新理论、原则和方法。它主张实效的广告必须同时满足或回答以下三个问题，即黄金三律：

(1) 产品给消费者提供的利益是什么？ ——明确的承诺。

(2) 此利益点是否与众不同、独一无二？ ——让竞争者无法企及。

(3) 此卖点是否有巨大的市场需求？ ——强有力的促销。

上述三律，两条是站在消费者的视角，一条是站在竞争者的视角，而非公司或产品的自言自语。雷斯还特别强调聚焦，他说："成功的广告像凸透镜一样聚焦形成一个广告焦点，不仅发光，而且发热。"（该书第 9 章）

雷斯还为广告做了自己的定义："广告是以最小的成本将独特销售主张灌输到最大数量人群头脑中的艺术。"（该书第 30 章）此定义除了突出 USP 外，引人注目之处还在于他视广告为艺术。

雷斯的广告理念是，创意主要的功能应简化为发现产品的独特卖点，承诺只有该广告的产品才能唯一提供的利益或好处。**如果找不到，就发明一个独特卖点**。注意，从"陈述"到"发明"，是一个飞跃，从而使广告有了灵性。所以，雷斯主张的"发明卖点"已突破了霍普金斯等人的科学广告的一条基本戒律——广告只讲事实、述而不作。雷斯已超越这个边界，他要有所作为地"发明卖点"。也因此他的广告定义落地在"艺术"，而不是"科学"。这一点至关重要，说明雷斯已青出于蓝而胜于蓝！USP 是科学广告流派皇冠上最耀眼的一颗珍珠，后人因此给雷斯的历史地位评价打了最高的分数。

雷斯的 USP 理论不仅使美国的 20 世纪 50 年代成为广告史上"USP 至上的时代"，而且这些价值连城的科学原则直到当代仍产生着巨大的作用，一直被广告界的有识之士视为广告策略中的瑰宝。日本家用电器进军中国市场时，多数广告所使用的都是 USP 理论的招数。就连被称为软性商品的日本"狮王牙膏"，美国宝洁公司的"海飞丝"和"潘婷"洗发香波、"碧浪"洗衣粉的广告策略，也是从雷斯的武库中抽出的"USP 之剑"。由雷斯本人创作的 M&M's 巧克力广告"只溶在口，不溶在手"，几十年之后进入中国，除了广告模特换成中国女孩外，其广告诉求和标题原封未动（见图 4-6）。

雷斯的 USP 原则，虽然具有基础的意义，但不具有唯一的意义。以伯恩巴克为首的创意广告流派代表了另一种声音，具有另一种不可替代的更高价值。（参见第 5 章）此外，雷斯考虑的是广告主的销售利益，而广告一旦发布就成为

图 4-6   M&M's 巧克力广告

社会现象,它的好坏除了是否有"实效"外,还要看它对社会、文化乃至自然环境的影响。这已涉及广告文化的范畴,我们留待第 12 章再展开讨论。

当雷斯在广告界大声疾呼、掀起惊天巨浪时,一位与他同龄的年轻人静悄悄地拿起了实验的武器,潜心专研、孜孜以求,通过科学测试鉴别出广告的有效程度及其达到的路径,并在 32 岁时出版了影响后世的重磅著作,开创了广告量化学派,他就是纽约人约翰·卡普莱斯。

4.4   卡普莱斯:好广告来源于测试

约翰·卡普莱斯(John Caples,1900—1990)是**将科学量化方法应用于广告的先驱。**[13]作为当时最杰出的广告文案人之一,他花了 50 多年时间来测试广告的有效性。他因开发评估广告的技术及标准化,达到吸引受众的预期效果而名垂史册。他的广告测试方法奠定了广告量化学派的理论。数字时代广告依赖跟踪反馈客户构成闭环系统这一重要理念的思想源头,其发端也指向卡普莱斯。他也因此被称为"广告量化研究的鼻祖"。

卡普莱斯年轻时正值科学思潮兴起和风行的时期,加上他的工科背景,使他从事广告时迷恋科学的方法和确证。他主张以科学的方法测度广告成效，"用推销的标准而非娱乐艺术的标准衡量广告"。他厌恶广告中的幽默，带有强烈的科学广告流派的特征和色彩，并以他的广告测试方法对科学广告作出了特殊的贡献。

卡普莱斯 1973 年入选广告文案名人堂，1977 年入选广告名人堂，1999 年入选"20 世纪百位广告名人榜"，名列第 21 位。

卡普莱斯精明干练、务实专注（见图 4-7），活了 90 岁，从事广告业将近 60 年。他兼备实战和学者的多重身份：其一，他于 1941 年任一流广告公司天联广告（BBDO）的副总裁，曾任客户经理和创意总监。其二，他在业内以广告文案创作的奇才和大师而著称，为杜邦、通用电气、读者文摘等许多大品牌写过广告文案。其三，很难得的是，他也是一位学者。他在大学执教多年，例如 1952—1954 年，他在哥伦比

图 4-7　约翰·卡普莱斯(John Caples,1900—1990)

亚大学商学院教授文案写作。卡普莱斯写了至少 5 本有关广告的专业书，每本都获得了赞誉，影响甚大。[14]凭如下著述清单，他当之无愧地被称为学者。

(1)《广告测试方法》(*Tested Advertising Methods*,1932)。

(2)《即时销售的广告》(*Advertising for Immediate Sales*,1936)。

(3)《广告创意指南》(*Advertising Ideas：A Practical Guide to Methods That Make Advertisements Work*,1938)。

(4)《让广告产生效益》(*Making Ads Pay*,1957)。

(5)《如何让你的广告赚钱》(*How to Make Your Advertising Make Money*,1983)。

卡普莱斯呼吁对广告的有效性进行科学研究，推动广告业内确立了新的广告衡量标准。卡普莱斯独到的贡献在广告文案和广告测试两个方面互为推进。

时至今日,他的文案写作原则和广告测试方法仍然颇具参照价值。

首先介绍他的广告测试方法。

1925 年,卡普莱斯开始他的广告生涯。在当时领先的邮购公司 Ruthrauff & Ryan(R&R),他的职业生涯一开始就是参与文案测试。他很快了解到邮购文案写作背后的秘密:读者的回复能够显示哪些广告成功,哪些广告不成功,因此,明智的广告文案人可以从中反推出成功广告的特征。从某种意义上说,每则邮购广告都是一次测试,广告根据具体的反馈不断进行评判、修正,进而优化。20 世纪 40 年代,卡普莱斯开始尝试使用他发明的广告 A/B 测试法:假定广告有两个不同的备选方案,就分两组同时投放(各出现 50%)在某出版物中,通过比较这两个广告反馈的结果来判定其优劣。到 20 世纪 70 年代,他的分投测试细分到 40 组。广告中的优惠券都经过了编码,因此通过优惠券的反馈情况,就可知道哪个广告吸引了消费者更多的回应。在没有互联网和数字技术的当年,这显然是获取消费者对广告反馈的一种有效方法。

图 4-8 《广告测试方法》
英文第 5 版(1997)

卡普莱斯的主要成就是开创了广告测试方法,普及了广告测试的概念,他也因此成为开发广告实验测试方法的先驱。他主张在广告测试完成前不下任何主观结论。他进行并记录了大量实验,以著作来记录自己的发现。1932 年出版的《广告测试方法》是他重要的代表作,该书在 65 年内再版了 5 次(见图 4-8),产生了持久、巨大影响。这部著作体现了他用科学思维从事广告文案写作和广告测试的许多思想方法。《广告测试方法》大受奥格威的青睐,并为这本书的第 4 版写过推荐导言,称赞"这是我读过的最有用的一本广告书籍",称它是"所有的文案人都应该学习的直销圣经"。

其次绍卡普莱斯提出的广告文案主张和思想。

如何使广告文案更有效？前面已说过霍普金斯、鲍尔斯等人提出的方法，如鲍尔斯主张杰出广告文案应具备 5 个要素——简单、简短、活泼、令人信服和理性，还提出了 KISS（Keep It Sweet and Simple，令文案甜美而简约）和"Just One"（聚焦在一点上）等法则。

与别人不同的是，卡普莱斯的文案主张和思想不是凭空而来，也不仅仅来自写广告文案的经验归纳，而是建立在卡普莱斯大量广告测试的基础之上的证后之言，含金量自然更高。

人们问卡普莱斯："广告文案最重要的是什么？"他列出了以下 4 条。

（1）标题就是一切。这是生活中一个可悲的事实，大多数读者都只看标题。

（2）抓住受众的切身利益。

（3）把你的自我留在门口。销售文案意味着不是艺术的、文学的或自作聪明的。

（4）测试，再测试……

他强调写好广告标题非常重要，并提出了若干具体的建议：不要在没有标题的情况下投放广告；避免无意义的标题；避免"难以把握"的标题；标题中要有广告的重点；确保图片与标题匹配；以副标题显示有用的信息；广告客户的标识可被视为标题的一部分等。

《广告测试方法》第 4 章专门讨论如何处理类似头条新闻的广告大标题，认为标题应遵循以下几条基本准则：读者的自身利益、新闻性、好奇心、积极的观点、简洁和一目了然。他说，最好的标题是针对特定受众的，并为他们提供非常想要的东西！广告标题按有效性排序，可分为以下三类。

（1）**自身利益**。指明读者如何受益，即他们想要的及如何能得到。这是最有效的一类标题。

（2）发布**信息**。例如，宣布"新"或"突破性"产品。

（3）吸引**好奇心**。

他又在广义上提出了广告诉求或表现的基本元素。

(1) **性/性吸引力(sex/sex appeal)**——身体、爱情、感情、友谊。

(2) **满足欲望(greed)**——无止境的愿望。

(3) **恐惧担心(fear)**——如失去安全、青春美貌、健康等。

(4) **责任/荣誉/专业精神(duty/honor/professionalism)**——给服务对象提供的保障。

卡普莱斯的广告文案三步法(AIA)与广告学中的 AIDA 模型〔A 代表 Attention(注意),I 代表 Interest(兴趣),D 代表 Desire(欲望),A 代表 Action(行动)〕几乎一致,AIA 中的 A 是指吸引潜在客户的注意力(Attention);I 是指培养潜在客户的兴趣(Interest);A 是指将潜在客户推向行动(Action)。以广告唤起受众的好奇心和自身兴趣以促成行动。

4.5 三位核心人物之比较

霍普金斯、雷斯、卡普莱斯是科学广告流派的三位核心人物。他们都崇尚科学路线,都奉行为销售而广告的目标,都聚焦在广告文案上下功夫。但仔细分辨,此三位核心人物同中有异、各有千秋。

从年龄上看,霍普金斯是前辈,比雷斯大 44 岁,比卡普莱斯大 34 岁。霍普金斯是高举科学广告大旗的第一人,是科学广告流派的领头造势者和先行者。雷斯追随霍普金斯,但又青出于蓝而胜于蓝,是科学广告流派中最出色的创新者。卡普莱斯则是彻底的、骨子里的"科学派"。

三个人的个性风格和情趣也迥然不同。霍普金斯和卡普莱斯性格内向,而雷斯个性豪放。霍普金斯是拘谨甚至刻板的,卡普莱斯是严谨理性的,雷斯是充满激情甚至随心所欲的。霍普金斯终生的兴趣只局限于广告且是工作狂人,卡普莱斯痴迷且醉心于广告测试和文案写作,霍普金斯和卡普莱斯都专心致志,而雷斯绝非工作狂,而是很会享受休闲的人。雷斯除了是广告人,还是新闻记者、诗人、短篇小说家和艺术品收藏家。他的棋艺高超，曾率美国国际象棋代表队首次前往苏联对弈。雷斯还是现代艺术收藏家、优秀游艇赛手和拥有驾驶执照的飞行员。使雷斯名声大震的一件事是他帮助艾森豪威尔竞选总统成功，这也开创了运用广告力量推动总统竞选的先例。

作为"广告殿堂里的伽利略"，雷斯以发散式思维抛弃了霍普金斯思想中僵化的部分，提出了非常有吸引力的独特销售主张（USP）的广告创意思想和方法。在后来创意革命对霍普金斯思想的颠覆性打击下，USP以其独特优势保住了科学广告流派的一席之地。

卡普莱斯的思想特征是工科思维，工程学和工程师思维是其基础。这与他曾在纽约电话公司担任工程师，又在马里兰州安纳波利斯的海军学院学习过工程的经历有关。显然，卡普莱斯将工科思维方法和工科的严谨流程或程序带进了广告领域，**用实验测试方法取代了霍普金斯的广告经验规则**，从而打开了一片新天地。

为什么霍普金斯的名次排在最后？在"20世纪百位广告名人榜"中，雷斯高居第5位，卡普莱斯位列第21位，霍普金斯屈居第28位。三个人的位次相差悬殊，霍普金斯在最后，这或许令人意外！如何解释呢？

该榜单发布于1999年，反映的是后人对科学广告流派主要人物的评价，看重的是人物身后的影响力。霍普金斯在当年影响最大（雷斯曾说"大卫·奥格威和我都是霍普金斯的信徒"），但他的专业遗产的有效性随时间推移而下降，部分已被后人所抛弃。相反，雷斯的最大创新——USP理论经受了时间的考验，其有效性如常青树历久不衰。所以，雷斯高居榜单第5位。卡普莱斯发明的一套广告测试方法和广告文案的主张，虽然具体的技术内容和主张有过时之处，但其量化的基本思想在21世纪仍有生命力。

霍普金斯的思想缺陷表现在他对广告带有理想化的偏见，例如他相信"人们只会被美好的事物所吸引""攻击竞争对手从来都不是好广告之所为"。更深刻而严重的缺陷在于，他出于"十分保守"的性格，将"科学规则"强调到走向僵化和变成故步自封的教条。超越真理一步就是荒谬,对广告而言,这更是触犯了大忌。当霍普金斯将他的"固定法则"强化到极端时,他甚至将幽默、艺术风格等统统抛弃在广告创作之外,他主张"不要企图娱乐消费者",于是他沦为了禁锢广告飞向自由天空的守旧势力和顽固思想的代表。今天,我们会觉得霍普金斯这种绝对观点是非常可笑且难以接受的,其必然的结果是:几十年后,以霍普金斯代表的科学广告思想受到创意革命的颠覆性批判。

4.6　科学广告流派确立的基石和遗产

科学广告流派的主要贡献是将广告从混沌和随意不可控中解放出来,上升成为一种更靠谱的专门技能和社会职业,所以也可被认为是广告演进中的第一次革命。

从迷信到规则、从混沌到科学,"科学派"掀起了广告进程中的第一次革命,强调广告必接受实际效果的检验和评判,使广告成为一门真正靠谱的、有价值的专业,这是广告进入现代的一大步!

20 世纪 60 年代的创意革命大风暴曾使科学广告的光芒淡然若失、威信扫地。回望历史,试问,在今天看来,科学广告流派是否已隐入尘埃、全然消失了呢? 答案是:"否!"

在霍普金斯、雷斯和卡普莱斯离世之后,其代表著作常被列入"广告经典书目"或"广告人必读书"中,广告研究中追求实证方法和各种广告效果模型至今络绎不绝,以及 1978 年卡普莱斯奖(The Caples Awards)的设立等,均表明"科学派"的影响长久存在、至今未灭。这些也都显示了科学广告流派在广告思想中始终占有一席之地,只不过在演变中这一思潮或高或低、时隐时现而已。

《科学的广告》《实效的广告》《广告测试方法》这三本科学广告的代表作一直流传至今,被广告界奉为"广告经典"。《科学的广告》尽管只是一本薄书,却一再重印（1950 年第 2 版，1980 年第 3 版——此时距 1923 年第 1 版已经过去 57 年）。这并不是因为此书完全正确，而是因为霍普金斯确立了广告本质的某些经典思想，例如他说的"广告文案员忘了他们是推销员，而干起演员的行当，他们不重视销售成果，却追求掌声"。这话如雷贯耳，以致连奥格威都成为他的铁杆粉丝。雷斯的《实效的广告》出版 60 多年后依然是业内的必读书。《广告测试方法》出版 60 余年后，还推出了新版本。

站在思想史的立场，应该明确科学广告流派的历史遗产。笔者以为，科学广告思潮是广告思想史上一个重要的里程碑，对于广告的演变具有深远的影响，其理念和方法仍然在现代广告实践中被广泛采用。**科学广告流派在"为销售而广告"和"广告文案方法"这两块基石上做出了突破性的成就，为后人留下了以下五大历史遗产。**

其一，**为销售而广告的主旨**。科学广告流派的重要贡献之一就是强化并确立了"为销售而广告"和直接反应的基本思想。科学广告流派都认同霍普金斯主张的"销售是广告的唯一目的"，并为其有效实施做出了许多开创性努力，包括建立和竭力提升专业广告文案的销售力、消费者调查、广告测试方法等。霍普金斯主张广告应该立即产生促销反应，而不是长期的品牌建设。这个理念在很大程度上影响了后来的直销广告和促销策略。

为销售而广告的思想，最早发端于查尔斯·奥斯汀·贝茨（Charles Austin Bates），他在 1897 年就提出过广告是"sales in print"（纸上的销售术）。[15] 直到"现代广告之父"拉斯克受到肯尼迪的启发，明确了为广告主销售是现代广告的主旨。创意革命并没有中断这一重要的思想和主张，它被奥格威等人继承和发扬。直到"为品牌而广告"新思潮的兴起，才对它有所修正和补充。

其二，**历久弥新的工具——雷斯的 USP**。尽管伯恩巴克等人曾经激烈地批判原则、批判调查、排斥广告科学家，但他们依然保留了对雷斯提出的 USP 理论的尊重和肯定。在 1999 年评选的"20 世纪百位广告名人榜"中，雷斯高居第 5 位就是证明。在应用实操中，USP 至今仍是重磅的广告武器。

其三，**焦点在于受众**。科学广告的理念之一是强调关注受众需求和心理。这种关注受众的思维方式成为后来广告创意和战略的核心。

其四，**数据驱动的广告方法之源头**。科学广告流派的学者强调通过数据和科学方法来评估广告效果，并提出了许多现代广告的基本概念，如 A/B 测试法、追踪广告效果等，将广告从主观判断中解放出来，使其更加科学、严谨，引领广告业迈向数据驱动的崭新纪元。21 世纪，蓬勃兴起的数字广告或程序广告是以大数据和洞察消费者为基础的。溯源数字广告的思想脉络，它与 20 世纪上半叶科学广告流派追求广告的有效性、开拓"了解消费者、靠数据说话、探究广告测试方法"等行动是一脉相承的。或者说，"科学派"迈出了实现广告有效的理性第一步。"科学派"的思想和方法，在数智时代新的技术场景中复活并升华了。

其五，**强调测试与迭代**。科学广告倡导在真实市场环境中，通过不断测试广告效果，学习和优化广告内容与策略。这种测试与迭代的方法对于现代数字广告的发展具有启示意义。

纵观广告的思想史，有两股相悖的大思潮分居左右。犹如古式大钟的摆锤总在左右摇摆，两大思潮此消彼长、各领风骚。这就是将广告拉向理性、科学、规则的思潮和力量，以及将广告拉向感性、艺术设计、大创意的思潮和力量。当然，这种大摆动不是在一个平面上，而是呈螺旋式的上升，体现出广告思想的历史性进步。

或者说，现代广告总是面临两条大道的选择和交替：其一，高举科学大旗，主张理性劝说，以事实、调研、数据、规则、验证为方法，这被称为"科学的广告"路线或流派。其二，高举艺术大旗，偏重感性打动，重创意洞察、天马行空、独立不羁、个性取胜，这被称为大创意路线或流派。这也就是广告界长期述说的硬销（hard sale）和软销（soft sale）的分野和两种路线。

应当明确，自 20 世纪以来，这两大思潮和力量从未消失过，即使处于非主流的下风，也不乏蛛丝马迹的潜伏存在。所以，最重要的是辨明各自出现的缘由、渊源和脉络,明确主导思潮的形成及变迁。

然而,广告毕竟不等同于科学,科学广告流派的思想隐藏着深层的问题和危机,最终引发了广告史上赫赫有名的另一场革命——创意革命,掀起了广告世界的惊涛骇浪。20 世纪 60 年代,在新的社会文化背景下兴起的"创意革命",重新祭起灵感和原创力的法宝,使广告的天平再次倾斜:科学原则让位于艺术灵感,大创意迅速成为主流和主导思潮。欲知这场"创意革命"的颠覆思想和精彩内幕,请进入第 5 章和第 6 章。

注 释

[1] R. Reeves. *Reality in Advertising*[M]. 19th ed. Fairfield,Conn.：N. W. Widener,2015；中译本:罗瑟·瑞夫斯.实效的广告:达彼思广告公司经营哲学 USP[M].张冰梅,译.呼和浩特:内蒙古人民出版社,1999.

[2] Science：The Endless Frontier[EB/OL].[2023-09-20].https：//www. nsf. gov/od/lpa/nsf50/vbush1945. htm.

[3] 弗雷德里克·温斯洛·泰勒.科学管理原理[M].居励,胡苏云,译.成都:四川人民出版社,2017.

[4] D. Starch. *Principles of Advertising：A Systematic Syllabus of the Fundamental Principles of Advertising*[M].Madison,Wis.：The University Cooperative Co.,1910.

[5] J. McDonough, K. Egolf. *The Advertising Age Encyclopedia of Advertising*[M].New York：Routledge,2015.条目:Reeves,Rosser,1910—1984,pp.1345-1347.

[6] 克劳德·霍普金斯.我的广告生涯 & 科学的广告[M].邱凯生,译.北京:中国人民大学出版社,2008.

[7] Claude. C. Hopkins. *Scientific Advertising*[M].Laurus-Lexecon Kft.,1923.

[8] 同[6].奥格威的推荐序言.

[9] 同[1].

[10] Stenphen R. Fox. *The Mirror Makers：A History of American Advertising and Its Creators*[M].Reprint edition.Urbana：University of Illinois Press,1997.

［11］同［5］.

［12］同［1］.

［13］G. E. White. *John Caples，Adman*［M］.Chicago：Crain Books，1977.

［14］John Caples：books，biography，latest update［EB/OL］//Amazon. com. ［2023-09-20］. https://www. amazon. com/stores/John％20Caples/author/B000APA8AM.

［15］同［5］.条目：Hard-Sell/Soft-Sell Advertising，pp.662.

5

创意革命（上）：
20世纪广告的最高峰

核心问题：创意革命如何成就了20世纪广告的最高峰？

主要人物：

（1）威廉·伯恩巴克（William Bernbach，1911—1982）；

（2）大卫·奥格威（David Ogilvy，1911—1999）；

（3）李奥·贝纳（Leo Burnett，1891—1971）。

内容精要：

本章详细探讨20世纪广告界的创意革命，揭示了这一革命如何成为广告史上伟大的里程碑。创意革命的背景是对科学广告流派的反叛，强调广告的艺术性和创造力。创意革命流派的三大旗手——伯恩巴克、奥格威和李奥·贝纳——通过各自的广告哲学和经典作品，推动了广告从理性诉求向感性诉求的转变。伯恩巴克的"Think small"广告、李奥·贝纳的"万宝路牛仔"广告和奥格威的"穿海沙威衬衫的男人"广告，都是创意革命的代表作。这一时期，麦迪逊大道成为广告创意的圣地，象征着广告业的顶峰和创新精神。

科学广告流派因大力抨击、抛弃广告的神秘性和随意性而取得进步,但遗憾的是,它"将小孩和脏水同时泼出去了"。这里的"小孩"指的就是广告的精灵和创造力。正是因为这个历史的遗憾,才酝酿并爆发了伟大的创意革命。

本章要回答的核心问题是:**创意革命如何成就了20世纪广告的最高峰?**为此,笔者分析了创意革命产生的源头、原因和背景,通过新广告的个案和对三大旗手的人物述评,展现其思想和作品是如何实现广告划时代创新的。

在21世纪到来之际,权威的《广告时代》杂志做了自它1930年创刊以来最具历史意义的两件大事。

其一,编撰《广告百科全书》(见图5-1),2003年出版,共3卷。

第1卷　　　　　第2卷

第3卷　　　　　封底

图 5-1　三卷本《广告百科全书》的封面和封底[1]

其二，总结评估 20 世纪广告百年的惊人成就，评选 20 世纪影响广告的最杰出人物和最具冲击力的广告活动等。1999 年，《广告时代》发布了 Top100 的系列榜单，其中包括"20 世纪百位广告名人榜"，创意革命流派的威廉·伯恩巴克位列第一，是当之无愧的"广告世纪人物"。

从上述两大工程的结果中，特别是从"20 世纪百位广告名人榜"前 10 位人物的构成，可以清楚反映出 20 世纪广告界的基本价值观和价值判断，简言之就是：**创意革命是 20 世纪广告界值得讴歌和大书特书的最大成就**。虽然科学广告、广告帝国和媒体等也是重大主题，也彪炳于 20 世纪广告史册，但还是无法撼动创意革命的至高地位。

本章的主题正是这场以创意为新制高点的广告大革命。笔者将从思想史的角度，弄清楚其来龙去脉，展开评述其核心人物的思想和形象，评论其历史地位。作为序幕，不妨让我们先见识一下创意革命从天而降的三个新广告的实例，并分析创意革命产生的背景和大环境。

5.1　新广告横空出世

创意革命是 20 世纪广告界的顶级事件，是广告发展历史上的第二次大浪潮或第二次大革命。这次浪潮确立和塑造了 20 世纪广告新的主流方向，更创造出不妨称之为"新广告"的史无前例的广告新局面。这场革命抛弃了广告创作原有的主导思想、传统的风格和格式，甚至工作流程和方法。取而代之的是，以反叛、自我、讽刺、幽默和自嘲为特征的"新广告"及新方法，更让广告直指消费者的感受，并产生共鸣。

所谓**"新广告"**，是指无论是消费者的感受，还是广告公司的创作观念和运作，都今非昔比、面目全非了。从形式到观念，从思维到方法，都标新立异、别开生面，令人耳目一新。广告不再是说教，新广告好玩、好看，以新方式打动消费

图 5-2　大众甲壳虫汽车广告
"Think small"

者、黏住消费者。

打响这场创意大革命第一枪的是恒美（BBD）广告公司，它在 1959 年发布了一则平面广告，这则广告来自当时最大的广告主——汽车行业。这是为大众汽车创作的新广告，名为"Think small"（从小处着想）（见图 5-2）。

经典广告："Think small"（从小处着想）

"从小处着想"的广告创意最初颇具争议，所幸由于伯恩巴克的坚持而问世。统称为"Think small"系列的甲壳虫平面广告在长达 17 年的时间里共刊登了 250 多次。广告均采用黑白极简版面搭配长文案的风格，每一则广告只说甲壳虫的一个功能、一个特点。试欣赏其中的一些经典广告文案：

> 还是小的好
>
> 我们的小车并不标新立异
>
> 许多从学院出来的家伙并不屑于屈身于它
>
> 加油站的小伙子也不会问它的油箱在哪里
>
> 没有人注意它，甚至没人看它一眼
>
> 其实，驾驶过它的人并不这样认为
>
> 因为它油耗低，不需防冻剂
>
> 能够用一套轮胎跑完 40 000 英里的路
>
> 这就是你一旦用上它就对它爱不释手的原因
>
> 当你挤进一个狭小的停车场时
>
> 当你改买更少的保险金时
>
> 当你支付那一小笔修理账单时

或者当你用你的旧大众换得一辆新大众时

量入为出，量力而行

我们造车，你们换车

3 年后，最便宜的都要现在最贵的价格

迟早，您的太太会把它开回家

意大利著名设计师只提出一处修改

3 400 美金能买很多好车，这是其中之二

　　为什么这个广告被奉为经典？它何以振聋发聩、一呼百应，引爆创意革命，改变整个广告界的格局和方向？笔者以为，至少有以下 3 点原因。

　　（1）**反其道的风格**。简单的黑白、大片的留白，这似乎很奇怪。此前的平面广告，都是充分利用昂贵的版面，将文字和图案布满空间，不留一点空隙，而且要尽可能加上彩色。

　　（2）**反向的卖点**。更意想不到的是，此前的汽车广告都标榜和攀比谁更豪华、更精致、马力更强、更大气、更体面。此广告竟截然相反，汽车不起眼的小，凸显"小"的好处，甚至力主以小为好。

　　（3）**反向的立场**。此广告不惜自我嘲讽、自曝简陋、自嘲难看、自我揭短、超然不屑。

　　其核心就是一个"反"字。当年德国大众汽车聘请恒美（DDB）广告公司在美国推广其小型甲壳虫车之时，汽车市场上的主流是"大"：美国人正被超大动力、超大车内空间、大型尾翼、大耗油量的汽车所吸引。大众汽车无法指望与这些大而时尚的汽车竞争，因此恒美决定反其道而行，利用甲壳虫车的"缺陷"诚实地做广告。恒美的广告主题"柠檬""丑陋"和"从小处着想"完全打破了汽车行业固有的传统和流行的时尚。不过，这符合大众汽车的初衷。1937 年，德国这家汽车公司诞生时的目标就是：制造一辆廉价的汽车，易于批量生产，只有最基本的设施，每个德国公民都能负担得起。1938 年，每辆的售价为 990 马克（约

为 396 美元），取"大众汽车"（VW）这一名称可谓恰如其分。"从小处着想"的广告抓住了大众汽车的本质：诚实、简单、可靠、明智、小巧、与众不同。

借消极负面反弹琵琶，以自嘲口吻凸显产品特点，可谓新广告的一个"新规则"。就此款大众汽车而言，这意味着没有多余的装饰，没有强劲的马力，没有外形的魅力，没有时髦的车型。这种坦率，加上其简单、幽默和极简主义的表现，使其成为最受欢迎的、改写广告历史的新广告标杆。

的确，这完全是一则反传统、反主流的异类广告。所幸，它没有被否定、被扼杀、被抛弃，而是被奉为新文化中引领广告前进的一个信号、一面旗帜，甚至代表一个新方向。20 世纪 60 年代，大众甲壳虫成为美国最畅销的进口汽车，其广告成为业内最具影响力的广告。40 年后，它荣登"20 世纪标杆广告百杰榜"（《广告时代》1999 年评选）之首，因为它改变了广告的历史。主持该广告的恒美创意总监赫尔特·克朗（Helmut Krone，1925—1997）也入选了"20 世纪百位广告名人榜"，名列第 12 位。入选广告名人堂的杰里·德拉·费明纳（Jerry Della Femina）在评论伯恩巴克的这个大众汽车广告时说："这是新广告公司真正诞生的一天。"这则大众汽车广告不仅被视为改变产品类别的基准，而且是改变广告思考方式的动员令。

其他汽车广告也随之改变。例如，沃尔沃（Volvo）1964 年的广告自嘲是"不爱惜车之人的汽车"，并嘲笑那些每年更换新车的人。道奇（Dodge）发布的广告是"你准备好加入道奇的叛乱了吗"，表现其独立和叛逆的新形象，并赢得了好评。广告从鼓吹自己产品的卓越，转向鼓动消费者"做真实的自己"，这无疑是一个历史性的转折。

许多汽车品牌纷纷重新制定市场策略，从 20 世纪 60 年代开始，美国汽车制造商纷纷开始提供受到消费者欢迎的小型"紧凑型"汽车。例如，通用汽车推出的别克车（Buick Special），虽平淡无奇但因其实惠可靠而好评如潮，成为赢得了市场和声誉的知名品牌。

不单汽车行业，新广告潮流也影响了整个商业。耐克（Nike）的"Just Do

It"、锐步（Reebok）的"我就是我"、雪碧（Sprite）的"许诺成为真我"、苹果（Apple）的"非同凡想"等耳熟能详的广告，都是这个新浪潮的延续。

几十年后，1959 年的原创广告"从小处着想"的里程碑意义更加凸显，以致大众汽车在 1998 年推出新型甲壳虫车时，作为向这个光辉起点的致敬，新车广告完全抄袭"从小处着想"的经典布局，只做了微小的改动。

可以说，"从小处着想"这则广告吹响了嘹亮的号角，传达出广告创意革命到来的爆炸性信息。这则广告拥抱的是新的文化，新广告要讨好的是新观念的消费者。广告主不再是高高在上、说教消费者的权威，而化身为赞美本真的幽默大师和顾客的朋友。广告从刻板变为俏皮，从说教变为自嘲，从严肃变为轻松，从一本正经变为兴致盎然甚至娱乐，新广告以再造的广告语言重新塑造了品牌身份和自我，更改变了品牌与消费者的关系。所以，**这不仅仅是广告形式的改变，更是基本立场的转向**。为了说明新广告向消费者视角的转身，让我们再举一个经典广告个案。

经典广告："快看，妈妈，我没有蛀牙！"

美国牙膏市场的元老是高露洁（Colgate），它以专业优势长期领先。受到牙膏市场十几亿美元市场规模的诱惑，宝洁（P&G）公司试图进入，与高露洁一争高下，为此推出了与高露洁竞争的牙膏品牌格里姆（Gleem），不过初战未能如愿。1956 年，宝洁重整旗鼓，迈出第二大步——在美国全国范围内推出另一个新牙膏品牌——佳洁士（Crest）。[2]佳洁士在 20 世纪 60 年代终于脱颖而出，成功取代高露洁，占据市场份额领导者的地位。佳洁士是如何实现这一战略目标的？

这场后来居上的颠覆之战十分精彩。在产品创新的基础之上，宝洁将广告作为实现赶超的主要手段之一。佳洁士因此获得了宝洁所有品牌中广告投入费用最多的优先权，并一直持续到 1980 年。据《广告时代》估计，在本顿与鲍尔斯（Benton & Bowles）广告公司作为代理商期间，宝洁在不同年份为佳洁士投入的广告费分别为:1958 年超过 160 万美元,1960 年为 150 万美元,1964 年上升到 1 200 万美元。1999 年,宝洁为宣传佳洁士品牌(包括所有牙膏和牙刷)的花费超过了 9 000 万美元。

图 5-3 佳洁士牙膏广告

其中,作出最重大贡献的、最具影响力和市场效果的广告,是在 1958 年推出的、后来被奉为经典的这则广告活动。

一个欢乐、微笑的孩子,拿着牙医的检查报告单,露出并炫耀自己完美无瑕的牙齿,自豪地大声说:"快看,妈妈,我没有蛀牙!"(见图 5-3)

1960 年是竞争的转折点。这一年,《美国牙科协会杂志》发表了美国牙科协会(American Dental Association,ADA)认定佳洁士为"有效的防(蛀)腐剂"的文章。这一信息立即推动了宝洁的股价大幅上涨和佳洁士的销量增长。

当时高露洁的市场份额为 35%,佳洁士的份额为 12%,格里姆的份额为 20%。1961 年 8 月,佳洁士的市场份额上升到 25%,是上一年同期的两倍多,而高露洁的市场份额已跌至 28%。1964 年,佳洁士的市场份额超过 30%,大幅领先;高露洁的市场份额降至 25%,已丧失领先地位。到 20 世纪 70 年代,佳洁士占据了近 40% 的市场份额。此后由于史克必成(Smithkline Beecham)集团推出水晶莹(Aquafresh)等新品牌的强力竞争产品,佳洁士的市场地位在 20 世纪 80 年代初开始受到侵蚀。1981 年,佳洁士、高露洁和水晶莹之间爆发了另一场"牙膏大战",那是后话。

佳洁士在 20 世纪六七十年代的成功突围堪称标杆。在此后的三十多年里,佳洁士一直是市场领导者。当然,ADA 的专业权威认证是关键的背书,但直接激励消费者购买的重大驱力和购买拉力来自佳洁士独具创意的广告。试问:这条肩负重任的广告是如何挖掘独特制胜的广告创意的呢?

读者可以设想、比较一下广告创意可能的不同方案或路线。

A 方案：此广告可以简单地引用 ADA 关于佳洁士防止蛀牙的声明。但这种理性证言似乎不是最佳的选择。

B 方案：此广告也可以采用消费者证言。比如在 Family Classics 之类的电视节目中，让主持人采访若干位使用过佳洁士或参加测试小组的儿童和年轻人，借他们之口说出广告的核心信息：使用佳洁士的人"减少了 25％～49％的蛀牙"，并重申 ADA 对佳洁士的专业认可。不过，即使在这种平铺直叙中插入某些笑料，也不会是最有冲击力的。

为什么佳洁士广告最后没有采取上述 A 或 B 方案，而是采纳了"快看，妈妈，我没有蛀牙！"这个广告方案呢？笔者以为，其广告创意的脱颖而出和过人之处在于以下 4 个关键点。

（1）锁定以"妈妈"为广告诉求对象。牙膏的购买决策者一般都是妈妈，以影响和打动妈妈为目标很关键。

（2）如何能使"妈妈"关切和动心？从心理上讲，莫过于来自孩子的肯定和赞扬。所以广告的主角是孩子，是孩子向妈妈报告"没有蛀牙"的好消息，并且是经过医生确认的好消息。

（3）显然，这个美好的结果是因为妈妈的正确选择——购买了佳洁士。

（4）开心孩子的一句话是对妈妈最高的赞赏，这甚至是无价的，结果当然会鼓励和坚定妈妈继续选择和重复购买佳洁士品牌的牙膏。

在有如此前卫的创意思维的广告攻势下，佳洁士势如破竹、后来居上，夺得品类的头筹，成为新霸主，当然就是顺理成章、水到渠成的了。

新广告的两大特征

上述令人耳目一新、脑洞大开的新广告并非个例，震撼性的新广告佳作接二连三，形成了全面解构科学广告的冲击波。除了上面的"从小处着想"和"快看，妈妈，我没有蛀牙！"外，造成大震撼的新广告络绎不绝，从开创性和影响力而言,以下 6 条广告当之无愧。

(1) 大众汽车的"Think small"广告系列(1959)。充满创新精神的广告代理商恒美创作的"Think small"广告系列为大众汽车另辟新径,重新定位,将小尺寸的汽车作为一种可取的选择而被市场拥抱和接受。这一系列广告标志着创意广告的新时代,强调广告的独特性和思辨性。

(2) Apple 的广告"1984"。苹果公司的电视广告"1984"于 1984 年在美国职业橄榄球大联盟(National Football League,NFL)的年度冠军赛(超级碗,Super Bowl)中首次播放。这个广告突出了苹果公司的创新精神,标志着苹果作为创新引领者的地位。

(3) Coca-Cola 的"Hilltop"广告(1971)。这个广告以"I'd Like to Buy the World a Coke"的歌词而著名,传达了世界和平、友谊和团结的信息。这是一例将品牌价值与社会信息相结合的成功广告标杆。

(4) Nike 的"Just Do It!"广告系列(1988)。这一系列广告以振奋人心的方式传达了运动和毅力的信息,塑造了耐克的品牌价值观和品牌形象,成为创意广告的经典案例。

(5) 老香料(Old Spice)的广告"The Man Your Man Could Smell Like"(2010)。这个广告以幽默和创意的方式吸引了观众,成功地改变了 Old Spice 品牌的形象,引发了社交媒体狂潮。

(6) 多芬(Dove)的"Real Beauty"广告系列。Dove 的广告系列强调了真实、美丽和自尊心,反映了社会对多元化和自我接受的关注。

新广告新在何处?

有人认为,创意革命就是广告从"科学派"转向"艺术派",这一看法其实很不尽然,只是看到了部分的表象。通过透视新广告,可窥见广告内在的根本差异。新广告有以下两大特征。

特征 1:主旨从以产品为中心完全转向贴近消费者。

从单纯为销售的广告目标上升到培育消费者对品牌的情感和关系。

特性 2：从呆板说教变为共情共乐。

从硬性的产品卖点转向软性的心理诉求。

为说明这两大特征，除了上述经典广告外，笔者还会再引证广告作品的一段具有典型意义的变迁：如何从负面的焦虑广告（科学广告）转到正面的痛点广告（创意广告）。

20 世纪 20 至 50 年代，焦虑广告在西方盛行，焦虑的场景大多由遭遇失败和在公众面前出丑的情景组成，也包括失业、离婚或疾病等不幸事件。正如 1930 年美国著名的广告行业杂志《印刷者墨迹》（*Printers' Ink*）指出的："广告旨在让群众一直对他们当下的生活方式不满意，要让人们无法忍受丑陋的事物。因为令人看了以后觉得心满意足的广告是赚不到钱的，令人不满才能招揽更多顾客。"[3]

1920—1940 年，李施德林（Listerine）品牌就很熟练地运用了这种广告来影响消费者。李施德林制作了很多令人焦虑的广告，如在其中一则广告中，一个年轻女孩在她第一次参加舞会后，因为没有得到男孩的青睐而在母亲的怀抱中哭泣；在另一则广告中，女孩在舞伴的怀里因为口臭而感到羞耻，背景中的人群则都在嘲笑她……这些广告广为传播，让所有人警惕"口臭"带来的可怕危害。许多其他品牌也借鉴了这种手法，只是将"口臭"变成了"头皮屑""秃头""肤色差""出汗""头发油腻""粉刺痘痘"等。广告将受众的注意力集中在某个特定部位，如眼睛、嘴唇、皮肤等，然后强调身体这部分"问题"的严重后果，造成焦虑和心理压迫。大多数引发焦虑的广告都以年轻女性为主角，她们是广告"恐吓""威胁"的对象，谁拥有这些问题，谁就犯了大忌，后果严重。如果她们不用这些产品来提高自己的吸引力，就会一辈子嫁不出去。在引起焦虑的广告中，中心人物之所以被拒绝和嘲笑，是因为她们往往与环境格格不入，比如没有用除臭剂、没有使用漱口水、没有美容等。这类广告旨在让观众产生恐惧心理，暗示消费者要通过正确的选择来"自我救赎"。

20 世纪 60 年代，创意革命带来的转折是从焦虑广告转向正面诉求的痛点广告,摒弃了让受众感到内疚和羞耻的负面话语和心理伤害,改为体贴消费者的、正面乐观的、积极的广告诉求,以一种更加温暖、柔和的方式展现广告要解决的痛点。上述广告案例中的"快看,妈妈,我没有蛀牙!"正是如此。

焦虑广告固定的脚本结构为"问题/耻辱和压力—展现产品—解决/恢复"的三段式结构。故事的结尾也总是大同小异,主人公因自身的"小毛病"被嘲笑、羞辱而感到羞耻,"小毛病"(如狐臭、口臭、头皮屑等)阻碍了他(或她)一生的爱情、家庭或职业的成功。

痛点广告的结构是"痛点不可怕—积极解决之道—皆大欢喜"。冷漠恐吓变成了温暖体贴,负面的引发焦虑和社会惩罚变成了正面的动机和积极的效果。

破旧立新、反叛、颠覆、反传统由此一发不可收拾,成为广告创意新的主流思想。大创意潮流令世界对新广告刮目相看,甚至为之倾倒、欢呼雀跃。不过且慢,星星之火成燎原之势还得有一定的条件,应当发问:这场被称为"创意革命"的广告风暴为什么会在 20 世纪 60 年代发生呢?

5.2 背景:创意革命何以发生

广告创意革命出现在 20 世纪 60 年代并非偶然。只有了解其产生的社会背景,才能理解它的疯狂。社会文化的大变动和新文化思潮的兴起,是激发形成广告第二次大思潮的直接和重要的外部原因。

首先,它是一场思想革命。

20 世纪 60 年代初前后,美国及欧洲社会文化中开始出现一股反主流文化(counter culture)的大潮流,社会文化的风向转向挑战传统,背离、批判和叛逆主流文化,离经叛道、标新立异一时蔚然成风。[4]这一潮流首先出现在"二战"后婴儿潮世代已成熟、迈入社会的美国。当时的美国人口结构年轻化,有近50%的人口年龄在 25 岁以下。年轻一代争相追逐新观念、新风气、新的生活方式,从加州大学伯克利分校兴起的嬉皮士运动迅速蔓延扩散，女权主义强势抬头，性开放成为风尚，还有甲壳虫乐队的摇滚新音乐和新艺术家流派不拘一格的新艺术，等等。这一浪潮迅速席卷美国，波及欧洲，甚至影响全球。怀疑主义、挑战权威、自我至上的思想通过年轻人的狂热变为了强大的、改变社会的力量，影响社会的各个方面，当然也对广告产生了巨大的冲击。

著名广告史学家福克斯认为，20世纪60年代创意革命兴起的主要原因在外部，他说："席卷麦迪逊大道的变革浪潮，除了创意革命本身外，更多地源于整个社会的变化，而不是企业内部的驱动。"[5]

其次，广告界也潜伏着引发创意革命的两个内因。内因之一是，尽管"二战"结束之后，美国的消费、媒体和广告都处在向上的阶段，但20世纪50年代的广告不仅平淡无奇、缺乏想象力，而且墨守成规、束缚甚多，这种状况不时引起批评者的不满。广告界内部对以霍普金斯为代表的保守负面思想越来越失去信心和耐心。确实，霍普金斯设定的科学广告的条条框框既有进步的一面，也有僵硬死板的一面。他强调广告要"遵循固定的准则""基于固定的原则"，这种种"固定"当然会束缚、压制广告创造性的发挥，在本质上与创新抵触而不能相容，其陈旧落后在新的情境中更凸显无遗。究其根源，尤其不能忽视高举科学广告大旗的霍普金斯的思想深处或血统中一直就隐藏的顽固保守的一面。与一般广告人狂放不羁的个性相反，霍普金斯在《我的广告生涯》一书中坦言自己是"保守的"，甚至是一位"十分保守和谨小慎微的人"，并将此归因于他母亲的苏格兰的保守传统基因。霍普金斯宣称广告是"一个严肃的话题""广告不是为了兴趣而写的"。他的一本正经加上当时他所在的洛德·托马斯公司在行业领先的影响力，结果导致洛德·托马斯公司越成功，科学广告的主流影响就越强化，甚至只有科学广告的一种声音了。科学广告好似一副坚硬的盔甲和盾牌，将幽默、娱乐、个性风格、文学天赋，以及任何可能分散科学文案策略注意力的东西都扼杀和拒之门外。时过境迁，在新文化思潮的冲击下，以霍普金斯为代表的科学广告流派的思想和风格成了广告创意革命势不两立的矛头所指、广告革命的对象和必须抛弃或跨越的绊脚石。以上是第一个内因。

内因之二是,在科学广告造就的现代广告的第一个高峰面前,后浪如何超越前浪成为非常现实的挑战。如前所述,广告迈入现代阶段之后,霍普金斯、雷斯、卡普莱斯、斯坦利·雷索、罗必凯等科学广告流派人物,将广告从混沌和无专业推向科学的专业化,成效卓著、厥功甚伟。一个显著的标志是,斯坦利·雷索领导的智威汤逊广告公司已经创造了广告代理公司的破天荒的历史记录:年营业额突破 1 亿美元(1957),其分支机构遍及全球。试问新一代广告人能否和如何超越过去的广告业绩? 有可能超越智威汤逊广告公司吗? 如何超越智威汤逊广告公司呢? 第 3 章已经指出,斯坦利·雷索的战略和主导思想是不遗余力地在广告的组织和实施中推行科学化和强化调研数据的支持。竞争理论告诉我们,后来的竞争者必须找到不同于科学广告的新的战略法宝才有可能再创新高。广告的"创意革命"正是被后人找到的新法宝。例如,广告从理性诉求的高峰转向感性诉求的高峰,中心问题也随之转移。**20 世纪上半叶的科学广告,主要围绕广告"说什么"(WHAT)的问题而殚精竭虑、大做文章。物极必反,到 20 世纪 60 年代,另一主导性问题"如何说"(HOW)已浮出水面,并取而代之成为中心。**后来证明,这场创意革命释放出了极大的新能量,创造出了广告业绩的历史新高度,并孕育出巨无霸的广告帝国。

在风云涌动、文化革新的大背景下,美国广告界对反叛传统主流文化的新趋势表现得非常敏感和响应及时,甚至在大众媒体广泛接纳报道这一文化新浪潮之前,广告人已经率先响应,吹响了反主流传统的号角,所以广告圈内更加风云激荡、斗志昂扬,于是广告"创意革命"的巨浪以排山倒海之势呼啸而来。创意革命的主旨,就是要呼应新文化的潮流,冲破广告界占据主导地位的正统观念的牢笼——以霍普金斯为代表的科学广告规范首先成为革命的对象,其声势之猛烈浩大,犹如法国大革命中市民进攻巴士底狱。

5.3　创意革命的三大旗手

　　了解了创意革命发生的社会文化的大背景和内外动因之后，让我们进入本章的高潮，将目光转向创意革命的三位主角人物或三大旗手。人们公认，这场创意革命的三大旗手分别是威廉·伯恩巴克（William Bernbach，1911—1982）、大卫·奥格威（David Ogilvy，1911—1999）和李奥·贝纳（Leo Burnett，1891—1971）。

　　他们不仅代表三家最具影响力的一流广告公司，更说出了振聋发聩、发人深省的重磅宣言。面对席卷天下的科学广告，伯恩巴克激烈而尖锐地大声疾呼："决不要相信广告是科学！"为标榜广告公司的脱胎换骨，李奥·贝纳率先改称自己的广告公司为创意公司（creative agency）。为了将大创意（big idea）奉为圭臬，奥格威说出了那句经典名言："除非广告源于一个大创意，否则它将如航行在黑夜的船只，无人知晓。"

　　仅凭这三位广告巨人的影响力，就不难想象出这场创意革命的摧枯拉朽之势和汹涌澎湃之威力。欲解读创意革命，必先近距离了解和分析这三位旗手的思想和作为，并试图找出他们之所以伟大的奥秘。

伯恩巴克：决不要相信广告是科学

　　"我们必须发展自己的理念，不要将他人的广告理念强加给我们。"

——伯恩巴克

　　伯恩巴克是创意革命中与科学广告决裂、最有冲击力的一号人物，他领导的恒美（DDB）广告公司冲破了广告观念的"巴士底狱"的高大城防，点燃了"创意革命"的熊熊大火。

在《广告时代》1999 年发布的"20 世纪百位广告名人榜"上,伯恩巴克雄居榜首,被奉为"**世纪广告人物**",即"**20 世纪广告第一人**"。稍微查一下伯恩巴克的记录,[6] 便可知他获此荣誉是顺理成章、实至名归。令其他人最望尘莫及的是,在《广告时代》杂志评选出的"20 世纪标杆广告百杰榜"中,伯恩巴克创立的恒美广告公司独立出品的广告有 8 个,位列第一,包括恒美广告公司最出名的广告作品——大众甲壳虫汽车的"从小处着想"、安飞士出租车公司(Avis)的"我们是第二"等。1963 年、1965—1966 年度、1966—1967 年度,他都被美国广告代理商协会(4A)评为"为广告进步贡献最多的人";1964—1965 年度,他被广告代理商协会(4A)授予"广告年度人物奖";1977 年,他入选美国广告名人堂。[7][8]

伯恩巴克凭什么能在高手如云的广告江湖傲视群雄、稳执牛耳呢? 当然,不仅因为他是 1949 年成立的恒美广告公司创始人之一和思想精神领袖,更因为 10 年后他是美国广告"创意革命"的三位代表人物和旗手之首。

图 5-4 威廉·伯恩巴克(William Bernbach,1911—1982)

伯恩巴克以一双警惕、充满怀疑的双眼直面世界,个头稍矮,皮肤苍白,肩膀柔软,半微笑中夹隐着质疑,神情略带忧郁。他天生是一个特立独行的人,**独立思想、讷言敏行是他一生最本质的精神气质**(见图 5-4)。

伯恩巴克出生在纽约,就读纽约大学时,他不寻常地选择了学习三门跨度很大的学科:音乐、工商管理和哲学。伯恩巴克的外表具有欺骗性,看起来不像一个将在整个行业点燃一把大火的人。但是,他在早期的职业生涯中就表现出"**让我们开辟新的道路**"的文化冒险和蔑视传统的背叛基因。1947 年 5 月,伯恩巴克在给葛瑞的老板写的一封著名信中说:"我担心我们会落入大的陷阱""广告从根本上说是说服,而说服恰好不是一门科学,而是一门艺术。让我们开辟新的道路。让我们向世界证明，好的品味，好的艺术，好的写作可以大卖"。伯恩巴克在一次采访中表示，"一旦你成为规则的奴隶，你就在做其他人做的事情；当你做其他人做的事情时，你就不可能脱颖而出"。在一个以玩世不恭而闻名的行业中，坚持自我、特立独行的伯恩巴克今天仍然受到崇敬。当今的广告人继续自豪地谈论创意革命时代，在任何致力于描写出色的广告活动、优秀人才或伟大创意理论的广告书中，他都受到了称赞。这在历史上并不多见。奥格威在《奥格威论广告》一书中，特别尊称伯恩巴克是"有智慧的绅士"，原因之一是，在伯恩巴克主持恒美广告公司的 23 年期间，没有接受任何一家烟草公司客户的委托，他始终拒绝庞大的广告费的诱惑，坚持不做香烟广告。伯恩巴克这种超越金钱的广告人人格由此可见一斑。

美国著名的广告史学家福克斯曾高度评价伯恩巴克："在一定程度上可以说，他是自己时代中最有创造力的广告人。他对 60 年代创意革命的贡献可以说比别的任何人都要多。"[9]伯恩巴克到底对创意革命作了哪些不朽的贡献呢？在笔者看来，这位引领新潮流、开创新局面的广告大英雄主要在以下 4 个方面作出了历史性的创新。

（1）**伯恩巴克从根本上改变了广告的方向**。他领头让广告从科学的轨道切换到大创意（big idea）的轨道。

作为创意广告流派的首位代表人物，他强调广告"不是科学"，广告是"**说服的艺术**"。他认为"广告从根本上说是说服，而说服恰好不是一门科学，而是一门艺术……""规则正是艺术家所要突破的东西；值得记忆的事物从来不是从方程式中来的""忘却与永存的区别是艺术技巧"。他将广告重心从"说什么"（WHAT）转向"如何说"（HOW）。他指出："并不是你的广告说什么感动了观众，而是你用什么方法去说。"

既然创意革命确立了以大创意为广告的基石和中心，那么，如何实现大创意呢？

（2）**伯恩巴克提出了独特的 ROI 广告理论**。其中的 R 指相关（relevance），

O指原创(original)，I指冲击(impact)，他以 ROI 深刻地改变了广告创意的方向、面貌和风格，孕育出一批广告的稀世珍品。

伯恩巴克说:"在创意的表现上光是求新求变、与众不同并不够。杰出的广告既不是夸大，也不是虚饰，而是要竭尽你的智慧使广告信息单纯化、清晰化、戏剧化，使它在消费者脑海里留下深而难以磨灭的记忆。广告最难的就是能冲破信息众多纷杂的障碍而被消费者感受认知。确实，你的广告必须制造足够的噪声才会被注意，但这些噪声绝非无的放矢、毫无意义。"

为此，伯恩巴克独上高楼，提出了孕育神工的鬼斧 ROI。何谓 ROI? ROI 是指广告创意应追求的三维共生。

R:**相关(relevance)**，与(目标)消费者密切相关/与产品品牌高度相关;

O:**原创(original)**，与众不同、立异创新、不靠模仿、不走老路;

I:**冲击(impact)**，必须有震撼的冲击力，让广告脱颖而出、令人难忘。

ROI 指出了广告战略性的新方向，广告不再仅仅是追求销售或哗众取宠。ROI 也是恒美广告公司广告创意指南和好广告的评估框架。但请注意:ROI 既不是常规的创意流程或步骤，也不是创意路径地图，它只是激发广告人努力去采摘那高高在上的广告"圣果"的创意指南!

也许"创意革命"带来的最深刻的变化是由伯恩巴克的作品本身带来的。大众汽车的"Think small"活动象征着广告史上这一新篇章的创造性方法的胜利:它诚实、自嘲、机智，在布局、视觉冲击和语言文案方面都具有极大的创造力。将科学广告流派传统的硬推销变成了创意广告流派战略性的智慧和诚实沟通，大创意广告的劝说力非同小可。

（3）**伯恩巴克创新了广告运作的组织结构和人才结构。**

广告创意团队的诞生源于伯恩巴克的创意观，他与天才设计师、艺术指导保罗·兰德(Paul Rand)的有效合作，促成并开创了将文案人员与艺术指导合为一体的团队工作模式。在这以前，二者是分离的，甚至不在同一楼层工作，文案人员是主角，艺术指导辅助完成排版布局。

伯恩巴克冲破旧的规则，将文案人员和艺术指导合二为一，组成创意团队，并肩工作，共同制定广告策略并付诸实践。这一改变意义重大，带动了整个广告界跨入新的工作模式，并推动了广告美学、视觉效果的发展。在合作互动中，文案人员和艺术指导会碰撞出更好的概念和想法，激发出创造性。提出"艺指＋文案"工作模式的鲍勃·盖奇（Bob Gage，1921—2000）被认为是广告界的第一位现代艺术指导，也入选了"20 世纪百位广告名人榜"，位居第 33 位。

伯恩巴克选用广告人才避开了广告代理公司传统候选人的来源——常春藤名校大学毕业生和校友，为艺术院校和英语系的毕业生及视角不寻常的大都市中产阶级打开了大门。伯恩巴克雇用犹太人、意大利人、爱尔兰人，以及女性，雇用不同种族和背景且具有新专业知识的新型创意人才，因为他更愿意信任缪斯女神——个人才华和创造力——而非名校学历。

（4）伯恩巴克提高了广告人和广告业的社会地位。

让文案人员和艺术指导成为行业英雄，给成功创意者高薪酬，这些措施显而易见地传达出了伯恩巴克对广告创意人的尊重。通过将非常规个性和叛逆角色奉为新的广告大师，伯恩巴克在不知不觉中激发了 20 世纪末广告创意人的高薪现象，以及对顶级广告公司崇拜的粉丝心态。

20 世纪 60 年代初，恒美广告公司成为广告文案人员和艺术指导心仪向往的创意公司，恒美广告公司的创意人员则是其他公司挖角的对象。在激动人心的 20 世纪 60 年代和 70 年代初，许多行业杰出人物都乐于与伯恩巴克合作，伯恩巴克是他们的导师和领袖。

有趣的是，伯恩巴克培育的新文化也改变了客户和广告代理商的关系。在过去，如果客户要求以某种方式做广告，广告代理商就会屈服顺从，为了订单放弃自己的创意。伯恩巴克让恒美广告公司的客户懂得应尊重广告代理商的想法。如果他们不这样做，恒美广告公司就会与之分手。

伯恩巴克行重于言、讷言敏行，他没有刻意著书立说，他的广告思想和创意哲学观点大多散见于访谈录、讲演，以及给公司内部员工的便条、备忘录和书信中。当然,更集中的体现是他的广告作品。让我们再引用他的另一个经典广告。

经典广告:安飞士的"我们是第二"

这是 1963 年恒美广告公司为美国安飞士出租车公司(Avis)制作的竞争性广告(见图 5-5)。面对实力强大的行业老大,伯恩巴克以"我们是第二"的定位,成功吸引了消费者注意,并以"我们更努力"的承诺抢占、扩大了市场份额。该广告在"20 世纪标杆广告百杰榜"中名列第 10 位。

图 5-5　安飞士广告"我们是第二"

排名第一当然吸引最大的注意,但安飞士与行业老大距离太大,一时无法争当第一,怎么办?"我们是第二"使得安飞士从一大堆出租车公司中脱颖而出。谦逊的态度、诚心的服务,加上比第一品牌更省钱的价格,消费者选择安飞士理由多多,何乐而不为? 更何况,消费者并不是随时随地都能遇上第一品牌,安飞士的知名度因此大大上升。请注意,该广告有时被作为定位论(Positioning)的案例,但它问世在先,定位论提出在后(20 世纪 70 年代)。所以,它是定位论的发端,而不是定位论的应用。其广告的原创性令人佩服,冲击力不言而喻,相关性亦可得高分。这是伯恩巴克 ROI 理论的又一次伟大成功。

正如安飞士在其网站上所言:"这句话作为广告史上流传最久、最受尊敬的标语之一而被载入史册。这个口号并不是为了制造一个可爱的噱头,而是每一个安飞士员工都坚持的经营理念。为安飞士赢得了世界上最受尊敬的企业之一的声誉。"[10]

李奥·贝纳：摘星星的男人

我们的基本观念之一，是每一商品中的所谓"与生俱来的戏剧性"（inherent drama），我们最重要的任务是把它挖掘出来加以利用。

——李奥·贝纳

李奥·贝纳是广告史上一位非常传奇的人物，其貌不扬，中年（44 岁）才开始创业，却成为 20 世纪全球著名广告人。

中国有一句谚语："人不可貌相，海水不可斗量。"这句话用在李奥·贝纳身上特别合适。无论从哪个角度来看，他格外平淡的外表都不像是机灵英俊的广告人，更难以想象他居然能成为广告巨星。他身材矮小、略显粗壮，头顶略秃、下巴松弛，土豆般的鼻梁上架着一副沉重的角框眼镜（见图 5-6）。他的西装总是皱巴巴的，不是海军蓝就是灰色，夹克的扣子经常歪斜。他说话瓮声

图 5-6　李奥·贝纳（Leo Burnett, 1891—1971）

瓮气，音调低沉。很显然，这位其貌不扬又赫赫有名的广告巨星严重缺乏形象魅力，甚至被人诟病。有一次，他因《生活》（*Life*）杂志的广告中出现了穿内裤的半裸女性，亲自出面责问该杂志大名鼎鼎的出版人亨利·卢斯，声称他"为《生活》杂志感到羞耻"。因为此事，他被人误认为是典型中西部的、口味极保守的一位庸人。在公司内部，也有人尽皆知的趣事：凡是欲知老板李奥·贝纳的反应，可看他的下唇，这好似晴雨表，其下唇越突起就越不满意。所以在公司创意会议上，下属们提案时会注意仔细观察他下唇的变化，下唇翘起显著就预示他对广告提案不满，以及何处必须大改。[11]

李奥·贝纳大器晚成而心比天高，他说出了一句惊人之语："做一个伸手摘星星的人。""伸手摘星，虽有可能徒劳无功，亦不致满手污泥"，这是李奥·贝纳

的名言。李奥贝纳广告公司(Leo Burnett Co.)为奖励优秀员工专门设立了"**摘星人奖**"。他和他的公司确实摘下了广告天空的不少星星。

他是如何做到的?

李奥·贝纳出生于美国密歇根州圣约翰城,毕业于密歇根大学新闻专业,当过小工,教过书,做过刊物编辑、广告经理。他固执而不知疲倦,有着最可爱的幽默感。1935 年,他在芝加哥北密歇根大道 360 号以 5 万美元创办了李奥贝纳广告公司,前台摆着的一篮玫瑰红苹果是其与众不同的标志。直到今天,永远有一篮红苹果摆放在世界各地每家李奥贝纳分支公司的前台上。

李奥贝纳广告公司开始时只有一家客户,营业额仅为 20 万美元,前 10 年一直举步维艰。1953 年,公司以 4 640 万美元的年营业额进入美国广告代理商的前十名。到 1981 年,公司已名列世界广告公司第八位,年营业额增加到 13.36 亿美元。但是,上述数字并非他的伟大之处。为什么他在"20 世纪百位广告名人榜"中高居第三位,被誉为美国 20 世纪 60 年代广告创意革命的代表人物之一? 是因为他的经典作品和超越时代的广告思想。

李奥·贝纳树立了开创性的广告丰碑,塑造了一系列闻名全球的品牌形象,这些广告都成为"经典之作"。在 20 世纪创作的十大经典广告中,有 4 个出自李奥贝纳广告公司:万宝路牛仔(The Marlboro Man)、欢乐绿巨人(The Jolly Green Giant)、皮斯伯里道夫男孩(The Pillsbury Dough Boy)和老虎托尼(Tony The Tiger)。他首创的万宝路品牌形象广告,沿用长达 20 多年,该品牌从美国香烟市场占有率不足 10% 发展为世界销量第一。尽管作为产品的香烟已经走上穷途末路,但作为品牌的万宝路及广告却经典永存。2012 年,研究公司 Millward Brown 仍然将万宝路列为全球最有价值的品牌名单中的第 7 位,估计价值超过 7 360 万美元。

经典广告：万宝路牛仔

品牌形象广告的经典案例，首推李奥贝纳广告公司创造的、20世纪中后期广为人知的万宝路（Marlboro）香烟广告（见图5-7）。[12] 该广告塑造了万宝路品牌鲜明独特的西部牛仔形象，使一个无名的滞销品牌变成了世界上最畅销的香烟品牌。奥格威评论说："毫无疑问，万宝路广告是李奥·贝纳最伟大的里程碑。"

图 5-7 万宝路的经典品牌形象广告

万宝路是20世纪20年代菲利普·莫里斯公司（Philip Morris）推出的女性香烟品牌，其广告语是"柔如五月"（Mild as May），推出后一直打不开市场。直至李奥·贝纳在20世纪50年代中期运用品牌形象论（Brand Image，BI）对其进行变性定位，塑造并赋予万宝路品牌阳刚粗犷、野性之美的自我形象——万宝路牛仔（The Marlboro Man），并在电视广告和产品包装上充分表现出来，万宝路香烟的销量才激增。至1989年，万宝路在美国香烟的总销量中已经占到25％，同时带动菲利普·莫里斯公司后来居上，从20世纪50年代初占美国香烟市场份额不到10％（行业第6位），上升到占市场份额43％的第一品牌位置。1995年，万宝路雄居全球品牌之首，全球平均每分钟消费的万宝路香烟高达100万盒之多！美国《金融世界》（*Financial World*）发布的榜单显示，万宝路品牌价值达446亿美元，成为全球第一品牌。

这虽是商业品牌的伟大业绩，却无疑也是环境和健康的灾难。令人惊讶的是，万宝路形象广告一直沿用了25年之久。20世纪80年代，万宝路曾经拍摄过多个令人印象深刻的电视广告，其形象和魅力长驻在几代人的心中，令人难以忘怀。后来，由于世界各国都禁止在电视上播出香烟广告，这些伟大的创意就都成了历史。由Marlboro诠释的一句经典名言"男人只因浪漫而铭记爱情"

（man always remember love because of romance only，MARLBORO），宛如幽灵长久沉积和融入许多人的人生情怀和命运，挥之不去。

尽管因烟草有害健康而引发了烟草广告严重的伦理问题，导致烟草广告最终被广泛禁止传播。但 1955 年李奥贝纳广告公司创作的万宝路广告在"20 世纪标杆广告百杰榜"中仍然高居第三位，因为该广告活动传奇而经典，[13] 成功开创了品牌形象广告的新品类，作为广告的重要创新方法影响深远而历史留名。

在李奥贝纳广告公司所树立的一系列品牌形象的丰碑背后，是李奥·贝纳的广告创意哲学，它以"与生俱来的戏剧性"（inherent drama）为其核心和主要特征。李奥·贝纳说："每件商品都有戏剧性的一面，我们当务之急就是要挖掘出商品能使人们产生兴趣的戏剧性，然后令商品戏剧化地成为广告里的英雄。"[14]

李奥·贝纳写了公司内部读物《广告的艺术》，该书名已反映出他背离"广告的科学"的立场。李奥·贝纳不走寻常路，开辟的新道路可称为**广告故事化**。**其广告创意哲学的关键是故事化、拟人化、形象化，运用人格化的手法，为商品塑造出拟人的品牌形象，讲出一个正面积极的英雄故事**。正如将万宝路香烟转化为豪放、自信、彪悍的万宝路牛仔，品牌联想中的英雄魅力四射，赢得粉丝无数。为此，他倡导的好广告人应是"一个社会的调查人，从心理学研究人性的人，对人类的兴趣、情绪、感情、倾向、爱好和憎恶等各方面做深入观察的人"。

这也是李奥·贝纳所创立和代表的芝加哥广告学派的广告哲学。他是芝加哥广告学派的创始人及领袖，从事广告工作长达半个多世纪，他的广告思想被归纳成"李奥·贝纳的广告名言 100"（100 Leo's）（见图 5-8），在公司网站流传。

李奥·贝纳的思想高度和了不起之处，更体现在他创业之初确立的公司商标和座右铭"做一个伸手摘星的人"，以及他晚年非同凡响的"最后演讲"。立世的豪言和垂暮的绝唱，充分显露了他的英雄本色，以及非一般人可企及的境界。

李奥·贝纳为公司和广告业留下的不朽遗言是他 76 岁时在公司做的告别

图 5-8　李奥·贝纳的广告名言 100(100 Leo's)

演说　　**"什么时候把我的名字从门上拿掉"**。1967 年 12 月 1 日，在公司年度早餐聚会上，李奥·贝纳发表的演讲被认为是他的谢幕。当他说完时，在场的大部分人都流下了眼泪。这篇最后的演讲代表了他的人格和理想，振聋发聩，令人肃然起敬，特节录如下。

有一天我终将退位，

而你们或你们的继任人可能也想把我的名字一并丢弃。

但是请容我告诉各位，

我会在什么时候主动要求你们把我的名字从门上拿掉。

那一天就是，

当你们整天只想赚钱而不再多花心思于做广告时，

当你们不再夜以继日创造点子，成就李奥贝纳广告公司一贯秉持的好广告时，

当你们丧失有始有终、绝不虎头蛇尾的那股热诚时，

当你们不在意强烈又鲜活的创意，只埋头于例行作业之时，

当你们开始把你的诚实正直打折之时，

当你们不再是谦谦君子，只知道吹牛、自作聪明之时。

1971 年,80 岁的李奥·贝纳仍然每周去办公室 4 天。6 月 7 日晚,他口述了一封信件后,在农场的家中因心脏病发作去世。30 年后,他的公司已发展为年营收达 18 亿美元的李奥贝纳全球集团(Leo Burnett Worldwide Inc.),2002 年被总部位于巴黎的阳狮集团(Publicis Groupe)以 30 亿美元的价格收购。不过,李奥·贝纳的名字依然挂在公司门上没有被取下。

奥格威:"现代广告教皇"

除非广告源于一个大创意,否则它将如航行在黑夜的船只,无人知晓。

——奥格威

放眼古往今来全球的广告人,名气最大的非大卫·奥格威(David Ogilvy)莫属。也许,许多人都不知道广告界中的一些大人物,例如创立广告帝国梦想的小马里恩·哈珀(Marion Harper Jr.)、智威汤逊的斯坦利·雷索(Stanley Resor)和并购大王马丁·索雷尔(Martin Sorrell),更不知道沃尔特·迪尔·斯科特(Walter Dill Scott,广告心理学鼻祖)、尼尔·博登(Neil H. Borden,广告社会学家)和奥托·克莱普纳(Otto Kleppner,广告学教科书元老)等重要人物,但几乎没有人不知道奥格威的鼎鼎大名。可以毫不夸张地说,奥格威是广告史上光环最多、最耀眼的人物。

其主要原因之一,是奥格威有一顶至高无上的桂冠——**"现代广告教皇"**。"现代广告教皇"之称来源于法国著名杂志《扩张》(*Expansion*),该杂志曾发表对工业革命最有贡献的 30 位人物,这份名单中包括历史上赫赫有名的爱迪生、福特、凯恩斯、卡尔·马克思等,奥格威被列在第七位。此外,《纽约时报》也称奥格威是**"现代广告最具创造力的推动者"**,《广告周刊》则这样赞誉他:"奥格威以他敏锐的洞察力和对传统观念的抨击照亮了整个广告行业,令任何广告人都无法企及。"

名气与实力在社会上并不总是对称,有人名气大于实力,有人实力超过名气。以此角度看奥格威，虽然他实力非凡，但他属于名气比实力更大的一类。因为与神圣桂冠的顶级知名度相比，奥格威和他的奥美广告公司在业内的实力并非第一名。例如，在"20 世纪百位广告名人榜"中，他名列第四，排位在伯恩巴克、哈珀和李奥·贝纳之后。他的奥美广告公司虽属世界一流，但按规模和业绩并没有名列前茅。若论最伟大的广告作品，奥格威及奥美公司入围全球获奖的广告作品数量也少于其他不少广告公司。奥格威被公认最有名的广告是"穿海沙威衬衫的男人"（The man in the Hathaway shirts）（见图 5-9）。奥格威只用了一招——用 1.5 美元购买了一个眼罩，使留着胡子的潇洒模特引起了受众极大的好奇心。粗犷的眼罩很不寻常，使读者过目难忘，达到了打响知名度的广告效果，从中足可见奥格威的机敏过人。知名度排名大过实力排名，使奥格威的个人影响力达到极致，这恰恰证明奥格威不愧是 20 世纪极为成功的广告人。

图 5-9　穿海沙威衬衫的男人
（20 世纪 50 年代广告）

那么，奥格威的影响力来自何处？答案是：来自他的个人魅力和个人著作。

奥格威说过一句令人难忘的、挑战和激励广告人的话："如果你不能为自己做广告，你还有什么希望为其他事情做广告？"奥格威身体力行证明了他是最会为自己做广告的广告人。在曼哈顿广告圣地群星灿烂之中，奥格威可谓个人魅力和人气得分最高的大神。《麦迪逊大道之王》（*The King of Madison Avenue*）一书称奥格威是"麦迪逊大道之王"（见图 5-10），将他对现代广告的贡献和个人魅力表达得淋漓尽致。[15]这个身材修长的英国人长相英俊、目光专注，冬天穿花呢大衣，夏天穿轻便西装，配上一块口袋方巾，尽显绅士风度。他常常口叼烟斗，英国人的幽默和口音为他锦上添花。他潇洒自信，魅力四射，令无数粉丝倾倒（见图 5-11）。

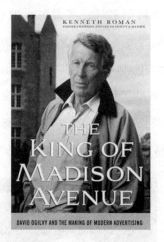

图 5-10 《麦迪逊大道之王》

图 5-11 大卫·奥格威(David Ogilvy,1911—1999)

当然,奥格威绝非绣花枕头、徒有其表。奥格威的实力体现在他的著作和广告思想上。论个人著作,在顶级的广告大师中,奥格威的得分也是最高的,这似乎印证了中国圣贤孔子的一句话,"言而无文,行之不远"。他的《一个广告人的自白》影响最广、最大、最久,疯传业界内外,被奉为经典而不衰,但其写作背景却出人意料。1962 年,奥格威在夏季休假期间写出了他的第一本也是最重要的一本著作《一个广告人的自白》,并且把版权作为生日礼物送给了他 21 岁的儿子。他本以为这本书能卖掉 4 000 册就不错了,结果它成了"脱缰之马"——被翻译成 14 种语言,销售超过 100 万册(见图 5-12)。

他的思想和他的 3 本薄薄的著作(以及后来奥美公司编辑出版的一本奥格威选集),对广告界的影响至今无人能及。奥格威也因此被公认为是广告和商业界的出色思想家。让我们先简单回顾一下他的一生,再谈及他的出色思想。

奥格威出生在英国,取得成就在美国,62 岁退休,暮年居住在法国。1948 年,38 岁的他在纽约创办 Hewitt,Ogilvy,Benson & Mather(简称 HOBM)——奥美广告公司(Ogilvy & Mather,O&M)的前身。此后,他将这间广告小作坊变成了世界上非常有名气的一流广告公司,更将自己变成了世界上人气最旺的广告人。

图 5-12　《一个广告人的自白》的中英文版本

　　然而，在伟大耀眼的光环下，谁能想到奥格威早年漂泊如尘，38岁以后才时来运转，大器晚成。在《未出版的大卫·奥格威》(*The Unpublished David Ogilvy*)一书中，有一篇简短的自传体笔记记录了他当时窘迫的困境："任何机构会雇用这个人吗？他今年38岁，失业。他做过厨师、推销员、调查员和农民。他对营销一无所知，也从未写过任何文案。他自称对广告业感兴趣（38岁时），并愿意以每年5 000美元的价格去工作。但我怀疑会有任何美国公司会雇用他。"

　　或许想不到，奥格威完全不是一个循规蹈矩的人，不是一个从传统教育中培育出来的优秀学生。在《一个广告人的自白》这本书中，他坦言自己离经叛道、特立独行，他说自己在牛津时"心思毫不在学习，终被学校除名"。[16] 20年后，他更直接表白："我憎恨规则。"[17] 如果按照荣格的个性心理分类，奥格威是外向而直接的人，他依赖过人的直觉，并常以音乐和热水浴激发灵感，而偏离或不喜欢按理性和逻辑求解。他重视亲身体验，相信自我感觉。就是这样的一个人，成了广告江湖里首屈一指的大英雄。看来，广告业需要的正是像奥格威这样的个性和心理——离经叛道、特立独行、憎恨规则、依赖直觉。或许，广告创意最需要的正是这种类型的人。或许，这样的人最适合在广告业发挥出特别的能量和才华。广告创意革命不正是呐喊和张扬这种理念吗！

比如,对于"广告为什么必要"这个问题,奥格威式的答案只用了以下几行字:

鳕鱼产卵千万枚,

母鸡每次只下蛋一个。

鳕鱼从不咯咯咯,

告诉你它做了什么——

所以我们瞧不起鳕鱼,

却褒奖母鸡。

这个故事只想告诉你,

广告是值得做的。

奥格威最本质的思想特征是什么?

奥格威善于吸纳各种他认为有价值的思想,他确立的奥美广告风格来自多元思想的综合:克劳德·霍普金斯(Claude C. Hopkins)的科学主张,雷蒙·罗必凯在扬·罗必凯公司基于研究的创造力,斯坦利·雷索(Stanley Resor)在智威汤逊建立的整合框架,尤其是紧跟和吸收了伯恩巴克和李奥·贝纳的创意革命思想。

奥格威的思想可分为两段。

"做广告是为了销售产品,否则就不是做广告。"这句话集中代表了他第一阶段的思想——"为销售而广告"。这是他受科学广告流派影响至深并认同的结果。

"每一个广告都是为建立品牌个性所做的长期投资。"这一新的战略宣言代表了他在创意革命之后的新思想——"为品牌而广告"。奥格威提出,广告要为建立和发展品牌服务。在这一思想的引领下,品牌管家(brand stewardship)成为奥美广告公司的鲜明特色、战略标志及价值所在。

可以看出,**奥格威既继承了科学广告流派"为销售而广告"的思想,又顺应创意革命的新趋势,先声夺人地将广告目标从销售提升到建立品牌。**这种应变和提升能力,非奥格威莫属。

从本质上讲，在广告实务界，**奥格威代表了广告的行销之道**。他超越科学广告流派之处，首先体现在他**将广告从推销升华为行销**。

相比之下，**奥格威最强调的是行销**，即销售、客户、市场调研和品牌。当其他人沉迷于创意、艺术、设计、制作时，他却最鲜明地提出："除非你能把你制作的东西卖出去，否则，制作、独具匠心都是毫无价值的。"这可以说是以销售力来衡量广告价值的宣言。对那些孤芳自赏或者将创意凌驾于市场之上的广告人来说，奥格威的行销个性太分明了。

他充分将现代行销思维贯彻在广告运作之中，体现出广告与行销最紧密的结合。在奥美广告公司的管理中，奥格威贯彻得最为彻底的思想是客户至上，他宣称："我是唯一为自己的客户流了血的文案撰稿人。"晚年的奥格威（见图 5-13）曾说："我更喜欢人们把我当作能做出大创意的文案撰稿人。"从早期的"好广告的 96 条法则"开始，仔细辨别奥美广告公司的各种工作指南，可以清楚地看出奥格威的这一基本特征。进入品牌时代之后，奥格威洞察到品牌

图 5-13　晚年奥格威

是行销新的制高点，又迅速建立起品牌主义广告的新竞争优势。

奥格威的过人之处还表现在他追求**"提炼出广告永恒的真谛"**，而许多广告人都认为，广告只有变化，没有永恒。1990 年，他在晚年时说，世界经历了急剧的变迁，但他在 1962 年《一个广告人的自白》中提出的原则依然是有效的。同时，奥格威对广告业也有尖锐批评（参见第 12 章）。那么，到底什么是广告永恒的真谛呢？奥格威到底提出了哪些重要的广告原则呢？

带着这个问题，笔者从奥格威的《一个广告人的自白》[18]、《血，大脑和啤酒》（中译本为《大卫•奥格威自传》）[19]、《奥格威谈广告》（见图 5-14）[20] 3 本著作，以及奥美公司编辑出版的《广告大师奥格威：未公诸于世的选集》[21] 一书中，搜索相关的答案，并择其精华列举要点如下。

图5-14 《奥格威谈广告》

（1）广告的目标是，以有效的广告对人的福祉和商业作出贡献。

（2）在现代商业世界里，除非你能把你制作的东西卖出去，否则，制作、独具匠心都是毫无价值的。

（3）广告应该具有魅力、才情、品味、引人注目而且不落俗套。

（4）每一个广告都是为建立品牌个性所做的长期投资。

（5）除非广告源于一个大创意，否则它将如航行在黑夜的船只，无人知晓。

（6）最高领导人的最主要的职责是，创造一种让有创造才华的人有用武之地的氛围。

（7）如果你经常雇佣比你弱的人，就会变成一家侏儒公司。相反，如果每次都用比你强的人，日后必定会成为一家巨人公司。

这些生动简朴的句子，说出了广告乃至管理的精髓，是奥格威千锤百炼的体验结晶，也显示了奥格威思想的深邃和远见，堪称经典之言。无论广告技术如何翻新和变化，广告的模式如何革新，这些思想和原则都犹如不灭的长明灯，一直放射出智慧的光芒。这就是奥格威的过人之处。奥格威成为广告历史上富有传奇色彩的巨星，绝不是偶然的。

5.4 三位巨星之比较

最后，我们试图比较一下创意革命的三位旗手，其共同的使命当然是以广告创意掀起革命、开辟新的广告世界。那么，他们三人的同中之异和个性差异是什么呢？

从与科学广告流派的思想距离来看，三大旗手的位置差别明显。伯恩巴克与科学广告两极相对、誓不两立，他信誓旦旦地说："决不要相信广告是科学！"。李奥·贝纳也与科学广告无缘。只有奥格威最接近"科学派"，似乎是从"科学派"阵营中走出的革命者，例如他曾对霍普金斯及其著作顶礼膜拜，他还极力赞扬过"科学派"的另一位主将卡普莱斯的著作《广告测试方法》，并为之作序。但是，他又能迅速成为站在创意革命潮头的弄潮儿，此乃奥格威的高明之处。

伯恩巴克讷言敏行、奥格威光芒四射、李奥·贝纳大智若愚。如果对这三位大师的公司进行仔细比较，会发现伯恩巴克倚重艺术设计、李奥·贝纳倚重讲故事、奥格威倚重行销。尤其是他们三人在创意哲学方面各显神通、各有千秋[22]。简言论之，伯恩巴克的创意哲学意在超凡脱俗和创造天才，可谓之"神"；李奥·贝纳意在人间英雄和温情，可谓之"菩萨"；奥格威意在"为广告流血"，可谓之"舍身"。由此，他们在获得全球顶级奖的优秀作品的数量上伯仲分明。

广告里程碑 5：麦迪逊大道

麦迪逊大道是美国广告业的代名词，创意革命更使其成为广告界至高无上的象征和全球广告圣地。

在世界顶级大都市纽约，最繁华的区域是曼哈顿。在曼哈顿岛上，最著名的大道是麦迪逊大道。麦迪逊大道是美国纽约市曼哈顿区一条南北走向的大道，南起麦迪逊广场，北到麦迪逊大道桥，穿过中城、上东区、西班牙哈莱姆区和哈莱姆区。麦迪逊大道之所以赫赫有名，不仅因为它是"纽约唯一一条以美国总统命名的主要街道"（指第四任美国总统詹姆士·麦迪逊），更因为麦迪逊大道是广告界的最高象征和全球广告人的朝圣之地。有人比喻说，麦迪逊大道之于广告业，就如好莱坞之于电影业。使麦迪逊大道闻名于世的是占其长度五分之一的部分，从麦迪逊200号开始至650号结束。从1920年至"二战"前，这里是广告业的非官方大本营。"二战"后，宏伟的建筑热潮创造出令人咋舌的摩天大楼的城市峡谷,它们成为一流广告公司闪闪发光的新公司所在地。20世纪20年代之后,麦迪逊大道逐渐聚集了一批最优秀的广告公司和人物,随着20世纪60年代创意革命兴起,麦迪逊大道更成为一流广告公司的必争之地和创新公司的身份象征。麦迪逊大道由此成为广告创新的发源地和制高点,引领广告业的潮流和方向,也是广告世界兴衰的表征。

麦迪逊大道的至高无上并不是大一统的产物,恰恰相反,它是百花齐放的结果。这也意味着广告思想和风格的多元化,以及兼并包容、市场竞争带来的伟大繁荣。智威汤逊广告公司、麦肯广告公司、奥美广告公司、扬·罗必凯广告公司……每家都以不同的装饰展示它们各自的风格和个性,例如扬·罗必凯广告公司(见图5-15)是绿色、麦肯广告公司是宁静的粉彩、智威汤逊广告公司是多元个性的自成一派。

图5-15　扬·罗必凯广告公司大楼照片
(图片来源:《广告百科全书》,条目:Y&R)

最重要的并不是外表的气派和堂皇,而是强大的实力和品牌象征。麦迪逊大道积聚了美国许多广告公司的总部,控制着美国广告总支出的一半,其余一半的大部分也由它们的分支机构掌握。可以毫不夸张地说,麦迪逊大道是美国广告业的代名词。尤其在20世纪60年代后,麦迪逊是广告行业的最高标杆、行业顶峰和风向标。

麦迪逊大道上有一条名言："没有什么比好广告更能杀死坏产品。"这意味着，如果一家公司的广告活动能吸引大量注意力并产生销售，人们会尝试该产品；如果产品达不到广告传达的预期，消费者很快就会拒绝它。

麦迪逊大道的含金量引出了以它为主题的三本书和一部轰动的电视连续剧，留下了麦迪逊大道珍贵的广告历史足迹。

1958 年，美国记者马丁·迈耶写过一本名为《麦迪逊大道》（*Madison Avenue*, *USA*）的畅销书。这是一本专注于美国广告业的书籍，以记述这条大道上出类拔萃的广告公司和广告英雄为内容，其中译本[23]的副标题就是"不可思议的美国广告业和广告人"。

《麦迪逊大道》是记者笔下美国广告业和那些以其创造性和商业头脑塑造了这一行业的杰出人物的群像。迈耶在撰写此书的过程中采访了包括广告巨星伯恩巴克、詹姆斯·韦伯·扬、奥格威和雷斯在内的数百名广告业内的出色人物，生动描绘了广告史上的经典案例，刻画了创造这些广告奇迹的广告公司和成功广告背后的艰辛内幕。

迈耶的《麦迪逊大道》一书显著扩大了广告公司和广告人的社会影响，不过有一点应该指出，由于该书出版于 1958 年，即创意革命爆发之前，所以从思想上讲，书中的内容主要立足和反映科学广告的阶段（仅从其目录已很明显），未能展现创意革命的新思想和新风采。

第二本书是肯尼思·罗曼（Kenneth Roman）在 2010 年出版的《麦迪逊大道之王》（*The King of Madison Avenue*）[24]。该书以奥格威为主角和中心，记述了麦迪逊大道的现代广告英雄和明星逸事。

麦迪逊大道持续引发连锁反应，并在 2007 年播出的电视连续剧《广告狂人》（*Mad Man*）上达到高潮（将在第 6 章述说）。该剧的轰动效应还引出了第三本书的问世，即 2012 年出版的《真实的广告狂人：统治麦迪逊大道的创意之狼》(*The Real Mad Men : The Remarkable True Story of Madison Avenue's Golden Age*)[25]。起因是电视剧虽扩大了广告和麦迪逊大道的社会影响,但其性质是商业性的"娱乐",允许虚构和杜撰。这种非"纪实"的电视剧对于真正经历了美国广告黄金时期的广告创意人来说缺乏历史的真实性,剧中对广告人和广告公司的塑造往往貌合神离,甚至大相径庭。为了真实再现那个令自己刻骨铭心的时代、那场扣人心弦的创意革命、那些印象深刻的经典广告、那些在广告史上令人赞叹的广告大咖的真实形象,一位记者作家安德鲁·克拉克内尔(Andrew Cracknell)拿起了笔和相机,实地遍访了在世的美国创意界元老们,以及初期在奥美、恒美等传奇公司工作过的老员工。在采访的基础上,他结合大量史料,精心剪裁布局,写成了这本与电视剧《广告狂人》对应且互补的书。这本纪实性的书用简洁的语言、有趣的故事和大量创意案例,重构了麦迪逊大道当年的场景,再现了广告人狂放不羁的鬼才妙想。

在重点评述过创意革命的三位旗手之后,我们再将目光转向他们的周围和身后,在他们周围和身后还有一群出类拔萃的广告人,汇聚出历史上宏伟的创意广告流派,上承下传,形成了各显神通的广告哲学,并创新了广告战略和广告理论。这是波澜壮阔的创意革命不可或缺的另一部分。欲知详情,请进入第6章。

注 释

[1] J. McDonough, K. Egolf. *The Advertising Age Encyclopedia of Advertising*[M]. New York : Routledge, 2015.

[2] 同[1].条目:Crest, vol. 1, pp.420-421.

[3] Roy Dickinson. *Freshen Up Your Product*[J]. Printers' Ink, February 6, 1930:163; Stuart Ewen. *Consciences Sous Influence*[M]. Paris : Culture & Racines, 1983:76. 转引自:安东尼·加卢佐.制造消费者:消费主义全球史[M].马雅,译.广州:广东人民出版社,2022.

［4］ Counterculture of the 1960s-Wikipedia［EB/OL］.［2023-09-20］.https://en. wikipedia. org/wiki/Counterculture_of_the_1960s.

［5］ Stephen R. Fox. *The Mirror Makers：A History of American Advertising and Its Creators*［M］.Reprint edition. Urbana：University of Illinois Press，1997：272.

［6］ B. Levenson. *Bill Bernbach's Book：A History of the Advertising that Changed the History of Advertising*［M］.New York：Villard Books，1987.

［7］ M. W. Lawrence. *A Big Life in Advertising*［M］.Reprint edition. New York：Touchstone Books，2003.

［8］ D. Willens. *Nobody's Perfect：Bill Bernbach and the Golden Age of Advertising*［M］. North Charleston：CreateSpace，2009.

［9］ 同［5］.

［10］ 来源：AdAge. com、Avis. com.

［11］ J. Kufrin. *Leo Burnett：Star Reacher*［M］.Chicago：Leo Burnett Co.，1995.

［12］ 卢泰宏.品牌思想简史［M］.北京：机械工业出版社，2020：58-59.

［13］ Commercial Marlboro Cigarettes Filter Flavor Pack or Box-video Dailymotion［EB/OL］//Dailymotion.(2008-12-27)［2023-09-20］.https://www. dailymotion. com/video/x7ugyh.

［14］ Leo Burnett：Still Reaching for the Stars After 60 Years［J］.Advertising Age，1995(7).

［15］ K. Roman. *The King of Madison Avenue：David Ogilvy and the Making of Modern Advertising*［M］.New York：St. Martin's Griffin，2010.

［16］ 大卫·奥格威.一个广告人的自白（纪念版）［M］.林桦，译.北京：中信出版社，2015.

［17］ 大卫·奥格威.奥格威谈广告［M］.曾晶，译.北京：机械工业出版社，2013.

［18］ D. Ogilvy, A. Parker. *Confessions of an Advertising Man*［M］. Revised. edition. Harpenden，Herts，UK：Southbank Publishing，2012.

［19］ D. Ogilvy. *Blood，Brains & Beer：The Autobiography of David Ogilvy*［M］.New York：Atheneum Publishers，1978.

［20］ D. Ogilvy. *Ogilvy on Advertising*［M］.New York：Vintage Books，1985.

［21］ 大卫·奥格威.广告大师奥格威：未公诸于世的选集（修订版）［M］.北京：机械工业出版社，2014.

[22] 卢泰宏,李世丁.广告创意:个案与理论[M].广州:广东旅游出版社,1997:306-362.

[23] 马丁·迈耶.麦迪逊大道:不可思议的美国广告业和广告人[M].刘会梁,译.海口:海南出版社,1999.

[24] 同[15].

[25] 安德鲁·克拉克内尔.真实的广告狂人:统治麦迪逊大道的创意之狼[M].朱玉犇,刘宇波,译.北京:外语教学与研究出版社,2018.

6

创意革命（下）：创意广告流派及其历史功绩

核心问题: 创意革命的历史功绩是什么？

主要人物:

(1) 海伦·兰斯当·雷索(Helen Lansdowne Resor,1886—1964)；

(2) 西奥多·麦克马纳斯(Theodore F. MacManus,1872—1940)；

(3) 欧内斯特·埃尔莫·卡尔金斯(Earnest Elmo Calkins,1868—1964)；

(4) 詹姆斯·韦伯·扬(James Webb Young,1886—1973)；

(5) 杰·恰特(Jay Chiat,1931—2001)；

(6) 李·克劳(Lee Clow,1942—　)。

内容精要:

本章详细探讨了创意革命的起源、发展及其历史功绩。首先,回顾了创意广告的早期经典案例,揭示了创意广告流派的形成过程。接着,介绍了创意革命的两位先行者卡尔金斯和詹姆斯·韦伯·扬,他们分别将现代艺术引入广告和提出创意哲学。随后,分析了创意广告流派的中坚力量和新生代广告人的崛起,展示了创意广告的多样性和创新性。最后,总结了创意革命的历史功绩,包括广告战略思维的转变、广告工具的创新、创意哲学和理论的丰富发展。创意革命不仅改变了广告的面貌,还推动了广告业的繁荣和进步。

第 5 章的三位旗手当之无愧，但汹涌澎湃、波澜壮阔的创意革命并非前无古人、后无来者。本章探本溯源，明确了创意革命的两位先行者，又识别出创意广告作为一个思想流派的存在。于是，来龙去脉一目了然。

本章回答的核心问题：**创意革命的历史功绩是什么？** 涵盖创意革命催生出的创意广告流派，多元的创意哲学和广告的新战略、新工具、新方法。让我们先从历史中寻找出有关创意革命发端的蛛丝马迹。

6.1 创意革命思想的早期源头

如果回顾那些早期的经典广告，就会惊异地发现其中某些广告与创意革命中涌现的新广告有着幽微的相通之处和似曾相识的默契，好像有一根无形的线将之紧密地联系在一起，因而展现出一种神似之感。不妨再回味一下在第 1 章中列举过的两个广告作品。早在 1911 年，海伦·兰斯当·雷索就为伍德伯里（Woodbury）香皂构思出令人难忘的创意文案"你渴望触摸的皮肤"（"A Skin You Love To Touch"），这显然完全有异于科学广告流派的文案规则，是靠营造感性氛围、走感觉和体验之路径的广告。它为反理性诉求、将产品隐退幕后的广告树立了一个早期的成功典型。

第 1 章中列举的另一个早期广告是 1915 年西奥多·麦克马纳斯为通用的豪华汽车凯迪拉克创作的广告传世经典"出人头地的代价"（The Penalty of Leadership）。该广告文案更是完全不谈产品本身，只以讽刺和反喻的口吻和我行我素的风格显示一种超凡脱俗的气质和品牌价值观。这种另类超前的先声夺人难道不是与科学广告彻底不同，而与创意革命的广告主张不谋而合吗？

这当然不是偶然的巧合。追溯 20 世纪 60 年代创意革命兴起的端倪，除了第 5 章已揭示的当时的时代背景，还有更久远的缘由。冰冻三尺，非一日之寒。新思想早在数十年前已有所表现，并非从天而降，只不过在广告历史上，这些早期的踪迹未成气候、潜伏在时代主流的阴影之下，仅偶露锋芒而已。为了串接起这些散落的"珍珠"，让我们简要列举现代海报的影响，并挖掘与创意革命高度相关的人物。

海报和设计源流

从科学广告到创意革命，广告形式的重大改变之一是从文字（文案）转向文案加图片乃至加视频的更佳搭配。这种结合的最初尝试是 19 世纪末出现的广告海报，以及中国更早就出现的悬挂广告等。海报已开辟了能够更有效地吸引受众注意力的途径，即文字加图案的模式。海报模式为广告的宣传和推广展示了更加生动、直观的表现形式。

1880 年，三石平版印刷工艺的发明使得现代海报诞生。随后，海报成为大众传播的"宠儿"，并促成了广告设计的成长，这也是广告创意设计的源头之一。经改进完善的平版印刷工艺允许设计师使用任何可以想象的颜色，并允许大规模生产，使整个印刷过程快速且价格便宜。它还充分体现出艺术家令人惊叹的细节和透明度水平，即使使用当今的技术也难以超越。通过这些改进，海报迅速成为强大的广告工具。海报的演变不仅加速了平面广告设计的迭代进步，而且是广告设计流派的源头。尽管因广播、电视和数字媒体的陆续出现，海报的影响力已不如当年，但毫无疑问，其不断颠覆创新的精神亦已潜移默化地成为 20 世纪 60 年代广告创意革命的动力之一。

以下对海报变迁的一瞥，可以让我们感受到海报设计思想中的变易传统。20 世纪初，海报是平面设计作为一种新的艺术形式出现的主要原因。海报是艺术家长期以来施展才华和比拼创造力的重要阵地。从海报简史的文献[1][2]中，我们可以充分领略到海报风格、思潮和流派的各领风骚、此起彼伏、标新立异和变幻无常。

图 6-1 是 20 世纪初新艺术主义的海报，突出装饰的元素。图 6-2 是 20 世纪 30 年代前后建构主义的海报，追求简约和对比。图 6-3 代表 20 世纪 60 年代

的超现实主义的海报。图 6-4 是 20 世纪七八十年代强调打破规则和强调视觉冲击力的后现代主义风格海报。

图 6-1　新艺术主义的海报

图 6-2　建构主义的海报

图 6-3　超现实主义的海报

资料来源：奥蒂斯·拉什，彩色胶印石版画海报，韦斯·威尔逊，1967 年，美国，博物馆编号 E. 507-2004，©维多利亚和阿尔伯特博物馆，伦敦。

（a）　　　　　　　　　　　　（b）

图 6-4　后现代主义风格海报

图 6-4(b)资料来源：*Cyrk*，彩色石版画海报，休伯特·希尔舍尔，1970 年，波兰，博物馆编号 E.1084-1976，©维多利亚和阿尔伯特博物馆，伦敦。

下面，让我们再从人物开始溯源。有两位对日后"创意派"的崛起有重大思想贡献的人物是不可忽略的，这两位无愧于"创意革命先行者"的称号：一位是有"失聪的广告巨人"之誉的欧内斯特·埃尔莫·卡尔金斯；另一位是有"广告人教授"之冠的詹姆斯·韦伯·扬。让我们分别略述如下。

卡尔金斯：将现代艺术引入广告

欧内斯特·埃尔莫·卡尔金斯（Earnest Elmo Calkins，1868—1964）是广告美学的开创人物（见图 6-5），他"将美注入商业"。现代广告中如果没有美和艺术的身影，广告创意将失去展翅高飞的想象和灵光，而这一思想的发端和实践应归功于卡尔金斯。1964 年，卡尔金斯去世时，《广告时代》发表

图 6-5　欧内斯特·埃尔莫·卡尔金斯
（Earnest Elmo Calkins，1868—1964）

了两通栏的悼念文章,以"创意广告巨人"(Giant of Creative Advertising)为题纪念他。他也入选了"20世纪百位广告名人榜",位居第73位。

20世纪20年代初,短暂的经济衰退和随后繁荣的到来促使广告业疯狂地试图找到进一步刺激销售的新方法。1925年,卡尔金斯率先将现代艺术引入广告。正是利润驱使的实用动机,而不是任何超然的乌托邦伦理或美学理想,为美国的商业现代主义铺平了道路。卡尔金斯说:"现代主义为表达不可言喻的暗示提供了机会,与其说是汽车,不如说是速度;与其说是礼服,不如说是紧凑而美的风韵。"1930年,卡尔金斯提出"广告,品味的创造者"(Advertising, Builder of Taste,刊于 *The American Magazine of Art*, Sep. 1930)。

卡尔金斯是一位英俊的男人,举止端庄。他天生外向,10岁时因病耳聋,从此无法轻松地进行他非常渴望的人际交往和社交活动。1902年,他和拉尔夫·霍尔顿(Ralph Holden)创办了 Calkins & Holden 广告公司,霍尔顿不仅是合伙人,还是帮他克服自卑、建立自信、开创事业的难能可贵的朋友。"Two Men with an Idea"(一个理想,两个男人)成为该公司的标识语。创新是该公司的特征:它率先为广告活动策划整体计划,是第一家向销售人员和经销商做广告的公司,是设立内部印刷和艺术部门的公司。该公司以自身广告的标题"将美注入商业中"及激发美的遐想画面而标新立异、鹤立鸡群(见图6-6)。

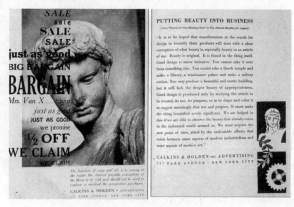

图 6-6　将美注入商业中

卡尔金斯最早将艺术引入广告表现，最早意识到视觉冲击对消费者广告效果的重要性，这一思想影响深远。

1925 年，卡尔金斯因其在提高广告标准方面的开创性努力而获得哈佛大学爱德华·W. 博克奖（The Bok Award）。1950 年，他与阿尔费雷德·A. 诺普夫（Alfred A. Knopf）一起被授予年度美国平面设计协会（American Insitute of Graphic Arts，AIGA）奖章。AIGA 勋章是 1920 年设立的传播设计专业中最高的荣誉勋章，奖章授予在一生中设定卓越标准或为设计实践创新做出杰出成就的个人。该奖章上刻有一句话："在广告中有效使用图形艺术的先驱。"

卡尔金斯活了 96 岁，著有《广告商道》（*The Business of Advertising*）等书和自传（见图 6-7）。2010 年后，《广告商道》作为经典书重印[3][4]。1905 年，卡尔金斯和霍尔顿在合著的《现代广告》（*Modern Advertising*）一书中提出："精美的排版是成功广告的必要组成部分，而不是印刷商抛出的事后想法。"卡尔金斯称之为广告"氛围"，是"暗示产品中美的更微妙的方式，而不是靠文本光秃秃地陈述事实"。他认为，将好的排版和艺术相结合，"设计和颜

图 6-7 《广告商道》（*The Business of Advertising*）

色会增加商品的可销售性……大多数消费者是女性，她们确实习惯了时尚的变化，并乐于被时尚的新设计所吸引"。

卡尔金斯的上述思想和作为，为后来的创意大革命和创意广告流派的崛起埋下了伏笔。可以说，卡尔金斯是 20 世纪 60 年代广告创意革命的思想先行者之一，他因此被称为"广告巨人"。

詹姆斯·韦伯·扬："广告人教授"

在某种意义上，詹姆斯·韦伯·扬（James Webb Young，1886—1973）是创

意广告流派的前辈老师,年龄上他也比创意革命的核心人物伯恩巴克和奥格威早一辈。他最早挖掘"创意"的思想并提出独有的创意哲学。创意是20世纪60年代创意革命的"圣杯",它高高在上、缥缈不定、可遇而不可求。詹姆斯·韦伯·扬居然敢于在创意革命的前夜对创意"动手术",提出产生创意的流程,足见其非同凡响。虽然伯恩巴克善于撰写广告著作,奥格威重视总结广告经验,写下了《一个广告人的自白》等有影响的著作,但更早从哲学高度进行探讨和剖析,写出众多广告著作并投身广告专业教育的是詹姆斯·韦伯·扬。

伯恩巴克曾在为詹姆斯·韦伯·扬的著作《创意技法》写的序中,称他是一位思想通透的思想家、一位点到即止的沟通大师,文章"简而精",每每以三言两语就说出了事物的脉络和精髓。奥格威在其著作《奥格威论广告》中,也盛赞詹姆斯·韦伯·扬的广告文案功力到家,是智威汤逊广告公司当年的"镇山之宝",是广告历史上一位不可多得的文案大师。1974年,詹姆斯·韦伯·扬去世一年后,入选广告名人堂,并在1999年入选"20世纪百位广告名人榜",位居第52位。

在詹姆斯·韦伯·扬一生近50年的广告生涯中,可以明显分为两个阶段:第一阶段,26岁开始做广告文案员,之后在智威汤逊广告公司担任创作总监、智威汤逊广告纽约总公司副总经理(1917);第二阶段,42岁(1928)开始在芝加哥大学商学院任教,直到1973年逝世。詹姆斯·韦伯·扬曾是该学院广告和商业史课程的唯一教授,同时一直兼任智威汤逊广告公司的董事及高级顾问。

詹姆斯·韦伯·扬成功扮演了广告人和广告学者的双重角色,作为学者的他写了十几本著作,其中最著名的是以下两本。

第一本是1960年出版的《创意技法》(A Technique for Producing Ideas,见图6-8)[5]。其中提出了著名的5步创意法。此书虽然短小(只有几十页),却流传甚广,受到包括伯恩巴克、奥格威在内的许多广告人的赞誉。伯恩巴克说:"詹姆斯·韦伯·扬描述的产生创意的过程,表现出伟大的思想家的传统。他多年的广告业成就证明,传播成功的关键因素是产生相关和戏剧性的想法。他不仅生动地为我们提出了这一点，而且向我们展示了实现这一目标的道路。"

"这本小册子中表达了比其他广告教科书都更有价值的东西。"

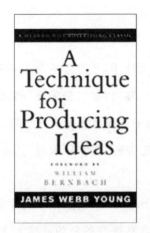 

图 6-8 《创意技法》(*A Technique for Producing Ideas*)

詹姆斯·韦伯·扬在书中的独特见解揭开了创造过程的神秘面纱，帮助读者审视自己的内心，找到那个神奇而难以琢磨的想法。《创意技法》以循序渐进的技法破圈并突破创造力的藩篱，据说自出版以来，已帮助成千上万的广告文案撰稿人突破自身障碍，释放出创造力。从诗人、画家到科学家和工程师，专业人士都使用这本简洁有力的书中的技法，随时随地就任何主题萌发出令人兴奋的新想法。60 年后的今天，好奇的读者或可重新打开这本书，看看它是否仍有此等魔力和功效。

第二本书是 1963 年出版的《怎样成为广告人》(*How to Become an Advertising Man*)[6]。此书是詹姆斯·韦伯·扬半个世纪广告生涯的心血结晶，共 13 章，范围广泛，视野宏大。作者在书中阐述了他独有的广告观、广告创意哲学及广告人的使命感，如何成为成功的广告人。该书最初是芝加哥大学商学院的广告课教材，后被智威汤逊广告公司作为员工培训教材。此外，詹姆斯·韦伯·扬去世后，他的《一位广告人的日记》(*The Diary of an Ad Man*)于 1990 年出版[7]。

6.2　创意广告流派

创意革命的伟大，不仅在于它有三大旗手，更在于它培养造就出一批新的广告人，形成了一个创意广告人的阵营。**与"科学广告流派"相对应，我们称之为"创意广告流派"。** 因为大创意（big idea）是创意革命最核心的、至高无上的关键词，笔者以为这一称谓比"艺术流派"更为确切妥当，而且"艺术"并不能概括这一流派的核心和全部思想。

创意广告流派阵营雄伟，包括三部分人：中坚力量、发端先驱和新生代。

伯恩巴克和奥格威在 1960 年前后点燃创意革命的熊熊大火时，年龄都已接近 50 岁，另一位旗手李奥·贝纳更年长。创意革命的直接结果是多方面的，广告冲破种种束缚的牢笼，自由飞向天空，带来了创意的多元化和空前繁荣的局面。一批个性鲜明、风格独特的广告公司应运而生；一批破旧立新、惊世骇俗、名垂青史的经典广告脱颖而出，如"从小处着想"（大众汽车）、"万宝路牛仔"（万宝路烟）、"1984"（苹果电脑）等。更重要的是新人辈出，一批狂放另类、桀骜不驯、异想天开、热血沸腾、充满朝气的广告新秀脱颖而出，创意广告流派上有源头、下有后继，由此诞生。

作为广告思想史上最强大的流派，在三大旗手的周围和其后，还有一群出色的、不同年龄段的人物，其中入选"20 世纪百位广告名人榜"的著名广告人有（括号内英文名前的数字是其排名）：杰·恰特（10，Jay Chiat，1931—2002）、李·克劳（18，Lee Clow，1942—　）、鲍勃·盖奇（33，Bob Gage，1921—2000）、斯坦·弗雷伯格（59，Stan Freberg，1926—2015）、杰里·德拉·费明纳（71，Jerry Della Femina，1936—　）、乔治·路易斯（74，George Lois，1931—2022）、史蒂夫·法兰克福（93，Steve Frankfurt，1931—2012）等。可以看出，创意广告流派的中坚力量大多是 20 世纪 30 年代或之后出生的一批人，当年他们多是三十岁的年龄（除了盖奇和弗雷伯格稍大）。创意派人物的共同点是叛逆传统、标新立异、一鸣惊人、一飞冲天。

新生代是指当年不足 30 岁的一群得益于创意革命的环境和时机横空出世而成为广告名人和创意派的生力军："骨灰级创意总监"李·克劳、将幽默风格注入电视广告的乔·塞德迈尔（Joe Sedelmaier）、肆意狂放的广告人杰里·德拉·费明纳、自称为广告街头斗士的乔治·路易斯、将娱乐搞笑风格带入广告的克里夫·弗里曼（Cliff Freeman，1941—2021）。他们后来都荣登"20 世纪百位广告名人榜"，克劳高居第 18 位，塞德迈尔位居第 63 位，费明纳位居第 71 位，路易斯位居第 74 位，弗里曼位居第 98 位。通过以下对新生代中一些人的速写素描，以及相关的两则经典广告，可感受到创意广告流派的后生可畏，以及他们之间的不同个性和风格。

恰特和克劳

创意革命时，杰·恰特正值三十而立之年。2002 年，71 岁的恰特因癌症去世，他留下了后人难以超越的广告纪录。其得力干将克劳在《纽约时报》上评论说，他的老板完美体现了"纽约人的侵略性与加利福尼亚的自由精神的结合"。

恰特（见图 6-9）为什么能在"20 世纪百位广告名人榜"上高居第 10 位？因为在 20 世纪七八十年代，他的恰特/戴广告公司（Chiat/Day）是非常厉害的广告公司之一，赢得了《广告时代》杂志令人垂涎的"最佳十年代理"称号。Chiat/Day 创造了一种与流行文化融合的创新广告风格——建立在创造力为王的原则之上，并试图通过他们的创造力突破许多人认为可接受的广告的界限。Chiat/Day 对广告业产生了彻底的影响。它为苹果公司做的"1984"等创意

图 6-9 杰·恰特（Jay Chiat，1931—2002）

广告改变了该行业。20世纪90年代初,其年营收达13亿美元,从1968年的单一洛杉矶办事处发展成为一家拥有1 200名员工的国际机构。

经典广告:苹果的电视广告"1984"

1984年,苹果公司决定为个人电脑麦金塔(Macintosh,简称Mac)进入市场投放广告。就产品而言,Mac是不同于当时采用DOS操作系统的IBM主流个人电脑的另类,是世界上第一台采用图形用户界面的个人电脑。相比行业当时的老大巨无霸IBM,苹果只是微不足道的小公司。

尽管Mac的出现引发了一场个人计算机世界的革命,但想要挑战IBM谈何容易! 广告的难度很大:是诉求Mac的产品特质和新功能,还是宣传苹果公司? 是攻击对手,还是讨好消费者? 如何才能"一剑封喉"? 面对超级对手IBM,投放多少广告才能引起市场的关注?

幸运的是,史蒂夫·乔布斯(Steve Jobs)选择了Chiat/Day广告公司。他认为,该公司的反传统态度与自己的内在精神相吻合。苹果为推出Mac的60秒广告支付了10亿美元。Chiat/Day广告公司为Mac量身定制了一个非常具有"苹果"个性特质的不同凡响的电视广告"1984"。

首先解释这则广告的名字为何用"1984"。Mac上市的时间定在1984年年初,《1984》也是英国著名政治讽刺作家乔治·奥威尔的一部虚幻预言小说。广告显然是从乔治·奥威尔的小说中汲取了灵感。小说《1984》追求自由,但结尾却是压抑的、毫无希望的。广告则借这部小说隐喻个人计算机世界一场革命的到来。

小说中的主人公温斯顿·史密斯在虚幻中的1984年生活在大洋国,大洋国处处有"老大哥"的头像海报,上面还有文字"老大哥在注视着你"。"老大哥"在生活中无处不在:定量供应食物,颁发衣服,还约束人的思想和行为。温斯顿由于和自由派女子朱丽娅相爱而双双被捕,送去劳改。在饱受饥饿、折磨、毒打和"教育"后,温斯顿终于低头,背叛了朱丽娅的爱,说出了"我爱老大哥"。

该广告由英国电影制片人雷德利·斯科特(Ridley Scott)执导,整个氛围以蓝色影射竞争对手 IBM 的 Big Blue。场景拉向一间昏暗的大厅,一群人排排而坐,目光呆滞地面对着大屏幕,他们神情麻木、仰头而待,正在听屏幕上一个专制的"老大"喋喋不休的训令。突然,一个白衫红裤的姑娘不顾身后黑衣防暴警察的追捕,飞快冲进大厅,奔向屏幕。她浑身充满了一往无前的精神、叛逆的激情和青春的活力,挥舞手中的大铁锤,猛地掷向大屏幕,专制的"老大"即刻分崩离析,世界从此改变! 广告以画外音结尾:"你会明白为什么 1984 年不会像'1984'那样。"(见图 6-10)

图 6-10　苹果公司广告"1984"

当年负责制作苹果"1984"广告的创意导演克劳回忆说:"'1984'表达了苹果的理念和目标:让人民而非政府或大公司掌握操纵技术,让计算机变得普通人可及而非控制人的生活。"选择奥威尔的《1984》为广告背景来制作广告,是因为当时"苹果Ⅱ"系列电脑在经历了几年的热销后正走下坡路,而 1981 年问世的 IBM 个人计算机正值旺市,以其备受信赖的品牌推动个人计算机市场迅速成长。这篇小说反映的思想内容正好能够充分表现和体味出 1984 年时个人计算机世界的格局,以及苹果的精神和心态。

该广告完全不讲产品及功能等,只是在结束的话外音提到 Mac。广告以隐喻和联想宣扬苹果反传统的品牌价值观,以极具冲击力的象征方式表现苹果对 IBM 在计算机市场的主导地位的誓不两立的挑战。

尽管该广告片深刻反映了企业家乔布斯的思想和精神,但苹果公司董事会极力反对播出如此冒险的广告,高管们紧张不安地试图在最后一刻撤出这则广告。庆幸的是,Chiat/Day 为此做了艰苦的努力,终于使这个时长 60 秒的广告以约 80 万美元的价格,在 1984 年 1 月 22 日美国职业橄榄球大联盟的年度冠军赛(超级碗)的电视转播(11 个地区市场)中亮相。在超级碗的现场和转播中,一阵刺眼的闪光灯席卷了观看屏幕的震惊的观众,一位播音员庄严地说:"1 月 24 日,苹果电脑将推出。你会明白为什么 1984 年不会像'1984'那样。"

此广告仅仅播出了一次,却造成了空前绝后的轰动效应,美国的三大电视网和将近 50 个地方电视台都在超级碗后续报道中重放了广告"1984",不少新闻广播和网络纷纷转播、重播该广告,还有上百家报纸杂志评论"1984"的广告创意和影响。在第 18 届超级碗后的第二天,苹果高管表示,有 20 万人进入商店看 Mac。广告播出后的 10 天内,吸引了潮水般的关注,并迅速为 Mac 创造了 1 亿美元的销售额。在 100 天内,有 7.2 万人购买了定价 2 495 美元的 Mac 电脑。

超级碗期间播出的苹果广告"1984"具有划时代的传奇意义,"1984"也成为广告发展史上一个重要的里程碑,亦成为 20 世纪的经典广告之一。《广告周刊》(*AD WEEK*)说这则广告"**创造了广告的历史**"。《广告时代》将其评为 20 世纪 80 年代的"**年代广告**"。作为广告创新的经典范例,广告"1984"赢得了当年所有的主要广告奖项,包括克里奥奖(Clio Awards)、久负盛名的戛纳金狮奖(Cannes Lions)、艾菲奖(Effie Awards)等。

广告"1984"的效果大大超出预期,实现了挑战竞争对手并为自身新产品上市开辟道路的基本目标。广告更为苹果公司和 Mac 塑造出振聋发聩的、反传统的品牌形象及鲜明个性和独特的价值观。乔布斯的苹果公司恪守反主流文化的信条,"Think different"(与众不同)成为苹果公司的精神气质和长期的广告核心诉求,并与购买苹果电脑的粉丝们引发共鸣。苹果粉丝仿佛拥有了艺术家、反叛者的身份和个性,彰显自己有"不一样的想法"。苹果公司从此一夜爆红、家喻户晓,后来居上,雄踞天下。**广告"1984"带来的另一个长远影响在于,它开启了超级碗广告的黄金时代,由此确立了美国职业橄榄球大联盟的超级碗比赛作为超级广告媒体的地位,赋予了超级碗广告难以企及的独特价值。超级碗不仅是必不可少的体育赛事,而且是年度最佳电视广告的亮相之地。**此后,每年的超级碗比赛日，广告代理商及其客户都会为超过 1 亿美国电视观众推出最让他们轰动的作品。从此，广告本身开始成为超级碗的大卖点之一，超级碗成为顶级广告无可争辩的象征。

划时代的广告经典片"1984"为 Chiat/Day 广告公司的杰·恰特和李·克劳带来了无上荣光，Chiat/Day 广告公司也因此广告而名声大震，令同行刮目相看。

当创意革命兴起时，克劳 20 岁上下，风华正茂、激情满怀（见图 6-11）。他与史蒂夫·海登（Steve Hayden）在 Chirt/Day 广告公司创造了划时代的电视广告片"1984"，以及一批脍炙人口的经典广告。克劳被称为"骨灰级创意总监"。他长发长须，一副随意放松的冲浪者和气宇不凡的艺术家气质。他几乎横扫了所有的广告大奖，为其服务的 Chirt/Day 广告公司带来了无限风光。2004 年，克劳荣获克里

图 6-11 李·克劳（Lee Clown，1942— ）

奥广告终身成就奖的桂冠。2022 年，80 岁的克劳宣布退休。

斯坦·弗雷伯格出生于 1926 年，是一位广播喜剧节目创作者和唱片艺术家。他在 1951 年已声名显赫，转行广告界后，他在 20 世纪 50 年代后期成立了弗雷伯格广告公司。他是在广告中运用幽默的先声，被誉为广播广告的"滑稽广告之父"。他采用的典型广告套路是：借一个熟悉话题并把它当作笑话来玩，广告卖点几乎到事后才恍然大悟。他入选"20 世纪百位广告名人榜"，位居第 59 位。

乔治·路易斯是一位希腊裔美国艺术指导、设计师和作家，因被称为"麦迪逊大道的坏孩子"而闻名。他可能是广告史上最有天分、作品最多的艺术指导。恒美广告公司的气质吸引了路易斯的加盟。不过，路易斯在广告创意的道路上走得更远，也更加离经叛道。他与科学广告流派势不两立，写过一本与《广告的科学》针锋相对的书——《广告的艺术》（*The Art of Adverting*），该书曾备受追

捧。他咆哮道:"伟大的创意是无法测试的,只有平庸的才可以。"他大声宣称:"广告是一种有毒气体,它能使人流泪,使人神经错乱,使人神魂颠倒。"

图 6-12 《何谓大创意》
英文版封面

路易斯在 20 世纪 60 年代率先推出大创意(big idea)的理念并因此成名,其著作《何谓大创意》(*What's the Big Idea*,中译本《蔚蓝诡计》)也风靡全球(见图 6-12)。他最传世留名的作品应是他从 1962 年到 1973 年为《时尚先生》(*Esquire*)杂志设计的超过 92 个封面。2008 年,现代艺术博物馆展出了路易斯为《时尚先生》设计的 32 张封面。他在 84 岁时还创立了新公司 Lois TransMedia。路易斯先后入选美国艺术指导名人堂(The Art Directors Club's Hall of Fame)和广告名人堂。

费明纳对广告充满激情,竭力强化广告中的幽默表现。但他傲慢无理,甚至粗鲁,不过他的话掷地有声、令人难忘:"好莱坞有奥斯卡,广告界有超级碗。超级碗就是(广告)审判日。"他还将英文"fuck"一词首次引入广告。

弗里曼的经典代表作是竞争广告"牛肉在哪里?"。他策划的电视广告"牛肉在哪里?"产生了强烈的反响,他因此享有"幽默电视广告大王"之称。

经典广告:牛肉在哪里?

在"汉堡大战"中,温迪远远落后于麦当劳和汉堡王。温迪的优势在于牛肉分量大于竞争对手。基于此卖点,温迪制造了一则经典广告。1984 年 1 月,在首次播出的电视广告"牛肉在哪里?"中,三位年长的女士在模仿的温迪竞争对手的柜台仔细检查了一个汉堡。一位女士——成为广告偶像的克拉拉·佩勒(Clara Peller)被汉堡的小块牛肉惊呆了,抬头看着镜头问道:"牛肉在哪里?"(Where's the beef?)其广告效果显著:温迪的销售额提高了 31%,利润增长了

24%，温迪的知名度大大提高。广告中的"牛肉在哪里？"这句话不胫而走，传遍大街小巷，迅速成为民间的口头禅。甚至1984年美国总统候选人沃尔特·蒙代尔在竞选辩论中，也借用"牛肉在哪里？"挑战其对手加里·哈特。一句广告语居然被延伸赋予了如此广义的联想，令人咋舌。

这则广告涉及一个新类别——竞争广告，又称为比较广告或负面广告（negative advertising）。自从1971年美国联邦贸易委员会（Federal Trade Commission，FTC）允许和提倡此类广告之后，竞争广告的流行率从20世纪60年代中期的15%上升到90年代的80%。竞争广告有几个著名案例，如美国电话电报公司与美国微波通信公司（MCI）之间的广告战，维萨（Visa）对美国运通的广告攻击，软饮料巨头百事可乐和可口可乐之间激烈的广告竞争等。其正面效应是为消费者提供了更多的参照信息，并让广告更具说服力。但是，随着竞争广告变得更加直接、激烈和消极，也污染了商业环境。

本章最后拟回答：作为**20世纪广告最伟大的事件，创意革命带来了什么进步？它的主要历史功绩是什么？**

6.3 创意革命的历史功绩

从历史的视角看，创意革命到底改变了什么？

首先，它彻底改变了广告的面貌，催生出一批伟大的广告。

显而易见，创意革命将广告人从教条中解放出来，**激活和激发了广告人的创新精神**。在1999年《广告时代》评选出的"20世纪标杆广告百杰榜"中，创意革命的作品占了绝大多数。如果简单描述现代广告的演变，科学广告时代的广告是1.0版本，用规则和逻辑产生有销售力的广告；创意革命的广告则是2.0版本，在不确定性中冒险求新，追求对消费者的冲击力。创意广告流派**改变了广告的风貌**，从硬销（hard sell）路线转向软销（soft sell）路线，确立了感性劝说的主导地位。从前面多个经典案例可以充分感受到，新广告变得更贴近消费者，让消费者喜闻乐见，而且也变得更具娱乐性和离经叛道。

20世纪90年代中国改革开放之后，曾经出现过一些家喻户晓、推动品牌高速增长的本土广告，如保健品"脑白金"的电视广告"今年过节不送（收）礼，送（收）礼就送（收）脑白金"，步步高无绳电话的电视广告"我被锁在外面了"等，人们惊讶这些广告既非传统又效果明显，却没有觉察出这些广告背后都有创意革命广告的影子——反传统、幽默、搞笑、逗乐、轻松而难忘。

创意革命让我们更接近广告的本质。其一，广告不仅是传播或展示，更是劝说。如何劝说？中国人常说"动之以情，晓之以理""合情合理"，注意是"情"在先，"理"在后。创意革命证明了广告的情感路线高于科学广告的理性路线，或者说，广告首先要动之以情，其次才是晓之以理。其二，广告不是以产品或广告主为中心，而是以消费者为准绳。其三，广告不靠逻辑推理、多数赞同，而要靠险中求胜、慧眼独具。

从科学的广告到创意的广告，是两种思维之间的大摆动。这两种思维和风格永远存在、各领风骚、此消彼长，如中国易经中的阴阳交替、自然界中的日月更替。两派之间几十年不断进行着拉锯战：科学广告流派相信依据事实进行销售，并进行了大量的实用研究；创意广告流派相信艺术会激发消费者的品牌兴趣，并让创意冲破一切牢笼。心理学家分析过，人或理性或感性。德国社会学家马克斯·韦伯（Max Weber）提出，人有两种基本的思考方式：一是客观、理性、基于事实的方式；二是定性的、直觉的、基于价值的方式。前者偏逻辑、理性、精确性、一致性、数据和分析等概念，后者偏想象、联想、隐喻、梦想、幽默、模糊、幻想等概念。

不可忽视的是，**创意革命还促成了广告设计流派的兴起。**从前述创意广告的源头（包括海报和先行者人物）可见，其带有的浓厚的、深刻的设计思想和特征已相当明显。创意革命使设计艺术家身价百倍，设计在广告领域如鱼得水，一批广告设计理论的代表性著作也纷纷问世，具体包括：美国广告艺术家和文化研究专家乔治·麦斯威尔（George Maxwell）的《广告艺术：一种视觉语言》（*Advertising Art：A Visual Language*）、肯·拉弗蒂（Ken Lafferty）的《广告设计学》（*Advertising Design*）、史蒂夫·霍尔（Steve Hall）的《广告设计：理论与实践》（*Advertising Design：Theory and Practice*）、约翰·沃尔夫（John Wolf）的《广告设计实务》（*Advertising Design Practice*）、罗伯特·布彻（Robert B. Bucher）的《广告设计：从创意到实施》（*Advertising Design：From Concept to Implementation*）等。在广告教育体系中，最终构成了传播学取向、营销学取向、设计学取向三足鼎立的格局（参见第 11 章）。

创意革命极大地丰富了现代广告的战略思维、方法和工具。在广告语言和形式彻底创新的背后，创意革命更推动了广告战略思维的转变，实现了广告工具和方法上的重大创新。

6.4 广告战略思维的两大转折

创意革命的深度，还体现在两大战略思潮出现的转折：**从硬销主导转向软销主导；从销售至上升华到品牌至上。**前者推动了广告创意的转型，后者建立了广告战略的新目标。

从硬销转向软销

如第 2 章所述，现代广告确立了为广告主推动销售增长的使命。于是，广告如何促销成为盘桓几十年的中心问题，该问题在广告界内部表述为两条道路、两种理念的选择：广告应当硬销，还是软销？

长期以来，广告圈内一直存在硬销和软销两种思想和策略的争论，甚至以此构成了划分广告公司的标志和分水岭。[8] 两者后来成为科学广告流派与创意广告流派在广告方法论上的基本分野所在。

那么,何谓"硬销",何谓"软销"？借助《文案人指南》中"两个推销员的故事",或可直观地对两者之间的区别有所了解。[9]

推销员史密斯在一个小镇上度过了忙碌的一周。在逐户销售推广中,他将促销的重点放在让家庭主妇明白,如果接受和使用他的商品,将会获得何种利益,有什么明显的好处。他采用的是硬销的广告策略。

另一位推销员很喜欢这个小镇,决定先住下来,然后交朋友,最后再推广商品。他为当地的儿童举办野餐聚会,参加各种活动,向居民展示他的种种善意。然后,他开始介绍商品。他发现人们纷纷购买他提供的商品,因为他们喜欢并且相信他。结果,他毫不费力地将商品销售一空。这是软销的广告策略。

一般而言,硬销广告使用的方法是直接亮出购买的"理由"和硬的事实,广告提供的信息标题集中在"你"(消费者)如何从广告的产品中得到直接的好处上。硬销策略所依据的假设是：消费者决策是理性的。相反,软销广告不靠理性强调产品的好处,而是试图通过唤起与广告的产品、品牌或公司相关的积极情感和正面情绪来影响和吸引消费者。软销策略所依据的假设是：消费者决策是基于感受,感情起主要的作用。软销广告从直接转为间接,更加微妙和温情,利用幽默或联想的方法,运用温暖和体贴的广告元素来激发这种情感反应。

这两种方法各有其理、各有千秋,在发展过程中此起彼伏、各领风骚。**硬销广告的历史可以追溯到 20 世纪初**,源于 1897 年查尔斯·奥斯汀·贝茨将广告描述为"纸上的销售术"。但是,贝茨的这一思想直到 1904 年,借肯尼迪之口用相似的术语向拉斯克阐述了"什么是广告"(参见第 3 章),才引起了人们的广泛关注。在肯尼迪的影响下,洛德·托马斯广告公司率先推出了硬销的广告策略,并很快被其他广告公司效仿。再后来,霍普金斯和雷斯发展强化了这一策略方法,硬销广告被推至主流地位。

与此形成鲜明对比的是麦克马纳斯开创的另一种风格。1914 年,麦克马纳斯在 MacManus, John & Adams 广告公司承接的凯迪拉克汽车的广告项目中创作的"出人头地的代价"的广告文案，正是软销或"印象派"广告的开始。如前所述，虽然这则广告通篇未触及产品本身，甚至未提及"凯迪拉克"这一名称，也没有相关的汽车图片，却成为有史以来极具影响力的广告之一。麦克马纳斯的软广告风格在 20 世纪二三十年代仍踪迹尚存，雷蒙·罗必凯或多或少延续了这一风格。例如，罗必凯在扬·罗必凯广告公司的许多作品中，似乎都有麦克马纳斯的影子。

20 世纪 60 年代，创意革命的三大旗手伯恩巴克、李奥·贝纳、奥格威等率领的创意广告流派将软销广告推向史无前例的最高峰，完全改变了以硬销广告为主的格局。如前所述，广告吸引消费者初始注意力的主要元素都倾向于情感的挖掘和共鸣，独特的、娱乐的和幽默的成为伯恩巴克风格的标志。一大批令人难忘的软广告活动横空出世，曾经居主流地位的硬销广告尽管依然有市场，但已是明日黄花，其风光和势头明显被软销广告所替代，从硬销主导转向软销主导已是不争的现实。

创建品牌：广告的新战略目标

从"现代广告之父"拉斯克确立以"纸上的销售术"为现代广告的宗旨，到霍普金斯、奥格威等形成的"为销售而广告"这条一脉相袭的思想路线，奥格威用一句话将此思想表达得既决断清楚又影响久远，他说："我们的目的是销售，否则便不是做广告。"

广告在走向科学的第一次浪潮中，其整个思想的基点是明确且一致的，即**广告就是为了销售，产品始终处于广告的最前端**。这既是向前迈出的一步，又是长期发展的一个边界和局限。

20 世纪 60 年代兴起的创意革命，一开始并没有改变"为销售而广告"的基本主张，因为这句话对广告主常常是极有吸引力的大卖点，所以至今也没有被抛弃和完全过时。问题在于，这只是一种短期的眼光和目标，一旦企业家追求长期主义，就必须另寻法宝。创意革命流派脑洞大开，终于也对"为销售而广告"这一天经地义的宗旨提出了怀疑，继而冲破销售的藩篱，出现了新的思考和新的视野，进而推动广告公司战略的大转向。创意革命使得广告的视野从短近到长远——销售着眼短期增长，品牌追求长期增长。

创意革命使得广告的核心不再是产品，而是消费者。广告关注的不仅是销售，更专注于消费者的问题是什么，竞争力来自产品如何解决消费者的问题，并以品牌建立与消费者的联系和情感。

从销售主义走向品牌主义[10]，这一转折延伸了广告的功能，尽管广告的促销功能永远存在，尽管原来也有少数的公司（如可口可乐）在早期广告中就表现出品牌意识。作为主导性的思潮，科学广告时代确立的是"为销售而广告"的宗旨，创意革命在广义上确立了"为建立品牌资产而广告"的战略功能。销售仍是广告的重要目标，但已不是唯一的目标和价值体现。"为品牌而广告"的战略推进了广告全球化的进展，孕育出体量巨大的全球广告帝国（参见第 7 章）。

李奥·贝纳开始将自己的广告公司重新定义为品牌驱动（brand-driven）的公司。的确，它最早（1955）从品牌形象入手，通过广告建立了"万宝路牛仔""欢乐绿巨人"等出色的品牌形象，从而摆脱了"广告只为销售"的狭义观念和局限。

更高举品牌主义大旗的是奥格威创立的奥美广告公司。这一思潮的转变，从琢磨奥格威先后说过的两句名言就可以发现端倪。奥格威先强调只为销售做广告，后又说广告要为品牌投资，这两句话看似矛盾又具有风向标的转向意义。于是，奥美广告公司率先更全面突出广告要服务于品牌的建立和传播，并以品牌管家（brand stewardship）的新公司形象而著称全球。当然，这与奥格威在 1955 年就积极倡导了品牌形象（brand image）的概念是分不开的。很快，一流的广告公司都争相走上这条新的战略轨道。

20 世纪 80 年代市场全球化的趋势迫使广告公司面临新的挑战：除了促销外，广告能不能对建立和发展品牌作出新的贡献？跨国公司的全球化，需要有新的战略工具——品牌和品牌资产。这一重大挑战激发广告界产生出新的思想和新的战略，并迅速在广告界形成一股从销售主义到品牌主义的新浪潮。

这一广告思潮反映在学术上，形成了"广告—品牌"的研究新领域，广告学学者越来越多论及品牌。例如，美国的巴特拉教授于 1984 年在美国斯坦福大学获得营销学博士学位，是活跃在广告理论研究界的重量级学者，发表过大量学术论著，与斯廷坎普等合作发表过"高被引"的论文（1999/2000/2003）。后来，他进一步从广告转向品牌研究，偏向研究品牌全球化和品牌情感。2012 年，已过六旬的巴特拉等学者提出了品牌挚爱（brand love）的品牌新概念。[11]

新工具：创意简报

全新的广告操作模式也破土而出：创建由文案和艺术指导两种专业融合的创意团队，并以创意简报（creative brief 或 brief）为框架指引，最后依据创造力和销售能力来综合衡量他们的成功。创意简报的发明大大提高了广告公司内部创作的效率和水平。

创意革命的思想是开放的、自由的、个性的，创意革命青睐艺术的气质和感性，但为了有效达成广告的外在目的，而且是团队运作，就必须找到它们之间的平衡。正如金斯伯格所言："自由只存在束缚之中，没有堤岸，哪来江河。"即使是天马行空的艺术，广义上也受制于外部和自身的边界，广告作为商业器物就更有束缚了。又如德克萨斯大学奥斯汀分校广告学教授杰夫·理查兹（Jeff Richards）所言："没有策略的创意叫'艺术'。有策略的创意叫'广告'。"这就是广告**"带着镣铐跳舞"**的思想和原则。创意简报是"带着镣铐跳舞"的具体体现。

有一种普遍存在的误解，认为创意革命和创意广告流派就是从"科学"转向"艺术"，而以广告的"艺术派"来描述和称呼之。其实，创意广告流派更讲究广告策略，因为它们需要比科学广告流派更贴近和抓住消费者。成功劝说的核心是深刻了解劝说的对象。是的，创意革命追求以更加出彩动人的舞蹈吸引消费者，却必须"带着镣铐跳舞"。在这一思想下，兼顾并不容易。为此，创意简报这一重要且有效的工具被发明了出来，它兼顾天马行空的想象和广告实效。

创意简报通常是一份文件的简单书面陈述,涉及要考虑的最重要问题:谁、为什么、什么、在哪里和何时,也是讲述品牌故事的最有效方式。不同公司的简报有所不同,一般有 6 个组成部分:**产品、目标受众、品牌定位、目标、创意战略和创意执行**。几乎所有的广告公司都使用简报来开发和执行创意。创意简报的水准体现在"精准"和"简要",奥格威曾说过:"给予创意部门的简报越是精简,创意的空间则越大。"当然,从创意简报到创意广告这一步是神奇的一大步。

创意革命在实现了文案和艺指有机结合的基础之上,发明的创意简报使策略(说什么)和创意(如何说)可以兼顾,亦使"个人的创造性发挥＋整体目标达成"二者可以兼得。创意简报是创意团队撰写和制作广告的指南,是团队合作的模板。在理想情况下,简报为创意团队提供了发展大创意的方向和灵感,是保证策略的出发点。如果做得好,这样的模板可以让每个人在履行不同的角色和职能的同时,还能支持客户的目标,帮助每个人始终聚焦于广告活动所期望的结果。

创意革命不仅带来了广告战略思维的根本性进步和方法工具的重要创新,更不可忽略的是,在更高层面上,创意哲学和广告理论都结出了划时代的硕果。

广告里程碑 6:创意哲学和理论创新

"创意是广告的灵魂",这是广告创意革命时代广告人的信仰和奉行的基本准则。从广义上讲,科学广告时期的广告也讲文案的"创意",后来的创意革命为了区分和强调创意的至高地位,提出了大创意(big idea)的概念。于是,整个广告江湖都围绕"创意为王"开阔思想、比试功夫,出现了各显神通的广告创意哲学或理论。

创意革命不仅产生了新广告、创意广告流派,更孕育出丰富的各领风骚的创意哲学。不同主张和风格的创意哲学思想分别出自某顶级广告大师及其一流的广告公司。大致而言,具有代表性且比较出名的有 5～6 种。[12] 其中,雷斯和达彼思广告公司的 USP 理论在第 4 章已有所论及。日本的吉田秀雄(Hideo Yoshida,1903—1963)和电通广告公司的"鬼十则"着眼于打造有杰出创意的广告人，在此不作累述（参见第 8 章）。

创意哲学

1. 伯恩巴克和恒美广告公司的 ROI 理论

关于 ROI 理论的具体介绍参见第 5 章。

ROI 指出了广告战略性的新方向，作为恒美广告公司的广告创意指南，ROI 给出的是努力方向，完全避开了具体的流程和规定。

伯恩巴克的鬼斧 ROI，追求鬼斧神工、惊心动魄、摄人心魂。ROI 只给创意的方向和目标，不给达到目标的路径或步骤，鼓励八仙过海、各显神通。伯恩巴克的创意哲学立足于真诚的沟通，以带有讽刺意味的机智和强烈的激情为风格。

2. 詹姆斯·韦伯·扬和智威汤逊广告公司的"魔岛浮现论"

詹姆斯·韦伯·扬将创意的产生或孕育比喻为"魔岛浮现"：在古代航海的时代，传说中灵光乍现的水手、令人捉摸不定的魔岛恰似广告人的创意一般。魔岛其实是由在海中长年积累、悄然浮出海面的珊瑚形成的。

詹姆斯·韦伯·扬强调，创意并非一刹那的灵光乍现，而是如同魔岛的形成，靠广告人脑中的各种知识和阅历累积而成，是透过眼睛看不见的、一连串的自我心理过程所制造出来的。魔岛看似突然出现，创意似乎偶然跳出，却绝非从天而降、一日之功。

詹姆斯·韦伯·扬的创意哲学的特点，在于把创意看成心理过程。他把创意过程分为五个阶段：①收集原始资料；②用心智去仔细检查这些资料；③深思熟虑，让许多重要的事物在有意识的心智之外去做综合；④实际产生创意；⑤发展、评估创意，使之能够实际应用。在五个阶段中，灵感激发创意只是其中的一个阶段。受到某种因素的启发，以灵感的方式突然出现，瞬间完成整个思维过程，即产生创意。

3. 李奥·贝纳和李奥贝纳广告公司的"戏剧论"

李奥·贝纳的广告创意哲学，以**"与生俱来的戏剧性"**（inherent drama）为其核心和主要特征。

李奥·贝纳的"与生俱来的戏剧性"，主张"每件商品都有戏剧性的一面"，广告人的"当务之急就是要挖掘出商品能使人们产生兴趣的戏剧性，然后令商品戏剧化地成为广告里的英雄"。所以，塑造品牌形象成为他的撒手锏。李奥·贝纳的创意风格是真诚、自然、温情，充满人情味，甚充满人间烟火。以他为代表的芝加哥广告学派奉行这样的信条——我们力求更为坦诚而不武断；我们力求热情而不感情用事。他们认为，"受信任""使人感到温暖"的因素对消费者接受广告所制造的欲望是重要的。

4. 奥格威和奥美广告公司的"神灯论"

奥格威的"神灯论"留有科学广告流派的某些痕迹。"神灯"的魔力源自5个主要方面调查汇集起来的数据和信息：①邮购公司的广告经验；②百货商店的广告技巧；③盖洛普等调查公司对广告效果的调查；④对电视广告的调查；⑤应用别人的智慧成果。

"神灯"是"创作好广告的96条法则"，也就是广告创意的一种指引。按"神灯"的指引，广告创意不致不及格，可争取到越来越高的分数，对多数广告人的入门和提高很有帮助，但难以出现神来之笔。

广告理论创新

除了创意哲学的兴起，建立广告新优势的广告理论也有了质的飞跃。最后，让我们再概括创意革命孕育出的有代表性的**两大广告理论创新**。

科学广告时期诞生了一种威力强大的新武器——独特销售主张（USP），而创意革命时期发明了两种更胜一筹的理论新武器——品牌形象论（Brand Image，BI）和定位论（Positioning）。这三种理论各领风骚，后浪超前浪，一浪更比一浪高(见表6-1)。20世纪50年代的广告处在"产品时代"，实物描述和独特销售主张是基本方法。20世纪60年代的广告进入"形象时代"，塑造鲜明的品牌形象成为新式武器。20世纪70年代初开始了"定位时代"，"定位"成为横空出世的崭新方法。所以有此一说：20世纪50年代是独特销售主张的天下，20世纪60年代是品牌形象论的天下，20世纪70年代则是定位论的天下。

表6-1　独特销售主张、品牌形象论、定位论的比较[13]

比较项	独特销售主张	品牌形象论	定位论
产生时间	20世纪50年代	20世纪60年代	20世纪70年代以来
核心理论、主张	强调产品具体的特殊功效和利益	塑造形象，长远投资	创造心理位置，强调第一
方法和依据	实证	精神和心理的满足	类的独特性
沟通的着眼点	物	艺术、视觉的效果	心理上的认同

理论创新之一：品牌形象论

1955年，《哈佛商业评论》3—4月号上发表了加德纳(B. B. Gardner)和列维(S. J. Levy)的文章《产品与品牌》[14]，提出从理论概念上区分产品和品牌，基于品牌的符号和形象对消费者有特殊意义，首次提出了品牌形象(brand image)这一新的思想理论概念。这篇学者的文章惊动了大名鼎鼎的"现代广告教皇"奥格威。奥格威在1955年美国广告联合会(AAF)年会上发表了题为"形象与品牌"的演讲，他极力赞扬了加德纳和列维的这篇文章，并且强烈推荐、大声疾呼将品牌形象应用于广告实践。李奥贝纳广告公司率先用广告塑造了万宝路品牌鲜明独特的西部牛仔形象，使一个滞销产品变成了世界上最畅销的香烟品牌。品牌形象论迅速成为广告创新的有力工具。1957年，李奥贝纳广告公司副总裁泰勒(W. D. Tyler)在著名的《营销学报》(Journal of Marketing)上发表了名为《形象、品牌和消费者》[15]的文章，主张广告应该塑造出超越产品卖点的形象。品牌形象广告开启了广告新时代，塑造品牌形象成了广告追求的新战略和新目标。

20世纪末,在中国也出现了品牌形象论的广告。1994年,太阳神口服液广告从广州率先运用品牌形象论做广告(见图6-13),其商标加上人格化的诉求"当太阳升起的时候,我们的爱天长地久",产生过强烈的传播效果。

图6-13 太阳神口服液广告

理论创新之二:定位论

笔者先要强调,虽然定位论在营销管理和战略理论中都极具名气,但它"出生"在广告界,出自广告人。发源并首先应用于广告的定位论,最初的表述也完全是针对广告的。试看其最初的表达要点。[16]

(1)广告的目标是使某一品牌、公司或产品在消费者心目中获得一个据点,一个认定的区域位置,或者占有一席之地。

(2)广告应将火力集中在一个狭窄的目标上,在消费者的心智上下功夫,是要创造出一个心理的位置。

(3)应该运用广告创造出独有的位置,特别是"第一说法、第一事件、第一位置"。因为创造第一,才能在消费者心中造成难以忘怀、不易混淆的优势效果。

(4)广告表现出的差异性,并不是指出产品的具体的、特殊的功能利益,而是要显示和实现出品牌之间的类的区别。

（5）这样的定位一旦建立，无论何时何地，只要消费者产生了相关的需求，就会自动地、首先地想到广告中的这种品牌、这家公司及其产品，便能达到"先入为主"的效果。

定位论是创意革命促成的重大成果，初衷是为广告公司提供更有竞争力的新工具。20 世纪 70 年代初，美国两位意气风发的广告人艾·里斯（Al Ries，1926—2022）和杰克·特劳特（J. Trout，1939—2017）发表了定位的新思想，注重抢占消费者心智的定位论异军突起、风靡一时，后来延伸到营销和战略领域，并获盛名不断、赞誉有加。[17]

定位论把目光瞄准在顾客的心智上，主张广告是为了在受众心目中争夺一席之地。第 4 章提到过，雷斯更早强调过聚焦的思想："成功的广告像凸透镜一样聚焦形成一个广告焦点，不仅发光，而且发热。"不过，定位的聚焦已从产品转移至顾客的内心，而且更凸显无中生有的"创造第一"。

定位论促使广告的实践出现了令人兴奋的新格局。一个典型的例子是 7-Up，其广告锁定"非可乐"（Un-Cola）的定位（见图 6-14），避开了可乐的强势锋芒，使 7-Up 的销售额翻了一番。因为人们的心智已经被可口可乐、百事可乐占据了，只有以新品类的定位争夺消费者心智才可能成功。几十年后，中国也出现了以定位论广告创造市场奇迹的案例，最著名的经典个案是"王

图 6-14 "非可乐"（Un-Cola）广告

老吉"（红罐）。从传统的广东凉茶（区域性中药茶饮）重新定位为大众饮料，辅以渠道的深耕和密集的广告投放，随着一句广告语"怕上火就喝王老吉"传遍大江南北（见图 6-15），引爆了火箭式的销量增长，销售额从几百万元突破至百亿元人民币。

图 6-15　王老吉凉茶广告

综上所述，创意革命不仅从根本上改变了广告，孕育出了大批的广告英雄，提升了广告业的社会地位，更推动了广告理论、广告战略和方法的创新。创意革命作为驱动力量之一，迎来了广告的空前兴旺和繁荣，请继续阅读下一章"黄金时代"。

注　释

[1] A short history of the poster［EB/OL］//Victoria and Albert Museum［2023-10-19］. https：//www. vam. ac. uk/articles/a-short-history-of-the-poster.

[2] Poster Designs Through the Decades［EB/OL］.［2023-10-19］.https：//www. manypixels. co/blog/print-design/evolution-of-poster-design.

[3] E. E. Calkins. *The Business of Advertising*［M］.London：Forgotten Books,2018.

[4] F. Beard. *Forgotten Classics：The Business of Advertising*,*by Earnest Elmo Calkins* (*1915*)［J/OL］.Journal of Historical Research in Marketing,2015,7(4)：573-583.

[5] J. W. Young. *A Technique for Producing Ideas*［M］.New York：McGraw Hill,2003.

[6] J. W. Young. *How to Become an Advertising Man*［M］.Lincolnwood, Ill.：Passport Books,1989.

[7] J. W. Young. *The Diary of an Ad Man：The War Years June 1*,*1942 To December 31*, *1943*［M］.Lincolnwood Ill.：Ntc Business Books,1990.

[8] J. McDonough,K. Egolf. *The Advertising Age Encyclopedia of Advertising*［M］.New

York：Routledge,2015.条目：Hard-Sell/Soft-Sell Advertising.

[9] E. R. French. *The Copywriter's Guide*[M].New York：Harper and Brothers,1959.

[10] 卢泰宏.从"销售主义"走向"品牌主义"[J].国际广告,2000(2)：4-5.

[11] R. Batra，A. Ahuvia，R. Bagozzi. *Brand Love*[J/OL].Journal of Marketing,2012,76 (2)：1-16.

[12] 卢泰宏,李世丁.广告创意：个案与理论[M].广州：广东旅游出版社,1997：306-374.

[13] 卢泰宏.定位论——广义成功之道//里斯,特劳特.定位[M].王思冕,等译.北京：中国财经出版社,2002.

[14] B. B. Gardner,S. J. Levy. *The Product and the Brand*[J].Harvard Business Review, 1955,March-April：33-39.

[15] W. D. Tyler. *The Image，the Brand，and the Consumer*[J].Journal of Marketing,1957, 22(2)：162-165.

[16] 笔者依据《定位论》原作,将这本经典之作的广告传播主张浓缩提炼出五大要点,发表于：卢泰宏,李世丁.广告创意：个案与理论[M].广州：广东旅游出版社,1997.

[17] Al Ries,Jack Trout. *Positioning：The Battle for Your Mind*[M].New York：McGraw Hill,1980；并参见：卢泰宏.品牌思想简史[M].北京：机械工业出版社,2020：69-72.

7

黄金时代：
广告产业的狂飙

核心问题：广告黄金时代是如何降临的？

内容精要：

本章探讨 20 世纪广告的黄金时代，重点分析广告业繁荣的原因和表现。广告公司（包括广告人）、广告主和大众传媒是推动广告业繁荣的三大支柱。广告公司在创意革命的推动下迅速发展，广告主大幅增加广告投入，电视广告成为主流形式。麦迪逊大道成为广告圣地，广告人意气风发，女性广告人也崭露头角。电视广告的兴起极大地改变了广告业，超级碗广告成为广告创意和投入的巅峰。广告的黄金时代不仅带来了大量优秀广告，也为广告帝国的形成奠定了基础。

20 世纪广告的黄金时代是一段值得记录和可供以后参照的历史。为此，笔者通过考察广告黄金时代鼎盛繁荣的主要表征及原因，从三个方面（广告公司、广告主、大众传媒）分别收集萃取了相关的数据和主要的事实，试图回答本章的核心问题：**广告黄金时代是如何降临的？**

自 2007 年起，一句"Mad Man"（疯狂的男人）在美国口口相传，风靡了十几年。"Mad Man"不是指 21 世纪的科技大神，也不是指 19 世纪的商业大亨，而是指 20 世纪麦迪逊大道的广告狂人。事实上，《广告狂人》（*Mad Men*）是一部以麦迪逊大道为主题、创造了电视剧世界纪录的电视连续剧。

从 2007 年开播至 2015 年完结，这部长达 92 集的电视连续剧大受好评，粉丝如云、持续热播，在社会上掀起了一场华丽怀旧、复古广告黄金岁月的狂潮。它向观众述说了什么样的故事呢？对这部美国年代剧，有人是这样描述的：

富甲天下的美国梦，品位不凡的纽约客，

风起云涌的六〇年，不拘一格的广告人，

生存或死亡从来都不是问题，

赢得芳心和卖掉广告才是世界转动的原因。

该剧的故事以 20 世纪 60 年代纽约麦迪逊大道的一家广告公司为场景，中心是广告人的事业和生活，展现了他们在追寻"美国梦"过程中的种种遭遇，折射出"二战"后美国在 20 世纪 50 年代末至 70 年代初经济、政治、社会的一系列剧烈变革。

美国广告业在 20 世纪 60 年代步入全盛时代，位于曼哈顿的麦迪逊大道有数百家卓越的广告公司。剧中的斯特林·库帕公司堪称行业翘楚，主角是创意总监唐·德雷柏（乔·哈姆饰演）。他面容英俊、体格健硕、足智多谋，犹如广告界的英雄"007"。此外，公司中还有酷爱炫耀其上流社会出身的老板罗杰·斯特林（约翰·斯特拉里饰演）、识时务的秘书佩吉·奥尔森（伊丽莎白·莫斯饰演）、野心勃勃却缺乏真才实学的皮特·坎贝尔（文森特·卡塞瑟饰演）等人物。

这些广告人一边为满足客户的要求殚精竭虑、创意四射，一边又在生活的困顿中坚守梦想、奋力挣扎。他们熟谙商道，游走于光鲜华丽的上流社会；他们洞悉市井，以过人才智创作出一则则拨动人心的广告，让商品一夜之间驰名街巷，甚至扭转了社会风尚。

《广告狂人》由马修·维纳创作，乔·哈姆、伊丽莎白·莫斯等主演，美国经典电影有线电视台（American Movie Classics，AMC）出品。从商业角度看，《广告狂人》非常成功，其商业回报丰厚。投资方 AMC 首集投资 300 万美元，其后每一集的预算大概是 200 万～250 万美元。全剧共 7 季 92 集，从家庭录像和 iTunes 频道取得的收入估计有 1 亿美元，加上国际放映权收入预计每集 70 万美元，还有与网飞（Netflix）2011 年 4 月签订的流媒体计划的收入为 710 万～1 000 万美元。另外，该电视剧还有插入广告的不菲收入，因显著带动了剧中插入式广告产品的增长而走俏。另据 Ivey Business Review 网站报道，自 2007 年《广告狂人》第一集播出以来，作为主要广告产品的好彩香烟的销量在五年间持续增长，总增长值几乎达到 50%。加拿大俱乐部威士忌酒在剧中亮相之后，销量也呈现了相似的增长。

《广告狂人》不仅创下成功的商业历史纪录，而且在专业上傲视群雄，在影视界获得了一系列大奖。它连续四年获得艾美奖（2008—2011），连续三年获得金球奖（2008—2010）。它是艾美奖创办 60 年来，历史上首个获得最佳剧情类电视剧的有线电视剧集。2013 年，在由权威的美国编剧协会（Writers Guild of America，WGA）评选出的"101 个最佳电视剧本"中，《广告狂人》高居第 7 位。2019 年，该剧在英国《卫报》评选的"面向 21 世纪 100 部最佳电视剧"中雄居第 3 位。

这部产生了近乎疯狂效果的电视剧，是对大约半个世纪之前发生的创意革命的一种华丽的怀旧和追忆，似乎要将我们拉回 20 世纪广告的黄金时代。

7.1　黄金时代的到来

首先，让我们简要明确"黄金时代"这一用语的由来。人类的 20 世纪波澜壮阔，既有第二次世界大战带来的深重灾难，又有经济的空前繁荣和科学的昌明猛进。不少著述都称"二战"后的几十年为"黄金时代"，例如当代备受推崇的大历史学家之一艾瑞克·霍布斯鲍姆（Eric Hobsbawm，1917—2012）在《极端的年代：1914—1991》一书中，将 1947—1973 年称为"黄金时代"（Golden Age）。[1]

作为市场经济中的活跃因素——广告，自然敏感地嗅到黄金时代的气息并置身其内而大放异彩。**20 世纪广告业有两个无上光荣的时期。**第一个时期是从 19 世纪后半期至 20 世纪前十年，广告代理成为一个现代的、有专业的行业。该时期是现代广告业得以立基而走向发展的关键时期。1950—1970 年是美国广告业的第二个繁荣时期，飞黄腾达的广告岁月常被称为**"广告的黄金时代"**（The golden age of advertising）。也有人将这个时代界定在 20 世纪 60—80 年代。[2]

广告人意气风发地登上历史舞台，广告主信心百倍地刷新广告投入纪录，电视广告快速火热地雄起，广告产业如日中天，广告叱咤风云，推动经济增长，创造财富奇迹。

这一切在美国体现得最为显著。这是麦迪逊大道激励、敦促美国人打开钱包、尽情享乐、参与一场巨大的消费狂欢的时代；这是广告主争相加大广告投入并沉浸在广告丰厚回报的时代；这是广告公司飞黄腾达、规模不断壮大的时代；这是喷发伟大创意和个性张扬的时代；这是广告人充满机会、激情似火、钱袋鼓胀的时代；这更是电视广告的黄金岁月，是大众媒体因广告而野蛮生长、为广告而疯狂的时代。

图 7-1 "二战"时的美国广告

消费主义的兴起、创意革命的巨浪,以及对广告帝国的梦想和追求,构成**排山倒海、不可阻挡的三大驱动力量**,将广告产业推向繁荣兴旺的快车道。

第二次世界大战期间,广告曾发挥过强大的宣传威力。"我们把战争卖给了年轻人",一些广告至今令人难忘,如一个美国大叔眼睛直逼并将手指指向你,"I WANT YOU FOR U. S. ARMY"(见图 7-1)。

"二战"结束后,试看广告如何为经济繁荣再立新功? 克雷纳在其著作《管理百年》中说出了一句画龙点睛的话:"20 世纪 50 年代造就了一个以消费为主导的时代,赚钱和花钱成为资本主义热衷的两大支柱。"[3]这是广告发展的天赐良机。

20 世纪 50 年代的消费和广告在美国分为两个不同的时期。第一个时期大约持续到 1953 年,以填充基本需求为主。在战争期间短缺或供不应求的产品(如服装、冰箱、汽车和电器等)快速上升,被释放的消费品需求推动了制造业的稳定增长。20 世纪 50 年代中期至末期,消费者的大部分基本需求已经得以满足,"新的和改进的"消费品成为主流,如自动洗碗机、尼龙、塑料品和奢侈品等。凯迪拉克豪华汽车、海边豪宅、貂皮大衣、高级服装、香水美容、派克、劳力士、高档人头马酒等陆续吸引着富裕消费者。20 世纪 50 年代,美国的奢侈品市场和奢侈品营销由此开始。奢侈品广告开始充斥商业时尚杂志和调频广播,成为吸引眼球、追逐梦想的火苗。

到 20 世纪 50 年代中期,广告劝说购买的重点不再是生活必需品和低级产品,而更多的是梦想、欲望和品牌。例如,1950 年福特广告的标题是"成千上万的人现在拥有两辆精美的汽车!"

"旧时王谢堂前燕,飞入寻常百姓家。"普通平民开始触摸体验到历史上皇宫贵族才拥有的享受，甚至有过之而无不及，如科技带来的新产品，包括汽车、电冰箱、电视机、音响、录像机、越洋飞机等。

大众媒体（特别是电视）与广告结合，自 20 世纪 50 年代开始，商业化的深度和广度突飞猛进。1960 年，电视机覆盖了 90% 的家庭，它将专业的体育和广告信息带入千家万户，甚至鼓励政客利用竞选广告来推销候选人，就像促销肥皂和香烟一样。

下面让我们分别从广告公司（及广告人）、广告主和大众媒体这三个方面的增长脉络及互动中，充分领略这个广告黄金时代的辉煌。

7.2　繁荣的推手：广告公司及广告人

20 世纪 60 年代兴起的创意革命是广告自身发生的最激烈的激荡，推动了全球广告产业进入百年中最好的黄金时代。以美国为代表，广告业迎来了前所未有的发展机遇。阳光普照、金光灿烂，广告人意气风发、扬眉吐气，甚至趾高气扬。优秀的年轻人奔向麦迪逊大道，不仅待遇得到攀升，而且能彰显个性，实现自我价值。

无限风光在纽约曼哈顿岛麦迪逊大道集中体现出来。[4]如前所述，创意革命带来的繁荣，使麦迪逊大道成为广告圣地。麦迪逊大道聚集了最优秀的广告公司和最杰出的广告人才，例如奥格威就是从英国到美国而成就了他的广告传奇。[5]20 世纪 60 年代是广告人激情燃烧的岁月。历经 50 年之后，它又因大型电视连续剧《广告狂人》的再现而引起轰动。不过，该剧主要表现的是男性广告人，其实，女性广告人在黄金时代更值得大书特书。女性在广告领域的崛起和超群卓越，更值得注目，更具象征意义。

女性广告人的荣光

1926 年,美国广告代理商协会(4A)纽约理事会举行盛大晚宴,应邀参加活动的 50 个公司中有 6 名嘉宾是女性。她们在 6 家广告公司任高管,却在进门时因为是女性而被阻止,一直在门口等候。[6]是否允许女性参加广告界的高级别活动居然是一个问题! 1994 年,*Campaign* 杂志报道说,女性仍然被排除在伦敦的两家广告餐饮俱乐部(Solus 和 30 Club)之外。

然而,女性在广告行业表现相当杰出,女性在广告职业中占据了重要地位,第 3 章中已述及若干位顶尖的女性广告人。让我们再简要以几位出类拔萃的女性广告人的成长来见证创意革命的崛起。20 世纪 70 年代是女性广告人开始登上广告事业高峰的时代。[7]

有"广告界无冕女王"之称的玛丽·威尔斯·劳伦丝(Mary Wells Lawrence,1928—)(见图 7-2),被《广告时代》称为"广告界第一位国际巨星"。其回忆录 *A Big Life in Advertising*[8]反映出广告人在黄金时代施展才华的机遇和人生幸运。她 1957 年在恒美广告公司任广告文案,1966 年自创 Wells Rich Gveen(WRG)广告公司。据说,"我爱纽约"(I♥New York)这一深入人心的城市旅游广告语就出自 WRG 公司。

早年,她以魅力、优雅、出色的文案写作技巧和敏锐的商业嗅觉而闻名,并赢得了声誉。1999 年,劳伦丝被称为"广告史上最具创意的公司之一背后的驱动力",入选美国广告名人堂,并荣登"20 世纪百位广告名人榜",位居第 19 位。[9]

劳伦丝曾是世界上收入最高的女性。她在恒美广告公司工作 7 年,从文案员升至副总裁兼文案主管,年薪达到 4 万美元。1976 年,她的年收入超过 30 万美元,这使她成为美国当时广告界收入最高的女性、全美收入最高的女性高管之一。

有"麦迪逊大道女王"之称的夏洛特·比尔斯(Charlotte Beers,1935—)(见图 7-3)在 25 岁左右时赶上了创意革命的大浪,后来在广告界地位显赫,曾任奥美广告公司总裁(1993)，是美国广告代理商协会(4A)的第一位女性主席(1988)，荣登"20世纪百位广告名人榜"，位居第49位。

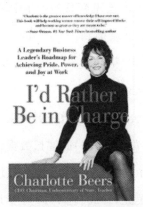

图 7-2　玛丽·威尔斯·劳伦丝(Mary　　　图 7-3　夏洛特·比尔斯
　　Wells Lawrence, 1928—　)　　　　(Charlotte Beers, 1935—　)

比尔斯的接班人也是一位女性——夏兰泽(Shelly Lazarus, 1947—　)(见图7-4)。她青出于蓝而胜于蓝，比如，同样作为奥美全球的董事长，比尔斯于1992年提出过"品牌管家"概念，夏兰泽将这一概念升华到"360度品牌管理"，该策略旨在发现消费者认为是品牌特征的情感微妙之处。

在全球广告史上，夏兰泽是迄今职位最高的女性广告人。

图 7-4　夏兰泽(Shelly
　　Lazarus, 1947—　)

1995年，夏兰泽担任奥美和马瑟全球的总裁兼首席运营官。1996年，她接替比尔斯担任奥美全球首席执行官。自1991年以来，夏兰泽一直在奥美全球董事会及其执行委员会任职，并于1997年出任奥美全球董事长。夏兰泽的广告生涯始于主管，在奥美工作了大约30年。在这个高管倾向于跳槽的广告行业中，她在奥美长期任职是很不寻常的。2000年，夏兰泽担任美国广告代理商协会(4A)主席。

广告公司的黄金岁月

在 20 世纪 50 年代的十年中,美国广告业的年度总额翻了两番多,从 1950 年的 13 亿美元增加到 1960 年的 60 亿美元。位列第一的智威汤逊广告公司的年营收从 1945 年的 6 300 万美元增加到 1955 年的 1.72 亿美元,1960 年增加到 2.5 亿美元。[10]

广告公司的飞速增长更能从 1960—1980 年美国排名第一位和第十位的广告公司年营收(国内)的增长数据(见表 7-1)充分反映出来。龙头公司智威汤逊 1960 年为 2.5 亿美元,1970 年猛增至 4.6 亿美元。排第十位的公司 1945 年为 2 100 万美元,1960 年/1970 年猛增至近 1 亿/1.6 亿美元。于是,**一流广告公司的年营收都以过亿美元为底线**,黄金时代果然名不虚传。

表 7-1 美国排名第一位和第十位的广告公司(美国国内)年营收的增长(1945—1975)

单位:百万美元

排位	1945	1955	1960	1965	1970	1975
第一位	63 (JWT)	172 (JWT)	250 (JWT)	351.5 (JWT)	463 (JWT)	476.6 (Y&R)
第十位	21 (Compton)	60 (J. Kudner)	99.6 (FCB)	130.2 (Benton & Bowles)	159 (FCB)	230.8 (McCann-Erickson)

资料来源:《广告百科全书》附录:pp. 1707-1708。

广告全球化推动大增长

20 世纪中叶,世界新兴发展区域为商品和广告受众创造了新的市场机会。20 世纪 60 年代,美国广告公司的显著特点之一是向海外大肆扩张,即迈向广告全球化。[11][12]一流的广告公司因随其大客户向跨国公司的扩张而走向全球。从设立海外办事处到建立境外分公司,这一战略带来多重利益,使广告公司摆脱了对美国经济的完全依赖。例如,在 1970 年的美国经济衰退期,美国国内广告公司的账单下降了 1%,而跨国机构的国外账单增长了 13%。此外,还有潜在的更高利润的吸引力。20 世纪 60 年代广告代理商海外员工的工资比美国低70％，而公司的平均利润通常是美国国内的 2 倍。

广告公司全球化发端于 20 世纪早期的美国广告公司。1899 年，智威汤逊广告公司就在伦敦开设了办事处，以满足其客户通用汽车的需求。这是美国第一家在海外设立自己机构的广告公司。20 世纪 20 年代初，智威汤逊和麦肯这两家广告公司在欧洲、亚洲和拉丁美洲均设有办事处。麦肯广告公司（1902 年成立于纽约）于 1927 年开设首家欧洲办事处、1935 年进入南美洲、1959 年进入澳大利亚。20 世纪 70 年代，英国最具标志性的萨奇兄弟广告公司（Saatchi & Saatchi，成立于 1970 年），为了服务英国航空公司（British Airways）和丰田等全球化的客户，也迅速建立了全球性网络的广告办事处。

尽管早显端倪，但总体而言，在 1960 年之前，美国广告公司国际化的迁移相当缓慢，并且几乎都是由客户的全球性扩张带动的。跨国公司客户使广告代理商看到，它们既可以为国内客户提供服务，也可以为跨国公司的海外机构服务，因此广告全球化市场的吸引力越来越大。从 20 世纪 60 年代开始的广告公司的全球化扩张，使一批一流的美国广告公司开始走向广告帝国，全球广告公司的体量和收入迅速上升，全球市场的年营收往往是其国内市场的两倍。以智威汤逊广告公司为例，其 1965 年的全球年营收为 5.3 亿美元，远超国内年营收（3.5 亿）。

7.3 繁荣的源头：广告主

造就黄金时代的驱动力，主要来自广告主的投入。广告因需求猛增而迅速兴旺。

20 世纪以来，美国企业对广告的投入持续增长。《广告时代》编写的《广告百科全书》中提供了以下颇有说服力的几组数据：20 世纪 50 年代，美国广告支出总额增长了 75%,广告增幅高于国民生产总值、个人收入或任何其他经济指标。1959—1979 年,美国的广告支出从 110 亿美元攀升至 279 亿美元[13],20 年间增长了近 2 倍。尤其在 60 年代受创意革命的激励、在 80 年代因市场和品牌全球化的需要,广告的投入力度更大。

美国和全球消费品领导公司宝洁(P&G)是广告主的标杆,表 7-2 具体显示了宝洁广告投入增长的数据。2000 年,宝洁广告投入高达 23.6 亿美元,对比其 1870 年的年度广告总预算(1 500 美元),真是天壤之别。表 7-2 显示,大幅增长出现在两个区间:1960—1965 年和 1980—1985 年,前者对应创意革命引发的增长,后者对应品牌全球化激发的增长。

表 7-2　宝洁(P&G)公司广告投入的增长(1955—2000)

单位:百万美元

年份	1955	1960	1965	1970	1975	1980	1985	1990	1995	2000
广告投入	85	127	245	265	360	649.6	1 600	2 280	2 780	2 360

资料来源:《广告百科全书》附录。

在黄金时代,哪些行业和广告主投放了最多的广告?该问题的答案反映出广告投放的重心转移和消费潮流及消费文化的时代变化,值得追踪观察。

大致而言,**广告曝光最多的是提高生活质量和尽情享受的商品品牌**,包括汽车、美妆品、个人护理、奢侈品、食品及酒水、消费电子、烟草、民航等行业,如宝洁、通用汽车、联合利华、菲利普·莫里斯、可口可乐、百事可乐、麦当劳、卡夫食品、SONY 等品牌。

奢侈品广告从 20 世纪 60 年代明显增加,如豪车、名表、高档酒、香水、美容、总统房。以香水和精油为例,虽然香水和精油的历史可追溯到几个世纪以前,但直到 20 世纪初香水广告的普及才促使其销量大增。到 20 世纪末,仅在美国的香水销售额就超过了 54 亿美元,估计每年在该类别的广告花费为 2.43 亿美元。

为了让读者粗略感知 1960 年至 1970 年最活跃的类别和品牌有哪一些,让我们再利用英国的广告档案馆中的资料,分年代浏览一二。从中可以看出,不同的年代有不同的标志性产品或品牌引领消费市场。
例如，20世纪50年代有可口可乐（见图7-5），60年代
有大众甲壳虫汽车、雅芳、麦当劳、索尼电视等（见
图7-6），70年代有香奈尔等美妆奢侈品和保时捷等高
档车（见图7-7），80年代有以欧莱雅为代表的美妆产
品和以索尼为代表的消费电子产品等（见图7-8）。广
告图片来源：https://www.advertisingarchives.co.uk/。

图7-5 20世纪50年代：
可口可乐

图7-6 20世纪60年代：大众甲壳虫汽车、雅芳、宝丽来（拍立得相机）、赫兹出租车、
潘婷洗发水、亨氏食品、百事可乐、麦当劳、联合航空、索尼电视

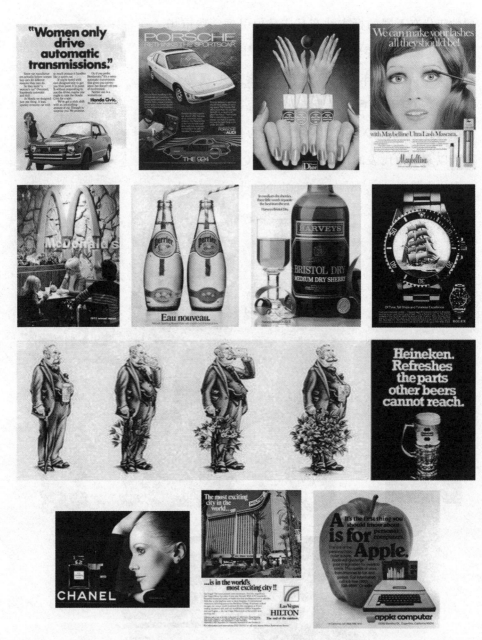

图 7-7　20 世纪 70 年代：本田汽车、保时捷汽车、美妆品牌 Dior、美宝莲、麦当劳、巴黎水、
哈维斯酒、劳力士手表、喜力啤酒、香奈儿化妆品、希尔顿酒店、苹果电脑

图7-8 20世纪80年代：以欧莱雅为代表的美妆产品、以索尼为代表的消费电子产品

广告悖论：企业家的选择

增加广告成本是不可取的，还是必须为之的？论及企业的广告投入，必然牵涉并需讨论这样一个基本问题：**企业家对广告的态度和行为之差异**。企业家的广告态度受多重因素的影响，例如行业的不同（参见本章附录：美国部分行业的广告投入），B2C（Business to Consumer，企业对消费者）比 B2B（Business to Business，企业对企业）更依赖广告的作用，所以消费品行业的广告明显要比工业品行业的广告多。但决定广告投入的基本因素是企业家对广告的信念。一部分企业家坚信广告对增长的作用，另一些企业家则更倚重非广告的力量。或可称前者为"广告增长派"，后者为"非广告增长派"。

广告增长派的代表有宝洁、可口可乐、麦当劳、耐克、索尼、丰田等。中国现代企业家，如宗庆后（娃哈哈）、段永平（小霸王学习机、步步高无绳电话）、史玉柱（脑白金）、钟睒睒（农夫山泉）等也都持此立场。非广告增长派的代表有星巴克咖啡、中国海底捞等。这两种立场也可能发生切换。例如，特斯拉（Tesla）汽车开始是不做广告的，其创始人埃隆·马斯克（E. Musk，1971—　）曾经公开表明了非广告的立场。然而，面对 2022 年特斯拉销量的明显下滑和竞争激烈，2023 年以来，特斯拉在数字广告上的支出激增。根据广告跟踪公司

MediaRadar 旗下子公司 Vivvix 的数据,特斯拉在美国数字广告上的支出约为640 万美元,相较于 2022 年的 17.5 万美元,增长了近 36 倍。

用广告实现增长并建立品牌的战略,是美国公司开创的传统和道路。例如,可口可乐、宝洁、麦当劳等都是通过这种路径创造了令人羡慕的市场业绩。早在 1900 年,可口可乐的广告就已铺天盖地。宝洁公司则长期是全球广告投放花费最多的广告主。

作为这条道路的源头,宝洁走上"广告为王"的故事值得回顾。

1881 年,宝洁公司为象牙皂(Ivory Soap)刊登了第一个平面媒体广告,"纯度 99.44%""它能漂浮"成为著名的广告文案。

1882 年,宝洁试图运用品牌广告开拓全国市场,开创出成功的广告模式。象牙皂是最早在美国投放全国性广告的品牌,从 1882 年起在全美投放了预算为 1.1 万美元的平面广告,促销结果超出预期、大获成功。1897 年,宝洁将其广告预算增加到 30 万美元,其回报是赢得了美国市场 20% 左右的市场份额。[14]宝洁公司从 1.1 万美元的广告费起步,从此走上了以大量广告投放推动增长、建立品牌的道路。宝洁创造的品牌广告开辟全国市场的新模式,后来也吸引了其他品牌的纷纷效仿。

广告在宝洁的市场战略和品牌战略中占据举足轻重的地位,即使在 20 世纪 30 年代美国经济大萧条期间,宝洁依然没有削减广告费用。在 20 世纪,宝洁是全球投放广告最多的消费品公司,广告支出占销售额的比例通常保持在6%～8%,以电视为主的大众媒体是宝洁公司品牌腾飞的杠杆。宝洁的电视广告将品牌置于首位,突出品牌定位的卖点,形成了品牌广告传播的一种经典模式。宝洁是美国最大的广告商,在 20 世纪 90 年代,每年在广告上的支出都超过 30 亿美元。宝洁更是迄今为止全球最大的广告商,据《广告时代》的资料,2014 年宝洁公司全球广告总费用已超过 100 亿美元,列全球之首。[15]

表 7-3 为不同年份美国最大的广告主。

表 7-3　不同年份美国最大的广告主

年份	1985	1995	2001
广告主	宝洁公司 菲利普·莫里斯公司 RJR 纳贝斯克	宝洁公司 菲利普·莫里斯公司 通用汽车	通用汽车 宝洁公司 美国在线时代华纳

资料来源：根据《广告百科全书》制表。

三条路径三种选择

企业家之所以有"非广告"的选择，是因为谋求增长和建立品牌的路径确实并非唯一，笔者在《品牌思想简史》中曾列举过三条路径。[16]

广告建立品牌：如可口可乐和宝洁。

体验创建品牌：如星巴克。

互动分享创建品牌：如爱彼迎（Airbnb）。

建立品牌能否不用广告？20 世纪 90 年代星巴克的故事给出了肯定且充满魅力的答案。星巴克没有走"靠广告建立品牌"的老路，而是通过积极的顾客体验成功创立了全球品牌。它靠的不是做广告，而是品牌体验——强化顾客与品牌之间的情感联系和依赖。

星巴克之后的一二十年，以爱彼迎为代表的新生品牌再辟新径，借助数字化技术、网上社群分享互动的巨大威力，实现了从"自建"转化为"沉浸共创"的品牌化。

上述转变在学术思想上可找到踪迹。以广告主导的思想可以通过两本重要的书籍反映出来。第一本是戴维·阿克（David A. Aaker）等主编的《品牌资产与广告：广告对创建强势品牌的贡献》（1993）[17]；另一本是美国西北大学的《凯洛格品牌论》（2005），其中第 7 章即为"通过有效的广告建立品牌"[18]。转向体验主导的思想先锋之一也是阿克教授，1997 年，阿克等在《哈佛商业评论》上发表了一篇反潮流的文章《创建公司品牌无须大众媒体》[19]，表达了与阿克之前完全不同的基本观点和思想。作者敏锐地指出，"依靠大众媒体来创建强势品牌的时代,可能已经一去不复返了",又提出了"让消费者(体验)参与品牌创建"的先见之明。

尽管从发展和迭代的趋势看,后两种模式比广告模式更加有效且成功,但回到广告黄金时代的 20 世纪 60 至 80 年代,当时的主导思潮和主流选择依然是"广告创造增长和品牌"。广告对于实现品牌全国化和全球化起到了关键的作用,其中不可缺少的是传播技术的发展和支撑。

7.4　繁荣的翅膀:大众媒体和电视黄金岁月

大众媒体(报纸、杂志、广播和电视)的广告起点时间依次是报纸广告(1704)、杂志广告(1844)、广播广告(1922)、电视广告(1941)。从时间关联上看,20 世纪 40 年代出现的电视促成了广告的黄金时代,极大地改变了广告本身和广告的影响力,也改变了广告公司和广告行业。电视广告成为绝对主流的形式,广告的表现和制作、广告的流程和管理、广告的价格和效果随之发生了巨大的变化。但总体而言,大众传播技术带来的是广告传播的变化。[20]

电视带来了史无前例的社会传播力和吸引力。1954 年,电视已成为美国主要的广告媒体。英国的商业电视出现于 1955 年。诚如美国电视网的灵魂人物小西尔维斯特·L. 韦弗(Sylvester L. Weaver, Jr. , 1908—2002)所言,"电视为首的大众传媒因广告而激情拥抱这黄金岁月"[21]。

美国电视广告开支一路上扬,1949 年仅 1 230 万美元,两年内已增长到 1.28 亿美元。[22]尤其 1959—1969 年翻了一番多,从 15 亿美元激增到 35 亿美元。20 世纪 70 年代开始更快上扬(见图 7-9)。

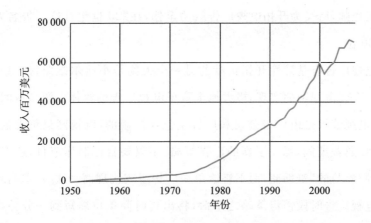

图 7-9　美国电视广告收入的增长(1950—2000 年)

资料来源：https://www.purplemotes.net/2008/09/14/us-advertising-expenditure-data/.

1941 年，美国播出了第一个电视广告，宝路华手表的简短广告出现在布鲁克林道奇队和费城人队的棒球比赛开播之前。20 世纪 40 年代后期，商业电视广告进入发展期，电视作为视频媒体很快取代了广播和杂志，成为广告主和广告公司的主流选择。大约从 1950 年的电视节目《周日夜间喜剧》(*Sunday-Night Comedy Hour*)开始，获得广告商赞助的、创新的商业性、娱乐性电视节目日趋活跃、层出不穷。1948—1949 年，美国所有电视台的广告主从 301 个增加到 1 350 个。[23] 1960 年，美国家庭电视的渗透率已接近 90%。1964 年，收视率领先的哥伦比亚广播公司(CBS)广告黄金时段 60 秒的价格达到 5 万美元，而这仅仅是开始。20 世纪 70 年代末，晚间热门节目中获得 60 秒广告的成本已上升至 20 万美元。

电视、报纸、杂志、广播等大众媒体与广告如风火相济，电视等为广告提供新的空间和手段，广告提供的前所未有的财源则让大众媒体如虎添翼。媒体大亨横空出世，成为影响 20 世纪的叱咤风云人物。下面让我们通过几位人物的侧影，领略大众媒体的黄金岁月。

大卫·萨诺夫(Devid Sarnoff)被称为"现代电视之父"，是一位俄罗斯移民，于 1926 年在美国创立了美国全国广播公司(NBC)。他曾是一位开发广播广告的工程师,后又为开拓电视广告厥功至伟,在"20世纪百位广告名人榜"中位居第50位。

对电视广告有基础性开拓贡献的另一个人物是小西尔维斯特·L.韦弗,他推动了有线电视网的实现,极大地丰富了电视广告的媒体资源和空间。在韦弗之前,电视节目是由广告公司和广告主包揽控制的,电视网只负责播出。韦弗任NBC总裁期间,确立了新的广告策略:不仅要自己制作节目,还应将其出售给各种"参与的"赞助商,而不售给单一广告主或代理商。这一"参与式赞助"思想是电视广告时段销售策略之革命,将出售时间单位缩短到一分钟,形成了由电视网主控广告的新格局。

韦弗也是以创意开拓电视专题节目及广告的先驱人物。他在20世纪50年代创造了《今日秀》(Today Show)、《今夜秀》(The Tonight Show)等火爆节目,以及《瞭望者》(Monitor)这一大受欢迎的娱乐节目新模式,刷新了收视率和广告收入的纪录。韦弗因此在1999年荣登"20世纪百位广告名人榜",居第57位。

泰德·特纳(Ted Turner,1938—)于1980年首创全天候24小时播出的美国有线电视新闻网(CNN),并因不间断实时报道1986年挑战者号航天飞机灾难和1991年海湾战争等重大突发新闻而出尽风头,令全世界刮目相看。特纳因此成为1991年《时代》周刊封面人物。

特纳从小在严酷的环境中长大,因此具有坚韧冒险、特立独行的个性。可贵的是,他成功后表现出大爱之心。1997年,特纳向联合国基金会捐款10亿美元,这几乎是他当时财产的一半,也是联合国有史以来收到的最大一笔个人捐款。1999年,他荣登"20世纪百位广告名人榜",位居第29位。

与前三位相比,对广告影响更大的另一位传媒人物是创建哥伦比亚广播公司(CBS)的威廉·佩利(William Paley)(见图7-10)[24][25]。《纽约时报》(1967)曾这样评价他:"佩利对美国广播业的贡献之大,犹如卡内基对钢铁业、福特对汽车业、卢斯对出版业的贡献。"在"20世纪百位广告名人榜"中,他高居第7位。

图 7-10 · 威廉·佩利(William Paley,1901—1990)

佩利是犹太移民的后裔,1922 年毕业于宾夕法尼亚大学沃顿商学院。1933 年,佩利创建了 CBS 新闻社,这是世界上第一个广播网络新闻机构,并在 5 年后发布了第一份国际每日新闻摘要《哥伦比亚广播公司新闻世界综述》。1955 年,CBS 压倒 NBC 夺得全美电视收视率第一,并保持了 21 年之久。

作为将 CBS 推向顶峰的灵魂人物,佩利的长远性贡献在于他"高质量节目"的战略思想,他将"节目为王"贯彻到极致。所谓"高质量",是指既能取悦受众,又能吸引广告主和商业赞助。用好节目赢得受众和广告,是其生存发展之道。基于这一思想,CBS 推出了一系列热门节目,如《我爱露西》等,以及若干标志性的电视新闻节目,包括《哥伦比亚广播公司晨报》(1957)、《世界新闻综述》和《60 分钟》(1968)等。

偏执狂是佩利的领导特征和风格。他强悍、自信、独裁,晚年的佩利即使只能坐在轮椅上,也几乎每天都出现在曼哈顿被称为"黑岩"的哥伦比亚广播公司总部。他为 CBS 留下了宝贵的遗产,也几次三番废黜了他的接班人。

在电视广告历史上,开辟专题节目是一种主流的模式。迄今最震撼的成功并不断创造和刷新电视广告投入纪录的,当之无愧是美国大型体育电视节目"超级碗"(Super Bowl)。它是广告发展史上的另一座丰碑。

广告里程碑 7：超级碗广告(Super Bowl Advertising)

据《福布斯》杂志 2019 年公布的数据，超级碗价值 4.2 亿美元，比奥运会(2.3 亿美元)和世界杯足球赛(1.2 亿美元)二者相加还要高，稳坐最具商业价值的体育赛事宝座。

电视广告是广告黄金时代的骄子，其最震撼的亮点当是 1967 年开发的美国超级碗广告。超级碗广告的盛举迄今已过半个世纪，创造了广告史上的奇迹。即使是进入数字化的 21 世纪头十年，超级碗仍然以价格最昂贵、创意最前沿、收视最火爆的电视广告引领和影响着美国及全球。

具有里程碑意义的超级碗广告源于美国的体育文化。橄榄球是美国人最痴迷的运动，被视为美国的"国粹"，超级碗是美国职业橄榄球大联盟(NFL)的年度冠军赛，胜者被称为"世界冠军"。超级碗的总冠军奖杯名为文斯·隆巴迪杯(Vince Lombardi Trophy)，以纪念 1969 年病逝的 NFL 著名教练文斯·隆巴迪。1967 年，第一届超级碗在洛杉矶举办。超级碗一般在每年 1 月最后一个或 2 月第一个星期天举行，那一天被称为"超级碗星期天"(Super Bowl Sunday)。

20 世纪 80 年代，超级碗从顶级体育赛事延伸至广告和媒体的顶级盛宴(见图 7-11)，全球 180 个国家和地区的 200 多家电视台直播超级碗，转播语言超过 30 种，超级碗电视节目中的插播广告因此传遍全球。这些星光熠熠的超级碗广告，不但是广告人的大比拼，也是时尚潮流、艺术创新的追逐热捧所在。每年有数百万人通过电视或流媒体收看这些惊人之作。调查显示，认为比赛本身更有看点的电视观众只占 28%，而认为广告和演出更加精彩的观众则比前者多了 10 个百分点。社交网络上有关超级碗的 1 690 万条评论中，有多达 460 万条和广告有关。再加上天文数字的广告费，超级碗因此有"广告第一、体育第二"之说，被美国广告界誉为"广告奥斯卡"。

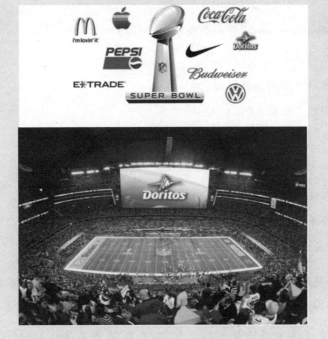

图 7-11　超级碗与广告主(图片来源:互联网)

　　"广告奥斯卡"就是广告创意的顶峰。它开始于 1984 年第十八届超级碗所播出的苹果公司的电视广告"1984",产生了极其震撼的巨大反响(参见第 6 章)。从那时起,广告商就争先恐后、不惜代价地利用超级碗来展示他们最新、最昂贵的作品。这背后还有个原因,超级碗一般都有近 50％的美国家庭观看,这在日益细分的电视观众和全球超过 7 亿观众中很少见。上亿观众的注目让广告主心动,大品牌纷纷争夺超级碗的广告窗口。从可口可乐到百威,从传统品牌到新潮品牌,无不想充分利用超级碗来传递品牌信息、出头显威。50 多年来,许多公司一直在花费大量资金,以便在超级碗期间播放它们最具创意的广告。

　　为了纪念超级碗成立 50 周年,《广告时代》于 2016 年列出了有史以来排名前 50 的超级碗广告[26]。以下是前 50 名中的"Top10"。

（1）苹果，"1984"。（1984）

（2）Monster.com，"当我长大了"。（1999）

（3）百威，"尊重"。（2002）

（4）可口可乐，"山顶"。（1971）

（5）EDS，"牧猫人"。（2000）

（6）可口可乐，"早起淋浴（卑鄙的乔·格林）"（1980）

（7）耐克，"野兔乔丹"。（1992）

（8）大众汽车，"原力"。（2011）

（9）公羊卡车，"农民"。（2013）

（10）百威，"哇"！（2000）

因此，超级碗广告通常在比赛开始之前就被抢购一空，广告播出时段也扩容至赛前。根据 iSpot.tv 的数据，2022 年超级碗赛前播出的电视广告是 2021 年的 3 倍，电视展示量为 13.3 亿次，来自 45 个品牌的 105 个广告创意的 1 862 次播出。这些赛前播出的超级碗广告的总支出估计为 3 760 万美元。

广告主的竞争又带来了超级碗广告费的天价飞涨。1984 年售价为 40 万美元的 60 秒广告到 2002 年的价格涨到 380 万美元。2022 年，在 NBC 播出超级碗期间，一个 30 秒的广告费用高达 650 万美元。[27]

1967—2017 年的 50 年间，超级碗广告的费用增长了近 120 倍。

1967 年，超级碗广告价格为每分钟 7.5 万美元。

1995 年，超级碗广告（30 秒广告，下同）价格突破 100 万美元，2001 年升至 200 万美元。

2005 年，30 秒广告报价 240 万美元；2006 年是 250 万美元，2007 年是 255 万美元，2008 年是 270 万美元，2009 年是 300 万美元。从 2010 年开始，超级碗广告价格急速上涨，2015 年的第 49 届超级碗已经飞涨至 450 万美元，2017 年的第 51 届则涨到了 500 万美元。

2022年30秒广告平均售价涨至650万美元（比2021年增长30％），中插广告卖到每30秒700万美元（约合5 000万元人民币），即每秒约167万人民币的天价。

超级碗开创了体育营销中的诸多创新，它除了将电视广告推向极致外，还开创了**从单纯的体育赛事向综合性娱乐模式的大转型**。在超级碗期间，除了大量的商业广告外，还安排插入全球首发的最新电影预告片。超级碗安排中场休息时的中场秀，则为转型迈出了决定性的一大步。中场秀是点燃全场的12分钟的艺坛巨星现场表演，这场顶级的视听盛宴为现场及电视机前的观众带来了震撼和疯狂的沉浸式体验。超级碗的中场秀从小型的演唱会走向巅峰的一个转折，发生在1993年的第27届超级碗上，举世无双的歌坛巨里迈克尔·杰克逊出场，他在中场秀现场表演中向世界呼吁平等、友爱与和平，引发粉丝震天的轰动、经久不息的狂热和巨大的影响。除了迈克尔·杰克逊外，麦当娜、碧昂丝、Lady Gaga、酷玩乐队等均是中场秀的表演嘉宾。2022年的中场表演嘉宾Dr. Dre、Snoop Dogg、Lamar、Eminem、Mary J. Blige均为美国说唱界的巨星，5人合计拿下了43座格莱美奖。值得一提的是，巨星在超级碗的演出并没有酬劳，能受邀在中场秀表演已经成为表演者的一种无上荣耀。同时，超级碗的门票也时常被从700美元的票面价格炒到黑市价7 000美元一张。

全面娱乐模式为超级碗带来吸引大量非球迷关注的市场效应，使得超级碗常居全美电视节目收视最高的宝座。多年来，超级碗都是全美收视率最高的节目，超过奥斯卡颁奖礼、美国职业篮球联赛（National Basketball Association，NBA）总决赛等，通常观看人数占所有美国家庭的50％，外加数百万外国观众。2021年，奥斯卡颁奖礼吸引了923万美国观众收看，而同年超级碗的收看人数超过1.1亿。据统计，超级碗除了2019年的9 840万人次外，从2011年以来每年都有超1亿人观看。2016年是超级碗50周年，有1.119亿观众观看。根据 AC 尼尔森公司的收视调查,超级碗平均收视率为 40%～60%,当中的 40%为长时间观看比赛的观众,其余为在任意一个时段观看的观众。

超级碗还通过新旧媒体联手,增加传播优势和上扬人气。在超级碗直播期间,电视媒体一直发挥着主导作用,CBS 进行长达 50 小时的现场直播,其中穿插播放了数百个经典的商业广告。随着数字媒体的迅速发展,直播前后还会利用社交媒体配合电视广告进行营销,借助社交媒体在最短时间内制造话题(任何人都可在 admeter. usatoday.com 注册),引发全民热议,产生裂变式的病毒式传播,如直播期间推特(Twitter)上共有 2 000 多万条相关信息,每分钟的新消息数多达 1.7 万条(2022),获得了倍增的传播效果及口碑效应。

20 世纪广告的黄金时代孕育产生了两个直接的结果:一是大量的优秀广告脱颖而出,为全球各种广告评选提供了肥沃的土壤;二是广告公司空前的成长,为全球广告帝国的形成奠定了扎实的基础。让我们进入下一章,去品尝"广告评选"和"广告帝国"的江湖滋味。不过,在结束本章之前,我们还要归纳一下美国部分行业的广告投入,以作为参考。

7.5 本章附录:美国部分行业的广告投入

零售业广告的规模很大。以 2000 年数据为例,前十大零售商的广告支出超过 38 亿美元。西尔斯(美国第 12 大广告商)广告费支出为 14.6 亿美元,麦当劳(美国第 17 大广告商)广告支出超过 12 亿美元,杰西潘尼(J. C. Penney)和塔吉特(Target)的广告支出分别超过 10 亿美元和 8 亿美元。

零售商平均将净销售额的 3%用于广告,但广告支出占销售额的百分比会随着连锁店数量的增加而降低。大型连锁店的广告支出远低于销售额的 3%,如美国最大的零售商沃尔玛,广告支出额不小,但不到销售额的 1%(1997)。[28]

餐馆,尤其是快餐供应商,长期以来一直是美国广告活动支出较多的行业之一。排名前十的快餐汉堡连锁店,广告总投入达 34 亿美元(2000)。

美国的药品广告在 20 世纪 90 年代末开始激增,药品成为重要的广告类别之一。1997 年,由于美国食品药品监督管理局(Food and Drug Administration,FDA)允许直接向消费者投放处方药广告,导致直接面向消费者(Direct-to-Consumer,DTC)的广告在 20 世纪 90 年代后期以两位数的速度增长。1999 年,针对消费者和医生的促销支出总额超过 139 亿美元,药品的消费者广告支出达到 18 亿美元,其中消费者电视处方药广告占 11 亿美元。消费者广告的增加导致处方药的销售增加。1999 年,美国制药行业的零售额达 1 111 亿美元。

以全美广告商广告支出排名占第 11 位的制药公司华纳-兰伯特(Warner-Lambert)为例,其投向各类媒体的总广告费达 11 亿美元,旗下第一品牌李施德林(Listerine)的广告支出为 4 590 万美元。其次是 Zantac 75(4 330 万美元)、Sudafed(3 730 万美元)、贝纳德里尔(3 570 万美元)、希克(3 180 万美元)、三叉戟(2 440 万美元)、路博丹(2 030 万美元)、罗莱斯(2 010 万美元)、霍尔斯(1 920 万美元)、登蒂 Ne(1 790 万美元)和 Neosporin(1 330 万美元)。

1999 年,辉瑞公司收购华纳-兰伯特公司。并购后的辉瑞/华纳-兰伯特在全球处方药药品市场占有 11.1% 的份额。根据《广告时代》的数据,在并购前的 1999 年,辉瑞在制药公司消费者广告年度投入排行中排名第五(1.515 亿美元),华纳-兰伯特排名第十(6 360 万美元)。[29]

注 释

[1] 艾瑞克·霍布斯鲍姆.极端的年代:1914—1991[M].郑明萱,译.2 版.北京:中信出版社,2017:鸟瞰 20 世纪及第 19 章.

[2] J. Heimann,W. Wilkerson. *The Golden Age of Advertising：the 60s*[M].Anniversary edition. Los Angeles：Taschen America Ltd.,2005.

[3] 斯图尔特·克雷纳.管理百年[M].闾佳,译.北京:中国人民大学出版社,2013:147.

［4］M. Mayer. *Madison Avenue*, *USA*［M］.Lincolnwood Ill.：NTC Business Books,1991.

［5］K. Roman. *The King of Madison Avenue*：*David Ogilvy and the Making of Modern Advertising*［M］.New York：St. Martin's Griffin,2010.

［6］J. McDonough,K. Egolf. *The Advertising Age Encyclopedia of Advertising*［M］.New York：Routledge,2015.条目：women careers in advertising.

［7］同［6］.

［8］M. W. Lawrence. *A Big Life in Advertising*［M］.Reprint edition. New York：Touchstone Books,2003.

［9］同［6］.条目：Lawrence,M. W.,1928—　,pp.922-923.

［10］同［6］.条目：History 1950s.

［11］J. R. Faulconbridge, J. V. Beaverstock. *The Globalization of Advertising*［M］.London：Routledge,2010.

［12］K. Sugiyama,T. Andree. *The Dentsu Way*：*Secrets of Cross Switch Marketing from the World's Most Innovative Advertising Agency*［M］.New York：McGraw Hill,2010.

［13］同［6］.条目：History 1970s.

［14］卢泰宏.品牌思想简史［M］.北京：机械工业出版社,2020：30.

［15］同［14］：46.

［16］同［14］：306-308；294-296.

［17］D. A. Aaker,A. L. Biel. *Brand Equity & Advertising*：*Advertising's Role in Building Strong Brands*［M］.Mahwah, N. J.：Lawrence Erlbaum Associates,1993.

［18］艾丽丝·M.泰伯特,蒂姆·卡尔金斯.凯洛格品牌论［M］.刘凤瑜,译.北京：人民邮电出版社,2006：143-165.

［19］转引自：埃里克·乔基姆塞勒,等.品牌管理［M］.北京：中国人民大学出版社,2001：1-24.

［20］同［6］.条目：Weaver,Sylvester L.,1908—2002,pp.1641-1642.

［21］P. Weaver. *The Best Seat in the House*：*The Golden Years of Radio and Television*［M］.New York：Knopf,1993.

［22］同［6］.条目：History 1950s.

［23］同［6］.条目：History 1940s.

［24］同［6］.条目：Paley，William，1901—1990.

［25］S. B. Smith. *In All His Glory：The Life of William S. Paley，The Legendary Tycoon and His Brilliant Circle*［M］.New York：Simon & Schuster，1990.

［26］https：//adage. com/article/special-report-super-bowl/super-bowl-super-bowl-top-50-ad-countdown-21-1/302399.

［27］EDITOR. Pre-Game Airings Of Super Bowl Ads Soar To 1. 33 Billion Impressions［EB/OL］//Superbowl-ads. com Video Archive（2022-02-11）［2023-09-20］.https：//www. super-bowl-ads. com/pre-game-airings-of-super-bowl-ads-soar-to-1-33-billion-impressions.

［28］同［6］.条目：Retail Advertising.

［29］同［6］.条目：Warner-Lambert.

8

广告江湖：
智力比拼与资本大鳄

核心问题: 伟大的或经典的广告是如何产生的？

主要人物:

(1) 马丁·索雷尔(Martin Sorrell,1945—   );

(2) 小马里恩·哈珀(Marion Harper Jr.,1916—1989)。

内容精要:

本章探讨广告行业的独特生态,强调创意与资本在广告界的双重主导地位。首先,介绍广告创意的评判标准和广告奖的分层结构,指出创意广告流派和科学广告流派在好广告定义上的分歧;其次,详细描述全球顶级广告奖(如克里奥奖和戛纳金狮奖)的评选机制和影响力;再次,聚焦广告界的资本并购浪潮,特别是索雷尔和WPP的崛起,展示资本如何重塑广告行业的格局;最后,回顾广告帝国的先行者哈珀的贡献,强调广告公司全球化和并购的重要性。通过创意与资本的双重视角,本章全面呈现了广告行业的复杂动态。

"不做总统，就做广告人"[1]是一句流传甚广的话，尽管其准确性被人质疑，但仍是广告人最引以为荣耀和自豪的一句话，也暗示或意味着广告行业具有某种特质。那么，广告人和广告业有别于其他行业的特别之处是什么呢？笔者以为，从某种意义上来说，广告是人类在创造力智慧上的频繁竞赛和比拼，不仅带有江湖色彩，流派并立且功法各异，而且山外有山，常有高手出没。此外，20 世纪 80 年代后全球广告业的资本并购也突破常规，令人瞠目结舌。**创意智商角逐加上资本逐鹿广告市场**，使得广告界充满比试，颇有江湖气味。于是，笔者以"广告江湖"来概括广告业的特色和广告人及广告公司的生态。本章聚焦的两大焦点是：广告创意的比拼较量和广告公司的超级并购。

伟大的或经典的广告是如何产生的？对于这个问题，科学广告流派和创意广告流派的回答截然不同。科学广告流派认为，好广告可以从科学的规则或逻辑中得到；而创意广告流派则强调，好广告不是多数赞同的结果，而是无限风光在险峰的灵光乍现。例如，最伟大的电视广告"1984"当初就差一点儿被董事会和多数的高管判了"死刑"，幸运地由于乔布斯独具慧眼的坚持而成为经典。

在广告创意和智慧的全球竞技场上，还常设有两大专业裁判：一个衡量评比广告人物的高低，典型的是美国广告名人堂的评选；另一个衡量评比广告作品的优劣，尤其是全球性的广告奖项，褒奖杰出的广告活动和作品。

广告的数量多如牛毛，广告人成千上万，其中**哪些是最出色的或最伟大的呢？**这个话题普遍受到关注。更深入一步地追问：**为什么或凭什么这些人或广告是伟大的呢？**前一问题指向广告评选的结果或各种榜单，后一问题指向评选结果的公正性、可信度和权威性。

广告界的评选活动表现出自身的一些特点，广告奖的总格局可以归纳为以下七点。

（1）广告奖主要兴起于 20 世纪中叶之后，评选的历史并不久远。这与创意革命的推动大有关系。

（2）全球的广告奖数量不断增加，顶级的广告奖分布在美国、法国和英国。

（3）广告奖大多采取商业模式运作，即评选和颁奖活动是营利性的商业活动。这不仅使新奖项的设立不断增多，也使广告评选带入了竞争性的基本特征，如都采用报名的方式参与比赛。广告奖基本与国际体育赛事的模式相近，与诺贝尔奖代表的科学奖模式完全不同。

（4）广告奖的评审和价值取向多以创意为上，这也再次反映出创意革命的影响十分显著。以广告效果为上的广告奖虽有（以艾菲奖为代表），但不多。

（5）决定广告奖结果和质量的评选流程、比赛规则、标准设定、目标和价值取向等往往模糊不清，影响了外界对广告奖的认知。

（6）在 21 世纪数字广告兴起之后，广告奖的最高价值选择将从"创意"转向"效果"，广告效果的评估也实现自动化，因此全球广告奖发生了重大的变化。

（7）负有盛名的《广告时代》在 20 世纪末公布的"Top100 系列"是广告界评选活动重大进展的一个里程碑。

8.1 如何鉴别"伟大的广告"？

图 8-1 《1852—1958 年最伟大的 100 个广告：谁写的，他们做了什么》

筛选优秀的广告一直是广告圈内外都有兴趣的事，也是充满风险的事。如前面多章所述，广告人是异常辛苦的职业。在精神上支撑广告人的是欲与天公试比高的心中梦想。"伟大的广告"是他们日思夜想、梦寐以求，希望从创意天空中摘下的"星星"。左图这本书阐述了 1852—1958 年这一百余年最伟大的 100 个广告（见图 8-1）。[2]

那么，什么是"伟大的广告"呢？该问题颇具挑战性。这绝非一个简单的问题，而是一个见仁见智的问题。在广告史上，获奖的标准和创意的有效性一直备受争议。

美国的广告往往更专注于战略和销售，而许多国际广告，特别是欧洲的广告，在广告作为艺术的意义上更具创意。那些靠创意赢得奖项的广告真的能推动销售和增长吗？这个问题颇受关注，英国广告从业者协会（The Institute of Practitioners in Advertising，IPA）进行过一项创意广告奖与商业成功二者的相关性研究。

IPA 在对 200 多个广告活动的案例研究中考查市场增长率等重要指标，表明获奖广告在若干方面表现得更成功。IPA 分析了来自吉百利、大众、百威、本田、奥迪和 Orange 等公司的 213 个案例，发现获得创意奖的广告活动比没有获奖的活动有效 11 倍。"创意和有效性之间的联系是由两个重要因素驱动的：最具创意的广告活动所青睐的情感沟通模式，以及创意所产生的更大的粉丝（嗡嗡声）效应。"[3] 这项研究衡量有效性的指标包括：市场份额增长、销售额、利润、投资回报率和情感诉求。案例研究中的许多获奖者使用了情感诉求，进一步验证了情感诉求的广告吸引力。

广告界为评选伟大的广告做出了种种努力，给出了各自的答案。笔者以为，以下三种回答具有代表性，可让我们接近相对正确的答案。

李奥贝纳公司的广告创意评选[4]

自 1994 年起，李奥贝纳公司每季都会举办一次全球广告评审会（Global Product Committee，GPC）。李奥贝纳公司的创意精英、策划人汇聚在一起，在 5 天里共同评审来自全球分公司的创意作品。

评审标准基于以人为本的创意文化而设，10 分最佳，7 分以上为上乘。李奥贝纳公司对自己的要求是，作品要达到 7 分及以上。

10 分——改变世界；

9 分——改变人们的生活方式；

8 分——改变人们思考与感受的方式；

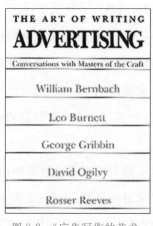

图 8-2 《广告写作的艺术：
与大师的对话》

7 分——一个有启发性并完美执行的创意。

广告大师的一份集体答案

"什么是伟大的广告？"大约 40 年前，《广告写作的艺术：与大师的对话》（见图 8-2）一书首次回答了这个问题。[5] 该书作者丹尼斯·希金斯（Denis Higgins）与 5 位广告顶级巨星——奥格威、伯恩巴克、李奥·贝纳、乔治·葛瑞宾（George Gribbin）和罗瑟·雷斯进行了开放讨论，他们无与伦比的答案有趣且具有历史吸引力。

《广告时代》的世纪评选框架

这恐怕是迄今最值得点赞的优秀广告评选方法，其思想与伯恩巴克的恒美广告公司提出的 ROI 理论比较相通。1999 年，《广告时代》雄心勃勃要从千万个广告中评选出百年来最优秀的 100 条广告，首先就遇到了评选标准的挑战。所幸经过努力，终于异中求同，达成基本共识，制定了一个相对好而简洁的评估框架。这是一个"鲤鱼跳龙门"的方案：如果一个广告活动能"跳过"以下三道"龙门"中的任何一道，它就被认定是世纪百佳之作。

"鲤鱼跳龙门"的三道"龙门"如下。[6]

（1）是否构成了一个开先河的**分水岭**，从而明显地改变了广告文化或整个流行文化。

这个"龙门"可谓敢为人先的标准原创。例如，大众汽车的"从小处着想"显然符合这一条件；安飞士出租车公司的竞争广告也是如此，它敢于"异端地"鼓吹自己是第二；还有让观众感到震惊的卡尔文·克雷恩（Calvin Klein）的广告风格。

（2）是否创造了一个**新类别**，或者成为其类别中的第一名。

例如，在"钻石恒久远，一颗永流传"的广告之前，钻石作为订婚的标准象征并不存在。由于广告主张的简单、大胆,钻石订婚戒指现在几乎成为全球的首选。米勒淡啤(Miller Lite beer)的广告创生了一个啤酒新品类和新的细分市场。联邦快递的广告承诺 24 小时送达,在这之前,当天即达的包裹行业几乎不存在。

(3) 是否**令人难忘**。

例如,温迪汉堡的广告"牛肉在哪里?"被整个美国所熟知;M&M's 巧克力的广告让每个人都知道该巧克力只融于口,不融于手;宝洁象牙皂的广告让大多数人都知道什么是"纯度 99.44%";苹果的电视广告"1984"更是使人过目难忘。

广告博物馆

一批又一批头脑灵敏、聪慧的广告人,绞尽脑汁地陆续创作了一系列有影响的经典广告,这些熠熠生辉的作品如珍似宝。20 世纪后期,人们将广告的珍品和历史足迹珍藏在博物馆和档案馆中。例如,最有名的综合性的广告博物馆是 1986 年建于美国波特兰的美国广告博物馆(American Advertising Museum)。而建于美国亚特兰大的可口可乐博物馆(World of Coca-Cola)则是较有名的类别博物馆。由国家广告研究院、中国传媒大学筹建的中国广告博物馆也于 2014 年开馆,重点展览中国广告史。除了线下,在互联网上也建立了广告档案网,可上网搜索历史上的广告作品,如著名的英国广告档案网站 https://www.advertisingarchives.co.uk。

8.2 广告奖的分层结构

获得全球广告奖是一份光彩夺目的荣耀。据报道,迄今为止,全球各种广告奖至少有 40 余项,恐怕还有增无减,可谓多不胜数,如此多的广告奖令人眼

花缭乱。笔者按覆盖范围、影响力和权威程度，**整体上分为 4 个级别，呈现出
"2＋4＋N＋N"的金字塔结构**：顶级全球广告奖 2 个，全球广告奖 4 个，国际及
专业类广告奖若干个，区域广告奖若干个，如表 8-1 所示。

表 8-1　广告奖的分级结构表

类级	名　　称	奖 项 名 称
A 类	顶级全球广告奖	克里奥奖(Clio Awards) 戛纳金狮奖(Cannes Lions)
B 类	全球广告奖	纽约广告奖(New York Festivals Advertising Awards) 伦敦国际广告奖(London International Advertising Awards,LIAA) 莫比广告奖(Mobius Awards for Advertising) 艾菲奖(Effie Awards)
C 类	国际及专业类广告奖	克雷斯达奖(Cresta Awards) 金铅笔奖(The One Show) 设计艺术奖(Design and Art Design,D&AD) 国际 ECHO 奖 企业传播 Pro-Comm 奖
D 类	区域广告奖	时报华文广告金像奖 龙玺创意奖 IAI 国际广告奖(AIA Awards) 中国广告长城奖(Great Wall Awards) 美国广告奖(American Advertising Awards) 美国大学生广告竞赛奖(National Student Advertising Competition,NSAC)

以下重点介绍 A 类和 B 类的 6 个全球广告奖。C 类和 D 类广告奖参见本
章附录。

A 类　顶级全球广告奖

A 类是指覆盖全球、影响力最大、最具声誉和权威的广告奖。

全球广告奖有"五大"[7]的说法，其实真正具有全球影响力、高权威性的顶
级广告奖只有以下两项。

A1:克里奥奖

克里奥奖(Clio Awards)是 1959 年由华莱士·罗斯创立于美国的广告奖，它以希腊神话中的九位缪斯女神之一的克里奥(Clio)的名字命名，被公认为世界上历史悠久且规模最大的全球年度广告奖。该奖项旨在表彰广告、设计和传播方面的创新和卓越创意，于 1960 年首次颁奖，1965 年从美国扩展全球范围，常驻代表分布在 39 个国家。2000 年吸引了来自 59 个国家及地区的广告代理商和制作公司的 18 000 多份参赛作品。1991 年，著名的《时代》(TIME)称克里奥奖是世界上最知名的国际广告奖。60 多年来，克里奥奖一直是全球最佳广告和创意的标杆。[8]

克里奥奖拥有由国际广告专业人士组成的世界顶级评审组，业内许多人认为该奖相当于电影界的奥斯卡奖。克里奥奖采用民主制度选出年度获奖者。由国际知名行业高管组成的评审团对每项参赛作品进行投票。第一轮评审会选出进入第二轮的参赛作品。在分别检查每个类别的参赛作品后，成员会记录"影响力"得分值，然后对每个类别的广告投票进行统计，再将总分除以投票的评委人数。奖项授予在预定范围内得分高的参赛作品。这种评分系统使得在特定类别中颁发多个金奖、银奖或铜奖成为可能。没有申请参赛的作品也有可能赢得特定类别的奖项。

令人瞩目的克里奥奖奖杯(见图 8-3)由奥斯卡奖和艾美奖奖杯的制作者芝加哥 R. S. Owens 公司负责设计制作。奖项包括金奖、银奖、铜奖和入围奖。克里奥奖关注广告和设计领域，尤其是电视、印刷、户外活动、广播、内容与联系方式、综合活动、创意媒体、互联网、设计及学生作品等方面的创意作品，每年 5 月在迈阿密南滩举行颁奖盛典。除奖励创意作品外，克里奥奖还通过年会、节日、出版物、时事通讯等途径在全球展示获奖作品，为全球广告和设计界提供服务。多年

图 8-3 "克里奥奖"奖杯

来,克里奥奖的竞技项目已扩展到不仅包括电视和广播广告,还包括平面和户外广告、综合媒体、广告设计、网站和互动广告及学生广告。每年 5 月,纽约市都会举办为期一周的克里奥音乐节。该节日包括研讨会和小组讨论、数字机构开放日及进入克里奥电视广告入围名单的广告放映。

1999 年,"克里奥名人堂"系列活动启动,为纪念 40 年间最受欢迎和最难忘的广告,该活动发行了包含获得克里奥奖的 100 多则经典电视广告,如 Alka-Seltzer 药品 1971 年的"Spicy Meatball"广告、可口可乐 1979 年的"Mean Joe Green"广告和苹果电脑的"1984"广告。最佳的电视广告中,每年只有一两部能进入克里奥名人堂。

克里奥奖赢得了全球广告界的尊敬,可惜运作该奖的克里奥公司经营管理不善,导致公司的所有权一再易手。克里奥公司在 20 世纪 90 年代初破产,后来芝加哥的杂志出版商露丝·拉特尼(Ruth Ratny)接手该公司。一年之后,拉特尼又将公司卖给了退休的后期制作主管吉姆·史密斯。1997 年,史密斯将公司出售给了克里奥奖的现任所有者 BPI Communications 公司。[9]

A2:戛纳金狮奖

戛纳金狮奖(Cannes Lions)始于 1954 年戛纳国际电影广告节,是最早的国际广告奖。该奖希望电影广告能像电影一样受到人们的瞩目。该电影节曾在意大利戛纳和威尼斯两个城市举行。然而,该活动十分受欢迎,其规模超出了威尼斯设施的可承受范围,以至于在 23 年之后将举办城市永久设立在法国戛纳。自 2011 年起,"戛纳国际广告节"正式更名为"戛纳国际创意节"(Cannes Lions International Festival of Creativity)。其标识中的"狮子"的形象代表王者和勇猛(见图 8-4)。

图 8-4 "戛纳国际创意节"标识

戛纳国际广告节最早只接受电影广告的评选,直到 1992 年才接受印刷作品,后又增加互联网、媒体策略、直接营销和广播等类别的作品。2011 年,戛纳国际广告节由过去的广告界盛会向允许任何形式的创意成果展示的平台转型，并更名为"创意节"，意在为更广泛类别的创意活动敞开大门、开辟道路。

戛纳国际创意节每年吸引过万名代表参加，素有"广告界奥斯卡"的美誉。参赛作品超过 3 万件，包括电影、新闻、户外、广播、互动、直接营销等。奖项分金狮、银狮和铜狮三等，金狮奖中的佼佼者将获得大赛奖。胜负由每个类别设有的国际陪审员团队裁决。如果观众不同意评审团的决定，会在获奖广告的放映过程中不和谐地吹口哨，这已经成为一种传统。

戛纳国际创意节最初仅根据技术属性（如长度或是动画还是真人表演）的类别来评选电影和电视广告。2013 年后开始根据产品类别对广告进行分类。20 世纪 90 年代初，节日策划者增加了新闻（报纸和杂志）和海报（广告牌和其他公共网站）广告，后来又增加了网站、在线广告，1999 年又增设媒体创意的类别。"媒体创意"旨在奖励媒体战略、策划和执行方面的杰出创意。该活动在第一年吸引了来自 30 个不同国家的 421 位全球最佳媒体策划者。模仿戛纳国际电影节的评审，国际广告界的一流人物在 6 月的一周内齐聚一堂，评审竞赛参赛作品。戛纳国际创意节的最高荣誉是大赛奖，还包括表彰年轻创意专业人士的现场工作的竞赛、为客户营销部门设计的研讨会，以及展示最新广告制作技术的活动。该节还举办由世界顶级创意高管主持的创意研讨会，举办研究案例历史的研讨会，以及有关全球销售和营销的研讨会。

戛纳国际创意节现在由英国媒体集团 EMAP 运营，EMAP 于 2004 年以5 200 万英镑的价格收购了该活动。尽管组织者拒绝提供官方数字，但据说该活动每年收入 2 000 万欧元，可以赚取 1 000 万欧元的利润。这并不奇怪，因为每件作品的入场费在 430～1 275 欧元（取决于类别），个人代表费为 2 550 欧元。[10]

B 类　全球广告奖

B 类是指有全球影响力的广告奖。

B1：纽约广告奖

纽约广告奖（New York Festivals Advertising Awards）始于 1957 年（见图 8-5），当时这个全球竞争性的奖项主要是为非广播电视媒介的广告佳作而设。作为全球顶级的国际大都市，纽约将广告节与艺术节、音乐节等交叉互融，为城市提升人气。

图 8-5 纽约广告奖（2023 年度）

纽约广告奖有六大类别的奖项，分别是：

- New York Festivals-World's Best Advertising（世界最佳广告奖）；
- New York Festivals-World's Best Radio Programs（世界最佳广播节目奖）；
- New York Festivals-World's Best TV & Films（世界最佳电视和电影奖）；
- AME Awards-World's Best Advertising & Marketing Effectiveness（世界最佳广告营销实效奖）；
- Global Awards-World's Best Healthcare & Wellness Advertising（世界最佳医疗健康广告奖）；
- Midas Awards-World's Best Financial Advertising（世界最佳金融广告奖）。

1990 年，纽约广告节专门为联合国公共信息部门设立了联合国大奖，授予那些把联合国的宗旨及种种设想诠释得最为出色的公益广告作品。联合国大将涉及联合国关注的全球焦点和利益，包括和平和安全、妇女权益、社会进步、健康、人权、犯罪与暴力、民主、持续发展和摆脱贫困等。

纽约广告节颁奖计划始于 1957 年，旨在表彰在工业和教育领域取得成就的电影和视频，该计划后来扩大到包括所有类型的媒体。该计划在 20 世纪 70 年代增加了电视和电影广告；1982 年增加了国际广播类别，包括节目、制作和广告；1984 年，平面广告、设计、摄影和插画被添加到名册中；1992 年增加了新媒体类别，包括交互式互联网通信和广告竞赛。1979 年，该活动吸引了来自世界各地的大约 1 000 个参赛作品。到 1999 年，国际参赛作品总数已超过 1 600 个。

　　纽约广告奖的评审团由国际上的传播专业人士和企业高管组成。评委审查八个类别的参赛作品：广告营销实效、医疗保健、电视和电影、电视节目和宣传、电影和视频、印刷和广播广告、广播节目和宣传、新媒体。

B2：伦敦国际广告奖

　　伦敦国际广告奖（London International Advertising Awards，LIAA）始于1985 年，包括五个大类，有许多不同的子类别，每个类别可能只产生一个最高奖项得主。主要类别包括电视/电影、印刷、广播、互动广告和包装设计。大奖获奖者将获得一座带翅膀的青铜雕像。2004 年，LIAA 正式更名为伦敦国际奖（London International Awards，LIA）（见图 8-6）。评审们认为，该奖的评选范围已不仅仅是广告，而是评选不断创新的作品，因此移除了"广告"一词。伦敦国际奖被誉为最年轻、最有朝气的国际创意大奖。[11]

图 8-6　伦敦国际广告奖

B3：莫比广告奖

　　莫比广告奖（Mobius Awards for Advertising）由美国著名营销专家 J. W.

图 8-7 "莫比广告奖"奖杯

安德森创立于 1971 年,总部位于美国芝加哥,目的是为全球的广告公司、广告制作公司、艺术指导人员及设计师、电影公司、电视台和广告主提供一个国际性的平台,是全球重要的广告大奖之一。

莫比广告奖认为,广告奖不同于体育比赛,它的目的不是评出"究竟谁第一",而是"鼓励好作品"。广告不同于艺术作品,对它的评估要考虑经济、市场等各方面的因素,莫比广告奖的评审尽可能多地考虑了这些客观因素。奖杯的基本造型为线条流畅的莫比乌斯环(见图 8-7),象征着永无止境的思想与信息的传播交流,以鼓励好作品的出现。[12]

B4:艾菲奖

艾菲奖(Effie Awards)创立于 1968 年,于 1969 年首次颁奖,由总部设在纽约的美国市场营销协会(American Marketing Association,AMA)发起。该奖是为每年度投放广告达到目标,并获得优异成绩的广告主、广告公司专门设置的特别广告奖项。与其他广告奖注重创意不同,艾菲奖更集中关注广告在市场上的表现和带来的实际效果,是目前世界上唯一一项以广告效果为主要评审依据的权威广告奖项。Effie 就是英文"效果"一词的缩写,其标识象征着增长(见图 8-8)。

自 1981 年以来,艾菲奖已在许多其他国家和地区设立,包括奥地利、比利时、智利、捷克、法国、德国、希腊、印度、荷兰、秘鲁、斯洛伐克和瑞士。中国广告协会于 2003 年年底与美国市场营销协会签署协议,正式引进艾菲奖。每个国家或地区都制定自己的入围要求,并评判自己的参赛作品。例如,欧洲艾菲奖(Euro Effie)要求广告系列参赛作品至少在 3 个欧洲国家或地区取得商业成功。2000 年,艾菲奖颁发了 46 个活动类别的奖项,包括农业/工业/建筑产品、互联网服务和

图 8-8 "艾菲奖"标识

旅行/旅游/目的地广告活动等。

　　艾菲奖以经过验证的广告的有效性作为评选标准,1976 年开始要求以广告系列而不是单一广告作为参赛对象。要赢得艾菲奖,广告活动必须证明其已实现业务目标。获奖作品必须出示有效的规划、市场研究、媒体和创意策略,以及账户管理的证据和成功的品牌管理证据,这反映了客户公司与广告代理商之间牢固的工作关系。顶尖的广告人和营销主管担任艾菲奖的评审员。评审分两个阶段进行。第一阶段是小组审查案例摘要,其中包含归因于该活动的业务业绩摘要,并附有每个条目。第一阶段不包括创意材料,也不与其他参赛作品进行比较。在第二阶段中,幸存下来的参赛者根据案例摘要和金奖、银奖、优异奖的创造力,与同类的其他参赛者竞争,亚军将获得认可证书。案例摘要和创意材料分开评分,最终分数是两个分数的加权平均值,案例摘要的分数超过创意材料。

8.3　谁是名垂青史的广告人?

　　与广告作品相比,广告人物的荣誉光环更受到尊重和景仰。广告人的传奇经历引人入胜,使奋身投入广告行业的人充满激情和自信。在广告圈内,广告人最引以为豪的是美国总统富兰克林·罗斯福曾经说过的一句话:"不做总统,就做广告人。"

　　广告竞技场吸引了大量人才,有史以来许多有才华的导演都曾在广告业工作过。例如,乔·皮特卡(Joe Pytka)是一位多产的美国电影制片人,为 IBM、麦当劳和百事可乐等知名品牌拍摄了 30 多年广告。托尼·凯耶(Tony Kaye)为沃尔沃、吉尼斯和西尔斯等品牌创作了一流的艺术性广告。为表彰托尼·凯耶对广告的贡献,2002 年克里奥广告节授予他"终身成就奖"。米歇尔·贡德里(Michel Gondry)是位才华横溢的电影导演,也是有史以来获广告奖最多的导演。

　　除了奖励广告作品的广告奖外，还有奖励人物的广告奖，如美国广告研究基金会(The Advertising Research Foundation, ARF)每年赞助的 ARF 大卫·奥格威奖(ARF David Ogilvy Awards)，表彰的对象是在广告研究方面作出贡献的人。[13]

　　1948 年，美国广告联合会(AAF)创立广告名人堂(The Advertising Hall of Fame, AHF)，表彰美国广告业的终身成就者。入选广告名人堂是业内极负盛名的荣耀，经过评选已产生上百位广告杰出贡献者或广告英雄，包括伯恩巴克、奥格威、李奥·贝纳、詹姆斯·韦伯·扬、本杰明·富兰克林等巨星。广告人的终身梦想就是能够进入广告名人堂，如同科学家获得诺贝尔奖、演艺人获得奥斯卡奖一样。鉴于入选者皆在美国，故应将广告名人堂理解为美国广告名人堂。除广告名人堂外，还设有分类的名人堂，如广告文案名人堂(The Copywriters Club's Hall of Fame, CHF)和艺术指导名人堂(The Art Directors Club's Hall of Fame)。中国也从 2015 年设立中国广告名人堂[14]。

　　每年入选广告名人堂的名额不固定，也不限于在世者。名人堂候选人的遴选主要取决于他们的广告生涯、对改善广告和声誉的贡献，以及在工作之外的社会志愿者活动。一般每年入选 2～4 人，入选者最多时有 10 人(1949 和 1998)，最少时空缺(1956)。从 1949 年美国广告联合会(AAF)第 45 届年度大会上首次颁布广告名人堂的入选者至 1999 年，已有 146 人入选。2022 年，有 7 人入选广告名人堂。

　　每位广告名人堂的入选者都将获得"金阶梯"奖杯。这个奖杯是由传奇广告人伯恩巴克设计的，上面刻有另一位伟大的广告人汤姆·狄龙(Tom Dillon)的题词："我们能看得更远，是因为我们站在前人建造的阶梯之上。"

　　除了广告名人堂，还应特别提到**世纪广告大评选**。20 世纪末，《广告时代》杂志发起大型的世纪评选活动，从人物、广告活动、作品等多方面进行评选，可谓广告江湖一次全面的大比武。1999 年，《广告时代》发布了"20 世纪广告 Top100 的系列排行榜"(见图 8-9)。[15]参见本书附录 B 和附录 C。

图 8-9 "20 世纪广告 Top100 的系列排行榜"标识

就人物而言，如何才能登上《广告时代》这一名人榜（The Top 100 People of the Century）而名垂青史？答案是**影响力和冲击力**。入选者必须参与塑造广告历史的进程，并有独特的杰出贡献。美国《广告时代》遴选出的"20 世纪百位广告名人榜"中包括几类人物：①顶级广告创意人和一流广告公司的灵魂人物，占据最多的席位，以伯恩巴克为首，共 63 位；②媒体开创者 16 位；③企业家 9 位；④学者 6 位；⑤其他 6 位。这一人物结构反映出 20 世纪广告的主流和重心：以创意广告人和媒体人为主导。可以设想，将来如有 21 世纪广告名人榜，其类别结构必不同于这份名单，技术人物肯定将登上主角之位。

《广告时代》杂志的广告世纪评选是一项很有价值的评选活动，也是迄今为止获得公认且相对权威的一次世纪广告大评估。各类排行榜的结果反映了广告活动的多元化和历史性，也成为广告史研究的重要来源和依据。

值得肯定的是，1999 年发布的"20 世纪广告 Top100 的系列排行榜"评选结果反映了广告活动的历史性。其评选涵盖面广，使得人们可以更好地了解 20 世纪广告行业的发展历程和广告活动对社会的影响。

世纪评选结果充分肯定和评价了 20 世纪杰出广告人的历史贡献，充分赞赏了广告创意革命,肯定了许多行之有效的广告营销策略和方法的重要性和贡献,有很多创意独特、具有影响力的广告活动入选,评选结果通过精细的比较排序,比较完整地反映出了 20 世纪广告的价值观和不同价值的权重。

20 世纪广告评选活动当然还有进一步改进的余地,以使评选结果更加客观和公正。

(1) 评选的框架和标准可以更加明确和细化。更加明确和细化的评选标准可以使评选结果更加客观、公正。

(2) 评选过程可以更加透明。有的评选没有给出具体的过程,更加透明的评选过程可以使评选结果更加公正、可信,如排除评选过程是否有利益关联。

(3) 评选结果应减少地域偏向。美国广告活动相对占据了很大的比例,其他地区的广告活动则相对较少。应使全球范围的广告活动评选更均衡。

现代人类社会充满各种遴选和评选活动,从诺贝尔奖到各种专业奖项,从政治选举到伯乐举贤。对广告人和广告的评选不过是五花八门的广义评选中的专业评选活动之一,它可以也应该从其他评选活动中借鉴好的思想方法和流程,以图不断改进。从广义上讲,杰出人物的评选可参考两类不同的评奖做法:竞技类评奖和科学类评奖。竞技类以体育奥林匹克奖为代表,科学类以诺贝尔奖(Nobel Prize)为代表。

是否自己申报是二者的根本区分之一。竞技类评奖通常采用自己申报的方式,这虽然减少了举办者的责任和工作成本,却有许多弊端,主要是伤害了评选的客观性。竞技类评奖的流程公开透明,如奥运会。科学类评奖则反之,如诺贝尔奖明文规定"不得毛遂自荐",即不得自己申报,并开宗明义地指出,"评选的第一标准是成就的大小""根据诺贝尔遗嘱,在评选的整个过程中,获奖人不受任何国籍、民族、意识形态和宗教信仰的影响""瑞典政府和挪威政府无权干涉诺贝尔奖的评选"。诺贝尔奖的出发点是为保证"完全取决于成就大小"的客观性,将人为因素和主观因素的影响降至最低。为此,诺贝尔奖委员会承担了更重大的责任和更多的前期工作。通常每年推荐的诺贝尔奖候选人有 1 000～

2 000人。由具有推荐候选人资格的专家或机构提名，推荐人应具备的资格包括：先前的诺贝尔奖获得者、诺贝尔奖评委会委员、特别指定的大学教授、诺贝尔奖评委会特邀教授、作家协会主席（文学奖）、国际性会议和组织（和平奖）。因此，诺贝尔奖既要完全放开，又不能海选，而是采取了专家分层筛选的严格流程。[16]

特别指出，评选人的专业判断力、声望和人格保证了评选的质量和权威性，以至于诺贝尔奖，特别是科学奖和医学奖至今很少有人争论。

对比广告奖的评选，可以作出以下推论。

（1）为什么广告时代的世纪评选更具权威性？因为它吸收了科学奖的若干做法，例如（人物）评选不采用自己申报，而是以专家评选为主等。

（2）为什么在众多全球广告奖中，克里奥奖（Clio Awards）的含金量高？因为该奖的评选把关人质量最高、最具专业权威性。

（3）许多广告奖采用竞技类评奖的商业模式，虽然活跃了广告奖的舞台，但也破坏了广告奖的客观性和声誉。

大部分广告奖都是**申报参赛**，尽管报名费用与参赛费用往往高得令人望而却步，但仍有许多广告公司难以抗拒在大型竞赛中获胜的声望和宣传，认为参赛亮相所产生的宣传效果及回报是值得投入金钱、时间和精力的，同时参加大型竞赛有助于广告公司吸引专业人才，因而被认为值得参赛。然而，包括李奥贝纳和奥美在内的知名公司有时会拒绝颁奖竞赛，因为它们认为奖项只奖励聪明而有趣的创意作品，却从未考虑战略稳健性或销售效率。

当全球广告人为上市欢欣鼓舞之时，当广告人沉浸、热衷于比拼创意、为夺取广告创意奖乐此不疲之时，当媒体大亨踌躇满志、控制媒体、争夺核心媒体资源之时，一股改变全球广告业格局的强劲势力如黑天鹅般腾空出世、横扫美欧，令全球广告界目瞪口呆、大惊失色。这只"黑天鹅"就是来势汹汹的超级资本并购。

8.4 外来的飓风：并购为王

当广告人陶醉在对广告创意、广告奖和广告巨星的追逐和狂欢之中时，他们完全没有意识到，辉煌夺目的广告天地会被一股外来的不可抗力改变，变得面目全非、尊严扫地。这股摧毁广告界现状的飓风，便是外来人的资本并购！

20世纪60年代广告界的主旋律是大创意，20世纪80年代则被新的主旋律取代，这就是**超级并购重组**。并购的资本飓风席卷全球，引发整个广告行业格局的大动荡。从1980年到1990年，全球100家大广告公司仅幸存三分之一，以至于著名的《广告时代》杂志将20世纪80年代称为**"动荡的年代"**（Decade of the Deal）。

从20世纪80年代开始，全球广告业并购重组的浪潮改变了全球广告公司的大格局。在这之前的许多年内，全球广告业都是两大广告公司称霸的格局：一个是日本的电通广告公司（Dentsu）；另一个是美国的扬·罗必凯广告公司（Young & Rubicam），它们曾轮流坐上全球广告公司老大的位置。

电通何以为王?

1974年，电通（Dentsu）被《广告时代》评为世界上最大的广告公司。几十年来，电通常位于全球五强广告公司之列。

电通成为广告巨人至少与吉田秀雄（Hideo Yoshida，1903—1963，见图8-10）、日本企业的全球化、电通广告的特色有密切关系。

日本现代广告发展始于明治维新之后。创建于1907年的电通，起飞的转折点是1947年吉田秀雄成为公司第四任总裁（社长）。吉田秀雄被认为是"日本现代广告之父"，他的广告哲学是"做人比做事更重要、更优先"。他在1951年提出的"鬼十则"是电通广告人的规范，成为传世的电通精神。[17] 吉田秀雄因拼搏力行、为广告奋不顾身而被称为"大恶魔"，他手下忘我勤奋的广告人员被称为"小恶魔"。可能是因为过于拼搏，吉田秀雄仅活了 60 岁。

图 8-10　吉田秀雄(Hideo Yoshida，1903—1963)

吉田秀雄抓住了日本中产阶级和大众消费崛起的机会，他的重大战略是结盟和控制大众媒体。到 20 世纪 60 年代，电通几乎锁定了包括电视、报纸、广播等日本主要媒体。电通占有电视广告空间的最大份额——高达黄金时段的60％。日本所有传统媒体空间的三分之一左右控制在电通手中。

20 世纪 70 年代，随着日本企业势不可挡的全球化浪潮，美国学者傅高义所著的《日本第一》[18] 一书影响巨大、传遍四海。当广告界说"电通 90％的收入仍然依赖日本本土"这句话时，往往没有意识到这是总部在日本的丰田、索尼、雅马哈、精工等一批日本企业大张旗鼓全球化的结果。虽然客户的名单以日本为主体，但电通已经随这些日本企业走向全球。

电通的广告因为渗透了日本的文化而独具特色，例如日本电视广告通常只有 15 秒，注重节约资源。日本广告的"俳句风格"反映出与其文化的另一个明显联系：俳句是一种美丽的单行诗，字里行间基于象征主义的艺术形式。广告充分运用以情境为导向的日本漫画——一种非线性的叙事方法。[19]

1986 年发生了一件被《时代》周刊称为"大爆炸"(the big bang)的特大事

件：Needham Harper、DDB 和 BBDO 三大广告公司合并，组建了当时世界上最大的广告集团公司——宏盟集团（Omnicom Group）。合并的策划者是艾伦·罗森希恩（Allen Rosenshine, 1939—　　）和基思·莱因哈德（Keith Reinhard, 1935—　　），他们二人在"20 世纪百位广告名人榜"中分别位于第 27 位和第 47 位。

1986 年 4 月 28 日，《纽约时报》一篇题为"三方合并以组建最大广告公司"的报道称，世界排名前 20 位的代理商中有三家达成了一项合并协议，合并后每年的总账单为 50 亿美元，员工人数超过 1 万人。宏盟集团由此诞生，它包括 DDB、BBDO 和 Needham Harper 三大公司，合并是通过股票交换完成的。这三家公司中的每一家公司都获得了控股公司的新股。合并预示着全球传播集团成为庞大营销服务提供商的新趋势，业务范围远远超出了单纯的广告，由此也出现了多元代理服务系统（Diversified Agencies Services, DAS）。

25 年后，全球广告集团的格局再次发生更强的"地震"，标志是 2011 年 WPP 集团（Wire & Plastic Products Group）迅速超越登顶，成为广告帝国的新王者。且看这场强震是如何发生的？

原因之一是广告公司上市的隐患。20 世纪 60 年代，创意革命极大地刺激了广告公司对优秀创意人才的需求和追求更大的公司规模，因为高端人才趋向于去大公司，而公司上市是解决规模和人才问题的捷径。于是，意气风发的广告公司谋求公开上市（IPO）的梦想和浪潮随之被发酵、被激发。1962—1973 年，美国 24 家著名的广告公司争先恐后地奔向华尔街上市，包括 FCB、O&M（奥美）、IPG 集团（Interpublic Group of Companies）、JWT、DDB、BBDO、Grey 等一流公司。在那时，上市成为广告公司上升到一个新境界的标志和骄傲，若干年后他们才发现，这一步也为资本大鳄葬送自己埋下了隐患和伏笔。

原因之二是广告行业的大并购飓风的源头在英国。英国伦敦的两兄弟莫里斯·萨奇（Maurice Saatchi）和查尔斯·萨奇（Charles Saatchi）在全球范围内采用并购战略，运用资本的力量一步步改变了整个广告公司的格局。1970 年，他们成立了名为"萨奇兄弟"（Saatchi & Saatchi）的广告公司，该广告公司为英国航空公司制作的广告"The world's favourite airline"曾获得过克里奥奖。更与众不同的是，这家广告公司以**"没有什么是不可能的"**作为座右铭，更大的企图是以资本并购广告公司并进行全球扩张。萨奇兄弟广告公司曾一度成为当时世界上规模最大的广告公司。

萨奇兄弟广告公司将许多一流的美国广告公司纷纷纳入旗下。在1978年往后的十年中，英国的广告总支出增长了315%，主因便是萨奇兄弟广告公司的扩张。正如斯蒂芬·贝利（Stephen Bayley）的评论，"该公司在那些日子里所做的一切都比其他任何人都更大、更大胆、更自信"。

1986年春，萨奇兄弟广告公司以"估计1亿美元"收购了美国广告公司Backer & Spielvogel，跃升为全球第三大广告商，仅次于日本的电通（Dentsu）和麦迪逊大道的巨头之一—扬·罗必凯公司（Young & Rubicam）。

萨奇兄弟广告公司的成功，很快掀起了全球广告业大并购的浪潮。欧洲、美国、日本纷纷采用并购战略，成功实现了许多并购，产生了一批超级广告集团公司，如WPP、TBWA（腾迈）、RSCG（灵智）、DDB、FCB等。

经历动荡后，最终形成了四大（big four）全球广告集团的格局，即出现了四家超级巨型广告集团：IPG集团（总部：纽约）、宏盟集团（总部：纽约）、阳狮集团（总部：巴黎）和WPP集团（总部：伦敦）。通过控股的方式，这些集团旗下各自云集了一批不同专业功能的公司，可谓"大而全"的基本架构。全球广告费用大约有一半在这四大集团的手中。

如果将萨奇兄弟比喻为两只凶猛的狼，那么英国人马丁·索雷尔（Martin Sorrell，1945—　，也译为苏铭天，见图8-11）就是一只超级凶猛的巨鳄，他将全球广告界的资本并购推向极致和血腥的地步，并使WPP集团成为历史上最大的广告帝国。让我们看看这位广告外行人是如何彻底颠覆全球广告格局的。

图 8-11 马丁·索雷尔(1945—)

8.5 并购的王者:索雷尔和 WPP 集团

索雷尔何许人也？他是英国人,索雷尔的惊天之举与他在英国萨奇兄弟广告公司的工作经历有直接关系。索雷尔于 20 世纪 70 年代在萨奇兄弟广告公司任首席财务官,20 世纪 70 年代末至 1985 年在萨奇兄弟广告公司有多次富有传奇色彩的并购活动。索雷尔凭借出色的金融统计和财务专长,成为并购行动的高层内幕人之一,是实现并购战略的核心人物,被视为萨奇兄弟广告公司的"第三位兄弟"。这无疑为他几年后大展拳脚实现其独立收购梦埋下了种子,并积累了经验。1985 年,索雷尔个人投资 25 万英镑买下了一家超市购物车生产厂商(Wire & Plastic Products)的部分股权,第二年公司正式更名为 WPP,WPP 的战略目标和最擅长的事是资本运作与收购合并。在 WPP 成立后的18 个月时间里,索雷尔一口气收购了 18 家公司,平均一个月收购一家。

索雷尔以资本并购重新定义了广告行业。他并不是广告圈内人士,却高居《广告时代》杂志发布的"20 世纪百位广告名人榜"的第 16 位,因为"他改变了广告人的含义"。他是"广告行业里最伟大的非广告人","现代广告教皇"奥格威对他的评价是"连一句广告语都没写过"，这真是广告历史上天大的例外，对以广告人自傲自信的圈内人士似乎也是一种嘲讽。《广告时代》杂志的"20世纪百位广告名人榜"居然纳入了索雷尔这个"野蛮人"，并让他名列第16位，这显示出广告界的宽容和豁达，也肯定了他对矗立广告帝国的历史贡献。索雷尔的父亲教给他的人生成功秘诀是："找到一件事，一家公司，并专注于它。"他自己的座右铭是："像英国人一样行事，像犹太人一样思考"（act British, think Yiddish）。

索雷尔通过一系列资本强购而不是经营广告公司的方式，逐步实现了建构历史上最庞大的广告帝国的梦想。这家名为WPP的英国公司，犹如一条大鳄冲入广告界，开始了"在其旗下"收购与广告相关公司的野心勃勃的"侵吞"。这可是一条以大鱼为目标的巨鳄。

最具超级震撼和象征意义的事件发生在1987年，索雷尔克服种种阻力，最终以5.66亿美元（每股55.50美元）收购控股了多年位居全球第一、历史最悠久的广告公司——智威汤逊（JWT）！要知道，当时智威汤逊的年收入是WPP的13倍。一个外行人居然成功占领了广告行业的金字塔顶端，简直是天方夜谭，太阳从西边出来！这一年索雷尔42岁，在全球广告界引起了历史性的关注。两年后，也就是1989年，索雷尔又以8.64亿美元（每股54美元）收购了大名鼎鼎的奥美广告公司。

WPP鲸吞智威汤逊和奥美的方式被公认为是恶意收购（hostile takeover），这种举动和后果令全球广告界大为震惊。索雷尔偏爱恶意收购的行为，这为他赢得了"麦迪逊大道上的食人魔"（the ogre of madison avenue）的称号。

如今，智威汤逊、奥美这些广告行业内最耀眼的金字招牌都为WPP所有，世界500强公司的半壁江山也随之归入WPP旗下的客户名单之中。2000年，负有盛名的、始创于1923年的扬·罗必凯（Y&R）公司被WPP收购（每股53美元，总价格47亿美元）。2005年，美国麦迪逊大道上只剩下了最后一个超级独立的广告集团——精信（Grey），但它最终也被 WPP 以 18 亿美元收入囊中。

随着一大批全球一流的知名广告公司都被 WPP 收入囊中，WPP 从 20 世纪 90 年代开始成为全球最大的广告和传播集团。在全球广告代理公司（集团）排行榜上，WPP 在 1990—2000 年一直雄居首位。[20] 2012 年，WPP 作为世界上最大的营销传播集团，年营收为 161 亿美元，净收入 71 亿美元，拥有约 16 万名员工，在 110 个国家的 3 000 个地区设立办事处。2022 年，WPP 依然名列全球广告集团之首，年收入达 178 亿美元。[21] 通过接二连三地跑马圈地，WPP 已是跨越 85 个国家、拥有超过 40 家广告公司的巨无霸。它拥有四家世界一流、历史悠久的广告公司——智威汤逊（JWT）、奥美（Ogilvy & Mather）、扬·罗必凯（Young & Rubicam）和精信（Grey），以及许多其他传播、研究和品牌业务，总共约有 100 家营销服务公司。WPP 成为世界上最大的广告/传播/营销服务集团（见图 8-12）。

图 8-12　WPP 成立内容投资与版权管理集团 Motion Content Group

耐人寻味的是，英美在广告舞台上的较量翻开了历史的新篇章。萨奇兄弟和索雷尔都来自伦敦，这似乎形成了某种一脉相承的以广告江湖取胜的英国风格。曾几何时，纽约的麦迪逊大道意味着广告界的"珠穆朗玛峰"，象征至高至尊，是美国人引以为傲的广告圣地。索雷尔的横空出世，可能会让英国人扬眉吐气，他们终于压倒了美国麦迪逊大道广告朝圣之霸气，夺回了广告皇冠的荣耀和权力。人们完全没有想到，这一广告历史的转折，靠的居然不是创意和媒体，而是大资本运作。完成这一转变的竟然不是广告人，而是局外人。这个广告世界的新霸主 WPP 的基因是资本并购。30 年实现改变全球广告业格局的手段，不是靠业内的优胜劣汰，而是靠资本运作，靠资本并购迅速扩张而改弦易主。

这种巨变使美国人感慨万分。2011 年 1 月，美国《快公司》（*Fast Company*）杂志刊发专题"**被谋杀的麦迪逊大道**"，美国《时代》周刊称索雷尔这个英国男人是"**麦迪逊大道上的食人魔**"。《纽约客》形容那些 20 世纪 80 年代夹杂在资本并购潮中的小型广告公司，"**如同等待被捕杀的猎物一样**"。在许多广告人眼中，照片中索雷尔的神态的确像一只眼光凶狠而贪婪狡猾的野狼。但索雷尔回应说："归根结底，我是一个商人。一些有创造力的人觉得这个想法不舒服，但广告是一门生意。"[22]

全球范围内广告代理公司的格局从此大变，广告行业的集中度明显提高，超大型的广告集团雄居全球成为主角，全球广告费用也大幅上涨。20 世纪的广告江湖上，那些轰轰烈烈的居舞台中央的个人创意英雄的时代光环似乎已悄然暗淡隐退，只留下许多不朽的令人怀念的背影。

2018 年 11 月 26 日，一条新闻更让广告人体验到广告江湖之险恶。全球广告巨头 WPP 发布声明称，将旗下老牌广告代理商智威汤逊（JWT）与数字营销公司伟门（Wunderman）合并，组建新公司伟门智威（Wunderman Thompson）。[23] 智威汤逊这个全球广告公司的传奇偶像、百年老店和最高象征的金字招牌，从此在市场和人们的视线中消失，尘封在历史的记忆中。这恐怕是广告江湖数百年来最震撼、最悲摧、最伤感的一幕。

具有 150 多年历史的、最代表广告人的光荣与梦想的智威汤逊（JWT），在许许多多广告人心中被赋予了近乎宗教般的崇高地位。

"请加入我们的历史之旅,因为这恰好也是广告业的历史。"——这是智威汤逊官网上一句骄傲自信的自白,毫无疑问,也只有这家公司有资格这么说。

智威汤逊的业绩在很长一段时间都居全球广告公司榜首,它是**第一家全球性广告公司**。也是最早在 1957 年就突破年营业额 1 亿美元大关的广告公司。甚少有代理商能像智威汤逊那样拥有超过百年的客户关系——联合利华与智威汤逊已经合作了 116 年之久。

如此传奇的智威汤逊竟被打翻在地!在许多人眼中,索雷尔是建立广告新世界的翻手为云覆手为雨的主宰和超人,他是广告界资本并购的代名词。但是,探根寻源,他只是集大成的登顶者,并不是在广告江湖上运用并购实现扩张、建立广告帝国的第一人。翻开历史,广告公司的并购在早期就时有出现,而且延续未断,例如艾耶父子广告公司在 1877 年并购了帕尔默的公司。20 世纪50 年代,美国的小马里恩·哈珀(Marion Harper Jr.,1916—1989)最早提出并在索雷尔之前初步实现了建立全球广告帝国的梦想。

尽管索雷尔并不是广告公司并购的始作俑者,但他将并购变成了"吞购"或"鲸吞",其野心之大、手段之狠、影响之深、目标之高、结局之宏都史无前例、震撼空前、匪夷所思。索雷尔的过人之处和受到肯定之处在于,他将广告集团公司的超级规模推向了史无前例的最高峰,实现了广告产业前所未有的超越。与之前的广告公司并购相比较,索雷尔的并购非同一般,有如下特别之处。

(1)无论是哈珀还是萨奇兄弟的并购,都是广告圈内广告人的行为,属于广告圈内同行之间进行的并购。索雷尔却是一个圈外的非广告人,实施外行镇服内行的并购。

(2)索雷尔以鲸吞宏大目标为主,例如首先攻克最高点智威汤逊等全球顶级广告公司。此前的并购往往多以小广告公司为对象。

(3)索雷尔的并购手段是野蛮的、恶意的,充分体现出资本的横蛮和侵略性。

追溯历史,超级广告帝国这一梦想的思想和行动源头,以及最初的开创者首推小马里恩·哈珀。他在 20 世纪五六十年代已开创性地提出了做大广告公司的观点，并留下了成功探索和大胆创新的光辉足迹。在"20 世纪百位广告名人榜"上，哈珀位列第二，居首位的是创意革命的第一旗手伯恩巴克，这更令人对哈珀刮目相看，从中折射出重要的信息：**20 世纪广告界的第一重心是创意革命，第二重心是广告公司的超级化**。索雷尔在"20 世纪百位广告名人榜"中居第 16 位，远在哈珀的排名之后，体现出广告共同体和后人对哈珀的高度认同。让我们走近哈珀这位传奇而不幸的广告人物，了解其思想和作为。

8.6 广告帝国的先行者：哈珀

小马里恩·哈珀[24]是麦肯广告（McCann-Erickson）这家全球一流广告公司的灵魂人物（见图 8-13）。哈珀宽阔的前额、高耸的大鼻子和坚毅的神情，给人以深深的印象。1916 年，哈珀在美国出生时，现代广告正拉开帷幕，可谓适逢"天时"。他 22 岁从名校耶鲁大学毕业后，便进入位于纽约市的麦肯广告公司。1942 年，26 岁的哈珀从研究部总监晋升为公司副总裁。1948 年，32 岁的哈珀已成为麦肯广告公司总裁，可谓"三十而立、大器早成"。

图 8-13　小马里恩·哈珀（Marion Harper Jr. , 1916—1989）

试问，他的思想贡献何在？

哈珀的最大梦想是做大广告代理公司的蛋糕,这是他矢志不渝的终生目标,他后来被人称为"哈珀大帝"。哈珀在 20 世纪 50 年代开创了通过并购的方式不断扩大广告公司规模的道路。1961 年,他收购伦敦代理商 Pritchard Wood,从而使 IPG 集团超越智威汤逊成为世界上最大的广告公司。1964 年,其旗下已有 19 家美国和国外的广告公司或行销公司。在他的引导下,20 世纪70 年代出现了广告公司的并购之风。他是第一个创建跨国广告公司的人,被视为"全球广告的先驱"。

哈珀还开创了广告公司的股份制,将麦肯广告公司改组成大股份集团公司,从而将麦肯世界集团(McCann-Erickson Worldwide)推上全球最大的广告和传播集团的位置。该集团包括麦肯广告公司、优势麦肯媒体公司、麦肯客户关系行销公司、麦肯活动行销公司、万博宣伟公关公司、麦肯健康传播公司及品牌企划公司 Future Brand 等。

哈珀打破传统,建立了"**竞争性平级分公司**"制度,这意味着集团旗下不同的广告公司可以分别服务于相互竞争的同行客户。他的这种"**分公司之间独立共存、内部竞争**"(agency within an agency model)的新思想,虽然被《广告时代》杂志认为是广告业的全新策略,却触犯了广告业的传统忌讳——广告公司不能同时服务于相互竞争的客户。原因是广告公司难以做到为相互竞争的客户保守商业秘密。哈珀的创新做法在业内掀起了轩然大波,甚至遭到了公司内部元老的强烈反对。

哈珀是在 1954 年并购一家小型广告公司(Marschalk & Pratt)时实施这项新策略的,并购后哈珀保留其独立性,甚至继续让其维持为竞争对手客户的服务,成功实现了一箭双雕的目的。当 20 世纪 60 年代麦肯广告公司发展成为IPG 集团时,这一策略得到了进一步的运用。30 年后,IPG 集团的几大竞争对手——萨奇兄弟广告公司、宏盟集团——也仿效了哈珀的这一做法。

哈珀用新的充满胆识和活力的理念和各种新型的广告业务方式,对广告代理业务进行了开创性和革命性的再造。他加强了购买动因的研究和广告预测技术的开发。他开创的综合多元化的行销服务为 20 世纪 90 年代广告公司走向整合行销奠定了基础。

1948 年，当哈珀接管麦肯广告公司时，麦肯广告公司全球排名第五，总收入尚不及世界最大广告公司智威汤逊的一半。12 年后的 1960 年，麦肯广告公司已跻身世界第二，略次于智威汤逊（当时只有这两家广告公司的年总收入超过了 3.5 亿美元）。

1961—1964 年，哈珀创建了更大规模的 IPG 集团，并担任总裁，继续通过并购加速扩大规模。到了 1966 年，IPG 集团旗下的广告公司或研究机构已布局在 48 个国家的 100 个城市，拥有 1 900 个客户，员工达 8 700 人（其中 5 500 人在美国本土之外）。1971 年，IPG 集团在纽约上市。在哈珀的直接影响下，全球广告业迈入了集中度更高、规模更大、业务更多元化的集团平台化新阶段。

然而，哈珀因特立独行的个性而备受争议。1962 年，《时代》周刊有一期封面文章称哈珀是"**广告界最固执、最有争议的人**"。他让人又爱又恨，1958 年广告行业内的名刊《印刷者墨迹》这样描述过哈珀："争议和客户都在争相涌向他。"

1967 年对哈珀和 IPG 集团都是失落的拐点，收购、引进人才及高额的运营管理费用使得集团的成本大升。IPG 集团当年的营收虽有 7 亿美元，但亏损在 200 万～300 万美元，哈珀与几家银行在贷款协议上遇到了麻烦。1967 年 11 月，哈珀因为无法通过削减成本满足银行家的要求，被迫辞去 IPG 集团董事会主席的职务。这一年哈珀 51 岁。

哈珀的晚年与早年相比是凄凉、暗淡无光和不幸的，他于 1989 年去世，享年 73 岁，可谓晚年命运悲苦。所幸的是，在他离世 10 年后，哈珀这位思想超前又勇于冒险和实践的伟大企业家和广告人得到了历史的承认。随着时间的推移，在广告历史上哈珀的思想和贡献获得了越来越高的认可，哈珀最早开拓和建立广告帝国的志向和成就终于获得了高度的评价和尊重。1998 年，他被补选进入广告名人堂。1999 年，哈珀赢得了"20 世纪第二号广告人物"的至高荣耀和历史地位。愿哈珀的在天之灵能感受到这份遥远的温暖,他的广告帝国之梦也在 20 世纪最后的十几年中成为现实。

广告里程碑 8:20 世纪的广告帝国

在《广告时代》评选的"20 世纪百位广告名人榜"中,出现了 4 位追逐和实现广告帝国的英雄,名次突出:哈珀名列第二,索雷尔排在第 16 位,罗森希恩排在第 27 位,莱因哈德排在第 47 位。这表明了一个十分重要的信息:**20 世纪广告成就首先是创意革命,其次是建立广告帝国,即追求公司规模增长和全球化扩张。**

1986 年,广告界发生了一件被称为"大爆炸"的事件,三家头部广告公司合并成为宏盟集团,其策划者是罗森希恩和莱因哈德;全球最大广告集团 WPP 出自索雷尔之手;哈珀则是广告帝国的鼻祖。

近半个世纪以来,全球广告公司的规模和构成发生了显著的变化。

在美国,广告公司的规模分为三个层次,即小型广告公司、中型广告公司和大型广告公司。公司营业额低于 1 亿美元的属于小型广告公司;营业额为 1 亿~5 亿美元的属于中型广告公司;营业额高于 5 亿美元的属于大型广告公司。

1985 年,全球最大的 5 家广告公司的毛收入(gross income)合计为 24.1 亿美元。而到了 1990 年,全球五大广告集团的毛收入合计达到 86.8 亿美元(见表 8-2)。这意味着,头部广告公司(集团)的规模呈现十分明显的上升趋势。

表 8-2　全球五大广告公司(集团)的毛收入(1980—2020)

单位:百万美元

年度	排名	公司(集团)	毛收入
1980	1	电通	394.4
	2	扬·罗必凯	340.8
	3	智威汤逊	322.5
	4	麦肯	268.7
	5	奥美	245.9

年度	排名	公司（集团）	毛收入
1985	1	扬·罗必凯	536.0
	2	奥美	481.1
	3	电通	473.1
	4	达彼思	466.0
	5	智威汤逊	450.9
1990	1	WPP 集团	2 710.0
	2	萨奇兄弟	1 730.0
	3	IPG 集团	1 650.0
	4	宏盟集团	1 340.0
	5	电通	1 250.0
1995	1	WPP 集团	3 130.0
	2	宏盟集团	2 570.0
	3	IPG 集团	2 330.0
	4	电通	1 990.0
	5	科戴安特（Cordiant）传播集团	1 380.0
2000	1	WPP 集团	7 970.0
	2	宏盟集团	6 990.0
	3	IPG 集团	6 600.0
	4	电通	3 090.0
	5	哈瓦斯集团（Havas Group）	2 760.0
2010	1	WPP 集团	16 000.0
	2	宏盟集团	13 900.0
	3	阳狮集团	8 600.0
	4	IPG 集团	7 700.0
	5	电通	2 700.0
2020	1	WPP 集团	13 200.0
	2	宏盟集团	12 600.0
	3	阳狮集团	9 700.0
	4	电通	7 900.0
	5	IPG 集团	7 000.0

资料来源：《广告百科全书》附录；广告时代官网（http://adage.com）。

若以全球名列第一的广告公司(集团)的数据为代表,广告帝国发展的情况从图 8-14 中得到充分显示。最突出的是广告帝国的规模不断扩大。在数字广告时代之前,其规模扩大和市场份额增长的驱动力主要有两大因素:全球化、公司合并与收购。

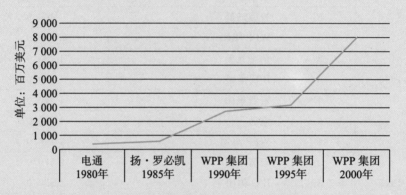

图 8-14　全球排名首位的广告公司(集团)毛收入的增长(1980—2000)

资料来源:见表 8-2。

从地域分布看,全球头部广告公司(集团)的总部都在美国、英国、法国和日本。WPP 集团的总部在英国,阳狮集团和哈瓦斯集团(Havas Group)的总部在法国,电通(Dentsu)的总部在日本,宏盟集团、IPG 集团等的总部都在美国。

从智威汤逊多年排名第一,到宏盟集团排名第一,再到 WPP 集团长期排名第一至今,专业化、全球化和并购等因素对形成广告帝国的贡献十分明显。2020 年,排名前五的全球广告公司(集团)是 WPP 集团、宏盟集团、阳狮集团、电通广告公司和 IPG 集团。

2010 年之后,全球广告规模的增长主要是靠数字广告的驱动,特别是数字广告的技术创新,推动了广告的业务模式和收入结构发生巨大的变化。于是,广告江湖又一次发生了强烈的"地震",其强度超过 20 世纪的任何一次。

从广告的发源和全球格局来看,英国和美国是两个最重要的国家。这两个国家具有最深厚的广告传统和广告创造力。同时,在广告发展史上,从早年一直延续到 21 世纪,英国和美国对广告制高点和话语权的争夺时隐时现、此起彼伏。虽然英国广告的渊源早于美国,但是广告的黄金时代却出现在美国。20 世纪后半叶,英国人以资本并购重新洗牌全球广告业,似乎扬眉吐气,重振了英国广告的雄风。英国式的创意灵感、幽默感和文化品质也令美国广告专业人折服。然而,从 21 世纪的第二个十年开始,美国人靠数字网络和智能算法开创了崭新的广告境界,重新夺回了全球广告的制高权。

让我们进入下一章"数字颠覆",翻开广告史的新篇章,进入全新的数字广告世界!

8.7　本章附录:C、D 类广告奖

C 类　国际及专业类广告奖

C 类是指具有跨国的覆盖面或专业影响力强的广告奖。

C1:克雷斯达奖

克雷斯达奖(Cresta Awards)是由国际广告协会(International Advertising Association,IAA)和创意标准国际公司于 1993 年创立的国际广告奖。"Cresta"就是由"创意"(creativity)和"标准"(standard)这两个英文词组合而成的专用词,反映了两个赞助组织设立该奖项的目标,即为消费者和商业沟通建立国际卓越标准。这些组织还协助广告公司、工作室和制作公司树立国际声誉。该竞赛旨在表彰在广告和营销传播方面达到卓越创意与绝对标准的广告。

克雷斯达奖的参赛作品由两个标准来评判:创意的独创性和执行质量。尽管参赛作品是按类别进行评估的,但如果多个参赛作品符合卓越的创意标准,则一个类别中可能有多个获奖者。同样,如果没有参赛作品符合克雷斯达奖的卓越标准,则不可能在某个类别中获得克雷斯达奖的奖项。国内和国际广告活

动都有资格竞争克雷斯达奖。

2000 年,来自 30 个不同国家的 45 位国际知名创意专家在克雷斯达奖的大评审团中任职。来自世界各地的广告俱乐部、代理商和国际广告协会分会组织竞赛的第一阶段评审,并向由创意总监、电影专家和平面艺术家组成的国际大评审团提交决赛入围名单,然后由评审团投票确定克雷斯达奖的获奖者。

C2:金铅笔奖

金铅笔奖(The One Show)是由美国 The One Club for Creativity(成立于 1975 年)赞助的年度广告奖项,旨在促进广告艺术家和撰稿人创意水准的提升。金铅笔奖在国际上备受广告人的追捧,是创意成功的象征之一。

金铅笔奖的评审团由业界最知名的创意总监组成。评审类别包括电视、广播、报纸、杂志、广告牌和公共服务。1995 年,该俱乐部向在美国各地大学的广告课程中表现出最高创意卓越标准的学生颁发奖学金。2000 年,该俱乐部推出了一场面向年轻创意专业人士的竞赛,颁发金铅笔、银铅笔和铜铅笔及现金奖励。

C3:设计艺术奖

在全球众多的设计奖中,设计艺术奖(Design and Art Design,D&AD)在 1962 年由英国设计与艺术指导协会创立,现已成为全球设计者和广告人追捧的权威奖项之一。该协会定位为一家代表创造性艺术、设计及广告业界的全球性教育慈善机构,主导者是一群英国设计师及广告业界的艺术指导。

C4:国际 ECHO 奖

由美国直销协会(Direct Marketing Association,DMA)赞助的国际 ECHO 奖设立于 1929 年,被称为直销奖的"奥斯卡",旨在表彰直销策略、创造力和市场成果,为其分布在 54 个国家的近 4 600 个成员提供资源和服务,帮助它们实现更高的传播效率。1999 年,该奖项吸引了各国近 1 000 个参赛作品。国际 ECHO 奖的评委是业内表现最好的营销传播专家。

C5：企业传播 Pro-Comm 奖

由商业营销协会(Business Marketing Association，BMA)赞助的企业传播 Pro-Comm 奖，是企业营销传播年度竞赛奖，始于 1975 年，旨在表彰和奖励企业在营销传播方面的卓越表现。企业传播 Pro-Comm 奖是同类竞赛中规模最大也是最突出的竞赛奖项。

该奖的参赛类别包括空间广告活动、单一广告、直邮、总体传播计划、宣传材料、企业形象、年度报告、时事通讯/内部机构、广播媒体、视听演示、电子媒体、机构宣传材料、公众关系、展览和贸易展览，要求所有参赛作品都附有关于沟通目标、目标受众及效果的简要陈述。由营销专家小组根据视觉冲击、产品标识、销售主张和与既定目标相关的结果进行评判。企业传播 Pro-Comm 奖分为三个级别：专业卓越奖、类别优秀奖和最佳单一作品奖。

D　区域广告奖

D 类是指限于某区域或国家的广告奖。此类广告奖数量甚多，仅列举部分如下。

D1：时报华文广告金像奖

1978 年，中国台湾的《中国时报》创办第一届"时报广告设计奖"，1980 年更名为"时报广告金像奖"，2010 年更名为"时报华文广告金像奖"，其中设立了亚太广告特别奖，希望集结亚太和华文地区的最佳创意火花。时报华文广告金像奖是亚太地区历史悠久、影响力颇大的年度广告奖项之一。

D2：龙玺创意奖

龙玺创意奖是立足中国香港，跨越中国、新加坡、马来西亚和北美各地华文广告市场的创意奖，是由华裔创意人当家并出版龙玺奖优秀广告作品集的国际性广告奖项。[25]该奖项尤其注重广告创意中的中国元素，例如为挖掘汉字(形、音、义)创意的魅力而独树一帜。

D3：IAI 国际广告奖

该奖是以中国《国际广告》杂志为主创办的年度广告奖，前身是中国"IAI 广告年鉴奖"。2016 年更名为"IAI 国际广告奖"（IAI Awards），充实成为国内影响甚大的广告营销评选活动，并长期出版《IAI 中国广告作品年鉴》，记录、收藏包括港澳台在内的中国年度广告作品精选之作。[26]

D4：中国广告长城奖

由中国广告协会主办的中国广告长城奖（Great Wall Awards）始于 1982 年，已成为中国影响较广的广告奖项，是中国国际广告节的核心赛事之一。该奖项以创意和制作为准绳，评选、奖励年度内公开发布过的商业广告作品，总结盘点年度内在创意与制作方面的成果。[27]

D5：美国广告奖

美国广告奖（American Advertising Awards）又称阿迪奖（Addy Awards），是美国广告联合会（American Advertising Federation，AAF）主办的美国国内最大的创意广告竞赛奖，在不同层面表彰广告领域的卓越表现，其他奖项包括广告名人堂、美国大学生广告竞赛奖（NSAC）、广告领袖奖、AAF 俱乐部成就奖和杰出广告教育家奖等。其中，杰出广告教育家奖旨在表彰那些在教学、学术研究、写作和指导学生方面表现杰出的人物。[28]

美国广告奖以"聚焦卓越创意"为主旨，是美国广告业规模最大、最具代表性的年度广告竞赛，每年吸引超过 4 万份参赛作品，从美国各地自下而上层层选拔所在地区的最佳作品。竞争获胜的 14 位地区获奖者参加美国全国广告奖竞赛，争夺全国阿迪奖。阿迪奖每年都会举行盛大的颁奖晚会。其特色类别包括促销、宣传材料、直销、户外媒体、贸易出版物、消费者杂志、报纸、黄页类型目录广告、互动媒体、广播、电视、混合媒体宣传、行业自我宣传、广告的视听元素、艺术广告和公共服务广告。

D6：美国大学生广告竞赛奖

美国许多大学生都会参加由美国广告联合会发起的美国大学生广告竞赛

奖（NSAC），此奖始于 1974 年，由美国广告联合会的教育服务委员会管理。大学生参加广告竞赛需要研究、规划和开发切合实际和创造性的解决方案，具有很强的实战性。参赛队提出的解决方案将呈现给由国内或国际知名企业客户代表组成的评审团进行评审，决定胜负高低和获奖团队。例如，1999 年 NSAC 的客户是丰田汽车，15 支在其所在地区获得最高荣誉的学生队晋级全国竞赛，最后加州大学洛杉矶分校获得该奖的最高学生荣誉。

注 释 ⋯⋯⋯⋯⋯⋯⋯⋯⋯⋯⋯⋯

[1] 杰弗里·库鲁圣，阿瑟·舒尔茨.不做总统就做广告人：“现代广告之父”拉斯克尔和他创造的广告世纪[M].王晓鹂，译.北京：中信出版社，2012.

[2] J. L. Watkins. *The 100 Greatest Advertisements 1852—1958：Who Wrote Them and What They Did*[M].Retitled Reprint. New York：Dover Publ.，1993.

[3] IPA Report：Ads that Win Awards Are 11 Times More Effective | Ad Age[EB/OL]. [2023-09-21].https://adage.com/article/global-news/ipa-report-ads-win-awards-11-times-effective/144942.

[4] Creative Leaders Convene in the"Virtual World"to Judge the Agency's Latest Work | News | Leo Burnett Worldwide[EB/OL].[2023-09-21].https://leoburnett. com/news/ creative-leaders-convene-in-the-virtual-world-to-judge-the-agencys-latest-work.

[5] D. Higgins，W. Bernbach. *The Art of Writing Advertising*[M].New York：McGraw Hill，2003.

[6] Ad Age Advertising Century：The Top 100 Campaigns[EB/OL]//Ad Age.(1999-03-29) [2023-09-21]. https://adage. com/article/special-report-the-advertising-century/ad-age-advertising-century-top-100-campaigns/140918.

[7] 网络上将"戛纳金狮奖""莫比广告奖""克里奥奖""纽约广告奖""伦敦国际广告奖"并称为"世界五大广告奖"。

[8] Clio Awards[EB/OL].[2023-09-21].https://www. clio60. com/.

[9] J. McDonough，K. Egolf. *The Advertising Age Encyclopedia of Advertising*[M].New

York：Routledge,2015.条目：Awards,pp.120-125.

[10] Mark Tungate. *Adland：A Global History of Advertising*［M］.2nd Revised edition. London：Kogan Page Ltd.,2013.

[11] 同［9］.

[12] Mobius Awards. Accessed［EB/OL］.［2023-08-07］.https：//mobiusawards.com/.

[13] 2022 Ogilvy Awards-About The ARF［EB/OL］.（2022-04-07）［2023-09-21］.https：// thearf. org/arf-events/2022-ogilvy-awards-about/.

[14] 中国广告名人堂正式启动|广告门［EB/OL］.［2023-09-21］.https：//m. adquan. com/ detail/0-31127.

[15] 同［6］.

[16] 诺贝尔奖［EB/OL］.［2023-09-21］.https：//baike. baidu. com/item/％E8％AF％BA％ E8％B4％9D％E5％B0％94％E5％A5％96/187878?fr＝ge_ala.

[17] 日本的吉田秀雄和电通广告公司的"鬼十则"体现出吉田秀雄"广告是人"这一博大思想,他是主张"追求创意先要造就健全人格"的广告人才。他提出了对广告人的十则要求:第一条,工作必须主动去寻找,不要等候被指派才去做;第二条,工作应该抢先积极去做,而不应该消极被动;第三条,积极从事大的工作,小的工作只会使你的眼界狭小;第四条,目标应该放在困难的工作上,完成了困难的工作才能有所进步;第五条,一旦从事工作,绝不可放弃,不达目的誓不罢休;第六条,争取主动,因为主动与被动之间,经过长久的考验,会有迥然不同的结果;第七条,要订立计划,唯有长期计划才能产生忍耐与功夫,才能生出努力与希望;第八条,信任自己吧!如果不相信自己,工作时必定会有压力,难于坚持不懈,也不会稳重;第九条,让头脑时刻转动,注意四面八方,不允许有一丝空隙,这就是服务;第十条,不要怕摩擦,摩擦才是进步之因、推动之力,否则你将会变得懦弱无能。

[18] 傅高义.日本第一:对美国的启示［M］.谷英,张柯,丹柳,译.上海:上海译文出版社,2016.

[19] 同［10］:chapter9 Japanese giants.

[20] 同［9］.条目:Top Worldwide Advertising Agencies,pp.1712-1713.

[21] Ad Age Agency Report 2022 | Ad Age［EB/OL］.［2023-09-21］.https：//adage. com/

article/datacenter/ad-age-agency-report-2022/2412011.

［22］同［10］：chapter 11.

［23］WPP forms new creative，data and technology agency Wunderman Thompson ｜ WPP
［EB/OL］．［2023-09-21］．https：//www. wpp. com/news/2018/11/wpp-forms-new-crea-
tive-data-and-technology-agency-wunderman-thompson.

［24］同［9］：vol. 2，pp. 719-721；R. Johnston. *Marion Harper：An Unauthorized Biography*
［M］．Chicago，IL.：Crain Books，1982.

［25］龙玺创意奖［EB/OL］．［2023-09-21］．http：//www. longxiawards. org. cn/.

［26］首页｜IAI｜IAI 传鉴国际广告奖｜IAIAWARDS｜传鉴国际创意节官网—中国知名综合性
广告营销奖项［EB/OL］．［2023-09-21］．https：//www. iaiad. com/cn.

［27］首页［EB/OL］．［2023-09-21］．http：//zuopin. chinaciaf. org/Home/Index2.

［28］同［9］.

9

数字颠覆：
广告恐龙如何
转世重生

核心问题：数字广告恐龙是如何长大的？数字广告如何颠覆了传统广告？

内容精要：

本章探讨数字广告如何颠覆传统广告，揭示广告行业的巨大变革，通过雅虎、谷歌和脸书等公司的案例展示数字广告的崛起和发展。雅虎开启了互联网广告的序幕，但谷歌通过搜索广告和 AdSense 广告联盟实现了突破，奠定了数字广告的基础。脸书则通过移动社交广告进一步推动了数字广告的发展。数字广告的智能化购买和广告计费模式的革命，使广告效果更加透明和精准。广告代理公司也在数字化转型中寻求生存和发展。最终，数字广告成为广告行业的新主流，彻底改变了广告市场的格局。

数字广告恐龙是如何长大的？数字广告如何颠覆了传统广告？

进入 21 世纪第二个十年，全球广告界已经今非昔比，令人匪夷所思。尤其是两个转变强有力地宣告了数字广告的逆天：一是电视广告的龙头地位被取代；二是全球最大的广告机构已沦落边缘。显然，广告世界已经变天了！无可争辩的事实是，**以数字广告为主的广告世界已成为全新的现实和定局，这是广告历史上最大的"改朝换代"**。数字广告的逆天发人深省、耐人寻味。人们要追问：究竟这背后发生了什么？**这一切是如何发生的？还会如何变化？**这正是本章要回答的重大问题。

9.1　城头变幻大王旗

让我们先看两则耐人寻味的信息。

《广告时代》2022 年公布的"全球广告公司 Top25"的数据显示，20 世纪全球最大的广告代理集团 WPP 在 2023 年的年收入是 184 亿美元[1]，而数字广告全球老大的谷歌公司 2023 年的广告收入为 2 378 亿美元，前者的收入只是百亿美元级，后者却是千亿美元级。小巫见大巫，曾经的"顶峰"已是望尘莫及！

另一则信息发生在中国。据路透社报道，字节跳动公司 2021 年广告收入约 2 800 亿元人民币，而据"2020 年全国广播电视行业统计公报"（国家广播电视总局发布）显示，2020 年中国全国电视广播广告总收入仅为 1 940 亿元人民币。后来者不仅居上，而且遥遥领先。据字节跳动公司 2024 年年报，该公司 2023 年的广告收入已突破 4 000 亿元人民币。曾几何时，电视台是广告收入的绝对霸主。而今，这一家数字公司的广告收入居然远超全国电视广播的广告收入总和！这难道不是以前根本无法想象的神话吗？

一叶知秋，2022 年数字广告已约占全球广告份额的 2/3。为辅证这一重大的转变，以下引用两家数据统计公司的预测资料。

其一,eMarketer 公司的数据显示:2019 年全球数字广告支出占媒体广告总支出的比例已过半(50.3%,3 250 亿美元);2022 年全球数字广告支出为 5 712 亿美元,占媒体广告总支出的 66%(见图 9-1)。

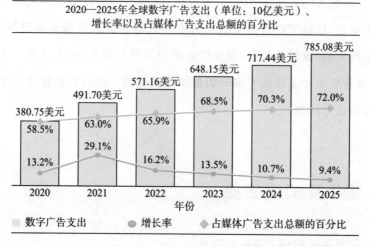

图 9-1 全球数字广告支出的增长及占比(2020—2025,以 10 亿美元计)

注:包括出现在台式机和笔记本电脑以及手机、平板电脑和其他联网设备上的广告,并包括这些平台上所有各种格式的广告;不包括 SMS、MMS 和 P2P 基于消息的广告。

资料来源:eMarketer,2021 年 10 月。

其二,Statista 公司的数据更乐观。2019 年数字广告在全球广告总支出中占有的比例已过半(57%),2022 年高达 73%,数字广告已超越大众媒体广告,成为新的广告霸主。Statista 公司还预测在 2022—2024 年,数字广告支出将增长 1 470 亿美元,而电视广告支出仅增长约 70 亿美元,报纸和杂志将分别减少约 30 亿和 20 亿美元。

还应指出,近些年全球数字广告支出的实际增长大大突破了许多的预测,如 2022 年的 7 950 亿美元远高于 eMarketer 公司 2020 年中的预测数据 4 410 亿美元。[2]

冰冻三尺非一日之寒。广告史上这次最大的逆转早有征兆。笔者试列举 1994—2023 年发生的若干相关事件如下。

1994 年，宝洁公司董事长兼首席执行官（CEO）艾德温·阿兹特（Edwin Artzt）在向美国广告代理商协会（4A）发表的演讲中就曾警告说，如果广告商和代理商不认真对待互动媒体的发展，广告支持的电视甚至广告本身都将处于危险之中。这个世界上最大的广告主的警告曾在广告界引起了巨大骚动，但许多人仍是半信半疑，直到十几年后才真正体验到此非戏言。

2013 年，"传统广告之死"的惊人之语居然出自著名的《哈佛商业评论》！

2016 年，据 eMarketer 公司的数据，美国数字广告的年支出已超过了电视广告的支出。2018 年美国的广告支出中，新的龙头老大——数字广告（互联网和移动互联网）取代了几十年来居美国广告总支出榜首的电视广告。

2018 年，位居社交广告榜首的脸书的独家广告收入超过了美国所有印刷媒体的广告总和。[3]

2018 年，现代广告公司的至尊象征智威汤逊消失在历史中。

2023 年，《广告时代》发布的"2022 全球广告代理公司 Top25"的排行榜中[4]，出现了一个异乎寻常、非同小可的现象：咨询公司瓜分了广告公司的"奶酪"，一批非传统意义上的广告代理商——咨询公司十分醒目地现身其中。这是因为埃森哲（Accenture）之类的咨询公司具有强大的数字信息技术竞争力，它们抓住了数字广告兴起的重大机会而成为新的竞争者。数字广告的迅速崛起，已经改变了广告市场的版图和格局。正如前述智威汤逊广告公司退出历史舞台一样，换来的是"广告恐龙"在数字时代的复活。

在此消彼长的同时，从 20 世纪末以来，互联网公司引人注目的免费商业模式遍地开花，即消费者享受越来越多的不用付费的优质服务，如免费搜索、免费全球通信、免费网上社交、免费网上娱乐等。那么，这些公司的钱从何而来？靠什么生存和发展呢？答案是：数字广告是其经济支柱。

当新生事物出现在历史地平线上时，五花八门的名称并存是常见的，数字广告也不例外，先后被赋予了诸多不同的名称。因此，让我们先简要梳理一下，并予以正名。

9.2　为"数字广告"正名

21 世纪初诞生的新型广告在这一二十年中发展得太快,应用和文献中也先后出现过种种不同的称谓,如互联网广告或在线广告(online advertising)、网络广告(web advertising)、计算广告(computational advertising)、程序化广告(programmatic advertising)、数字广告(digital advertising)和智能广告(AI advertising)等,还有行为定向广告、精准广告、个性化广告等常用语。因此需要对各种名称稍做说明和澄清。

早期使用的"在线广告"或"网络广告"是指在网络上找到与特定上下文匹配的最相关的广告。**"计算广告"**(CA)或**"算法广告"**这一名称来源于技术的视角,是 2008 年雅虎公司科学家布罗德(A. Broder)将其作为计算机新应用领域在计算机学界会议上提出的新概念,被计算机界广泛接受,并应用到更大范围(如以此为名称的教科书)。另一个新术语"程序化广告"是指广告购买的智能技术,并非指广告(本章后面将解释)。行为定向广告、精准广告、个性化广告都是指一对一的广告特征。

2010 年前后,在英语世界普遍采用**数字广告**(digital advertising)这一术语,以在宏观上区别于 20 世纪相对传统的广告,正如用"数字媒体"是为了整合各种新媒体的称谓,用"数字时代"是为了宣告与"传统时代"的分道扬镳。这一表达也具有很丰富的内涵和想象空间,而且简洁明了,可以说是最恰当的术语。

故此,笔者在本书的通用表达中都采用"数字广告"这一术语。

9.3　数字广告的格局和大类

对一般人而言,数字广告的技术门槛高、井喷式的发展令人眼花缭乱而不好理解。欲知数字广告恐龙如何横空出世、迅速生长? 我们必须先宏观鸟瞰数字广告的大格局,再逐一深入了解数字广告如何在技术和市场实现创新突破。

综观今日数字广告的天下,基本上是**三足鼎立与两大支柱的大格局**。三足鼎立是指三大类公司——谷歌(Google)、脸书-Meta(Facebook)和亚马逊(Amazon)分别代表了三大类主流的数字广告模式——搜索广告模式、社交广告模式和电商广告模式。它们以成百上千亿美元的广告年收入雄踞天下。谷歌、脸书、亚马逊加起来占全球数字广告的份额高达74%(2021)。数字广告总份额在不断攀升,但上升的份额几乎全部被谷歌和脸书两大巨头拿走,二者所占的份额超过全球数字广告份额的一半以上,参见表9-1。

表 9-1　全球数字广告龙头公司收入规模(2017—2021,按广告模式)

广告模式	龙头公司	2017 年	2018 年	2019 年	2020 年	2021 年	2022 年
搜索广告	谷歌/10 亿美元	95.4	116.3	134.8	146.9	209.5	224.5
	同比增速/%	—	22.0	15.9	9.0	42.5	7.3
社交广告	脸书-Meta/10 亿美元	39.9	55	69.7	84.2	114.9	113.6
	同比增速/%	—	37.7	26.6	20.8	36.5	−1.13
电商广告	亚马逊/10 亿美元	4.7	10.1	12.6	19.8	31.2	37.7
	同比增速/%	—	117.4	24.9	56.5	57.6	20.8

资料来源:Amazon global ad revenue 2023〔EB/OL〕//Statista.〔2024a-07-09〕.https://www.statista.com/statistics/259814/amazons-worldwide-advertising-revenue-development/;Global Meta advertising revenue 2023〔EB/OL〕//Statista.〔2024b-07-09〕.https://www.statista.com/statistics/271258/facebooks-advertising-revenue-worldwide/.

两大支柱则是指数字广告中占份额最多的两大类:搜索广告和展示广告。

总体上这两大类广告各占 40％～50％，且总占比随总量增长而放大，参见图 9-2。搜索广告是由搜索引擎公司提供平台、因搜索行为相关伴生的广告；展示广告是各种形式的推送广告，如网页导航图片、信息流、背投、短视频等。前者因搜索广告算法的发明而一飞冲天，后者因广告程序化的发明而脱胎换骨。

图 9-2 数字广告的类别占比及增长

资料来源：eMarketer，中金公司研究部。

尽管数字广告的巨头平台常常列出五六种甚至更多种广告供选择，但占绝对大头的仍是搜索广告和展示广告，也可以说，这两类广告是数字广告的基本盘。兴起中的如短视频广告、互动对话广告等，目前所占总体的份额还很小。搜索广告是数字时代才有的，因海量的搜索而独占鳌头。展示广告广泛出现在数字广告的各种模式中，可谓无处不在且总量可观。从形式上看，虽然 20 世纪的线下广告（电视、报刊、路牌）也都是展示广告，但却形似骨异，传统的展示广告是主观的千人一面，数字展示广告讲究何时何地因何人而现身，是被动地投其所好，二者的广告效果当然有天壤之别，不可同日而语。

基于以上的大格局，以谷歌、脸书、亚马逊为对象进行分析和透视，就能够大致把握数字广告是如何崛起和增长的。

面对广告的世纪转折，我们首先感兴趣且应考察的是：**数字广告是如何发端和突围的？** 追根溯源，撼动和颠覆 20 世纪广告的新生力量，是 21 世纪初鲜为人知的两项技术创新：一是斯坦福大学的两名研究生拉里·佩奇（Larry Page）和谢尔盖·布林（Sergey Brin）为他们的搜索引擎谷歌开发了 AdWords 广告程序，最终产生了难以想象的数字搜索广告市场；二是扎克伯格（Mark Zuckerberg）从哈佛辍学，创建了新社交媒体公司——脸书（Facebook）。脸书公司通过利用消费者与他人联系的强烈愿望，创造了可能是历史上最伟大的口碑营销及新一类数字广告平台。不过，最早拉开互联网广告序幕的却是杨致远（Jerry Yang）的雅虎（Yahoo!）。

9.4　序幕：来自雅虎的互联网广告

数字广告从何而来？ 1994 年，互联网上的第一个广告问世，是美国电话电报公司在 HotWired.com 上推出的横幅展示广告。在雅虎公司的积极推进下，互联网广告开始兴起。这可谓数字广告的序幕。

雅虎公司创建于 1994 年春季，起初只是出于斯坦福大学两位学生杨致远和大卫·费罗的兴趣爱好，为时尚网站提供万维网指南清单。该公司起初以 Jerry's & Dave 命名，后来改名为"雅虎"。不到一年后，红杉资本为该公司提供了 200 万美元的支持。1996 年，后来加入的蒂莫西·库格尔接管了雅虎公司，并使其成功上市。

雅虎公司是较早实现盈利（1998）的互联网公司之一，报告利润为 1 500 万美元，主要的利润来源是广告收入（2.45 亿美元）。到 2000 年，公司利润突破 2.8 亿美元，收入超过 10 亿美元。雅虎公司有 3 500 多个主要广告商，近 600 家内容合作伙伴。2001 年,雅虎公司是全球互联网服务公司中唯一一家完全靠广告支持而盈利的公司。

雅虎公司的网络横幅广告是数字广告的第一步,后来多被称为网络展示广告(display ads)。横幅是分布在网页顶部或底部的小广告牌。当用户在横幅上单击时,页面会跳到相应的广告商的网站或缓冲区。这意味着以交互方式将广告商与消费者联系起来,它可以详细指明其受众群体接触广告的行为,包括何时浏览和浏览什么内容。这与传统的大众媒体广告截然不同,起到了至关重要的作用。展示广告后来被广泛应用在电子邮件中,如免费电子邮件提供商 Hotmail 通过在每封电子邮件底部留有一条小消息,其用户在短短 18 个月内惊人地增长到 1 200 万。

2001 年,雅虎公司覆盖了全球 60％的互联网用户和美国 500 家最大公司70％的员工。它还追踪了 1.66 亿用户的在线移动情况,其中 1/3 的用户提供了有关其身份和个人偏好的详细信息。雅虎 40％的用户在美国境外,通过宽带设备访问雅虎网站(见图 9-3),雅虎也因此成为全球第一个互动广告工具。

图 9-3 雅虎网站首页

1995 年,雅虎公司首创了网上横幅广告的原始广告交易,每天在网站顶部轮换 5 个赞助公司徽标,同年,雅虎公司还制作了第一个基于关键字的广告。

雅虎公司是互联网广告的先行者,但它有个致命的弱点——定向广告价格高昂。在广告本质变革的初期,虽然互联网横幅广告的成本下降了 75%,但雅虎公司定向广告的售价非常之高,竟达超级碗期间 30 秒广告价格的 9 倍! 为目标受众量身定制的电子邮件广告,价格也与主要商业杂志的页面广告一样高。

雅虎公司虽然拉开了网络广告的序幕,但并没有迈出真正意义上的一大步。因为雅虎公司只是改变了广告展示的地点,将广告从传统媒体上搬到计算机屏幕上。和电视广告一样,雅虎公司依然是展示广告,依然关注"收视率"。

9.5　突破：谷歌公司发明搜索广告

在 1994 年雅虎开创了首个互联网广告之后,数字广告能否成长? 如何成长? 当时十分模糊、莫衷一是。不过,阴霾很快散去,不到十年的时间,谷歌公司于 2000 年迈出了数字广告的革命性一大步。数字广告今日之繁荣,首先要归功于引领数字广告发展的全球领头羊——谷歌公司。谷歌广告占全球数字广告的份额一度高达 30% 左右,至今一直遥遥领先。谷歌广告扮演了双重的重要角色:数字广告领域的奠基者和数字广告的创新引领者。

据谷歌母公司 Alphabeta 财报,2023 年谷歌广告(Google advertising)收入高达 2 378.6 亿美元(见图 9-4)。谷歌母公司超过 80% 的收入来自谷歌广告。谷歌广告的收入包括几个部分:谷歌搜索及其他、YouTube 广告、谷歌网络。其中"谷歌搜索及其他"贡献最大,收入为 1 765 亿美元;YouTube 广告收入为 316 亿美元;谷歌网络贡献为 297 亿美元。[5]可见搜索广告是谷歌广告的主体和核心。

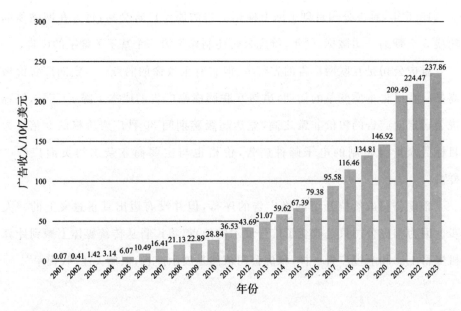

图 9-4　谷歌广告收入(2001—2023)

资料来源：Statista 2024。

　　数字广告的第一个重大突破，来自 2000 年谷歌公司发明的"关键词广告"
(keyword advertising)，后来被称为**"搜索广告"**(SEM)。搜索广告成功的核心
是谷歌公司发明了新的有效的广告算法 AdWords[6]。AdWords 是指显示在搜
索结果页面的网站链接广告。例如，搜索"汽车"或"旅游"信息，就会出现相关
的品牌或服务的链接，引导进入相关的广告。

　　以前的广告都好像撒大网捕鱼，并不知道鱼的准确位置。恰恰相反，**关键
词广告又称关键词点击广告**，是基于顾客信息线索的互动生成广告，即先有鱼
动，后才见网。通过分析单个用户的搜索(需求)，有针对性地提供、推送相关的
信息(广告)，这是谷歌公司在搜索引擎服务中发明的数字广告的首个"新物
种"。关键词广告的开关在顾客的手中，由顾客需求引发，因此很可能被吸引和
响应——产生购买，点击相关的链接。这就好像根据鱼发出的信号，决定捕鱼
的方向和地点，以及选择合适的捕捞工具。

　　这一广告"新物种"的发明颇具偶然性，却产生了开天辟地的影响。谷歌公

司如何利用卓越的搜索功能成为世界上最大、最赚钱的公司之一的故事，是现代商业最吸引人的故事之一，为开拓数字广告提供了重要的参照和启示。

斯坦福大学的硕士研究生谢尔盖·布林和拉里·佩奇对帮助用户查找信息极感兴趣，并相信他们有更好的算法来做到这一点。于是，这两位年轻人在1998 年秋天创建了谷歌公司，发明了今天名震天下的搜索引擎 Google。像当时的许多公司一样，谷歌公司依靠风险投资而生存，利润并不是两位创始人的主要兴趣和追求所在。

谷歌的用户爆发性激增，但在开始的几年里，布林和佩奇没兴趣也不知道如何通过搜索获利。直到 21 世纪初互联网泡沫破灭，当时谷歌公司的投资者迫使布林和佩奇开发一种收入回报模式，技术天才因而绽放出商业之光。他们在压力下选择了以广告为生财之道，但他们创造的完全是前所未有的、别出心裁的广告！为此，他们先后开发出了两个广告程序——AdWords 和 AdSense。许多人可能没有想到，这种广告新模式的伟大发明并不是源于功利的动机，谷歌公司创始人布林和佩奇的兴趣不在盈利，他们的兴趣在于追求搜索的完美，例如为用户的关键词寻找最佳的网站链接（见图 9-5）。只是在投资者需要盈利模式的催促之下，赚钱的广告软件及数字广告才得以问世。这正是"有心栽花花不开，无心插柳柳成荫"。

图 9-5 谷歌的搜索广告界面

很快,谷歌公司在短短几年内年收益就超过了 230 亿美元,超过了投资者的期待。谷歌公司依靠发明的两个广告程序 AdWord 和 AdSense,创造了巨大的经济利益。2018 年,谷歌公司的收入超过 1 000 亿美元,约占(全球)数字广告份额的 30%。

谷歌的关键词广告

关键词广告是指显示在搜索结果页面的网站链接广告。谷歌的搜索网络广告系列通常为文本形式,当用户搜索与您的产品或服务相似的产品或服务时,这些广告可以显示在 Google 搜索结果页上。

Google 搜索结果页由两个不同的区域组成:自然搜索结果(不受赞助和赞助商链接的影响)和赞助商链接。赞助商链接的威力在于,它为搜索者的问题提供了即刻解决方案。赞助商链接是付费列表。对于广告商传递信息来说,真的没有比这种高度相关性更好的方法了。

那么,谷歌公司创造的搜索广告是如何工作的呢?

当你搜索任何东西时,向你打招呼的广告称为搜索广告。搜索广告的统计数据令人印象深刻。90% 的广告商使用所谓的有机搜索优化,这意味着它们精心设计自己的网站语言,以增加其在搜索中出现的可能性。70% 的广告商使用付费搜索,这意味着它们向谷歌和雅虎等搜索引擎付费,以将其网站放在消费者的搜索列表的首位。搜索能力使消费者在需要时更能找到他们想要的信息。

搜索广告的优势在于,广告受众自然正是那些高度相关的目标人群。搜索广告是基于个人上网浏览的内容生成的相关广告,针对性和命中率自然都提高了,而且突破了广告空间的拥挤,为小公司投放网络广告打开了大门。关键词广告和交互式广告(interactive advertising)很快成为网络广告的主流,网上的横幅广告(banner advertising)退至次要和边缘地位。

谷歌公司的搜索广告模式受益于全球海量的搜索需求及其搜索结果的高质量（高查全率、查准率和针对性）。谷歌在全球搜索中的份额达到了惊人的92％。谷歌每年满足超过1万亿（是的，万亿）次搜索请求，其中一半以上来自移动设备。谷歌的每日访问者超过2.46亿，每天的互动量为35亿（2018）。谷歌公司估计，近15％的搜索导致赞助商的点击，与传统媒体或其他互动平台相比，谷歌广告的转化率令人满意，人们经常发现赞助商链接与搜索结果一样有用。

2002年，谷歌公司改进了AdWords，引入了按点击付费（pay-per-click，PPC）的广告模式。2018年，谷歌公司将其AdWords平台重命名为Google Ads。新名称意味着谷歌广告不仅包含文字广告，还有图片展示和视频广告等，即Google Ads有三种基本类型：搜索广告系列、展示广告系列（通常为图片形式）和视频广告系列（见图9-6，通常为6秒或15秒的影片）。谷歌广告提供多种在线广告选择，用不同类型的广告实现不同的目标。不夸张地说，AdWords将搜索广告推向了精准广告的时代。

图9-6 YouTube视频广告

特别值得一提的是，谷歌公司也是将AI引入广告的先行者，它的智能广告系列已经上线运作。被称为"Smart智能广告"的系列借助Google AI算法实现了自动生成广告形式和决定投放渠道，接近广告投放的全程自动化。

　　广告主最关心的是广告投放之后所产生广告效果的实时数据，以便及时分析、调整广告策略，改善广告效果。Google Ads 方便广告主实时掌握广告效果及动态，开通账号权限后，登录 Google Ads 的首页面就能看到有关广告效果的各种重要信息，包括点击数、曝光数、点击率、成本等，还会显示哪个广告系列带来的流量最大等。直接通过折线图来分析数据效果是最方便的，广告主可以通过自定义折线图来查看重要指标，这样可以轻松看到数据效果的变化等信息（见图 9-7）。

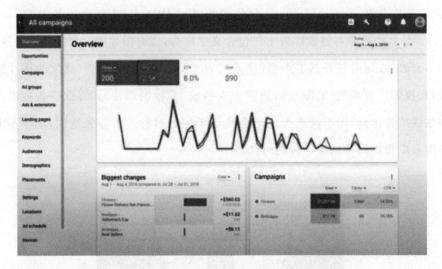

图 9-7　Google Ads 管理后台

　　众所周知，创造谷歌广告巨大繁荣的两大支柱是 AdWords 和 AdSense。这两大支柱都是电脑智慧算法。上面我们已大概了解了 AdWords 的奥妙，下面我们再揭开 AdSense 的面纱。

广告里程碑 9：数字广告联盟 AdSense

　　2003 年，谷歌公司推出了具有重大意义的 AdSense（见图 9-8），这是谷歌公司首创的数字广告时代共创共赢的一种广告商业模式——广告联盟，已被广泛接受和效仿，成为数字广告世界又一亮丽的风景线。

　　AdSense 直译为"广告感知"，宜理解为"广告触角"，是谷歌公司首创的广告联盟平台——一个通过部署谷歌广告代码到有价值的网站内容页面的广告平台。谷歌公司和加盟的网点共同参与广告传播，并各获其利。

图 9-8　Google AdSense 标志

　　通过这个平台，一方面，谷歌的广告触点可以无限延展，深入地球的每个角落，即实现广告渠道的超级深耕；另一方面，无数的网站都可以通过加盟 AdSense 平台轻松实现赚钱或流量变现的目标。获准加盟的站长们通过部署谷歌广告代码实现网站盈利。所以，Google AdSense 是充分运用市场的力量实现数字广告增长的优秀商业模式，被广泛模仿且影响巨大。

　　谷歌公司开创搜索广告之后，要解决的问题是如何创造更多的广告触点？如何将广告深耕渗透到全球每一个角落？谷歌公司希望除了自身的网站和触点，还可以利用外部广袤的广告渠道，以联盟共享共赢为定向广告提供尽可能无边的传播空间，从而使谷歌公司的广告商获得更好的广告效果。

　　谷歌公司展示广告的网络之所以能覆盖全球 90% 的互联网用户，是因为除了 Google 网站、Gmail 和 YouTube 等渠道，广告触点还渗透到全球数百万个网站、新闻页面、博客，以及各种数字触点。

　　那么，AdSense 何以推动全球网站加盟参与谷歌广告计划呢？其强大和难以阻挡的驱动力在于 AdSense 为加盟方提供了赚钱的机会。全球多如牛毛的大小网站几乎都面临流量变现的生存问题,谷歌的 AdSense 为它们的创收变现提供了一条轻松靠谱的康庄大道。事实上,谷歌的 AdSense 已帮助成千上万的网站成长、赚钱。

AdSense 的全球任何网站加盟都会为谷歌的文字广告留出一部分网页。谷歌的软件会尝试插入与网站内容相关的广告。广告本身由谷歌的软件选择并自动插入,无须加盟网站的任何输入。只要有网络用户点击链接并访问赞助商网站,参与网站也会获得广告收入。通过 Adsense 的网站收入有两种:点击收入与展示收入。网站点击量越多,展示量越多,赚的广告收入也越多。谷歌公司帮助加盟者优化广告的布局,让用户更有可能看到并点击网站上的广告。若网站的流量大,就可以产生可观的收入。

因此,如果你能创建一个有特色、有流量的网站(包括博客),就可能依靠谷歌的 Adsense 这棵大树长期赚取广告收入。如果你对美食比较在行,那么可以建立自己的美食博客网站,通过申请加入 AdSense 平台开辟创收之路。

当然,AdSense 也为谷歌自己带来了经济收益,据谷歌母公司 2022 年年报,谷歌网络贡献营收达 328 亿美元,这就是广告联盟之功。

在 AdSense 之后,逐渐衍生出了**在线广告联盟** Ad Network 这一商业模式。在线广告联盟汇集中小网络、个人网站、WAP 站点等(又称加盟会员)数字触达资源,形成广告渠道的大平台,为广告主实现更深的广告投放,为众多中小互联网网站和触点的流量变现提供机会,并可展开广告投放数据监测统计等服务。

谷歌公司发明搜索广告和广告联盟平台之后,另一个重大的创新出现了,这就是 2005 年在美国出现的数字广告购买的自动化程序,后来这一技术被统称为"Programmatic Advertising"。遗憾的是,该术语被中文直接翻译为"程序化广告",造成了理解上的困扰。近十几年,"程序化广告"一词充斥着数字广告相关的大量书籍、教科书和网络。所以我们必须先澄清一下这个术语的真正含义。

首先，此术语的中译表达让人误解——"程序化广告"是（某种）广告吗？非也！它其实是指一种广告技术。

什么是程序化广告？许多定义解释都格外拗口、不得要领。例如，网上流传的一个说法：

程序化广告是指广告主通过数字平台从受众的匹配的角度由程序自动化完成展示类广告的采买和投放，并实时反馈投放分析的一种广告投放方式，实现了整个数字广告的自动化。

如此长的定义，却并未说清楚。其实，其本质就是**数字广告购买的智能化**，这是推动数字广告发展的另一个里程碑事件。

广告里程碑 10：数字广告购买的智能化

数字广告时代的一个重要特征是广告环境有了根本的改变。对广告主而言，购买广告的场景和因素都比现代广告时代复杂得多，主要表现在以下方面。

（1）过去通过大众传媒（电视、报纸等），现在数字触点多不胜数：搜索平台、手机等移动设备、应用 App、社交网络、购物平台……

（2）更复杂的供应方资源：数量庞大的供应方、广告位置、排名竞争、投放时机。

（3）多样化广告形式的选择：文图展示、音频、视频。

（4）多元化广告目标的选择。

因此，传统的媒体购买和交易手法已力不从心，广告购买的变量已难以人工控制。2005 年前后，Programmatic Advertising（PA，直译为"程序化广告"）横空出世，成为数字广告领域的一大热门。[7][8]什么是 PA？大量出版物的中译名"程序化广告"很可能被误读，以为这是指某一种类型的广告。其实，其正确的含义是指数字广告购买的程序化，是一种技术而不是某一类广告。笔者以一句话重新解释 Programmatic Advertising：运用程序和 AI 实现数字广告购买和投放的自动化和高效化。

在越来越复杂的广告环境中，PA是数字广告购买的智能自动化技术。PA技术帮助广告主高效、自动地实现数字广告购买和优化，触达目标消费者，从而告别传统的广告购买交易方式。所以，程序化广告购买是一个系统，包括需求方平台（Demand-Side Platform，DSP）、广告交易平台（Ad Exchange，ADX）、实时竞价（Real Time Bidding，RTB）及数据管理平台（Data Management Platform，DMP）等，其具体的技术功能和运用，感兴趣的读者可通过上网搜索获得，笔者在此不一一赘述。

数字广告程序化购买的里程碑意义在于：它开启了广告运作自动化的进程，使广告运作告别了庞杂低效的手工操作，带来了史无前例的高效率；实现了跨终端的数字触点统一采购和对接、差异化竞价、准确投放和实时监控。数字广告这种自动化交易和管理的突破，意味着广告**运用算法和AI**的革命性新时代的大门已经打开。

这些完全超越传统广告模式的优势受到广告主的青睐，广告主趋之若鹜。这带来了另一个重大后果：广告主与代理商之间的传统历史关系发生了重大的转折，广告主纷纷离开广告代理商，奔向程序化广告购买的平台。

更了不起的是，**广告精准投放的梦想开始成真**，即广告走向个性化、场景化、有效化，从而破除了传统广告费用效果"浪费一半"的百年魔咒，使广告效果达到了前所未有的水平。以狂轰滥炸取胜的传统广告已经死去，数字广告已经成功华丽转身。

数字广告的使命是在正确的时刻、正确的场景，以正确的方式，将正确的信息展示给正确的人，将令人讨厌的广告骚扰变成贴合个人即时即地需求的精准信息的温馨推荐。21世纪头十年的数字广告，迎来了发展的另一个关键节点，这就是**智能手机的全球普及引发的格局之变**——移动广告和社交广告的爆炸式增长。智能手机的普及使人们的注意力从电视机屏幕和电脑屏幕大量迁移到手机屏幕（称为"第三屏"），这也决定了广告将随之转移到手机上，使移动广告势不可挡。数据显示，**移动广告是数字广告增长最快的子领域**，在 2018 年超过了桌面数字广告的份额。这相当于开辟了另一个巨大的广告空间，迫使广告商专注于 App 应用中的移动广告，而不仅关注网络浏览器。到 2019 年，手机广告的支出在全球广告总支出中的份额翻了一番，达到每年近 2 000 亿美元。所以说，2007 年问世的 iPhone 智能手机对数字广告的发展贡献甚伟，有定鼎之功。

在移动广告大发展的潮流中，社交网络获得了最大的机会。让我们再以脸书（Facebook）为例，揭示数字时代广告的巨大威力，以及数字广告能力是如何形成的。

9.6　异军突起的黑马：脸书的移动社交广告

2007 年，iPhone 智能手机问世。随着智能手机的普及，消费者从 PC 端迅速迁移到手机上。2004 年后兴起的社交网络与智能手机相交后，使移动社交网络迅速崛起和走红，移动社交网络爆发出巨大的流量和人气，这为数字广告带来了另一个千载难逢的机会。2004 年创建于美国的脸书是社交网络的开创鼻祖。脸书首先抓住了这个机会，开创出**移动社交广告**的广告"新物种"，并在数字广告领域很快成为不同于谷歌搜索广告的第二匹黑马。据 Facebook（Meta）年报，2023 年 Meta 营收 1 349 亿美元，广告收入达 1 310 亿美元，占公司总营收的比例高达 97％（见图 9-9）。

2004 年，脸书创建的第一个月投放了第一个名为"Facebook Flyers"的横幅广告，但因没有找到合适的广告模式而发展迟缓。2009 年年初，脸书只有 1.5 亿用户，一年收入才 2.7 亿美元。2015 年，脸书手机广告的年收入从 0 迅速增长至 100 亿美元。2017 年可谓脸书广告飞扬的转折点，年广告收入从 407 亿美元开始快速增长。2021 年，Facebook（Meta）年广告收入闯过千亿美元大关。2022 年，Facebook（Meta）拥有了一千万广告商。Facebook（Meta）的数字广告创新模式可谓大获成功。

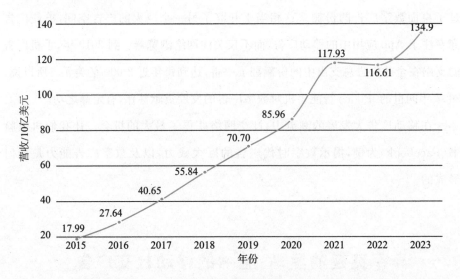

图 9-9　Facebook(Meta)营收(2015—2023)

资料来源:Financials Analysis by Four Week MBA Intelligence Team。

　　脸书广告成功的奥秘,当然离不开创始人马克·扎克伯格,他在短短几年内从几乎破产的大学生变成商界大亨,他的故事颇富传奇和吸引力。从以下的摘要中,可以窥见他的企业家精神和个人风格。

　　出生在纽约郊区的扎克伯格是犹太人。他属于伴随电脑长大的"80 后",是一名自学成才的程序员。扎克伯格和一位朋友为创建自定义音乐播放列表而编写的一些代码引起了微软公司的注意,微软公司为他提供了工作机会,但扎克伯格已被哈佛大学录取,他便婉拒了微软公司,2002 年就读哈佛大学。

　　扎克伯格在校园里注意到常春藤盟校网站上没有学生的在线照片资料,他为学生社交而创建了发布照片的命名为 Facemash 的网站。为了增加流量,扎克伯格邀请哈佛学生参观 Facemash,并在成堆的本科生照片中挑选谁"更热门"。扎克伯格的脸书诞生于 2004 年 2 月。扎克伯格本人将脸书描述为"帮助人们更有效地与朋友、家人和同事沟通的社交工具"。它立即大受学生追捧,在几周内,大多数哈佛在校生都加入了脸书。不久之后,脸书扩展到其他学校,事实证明同样大受欢迎。

但学校并不支持且打算关闭这个社交网站。2004年，扎克伯格选择了辍学哈佛（十几年后的2017年他获得哈佛荣誉法学博士学位），在加利福尼亚州的帕洛阿尔托创办自己的公司，那里聚积了几乎所有的重要网络和软件公司的总部。2006年，脸书获得了近4 000万美元的风险投资，拥有近700万主要是大学生的用户。脸书的成功使它成为并购的对象，维亚康姆开出7.5亿美元的价格，但被扎克伯格拒绝了。雅虎开出10亿美元的报价，24岁的扎克伯格回应他会接受这个提议，但在最后一刻，雅虎改变了出价，只能支付8亿美元，扎克伯格没有妥协，脸书因此独立幸存下来。

社交网站并非脸书的专利，2006年时美国最受欢迎的社交网站MySpace会员人数已徘徊在1亿左右。与MySpace相比，当时脸书的规模仍然很小。2010年，脸书注册用户超过4亿，26岁的扎克伯格成为《时代》周刊年度人物，因为"他史无前例地将全球5亿多人口联系在一起，并建立起社交关系"。2012年，脸书公司上市，在其首次公开募股（IPO）中创下纪录，产生了超过140亿美元的现金。从2013年开始，扎克伯格进入全球富豪榜。

21世纪初，全球有一批受欢迎的社交网站，如WhatsApp、YouTube、Instagram、微信、推特（Twitter）等，扎克伯格的脸书之所以能成为社交网站的领先者，首先是因为其精神气质、使命感和公司文化，其次是不断创新的精神。扎克伯格在接受《财富》杂志采访时说："很多公司都被归类为社交网络""很多是约会网站，或媒体网站或社区网站。但我们的使命是帮助人们了解他们周围的世界"。

脸书是典型依赖广告生存的公司。它在广告方面的创新突破，还得从一位女性说起。[9]谢丽尔·桑德伯格（Sheryl Sandberg）是始创脸书移动社交广告模式的领军人物，桑德伯格曾在谷歌最大的广告部门担任副总裁。2008年，她被扎克伯格挖角跳槽到脸书，任首席运营官。当年24岁的扎克伯格（脸书当时年收入不足3亿美元）之所以能说动30多岁的桑德伯格成为商业伙伴，或基于两点：他俩都读过哈佛大学，只不过桑德伯格被授予哈佛大学经济系毕业生最高奖——约翰·威廉姆斯奖,而扎克伯格在大二的时候退学了;更具决定性的原因是使命的力量,扎克伯格坚定无比的使命"让世界更开放和更互联"折服了桑德伯格,也让她相信"唯一比整合全球信息影响更大的是整合全球用户"。

这两位哈佛校友合力,实现了脸书数字广告新模式的创新突破。

2006 年年底,脸书开发了**"动态消息"**的广告功能,成为脸书广告的投放基地和用户与广告精准匹配的桥头堡,这是脸书广告突破的第一个关键。动态消息是脸书通过一个知名的算法,将用户的交际圈平均每天可产生的 1 500 条信息精减至 150 条,这是每个用户每日最为重要也最关心的 150 条信息,是针对用户个人的定制化日报,显示的都是对用户来说重要的人的消息。动态消息当然是用户最关注、最常用、曝光率最高的页面。

脸书的这一核心功能,能否也成为脸书精准广告的落地点和增长池? 这一步面临巨大的风险:在动态消息中掺杂投放广告,是否会引发用户的反感和厌恶? 是否能达到广告商对广告效果的期望? 一方面,脸书最宝贵的是用户体验,脸书上主要的年轻人群不喜欢劣质的广告;另一方面,当初脸书缺乏大品牌、国际品牌的广告商,似乎只有减肥瘦身和约会交友的企业才有兴趣在脸书上做广告。

脸书广告突破的第二个关键是**匹配用户和广告商**,即广告个性化一对一的实现。只有将广告和用户实现最佳匹配,才能在不损害用户体验的前提下产生满意的广告价值,还有望加分。要让每个用户感到他看到的广告都是为他精心挑选定制的,且正是他所需要的。比如,你刚在脸书上看到最好的朋友发布的消息,说他第一个孩子呱呱坠地了,紧接着你就看到婴儿礼品的广告,你会是什么感觉呢?

这比谷歌关键词广告的逻辑连接更复杂。脸书靠个人数据和算法软件突破了这个难关。动态消息每一次向某个用户展示某个广告,都是由复杂的算法决定的。此算法根据评估,把与目标用户交流的机会拍卖给脸书系统中最适合的广告商和它的广告。评估综合考虑以下两个因素:基于广告商和该用户在脸书的历史行为；预测显示给该用户的广告可能产生的效果，以及每个广告商为确保引起该用户的注意而报出的竞价。

通过用户对广告的参与度和响应率等信息，可判断出每个广告商的业绩指标。在拍卖竞价中，业绩好的广告商基本上会得到拍卖折扣，而业绩差的广告商付费则会较高，因此拍卖能够有效地利用定价策略将表现欠佳的广告商淘汰。

2013 年，脸书先后推出了 Lookalike 功能和 Retargeted 功能，前者可以让广告主找到和指定用户相似的用户群体，后者可以针对老客户精准定向投放。

脸书广告突破的第三个关键是借势智能手机转向**移动广告**，占领流量高地。

2012 年，脸书手机版动态消息的第一条广告上线，脸书首次推出移动广告，这是脸书广告起飞的关键时刻。至 2015 年年底，在不到 3 年的时间里，脸书的广告年收入翻了两番，脸书手机广告年收入从 0 迅速增长至 100 亿美元（2015 年动态消息的移动广告收入占比 80%）。

脸书以个性化定向广告（targeted advertising）发展移动社交广告的战略赢得了成功。基于受众的个人信息、偏好和网上行为的定向广告，效果比谷歌的关键词搜索广告有明显提升。同时，脸书实施广告按（购买）行为付费的 CPA（cost-per-action）新政策，基本上是向广告商承诺顾客不购买就不用付广告费，比谷歌的不点击就不付费（cost-per-click，CPC）更进一步，因而赢得了广告商的青睐和拥抱。2015 年，有 95.8% 的广告商认为脸书广告的投资回报率在所有的社交网络平台中是最高的。2016 年 7 月，出现在脸书上的全球企业（通过其产品主页）总数超过了 6 000 万；9 月，脸书月活跃广告商数量增长至 400 万。

综合而言，脸书（Meta）在数字广告上的主要优势如下。

（1）脸书（Meta）广告**因为基于关系数据而更精准**。

脸书（Meta）广告是**被动推荐式的投送**，在信息流中嵌入各种图片、视频广告，类似在微信朋友圈中的交流沟通。广告始于所沉淀的用户的社交数据和关系数据，从社交信息流的上下文关系中，往往更能捕捉到用户实时的喜好及需求,因此脸书(Meta)所推出的广告更具个性、更精准。正是由于精准关系信息产生的广告优势,使得脸书(Meta)广告的效果有可能比谷歌类似的展示类广告的效果要好很多。

广告基于社交网上的关系推荐,在不引起客户反感的同时,更能激发客户的兴趣和认同,从而更有利于广告转化为行动。脸书主页广告中有"赞"按钮,这使用户很容易成为粉丝。"赞"广告旨在增加公司或品牌的粉丝数量,因为喜欢是品牌建立关系的开始,可能将有购买行动的客户发展成忠诚的粉丝。

(2)最佳的数字触点。在全方位的种种数字触点中,智能手机是最有价值的数字触点:它最普及,几乎无处不在;它随身随时携带,最利于收集和识别个人行为。脸书(Meta)借助智能手机开拓移动数字广告,凭借手机获得巨额的广告利益。

(3)巨大的用户量和用户数据。脸书(Meta)对广告主的吸引力在于,它是每天有 20 亿人在使用,有超过 1 000 万人在其上做广告的平台(2022)。2011 届毕业生中,有 41%的人在求职时使用社交媒体网站。2015 年,脸书的日活跃用户数达到了 10 亿人次。2018 年,68%的美国人在使用脸书,有超过 500 万家企业依赖脸书进行宣传推广。

(4)广告联盟。脸书(Meta)的开放性是它与其他社交网站的大区别之一。脸书(Meta)向有吸引力的网站和 App 开放其平台,通过广告联盟平台扩大广告的渗透合作,吸引用户在其智能手机或其他设备上安装合作者的应用 App。例如,推广由猫途鹰(Tripadvisor)公司赞助的应用程序"我去过的地方",供用户分享交流旅游的体验和信息。

2021 年,脸书更名为"Meta",表明它大力投资元宇宙(Metaverse)和虚拟现实(Virtual Reality,VR)的重大选择。2023 年,Meta 提出增强现实(Augmented Reality,AR)广告计划,这是 Meta 迈向元宇宙广告的第一步。Meta 希望凭借 Facebook 和 Instagram 等平台,通过广告将元宇宙货币化;希望通过结合虚拟商品的销售、云备份和 AR 广告等可选附加组件,产生比目前社交媒体更高的每用户收入。

社交网络是用户创建、共享和消费内容的平台。Meta 不断积累和收集的巨量消费者数据是其广告的根本性资源。当然，这也是 Meta 的要害和脆弱之处。移动社交广告的最大优势是拥有海量的动态个人数据，其最大威胁也是个人隐私数据的泄露。因其广告对个人数据的强烈依赖，它面临个人隐私数据保护的重大挑战。Meta 作为全球市值和品牌价值最高的公司之一，为 10 亿数量级的用户提供种种前所未有的免费服务，这需要大量的金钱支撑人力、硬件、软件等资源及创新研发（例如，2015 年脸书投入的人力资源费用达 48 亿美元，设备费用达 36 亿美元，房地产费用达 39 亿美元）。如前所述，Meta 几乎全靠广告收入维持运转，一旦用户数据使用的合法性这一基础有所不稳，广告支柱就会动摇，从而危及公司的生存。与 2021 年相比，2022 年 Meta 广告收入略有下降，这似乎也反映了这一隐患。观察未来广告的趋势变化，离不开对 Meta 的重点关注。

从 20 世纪 90 年代末的互联网广告到 21 世纪初的数字广告，广告业开始出现根本性的变化。对广告主而言，最根本的进步是广告的购买智能化和广告的计费革命，这可视为数字广告发展中的里程碑事件。

广告里程碑 11：广告计费的革命

现代广告在 20 世纪的最大困惑和难题是广告投放的效果非常不确定，"我知道我的广告费有一半浪费了，但我不知道是哪一半"。这使广告主长期以来处于左右为难之中：不投广告得不到销量和市场，投放广告的结果又难以预测，加上广告费往往是一笔大钱，非同小可，所以广告主对广告往往是又爱又恨，将广告投放视为赌博已经习以为常。

在数字广告为解决 20 世纪这一广告难题的突破中，广告计费模式的创新具有里程碑的意义。收费方式的迭代取得了明显的实质性进展，可以说，让广告主满意度不断提高的广告计费革命已经发生，这不仅是广告主最大的福音，也是驱动数字广告不断增长的根本动力之一，更标志着广告效果取得了真正的进步。

让我们简要描述**广告计费模式创新**的 4 个关键点:CPM、CPC、CPA、RTB。

在过去约一个世纪里,现代广告的价格或收费基于电视或广播的收视率或印刷媒体的发行量,以"到达率""收视率""每千人成本"等指标进行衡量,即**按广告投放量和曝光率收费**,简称 CPM(cost-per-mille)模式(每千人成本)。

数字广告也有 CPM 的计费模式,但实质上已从过去模糊的估测广告效果进步到可靠的量化数据衡量,称为展示定价(透明可见的每千次展示成本)。例如,亚马逊的展示型推广使用每千次可见展示成本(visible cost-per-mille,vCPM)的定价结构。这意味着当广告主的广告被顾客浏览时(可见的广告触达),亚马逊才会对其收广告费。亚马逊的音频广告采用的是每千次展示成本(CPM)定价模式,广告效果用各种指标来衡量:展示量、平均展示频率、累积广告活动触达量、音频启动次数、音频完整播放次数、每次完整播放音频的有效成本(eCPAC)等,从此基本实现了按广告实际到达(而不是靠间接的、模糊的估算)的效果收费制。eCPM(expected cost-per-mille)是指预期的每千次展示收益,尽管简单展示的每千次展示费用比较低,但没有挖掘出数字广告的真正优势,直到谷歌公司 2000 年提出了广告按点击付费(pay-per-click,PPC)的创新思想,才使广告计费前进了一大步,让广告主看到了新的希望,广告终于能走出"浪费一半"的痛苦陷阱了。

谷歌公司创造的点击收费制(cost-per-click,CPC)是按点击次数收取广告费,其意义在于:**仅当用户点击了其链接并访问了其相关网站时,广告主才需要付广告费**。以点击率作为付费依据的这种收费模式受到广告主的普遍欢迎,因为这对广告主显然更公平、更透明,且更有吸引力。CPC 意味着点击越多,付费越多,即产生了效果的广告才付费。

广告主可购买搜索引擎中特定的关键字来显示他们的广告,称为"**关键字购买**"。关键字可以单独购买,也可以打包购买。当用户的搜索请求中包含这些字词时,旁侧会出现相应的广告,将潜在买家带到广告商的网站中。

广告费按点击率收费，"浪费"的水分被挤掉了，广告效果透明，因此平台获得了大量的广告收入。这一创新使得财务亏损的谷歌公司在第二年（2001）开始迅速扭亏为盈。广告商只有在搜索引擎用户点击链接并访问赞助商的网站时才会向谷歌公司付费。事实证明，这种基于效果的按点击付费的模式对广告商非常有吸引力。

这种新的广告付费方式让广告主很开心，有透明的数据、清晰的结果，有了结果再付费，特别对中小企业产生了非常大的吸引力。当然，对于谷歌和亚马逊这些拥有超级访问流量的公司，点击付费模式带来了非常巨大的、可观的广告收入，以至于它们可以将20世纪下半叶形成的广告集团远远抛在后面。CPC更深层的意义是：广告收费模式的出发点是消费者，而不是广告主或传媒。这种新的机制可谓一矢中的或一剑封喉，相比之下，过去广告收费与效果的关联只是"逐步逼近""隔靴搔痒"。

在CPC之后，广告界又推出了按行为付费（cost-per-action，CPA）模式，**即以消费者对广告响应的每次购买行为作为广告收费的依据指标**，广告主只在消费者发生购买行为时才支付广告费。例如，谷歌视频广告的两种收费方式都是基于行为：用户看视频广告达到30秒以上（低于30秒的广告则是播放完收费）；用户点击了视频广告中的链接。

CPA几乎是广告主梦寐以求的广告效果制高点！广告引发了期待中的目标消费者行为，广告夫复何求？广告主夫复何求？

再后来，广告界又将"行为"的范围延伸到下载、安装、注册、放入购物车等，凡是引发了消费者某种实际行动的广告，都可采用CPA计费模式。相应地，出现了CPD（cost-per-download，促成每次下载的广告成本）、CPI（cost-per-install，促成每次安装的广告成本）、CPS（cost-per-sales，每次实现销售的广告成本）等计费模式。

除了按点击付费和按行为付费的模式，还有基于风险投资的预期回报方式，即给创业公司提供广告投入以换取股权或获得公司成长后的收益,作为广告投资的回报。这另当别论。

广义第二价格(Generalized Second Price,GSP)竞价策略是一种在互联网广告竞价中常用的竞价策略。GSP 竞价策略的特点是竞价成功的广告主只需支付出价第二高的竞价者提出的报价。

在 GSP 竞价策略之前,互联网广告竞价中常用的竞价策略是广义第一价格竞价策略,即竞价成功的广告主需要支付自己提出的报价。广义第一价格竞价策略存在一些问题,例如会导致激烈的价格竞争,从而导致广告平台的收入不稳定。

谷歌公司于 2002 年推出 GSP 竞价策略,后来被雅虎公司和其他公司采用。

GSP 竞价策略的推出解决了广义第一价格竞价策略的一些问题,使得竞价价格更加稳定,广告平台的收入更加可靠。因此,GSP 竞价策略很快成为互联网广告竞价中的主要竞价策略。目前,几乎所有的互联网广告平台都采用 GSP 竞价策略。

谷歌公司率先在搜索广告的计费中引入了拍卖的概念。点击付费的金额实际上并不是由谷歌公司设定的,而是在拍卖中确定的。广告商可以竞标搜索中使用的关键字,如"手机"或"女装"。出价越高,通常会优先展示出更详细的商品信息,如排在用户最有可能看到的位置。但是,如果赞助列表的排名完全取决于广告商对关键字的出价,就会误导消费者(百度曾因广告排名而被非议)。为了努力防止这个弊端,谷歌公司在其 AdWords 中添加了一个额外的相关性算法,即排名也取决于其广告的效果:点击量大的链接,广告的排名会上升;点击量少的链接,广告的排名会下降。

后来,谷歌公司又发明了实时竞价(Real Time Bidding,RTB),成为展示广告最有效果的广告计费方式。所谓"实时",是指广告投放立刻实现(在

100微秒内完成）。例如，选定广告投放目标人群为"今年考入大学的新生"，许多广告主如电信运营商、银行、手机零售商、旅游公司、餐饮、电商等都想吸引这个细分人群。如对"大学新生"的广告投放采用实时竞拍，意味着这些有兴趣的广告主对给定的场景出价竞争，价高者的广告即时定向投放。

实时竞拍很快成为数字展示广告的主流计费模式，因为它有以下特别的优势。

（1）由卖广告位转为"卖用户"，广告主只向潜在客户展示广告，提高了广告的精准度和有效性。

（2）广告由期货转为现货，广告主可以自己操盘。

（3）基于聪明算法的拍卖，实现了广告主和数字广告平台的双赢。

（4）降低了广告位的溢价，提高了广告投放的性价比。

至此，数字广告效果的高度已经远远超越了20世纪的现代广告，达到了后者望尘莫及的水平和境界。简而言之，数字广告有以下三个特征。

（1）广告效果量化、透明，不再模糊不清、似是而非、模棱两可。

（2）广告主可以按广告的预期功能选择适合、特定的广告活动，从而追求效果最大化；可以按不同的广告目标选择不同的定价模式及合适的组合，包括：为扩大知名度采用广告展示模式CPM；为聚集流量引发兴趣采用点击模式CPC；为促成销售增长等采用行动模式CPA。

（3）广告主的广告购买方式也从20世纪的传统交易方式进入程序化、智能化的自动高效购买。AI以越来越强大的功能应对各种复杂因素和场景，提供优化的广告方案，从而更加个性化、更加灵活高效。

数字广告开辟出的这种全新境界，对广告代理公司形成了泰山压顶般的压力。那么，他们又是如何应对的呢？

9.7 广告代理公司如何应变：数字化转型之路

进入 21 世纪，"山雨欲来风满楼"，广告世界的激荡非比寻常，天方夜谭的事件此起彼伏、超乎想象。全球广告公司的标杆和象征智威汤逊广告公司居然退隐历史舞台！2013 年，著名的《哈佛商业评论》竟然发出了"传统广告已死"的呐喊！

2018 年年底，当全球广告巨头 WPP 将旗下顶级的百年老店智威汤逊（JWT）与数字营销公司伟门（Wunderman）合并时，人们除了对智威汤逊退出广告历史舞台深深感叹，也应该问另一个问题：WPP 的这个决策正确吗？事后再看，WPP 的壮士断腕是因为它看到过去的广告方式大势已去，必须重构数字新优势。WPP 的当机立断让它得以继续保持全球广告集团第一的地位，它新的增长主要来自数字广告服务。

回顾广告公司的历史演进，可以说在数字广告的新冲击下，全球广告公司正在经历第三次凤凰涅槃。广告公司的前两次凤凰涅槃分别是：广告公司的个性创立；巨型广告集团的诞生。

自艾耶父子广告公司为现代广告公司奠定方向之后，差异个性化是广告公司第一次辉煌的标志。不同创始人形成各异的公司风格和思想基因。创始人的个人色彩非常浓厚，每一个伟大的广告公司都有其灵魂人物。例如，洛德·托马斯广告公司（L&T）有拉斯克，智威汤逊广告公司（JWT）有雷索夫妇，扬·罗必凯广告公司（Y&R）有罗必凯，恒美广告公司（DDB）有伯恩巴克，奥美广告公司（O&M）有奥格威，李奥贝纳广告公司（Leo Burnett Co.）有李奥·贝纳，麦肯广告公司（McCann-Erickson）有哈珀，等等。公司创始人自己就是个性鲜明的广告人，为公司注入了名称、灵魂、方法和风格，使得广告公司各有千秋、各显神通。广告的社会组织建制——广告公司和广告行业，则使广告精英的能量和功效放大了千百倍，并且得以长青百年。

广告公司的第二次凤凰涅槃是 20 世纪 90 年代之后广告公司的规模争霸，并购由内而外，广告帝国雄起，高集中度的超大广告集团的格局前所未有，广告规模和整合式运作全面将广告带入全球化。同时，广告英雄的身影逐渐淡出。

广告公司的第三次凤凰涅槃更加惊心动魄，堪称绝地求生。"昨夜西风凋碧树，独上高楼，望尽天涯路。"地平线上出现的种种新事物，被四个大字"数字广告"裹挟而来。自 2013 年《哈佛商业评论》提出"传统广告已死"之后，另两本书进一步反映出广告危机的严峻性。2018年，美国著名媒体记者奥莱塔发表的《广告争夺战》[10]（中译本见图 9-10），近距离、震撼地反映和揭示了广告业内传统与数字的深层矛盾和博弈。例如，书中指出广告公司内部"媒体"与"创

图 9-10 《广告争夺战》

意"已经分拆或分离，到 2000 年几乎没有一家广告公司仍然拥有自己的媒体部门，从前创意和媒体团队之间密切合作的"全方位服务"的广告公司已不复存在。实际上，选择和购买媒体空间的业务从 20 世纪 90 年代就已经变成一个独立的行业，独立媒体买家诞生了，如 MediaCom、MindShare、Starcom 等。同时，由于多种互动数字媒体的出现，多触点的媒体整合面临新的巨大挑战，世界上曾经最令人敬畏的媒体因缺乏魔力的内容已变得平庸。

2020 年出版的另一本英文图书《加入或死亡：自动化时代的数字广告》[11]（见图 9-11），强调了传统广告公司要么融入数字广告而生，要么拒绝数字广告而死，二者必居其一。

21 世纪数字广告的滔天大浪再次颠覆了广告公司的组织形态，大数据和智能技术正在成为更加重要的核心竞争力。例如，咨询公司因数字技术的优势而能迅速抢占广告市场的份额，咨询公司巨头埃森哲成立的子公司埃森哲互动

图 9-11 《加入或死亡：自动化时代的数字广告》英文版封面

（Accenture Interactive），近 5 年来先后收购整合了 22 家创意公司、内容制作公司和数字营销公司。埃森哲互动已经成为世界上营收最高的数字广告代理公司之一。

面对生死存亡，广告公司只有向数字化转型才有市场机会。20 世纪一流的广告集团和公司都急切投身于数字转型的大洪流之中。概括而言，其数字转型战略主要包括以下两大方面。

战略 1：重组整合

广告集团或公司试图通过组织重构或者调整战略组织来应对外部世界的巨变，例如，WPP 旗下的扬·罗必凯（Y&R）与威猛龙（VML）合并，智威汤逊（JWT）与伟门（Wunderman）合并；或者重组业务模式，简化工作流程，协调跨平台资源和跨模块团队统一作业。例如，2017 年中期奥美发布的"BE ONE"计划就是明显的例子。"BE ONE"计划将旗下裂变出来的十多个涉及不同领域的子公司合并（包括奥美广告、奥美互动、奥美公关、奥美世纪、奥美红坊、奥美时尚等），重新回到一体化平台，实现从战略设计到用户数据、营销工具、门店体验、创意传播的闭环。

战略 2：通过并购注入数字技术的基因，重新定位自己

21 世纪的第二个十年，头部广告公司为实现数字转型而迫不及待大肆并购数字技术公司。2012 年 6 月，WPP 宣布打败电通集团，以 5.4 亿美元收购独立数字营销公司 AKQA。电通集团转而在 2012 年以 50 亿美元的高价买下了总部位于伦敦的数字营销集团安吉斯（Aegis）。阳狮集团不甘示弱，以 4.16 欧元收购了独立数字营销公司 LBi 等。2014 年，阳狮集团又以 37 亿美元收购技术咨询公司 Sapient，并以这家公司来整合、重构之前收购的一批数字营销公司，包括 DigitasLBi、Razorfish Global（睿域营销）和 Rosetta。

被 WPP 收购的 AKQA 创立于 2001 年，其核心业务是将创意与互动技术结合，为客户提供整合性的互动传播服务（包括社会化媒体、移动营销、互动体验、游戏及内容创作等）。WPP 试图重新定义自己：WPP 是一家创新转型公司（见图 9-12）。

图 9-12　WPP 的重新定义

全球广告集团和广告公司的数字转型虽然取得了一些进展，例如 WPP 保住了全球广告集团第一的地位，但似乎风光不再、无力回天，WPP 再也不可能是新广告世界中的霸主了。无可奈何花落去，城头变幻大王旗。因为，这不是

广告的变革,而是广告的革命! 21 世纪广告的全新范式已经降临,广告舞台也已更替变换,代表数字广告的新主角已如黑天鹅般横空出世,它们是谷歌、脸书和亚马逊。它们以一套全新的广告玩法打开了一个崭新的广告世界,宣告新的广告范式已经降临。

注　释

[1] Agency Report 2023：Biggest Companies[EB/OL]//Ad Age.(2023-04-23)[2024-07-09]. https://adage. com/article/datacenter/agency-report-2023-biggest-companies/2481051.

[2] US Digital Ad Spending 2019-Insider Intelligence Trends，Forecasts & Statistics[EB/OL]. [2023-09-21].https://www. insiderintelligence. com/content/us-digital-ad-spending-2019.

[3] Social Media Will Hit Major Milestones in 2018[EB/OL]//Insider Intelligence.(2018-01-09) [2023-09-21]. https://www. insiderintelligence. com/content/social-media-will-hit-major-milestones-in-both-ad-revenues-and-usage-in-2018.

[4] 西西弗斯.2022 全球 TOP25 的广告公司,都赚了多少亿[EB/OL].(2023-04-28)[2023-09-21].https://www. sohu. com/a/671130293_121124378.

[5] 2023-alphabet-annual-report. pdf[Z/OL].[2024-06-21].https://abc. xyz/assets/43/44/675b83d7455885c4615d848d52a4/goog-10-k-2023. pdf.

[6] 也有说法认为,曾有人更早提出过搜索广告的概念。但无可置疑的是,谷歌公司首先真正实现了搜索广告的应用。

[7] 梁丽丽.程序化广告:个性化精准投放实用手册[M].北京:人民邮电出版社,2017.

[8] 吴俊.程序化广告实战[M].北京:机械工业出版社,2017.

[9] 麦克·霍夫林格.回归商业常识[M].黄延峰,译.北京:中信出版社,2019.

[10] 肯·奥莱塔.广告争夺战:互联网数据霸主与广告巨头的博弈[M].林小木,译.北京:中信出版社,2019.

[11] P. Gilbert. Join，or Die：Digital Advertising in the Age of Automation[M].Minneapolis:Mill City Press,Inc.,2020.

10

全新范式：
数字广告与现代
广告之比较

核心问题：如何理解数字时代带来的广告范式更替？数字广告与现代广告的根本区别是什么？

内容精要：

本章探讨数字广告与 20 世纪现代广告的根本区别，揭示广告范式的更替转变。20 世纪广告面临的最大难题是广告效果难以衡量，而数字广告通过大数据和人工智能技术实现了个性化和精准投放，突破了这一瓶颈。亚马逊、谷歌和 Meta 等公司通过不同的数字广告模式，展示了数字广告的巨大潜力。亚马逊通过电商广告，利用其庞大的用户数据和技术平台，成为全球数字广告的第三大力量。TikTok 通过短视频广告和年轻用户群体，迅速崛起成为数字广告的新秀。数字广告的崛起标志着广告进入了一个划时代的全新时代。

谷歌公司成功开创数字广告后,说了一句意味深长的话:**圣杯终于触手可及**。何为广告圣杯?为何一直触不可及?联系前述的"世纪之问",可知"圣杯"即指"广告效果"。在长达一百年的现代广告范式中,圣杯可望而不可即,只有在进入数字广告范式之后,触摸圣杯才终于成为现实。

混杂着辉煌和困惑、骄傲与怀疑,广告从 20 世纪迈入了 21 世纪。21 世纪的广告是继续延伸 20 世纪的现代广告之路,还是另有创新、重辟新路?上一章的"数字颠覆"已给出了基本的回答。

数字广告恐龙如此神奇长大,反映出广告出现了颠覆性的创新,在长期未解决的重大问题上实现了突破,困扰了一个世纪的广告效果难题开始走出困境。这意味着广告跨入了崭新的时代,广告范式的更替不可避免。那么,**如何理解数字时代带来的广告范式更替?数字广告与现代广告的根本区别是什么?**这正是本章要回答的核心问题。

10.1　广告的世纪之问

追溯历史,这场深刻的世纪之变,与一百多年前已提出的一个重要广告命题关系甚大,笔者称之为"广告的世纪之问"。我们有必要先从思想上回顾、理解它。

20 世纪的现代广告成就斐然,但遗留下一个最大的广告难题:

我知道我花在广告上的钱有一半被浪费了,但我永远无法知道是哪一半。(I know half the money I spend on advertising is wasted, but I can never find out which half.)

这句名言道出了 20 世纪广告绕不过去的大坎,有人甚至称其为"广告癌症"。这句名言通常被认为是美国零售业广告的先驱约翰·沃纳梅克(John

图 10-1 约翰·沃纳梅克(John Wanamaker,1838—1922)

Wanamaker,1838—1922,见图 10-1)所说,亦有人提出,英国人勒沃霍尔姆(Lord Leverhulme,1851—1925)也说过这句话。不过,因为沃纳梅克的巨大影响力,使得此言广为传播,几乎人尽皆知。在"20 世纪百位广告名人榜"上,沃纳梅克出人意料地高居第 6 位,如果仅仅因为他是零售广告的先驱,显然不足以使他排名如此显要,合理的解释是他提出的跨越时空的"世纪之问"像幽灵般盘旋在广告上空达百年之久,挥之不去而发人深省。

沃纳梅克是一位神情坚定、目光炯炯、绅士派头十足的零售大亨,虔诚的基督徒,也是崇尚广告的聪明商人。沃纳梅克对广告发展的贡献大致有三点。其一,他向其他人展示了花在广告上的钱是有回报的。1879 年,他在美国投放了第一个零售商广告。他也是率先购买报纸整版大幅广告的人,虽然费用昂贵,但为零售商带来了大量销售额。其二,他是广告文案的第一位伯乐。1880 年,他聘请约翰·鲍尔斯(John E. Powers)担任百货商店全职的广告文案员。其三,他在广告中弘扬基督教的真诚和诚实,树立了做"洁净的"广告的榜样。1865 年,他宣布了一项承诺,购买者出于任何原因不满意,可在 10 天之内退回商品,并将获得全额退款。这应该是至今超市广泛实施的"无因退货"的先声。沃纳梅克还在 1889—1893 年担任过美国邮政局局长。他因对邮政局进行了多项改进,包括建立邮政包裹系统而受到赞誉。[1]

沃纳梅克不会想到,在他离世一百年后,世人似乎只记得他大声疾呼过的广告难题,并在 21 世纪激起了广告冲击波。此难题的核心是广告效果。尽管 20 世纪时,广告圈和学者在追求广告效果上可谓孜孜以求、煞费苦心、方法频出,但都只是在局部有所改善和提升。从根本上衡量,距离真正完全解决这个问题还遥不可及,20 世纪的努力都被阻止于无形的玻璃天花板而长期无法突破,以至于直到 20 世纪末,著名的《广告时代》杂志发表的文章中还在强调:"广告业依然不知道浪费的一半在何处。"[2]

由此也表明,这个难题堪称"广告的世纪之问"。能否彻底解决广告效果的问题,成为 21 世纪广告的最大挑战,亦是广告在新世纪的核心使命。

温故而知新,让我们先简要回溯 20 世纪追求广告效果所做的漫长而多元的种种努力,来认识此世纪之问的难度。

10.2 20 世纪追求广告效果的诸多努力

在 20 世纪,无论是从实践还是理论的视角,如何取得好的广告效果都是难度极高、难以攻克的复杂问题。拨开重重表象,我们看到在漫漫长路中,广告效果是从以下三条路径不断推进的:**广告作品本身优化**、**广告传播的有效性**、**广告受众的转化率**。广告效果测量方法的改进成为突破的关键。

20 世纪初叶的现代广告时期,从一开始就蕴含了对广告效果的追求。例如,一流广告公司不断强化专业广告文案的创作,并加强对市场和消费者的调查研究,这些举措都旨在提高广告的销售效果。1932 年,罗必凯携手盖洛普,率先将广告效果研究引入创意过程(参见第 3 章)。20 世纪 60 年代由伯恩巴克等掀起的创意革命,以激活消费者的创意提升了广告效果,并带动了广告设计流派的崛起。

杰拉德·J. 泰利斯(G. J. Tellis)在 2003 年出版的《有效的广告》(*Effective Advertising：Understanding When，How，and Why Advertising Works*)[3][4] 一书中,综合反映了广告效果研究的进程和进展。许多文献表明,早在 20 世纪 40 年代初,广告效果就已受到学者的关注,如 1941 年出版的《有效的广告》[5] 和 1942 年出版的《广告的经济效果》等英文著作都提到过广告效果。[6] 20 世纪中后半叶,**广告学术研究的核心问题和研究主线一直离不开广告效果**。[7][8]

遗憾的是，广告效果犹如一个大黑箱，破解的难度太大。从战略上讲，**20 世纪解决这个大难题通常采用两种战略。**其一是从局部或分支的改善入手，即取某一个角度作出改进。例如，大众媒体关注传播环节，美国的威廉·埃文斯（William Evans）等强调"媒体效果"，威廉·斯特劳斯（William Strauss）和罗伯特·斯特劳斯（Robert Strauss）强调"广告投放效果"。尤其围绕电视和报刊广告，以提高传播效果的努力最多、应用也最普遍。后又出现了从广告设计和广告语言理论的角度，试图通过设计创新或语言学来提高广告效果的努力，也相当引人注目，包括出现了一直延续到 21 世纪的一些著作，如安吉拉·戈达德（Angela Goddard）的《广告语言学》（*The Language of Advertising*）等。[9][10] 在强化消费者行为研究的背景下，以优化广告策略的方式提升广告效果也取得了实质性的进展。特别值得提到的是，20 世纪 80 年代出现了两个被广泛采用的策略工具：详尽可能性模型（Elaboration Likelihood Model，ELM）（1983）和 FCB 方格（1980）。[11] ELM 按消费者的卷入程度指引两条不同的广告路径，以提高广告效果。FCB 方格抽象出不同类别购买情景中消费者的 4 种典型画像，从而运用广告类别化（尽管还不是个性化）逼近广告效果的精准和有效。FCB 方格是拉斯克经营的 FCB 公司提出的有效的工具[12]，彰显了其高超的能力和水平。

另一个战略是建立整体框架的逻辑模型，再分层分块解决。这一战略最有价值的进展出现在 1961 年，拉塞尔·科利（Russell H. Colley）提出了简称为达格玛方法（DAGMAR）的逻辑模型。这是科利为美国全国广告商协会（Association of National Advertisers，ANA）所做的专项研究的成果，其研究报告的名称为"界定广告目标以测定广告效果"（define advertising goals for measured advertising results，DAGMAR），明确反映出其中心思想。美国全国广告商协会（ANA）以此为书名出版了这一研究成果[13]。DAGMAR 也称为科利法。[14]

面对广告效果这一多因素复杂问题，科利的主要思想贡献是抓住了问题的要害，首先锚定广告的具体目标，例如广告的目标分为"告之""劝说""行动"三大类目标,再以具体的广告目标来衡量广告效果。最关心广告效果的人无疑是掏钱做广告的广告主,以广告主的广告目标为纲(而不是立足媒体和传播)如同抓住了"牛鼻子"。例如,数字广告巨头之一 Meta 在 2021 年年底宣布:首先,逐步将原有的 11 个广告目标合并设置为新的 6 大广告目标,这是广告管理中高层面的调整;其次,按不同广告目标分层、分阶段地解决广告效果问题,从而使混沌不清的问题变得比较清晰,从而有可能逐步解决。

图 10-2 科利的广告效果模型

科利认为,广告的成败与否在于能否有效地把想要传达的信息在正确的时间,花费正确的成本,传达给正确的人,因此应该将广告受众的心理变化作为广告效果的依据。科利提出用**商业传播的四段模型 ACCA**(见图 10-2)来研究、分析消费者在知觉、态度或行动上的改变,从而达成广告说服消费者最后行动的目标。ACCA 模型描述的 4 个阶段如下。

(1) **知道**(awareness):首先要知晓。

(2) **理解**(comprehension):理解品牌或企业提供的价值。

(3) **信服**(conviction):相信产品或者品牌。

(4) **行动**(action):在了解、信服的基础上,产生需求并发生购买行为。

从广告思想和概念上看,科利的达格玛方法和 ACCA 模型将广告效果研究推进了一大步。不难看出,科利的达格玛方法具有原创性,从科利开始,广告效果的研究形成了被后人称为"层次效果模型"或"层次结构模型"的主流方向,并不断加以充实细化。[15]

至于 ACCA 模型,它只是 60 多年前就已提出过的爱达(AIDA)模型的变种。1898 年,埃尔莫·李维斯(E. St. Elmo Lewis,1872—1948)提出 AIDA 模型[16],这是广告如何运作的第一个解释模型,显示了广告发生作用的顺序"层次",即"**注意**(attention)—**兴趣**(interest)—**欲望**(desire)—**行动**(action)",

因此也被认为是广告效果理论最早的源头，并完善为更普及的爱达玛模型（AIDMA）：attention（引起注意）—interest（产生兴趣）—desire（激发欲望）—memory（强化记忆）—action（促使行动）。在数字化时代，消费者的主动权越来越强，他们从被动转变为主动并乐于分享。2004 年，日本电通广告公司提出了替代 AIDMA 的全新模型 AISAS（attention—interest—search—action—share）。与 AIDMA 模型相比，AISAS 模型在后半段引入了两个典型的数字行为环节——search（搜索）和 share（分享），参见图 10-3。

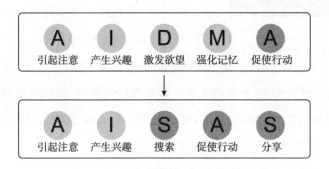

图 10-3　从 AIDMA 模型到 AISAS 模型

　　遗憾的是，无论是达格玛方法、ACCA 模型或其他模型[17]，都仅仅是在概念方法上学术研究的进步，在苛刻的意义上，这只是纸上谈兵的进步。对广告主而言，在实战中广告效果仍然常常是迷雾重重、游离不定。因为广告效果难题的破解，更取决于效果测量方法的信度和效度，即**如何测量广告效果及测量的精准度是基础和前提**。在 20 世纪，长期纠结和追求的广告效果从消费者和市场调查、收视率调查、广告测试方法等方面努力甚多，虽有所获但进展缓慢、不尽如人意。例如，当电视广告成为主流时，其广告效果测试受到更多的重视，研究及投入也更多，但结果总是模糊的。

　　丹尼尔·斯达奇（D. Starch，见图 10-4）是对广告效果测量贡献显著的人物，他在 1928 年就对广播广告的效果进行过大规模的调查和研究[18]。早年，他从改进广告调查方法切入，提出过被称为"斯达奇方法"的（印刷）广告回忆评

图 10-4 丹尼尔·斯达奇
(D. Starch,1883—1979)

分法和测定广告效果的指标——广告销售效果指数（net advertisement produced purchases, NETAPPS）。然而,受制于广告测量技术,20 世纪基本依靠人工测量和传统调查方法,不仅花费巨大、结果欠准,而且不可能实时大范围取得数据。在现代社会的广告洪流和复杂行为的交织中,这些似乎都只是杯水车薪。

2006 年,雷克斯·布里格斯（Rex Briggs）和格雷格·斯图亚特（Greg Stuart）发表了旨在确定广告效果的广泛测试结果。他们在 *What Sticks* 一书中研究了 36 个美国主要广告商的广告案例,惊讶地发现大多数广告商对广告的成功没有明确的标准,更不清楚广告是否成功。总的来说,他们得出的结论是,大约 37% 的广告被浪费了[19],即有效广告的占比不足 2/3。广告主对广告的效果仍然只能望洋兴叹、束手无策。

广告效果测量的要害和瓶颈在于技术水平的低下。20 世纪,人们不可能依靠和指望用人工测量的方法在各种复杂场景中理想地获得巨量而准确的消费者大数据。只有到了 21 世纪,在数字技术和人工智能技术的支撑下,广告的行为测量和数据分析才从根本上迎刃而解,广告效果测量取得了突破,为攻克广告效果带来了前所未有的曙光和希望。在此意义上,广告效果与数字广告可谓一对"孪生兄弟"。

10.3　解决广告痼疾的新路径

回顾过去,现代广告长期存在两大问题:**消费者厌恶广告和优质广告资源短缺**。大众媒体时代,传播资源身价悬殊。现代广告的传播效果依赖黄金广告资源或广告位，如电视广告的黄金时段、巨额发行量的报刊、流量大的广告位置等。可惜黄金广告资源非常有限，物以稀为贵，直接导致了广告费用不断攀升，于是优质的传播媒体（如美国的超级碗、中国的中央电视台黄金时段）一位难求、广告费身价百倍，甚至出现天价，这对小企业和新品牌而言，往往难以企及，只能望而却步。而数字广告打开了全方位数字触点的巨大广告空间，使传播资源短缺和广告费高昂的问题从根本上得以缓解和解决。

现代广告更令人头疼的问题是消费者厌恶广告。大众传媒面向大众传播广告，往往是"大炮打蚊子"，虽说可以细分市场，却无法按人定制。消费者被强迫看广告，结果适得其反，厌恶和抵制广告的种种行为在大众传媒时代司空见惯。例如，"卫生间时刻"是躲开电视插播广告习以为常的方式，人们在浏览互联网时一般都会主动避开广告，就是这种行为的延续。2015 年，可以绕过广告的广告拦截器在北美热销，竟然给供应商带来了高达 220 亿美元的收入，证明人们为了拒绝和回避广告，甚至愿意付钱。最重要的改变是基于顾客信息线索的互动广告的出现。

试看 21 世纪的数字广告是如何解决"消费者讨厌和拒绝广告"这个问题的。

"消费者拒绝广告"就好像叛逆的小孩抗拒家长，智慧的家长该如何应对？高招不外乎两条：其一，家长退步，让孩子的好朋友出面劝说；其二，家长只提供孩子需要的，或只说孩子愿意听的。数字广告正是按此思路前进，当依靠数字技术逐步实现了这两条时，消费者已基本放弃了使用广告拦截器，不再强硬拒绝广告。

方法 1：用户生成内容——让你的朋友劝说你

大多数消费者在信任品牌之前会信任其他消费者，尤其是关系紧密、可信赖的朋友。因此，广告主退居幕后，让位给使用者和体验者发声。从本质上讲，用户生成内容（user generated content，UGC）的兴起，标志着消费者已经成为广告的一部分，而不仅仅是被动的旁观者。

如今，消费者更能通过社交媒体传达他们的感受，且彼此之间的沟通次数远远超过任何广告活动与他们沟通的次数。这就是为什么建立品牌社区或粉丝圈层如此重要的原因。

显然,脸书开启的社交媒体和平台非常适合这一点,因为它方便了用户的参与和分享,因此2008年开始的社交媒体广告特别受欢迎。在评估购买时,人们经常从朋友处和社交网络上获取意见。同时,社交媒体或平台也获得了流量和广告收益。

对基于文本的用户生成内容(UGC)的测量和分析,是社交空间中一个新兴的领域。在社交网络上,人们从产品、品牌或服务所表达的各种信息中,可以获得对消费者前所未有的了解。

方法2:精准广告——只给你想要的

精准广告突破了传统广告的痼疾,实现了广告的个性化,既减少了干扰,又提升了效益。当然,精准广告依赖大数据个性化和定位选项,消费者大数据和智能算法发挥了核心作用。但涉及消费者个人隐私及社会伦理问题,将另作讨论。

如今,谷歌和脸书拥有数十亿个消费者数据采集点。广告商在谷歌或脸书平台上使用如此多的数据点,就能够创建极具针对性和个性化的广告。如果还可以掌握消费者更多的数据,如婚姻状况、家庭构成、兴趣、密切接触者、行为偏好等,那么由此产生的广告将与他们的需求更加贴近和切合。谷歌和脸书因此吸引了众多的广告商,成为全球数字广告收入最多的执牛耳者。

基于数据的消费者洞察是卓有成效的新方法,以至于宝洁公司不再依靠传统的调研方法和途径来确定消费者想要什么和需要什么,而是在社群网站上,让母亲谈论使用一次性尿布、让女性谈论染发或让消费者谈论去除污渍的感受。从倾听消费者谈论如何使用产品的体验中,能够发现如何改进产品,如何用更好的方式与消费者进行品牌沟通。

如上所述,数字广告短短十几年的实践,为解决世纪难题带来了突破性的希望和进展。因为数字广告不是20世纪现代广告的改良,**不是现代广告树上**

的一个"新枝"，而是与现代广告有质的差异的"新物种"。这个神通广大的"新物种"生长的土壤或地基，是广告的全新范式。要深入了解数字广告的新范式，还应当从数字广告的定义说起。

数字广告的定义

本书第 1 章曾经讨论过现代广告的定义，指出了现代广告与原始广告之间的根本区别。数字广告与现代广告二者之间的质的不同，也应该从定义中反映出来。可惜，迄今在网络上或教科书上，数字广告的定义都不得要领，未能清楚表达出数字广告的深刻内涵。为此，笔者试提出数字广告的定义并阐述如下。

数字广告是指受众（消费者）从数字触点上获得的、经算法导航的个性化精准信息，它来自广告主为劝说的付费行为。

笔者提出的数字广告的定义体现了数字广告新的本质属性。

（1）它与现代广告的定义完全头尾颠倒。现代广告的定义始于广告主终于消费者，此定义始于消费者终于广告主。因为数字广告是消费者主导的广告，如果没有消费者的启动（包括点击、互动、关注等），广告将不被触发或激活。而现代广告是广告主和媒体主导的传播行为。

（2）该定义淡化了传播和传媒的因素，用各种数字触点取代了传媒和传播。

（3）该定义指出了数字广告的 5 个关键因素：①广告的对象"受众"（消费者）；②广告由广告主付费，其目的是"劝说"；③数字触点（智能手机、社交网络、数字设备）；④广告的精准个性化；⑤算法的支撑及其平台。其中前两个因素与现代广告一致，后三个因素与现代广告完全不同。

（4）该定义中的数字广告依然符合广告的三方基因，只是"传媒和代理公司"已被"数字触点"和"算法"替代。

或可以这样形象地描述什么是数字广告：数字广告犹如将现代广告头脚倒置，掏空并置换其内腹而再造的全新广告。原先是始于广告发布终于消费者行动,现在是始于消费者某个行为终于广告主付费。原有的"媒体""传播""代理公司"都被掏空,"数字触点"和"算法"则是再造的关键因素。

10.4 广告范式更替

2000 年后,数字广告与现代广告二者之间已出现裂变,我们**必须从广告范式的转移和更替的高度,才能深刻理解广告的世纪巨变及数字广告时代与现代广告时代的根本不同**。

提出以"范式"(paradigm)为核心解释科学活动的鼻祖,是著名科学哲学和科学史学家托马斯·库恩(Thomas S. Kuhn,1922—1996)。在名著《科学革命的结构》[20]中,库恩将科学演进的图像描绘成常规科学和科学革命的交替而出现的范式转移更新。库恩的范式理论获得了高度认同和广泛应用。用库恩范式理论来理解广告思想和理论的进化,构成了广告范式更替的大框架。为方便起见,笔者将该框架称为"现代范式—数字范式"。

广告在 21 世纪初的境遇,颇似物理学在 19 世纪与 20 世纪之交的境遇。20 世纪的量子力学和相对论引起了物理学的革命,颠覆了牛顿力学的框架。21 世纪的广告亦处于颠覆性的革命风云之中,这预示着广告新范式的出现。这个以技术为基因的新范式,不仅有望从根本上解决广告效果的世纪难题,亦把广告带入全新的场景和迥然不同的游戏规则之中。

历史表明,技术一直是广告发展的驱动力量之一。例如,印刷技术是影响广告的第一个主要技术,电视技术将广告推向了黄金时代。在 21 世纪的前 20 年里,数字智能技术对广告的影响力达到了前所未有的高度,数字技术以雷霆万钧之力实现了对现代广告的解构和重构,并成为广告发展的新的决定性力量,催生出全新的数字广告范式。

从宏观上回顾，广告的历史有两次大的范式转型：从传统广告(18 至 19 世纪)进入现代广告(20 世纪 20 年代之后)和从现代广告迈入数字广告(从 21 世纪前 10 年开始)。关于第一次转型在第 2 章已做交代。此处讨论第二次转型，侧重分析广告范式的更替。

全球广告市场在 2000—2010 年经历了相当长的动荡期，在此期间增长率从＋11.3％到－9.7％。2011 年以后，广告支出的增长率平均保持在 5％左右[21]。2007 年颇具影响力的《广告时代》杂志以醒目的封面文章提出了"后广告时代"(the post advertising age)的概念，暗示新的广告时代已经到来！

据 Statista 的数据分析，2010—2020 年美国广告支出的结构中，大众媒体广告与数字广告二者的占比发生了翻转：从 2017 年的 52∶48，到 2020 年二者持平，再到 2023 年三分天下有二分已属于数字广告，见图 10-5 和图 9-1。尽管

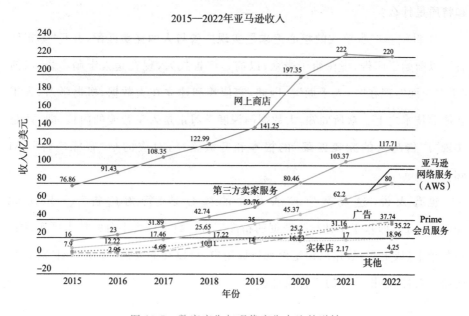

图 10-5　数字广告与现代广告占比的逆转

注：其他包括视频内容的许可和分发、运输服务以及联名信用卡协议。

资料来源：FourWeekMBA.（n. d. ）. Amazon growth chart［Graph showing Amazon's growth over time］.Retrieved from https://fourweekmba. com/amazon-growth-chart/。

不同来源的具体数据有偏差，但这一趋势总体上在全球都类似一致：短短二十余年，数字广告已超越20世纪的大众媒体广告。所以，第9章开头引述的新闻并非个别事件，而是无法阻挡和改变的大趋势。这些事件发生在2018年前后，由此可以基本判断2018—2020年是数字广告重要的里程碑年份，是广告历史上的大转折关键点。

10.5 广告新范式透视：数字广告革命的本质

新的广告范式已经问世，让我们再进行两种范式的比较。人们能够深刻感受到广告范式的巨变，但往往对之还缺乏深刻洞察。**21世纪广告新范式的本质和特质是什么？**

21世纪新广告范式的**核心追求是实现广告与人的完美匹配**，并且"本末倒置"：以前始于广告，现在始于受众；以前是广告找人，现在是人定制广告；以前"千人一面"，现在"一人千面"。因此，它依赖和建立在大数据、机器学习、人工智能等技术之上。众所周知，大数据与深度学习正是人工智能的内核，即AI是实现**"广告与人的完美匹配"的根本和升级路径**，对应的是"智能广告"（AI advertising）。

也有人说，这场数字广告革命的核心是**"行为广告"**（behavioral advertising），即基于个性行为数据的精准广告。数字广告平台的技术可实现利用数千个（或更多）数据点锁定微观目标用户，可以在需要的"关键时刻"对其发送超针对性、超相关性的广告信息。

巨变1：数字触点时代及媒体概念的淡化

21世纪前十年曾是全球广告行业最彷徨痛苦、焦躁不安的年代，广告公司和媒体公司困于如何才能够找到在互联网上盈利的途径和方法。令商界人士苦思冥想的是，2000 年后广告的主要媒体在哪里？如果猜对了，可能会赚很多钱。然而许多人都是从媒体的角度思考，但未想到的是正确答案居然在"媒体"概念之外。如何抓住**广告与受众的新触点**成为突围的第一焦点问题。广告发生翻天覆地变化的第一个基本原因是广告离开了原来主要与消费者接触的四大大众媒体。著名的《广告时代》报告称，在过去三十年中，2009 年是顶级媒体公司广告收入首次下降的年份。更令人不安的是，前 100 家媒体公司中有 11 家破产。毫不奇怪，受打击最严重的媒体都是印刷品：6 家报纸公司、2 家杂志公司和 2 家黄页出版商。在这一时期，有线电视和卫星电视的表现相对较好，但也危机四伏。

谷歌公司首先抓住了网上搜索这个海量的接触点，于 2001 年成功开发了全新的广告。接着，脸书、推特、Instagram、微信等每个社交网络都创造了更贴近和黏住消费者的巨大机会，以传统电视无法做到的方式积极吸引消费者。数字广告从桌面 PC 端转向智能手机，在 2017 年左右再次突破瓶颈、一飞冲天。

从前面的个案可知，无论是谷歌搜索广告、脸书社交广告，还是亚马逊的电商广告或短视频广告，这几家公司都与媒体相距甚远，或者说，正是因为它们没有囿于媒体的旧巢穴，才走出了一条新路——利用数字触点和智能算法实现全新意义的广告活动，开创出一片新天地。数字触点由数字社会网络生成，新机制、零距离和互动的数字接触使得 20 世纪广告中分量极重的大众媒体的传播功能、媒体指标乃至媒体概念本身已经淡化，甚至淡出。第 9 章开篇提到，字节跳动公司年广告收入超过中国国内广电媒体的总和，这种颠覆性的超越显然不是一般意义上的媒体竞争，而是意味着商业"新物种"——另类的数字广告的出现。**在广告与消费者之间，数字广告依赖的是各种新的数字触点**，如智能手机、搜索平台、社交互动网络、电商购物平台、互联网、电子阅读器，还有各种新出现的数字移动及虚拟设备。

巨变 2：完全不同的数字触点

全方位数字触点开创了广告传播的新格局、新境界。媒体分割、广告位短缺、媒体选择等传统问题不复存在。广告程序化购买能实现数字触点的全覆盖（台式电脑、手机、平板电脑、互联网电视等）。

全方位数字触点的概念主要来自 2016 年沃顿商学院出版的研究报告《广告的未来》(*Beyond Advertising*)[22]。该报告提出了全接触点价值创造模型，基于广告实践的巨变，"数字触点"已从广度和深度上取代了传统的"大众媒体"或"传媒"。

数字触点和传统媒体相比，至少有三个重要区别。区别之一是数字触点生成海量消费者的数据，而传统媒体需要花大力气才能得到有限的消费者数据。因此，前者有可能实现广告的精准和个性化，有可能借助人工智能技术不断升级广告效果。

区别之二在于广告的时间和/或空间成本。传统媒体的时间（电视或广播）和空间（印刷）都十分有限，是稀缺且非常昂贵的资源。如电视广告平均为 30 秒，窗口非常狭小，但价格却不断攀高，动辄数十万美元。相比之下，数字触点的数量多如牛毛，若满天繁星，全方位遍布巨大的空间，而且成本低。这给大量的小微企业提供了广阔的广告机会。

区别之三是创建内容和消费内容合二为一。数字触点模糊了内容提供商和消费者之间的界限。在数字触点的场景中，消费、互动和创建内容往往交互产生。而在传统媒体场景中，受众必须服从媒体的时间表。例如，你喜欢的节目要在指定的播出时段观看。但数字触点为消费者提供了充分的自由。

遗憾的是，人们的思维往往会形成"路径依赖"，习惯性用媒体的概念框架去面对和阐述数字广告。例如，在影响广泛的广告学教科书《当代广告学》(*Contemporary Advertising*)的最新版（第 16 版，2021）[23]中，作者仍按照传统的媒体概念和广告传播指标讨论数字广告（参见第 11 章）。这种将 21 世纪的数字广告硬嵌入传统媒体概念的思维方式，恰似旧瓶装新酒、削足适履，是不可取而应抛弃的。

巨变 3：从认知品牌转向认知消费者

在广告的大部分历史中，广告对公司的价值在于推动消费者发现、了解和加深与品牌的关系。进入 21 世纪，虽然广告仍然扮演着这一角色，但最大的变化是广告已转向：**数字广告帮助公司和品牌了解并洞察消费者**。这一变化已经将数以百千亿美元的广告投入从报纸、电视等传统媒体转移到数字平台，尤其是谷歌和脸书。

另外，消费者并不总是愿意广告商对他们了解得如此之多、之广、之深。于是，广告敏感的伦理核心问题也随之改变：从担心欺诈误导转向担心在线隐私（侵犯个人隐私），这是后话。

在巨变中应强调有一点没有变，即 21 世纪的数字广告并没有抛弃广告的基因（参见第 1 章），它只是以"数字触点＋智能算法"替代了"媒体＋代理公司"，本质上还是那个魔力的商业三角形在发挥无穷无尽的功效和作用！

两种广告范式的比较

现代广告时代从 20 世纪 20 年代开始的一百年中，追求的最高价值是"广告创意"。数字广告时代则开启了追求"广告效果"的"新长征"，并在最近的20 年内已突破瓶颈，卓有成效。

从广告狂人到超级算法，两种广告范式的不同体现在多方面，包括对广告的理解、广告的核心竞争力、广告与消费者的关系、广告产业的边界和规模、广告伦理、广告文化的新内涵等。两者的简要比较参见表 10-1。

表 10-1　两种广告范式的简要比较

比较项	现代广告范式	数字广告范式
核心价值	广告创意	广告效果
关键要素	广告主/媒体/广告代理/消费者需求	广告主/数字触点/消费者数据/算法和人工智能/消费者需求

比较项	现代广告范式	数字广告范式
流程方向	广告找人（从广告主出发）	人找广告（从消费者出发）
决定因素	广告人的专业和智慧	大数据和人工智能的威力
主要特征	广告形式的迭代；媒体至上；劝说和创意的竞争	个性化、精准化广告；基于实效的广告计费
广告伦理	干扰、误导与虚假广告	个人隐私数据
产业规模*	百亿美元级	千亿美元级

注：*代表以全球广告收入最高的公司（集团）为代表。

现代广告范式下的广告英雄，如拉斯克、雷索、伯恩巴克、奥格威、李奥·贝纳、哈珀、索雷尔等已成为历史，如果我们问"数字广告范式的主角是谁"，答案应该是技术（算法和人工智能），因为技术已经在广告领域（如同在许多其他领域）大显身手。

10.6 数字广告的进化

数字广告作为一个统称，还在快速迭代、进化之中。粗略而言，网络广告是其 1.0 版，2010 年代的精准广告是其 2.0 版，2020 年代发展中的智能广告（AI advertising）是其 3.0 版。

数字广告的优势从一开始就十分明显。相比传统的线下广告，**数字广告 1.0 版已实现了**：

• 数字广告可覆盖所有数字渠道，通常相比于传统的离线广告可更快地启动；

• 数字广告费用更便宜，往往是"免费"广告，并不总是需要购买媒体；

• 数字广告在可跟踪性上优于传统的线下广告，例如更容易实现的点击归因有助于识别数字广告活动的有效或无效。

数字广告2.0版的进步体现在它显著提升了广告效果。运用大数据和智能算法的技术优势，广告的效果和效率达到了传统广告模式无法想象的水准和全新的境界。

- 广告"新物种"——搜索广告、移动社交广告和电商广告相继问世。广告形式多样化、视频化、娱乐化。

- 广告走向精准。广告内容趋于定制和个性化。广告投放针对特定的目标人群，并通过各种数字触点全方位触达目标。

- 程序化购买模式带来**数字广告购买**的革命。

- 广告付费革命。广告主可通过透明数据看到广告效果，广告主付出的费用与特定的广告目标成正比，只为想要的结果付费。

- 数字广告联盟极大地开拓了广告渠道，并提供了数字流量变现的普惠商业模式。

数字广告3.0版更令人惊艳，依托生成式人工智能（Generative AI）和通用人工智能（AGI），数字广告3.0版正在创新出广告的全新境界，广告将更有效、更生动乃至完全自动化，最重要的是，广告将不再是人类的工作领域。我们将在书末"广告的未来"中再展开讨论。

如前所述，在21世纪的第一个十年中，谷歌广告和脸书广告横空出世，威震四海。在全球数字广告的创新历史上，亚马逊是紧追其后的开拓者，它创造出数字广告的另一新品类——电商广告，显示出独特的魅力和电商的能量，从而构成了数字广告的三足鼎立。亚马逊广告的特色和奥妙何在？让我们简单剖析这个案例。

电商广告：亚马逊的再创新

亚马逊虽然拥有令无数广告主羡慕的高质量用户数据和巨大的网站流量，但是在很长的一段时间内，亚马逊将主要的精力集中在网上商品销售上，而广告只是作为补充，是可有可无的存在。2010年以前，亚马逊曾通过官方网站及附属网站售卖广告,主要是来自品牌厂商和卖家的促销广告或品牌广告。2012年后,亚马逊对广告的不屑态度逐渐发生变化,"沉睡的巨人"正在苏醒,慢慢对外界显露其在广告方面的野心。不过,首要问题是:电商如何开拓广告平台?

上章已述,谷歌因搜索广告而雄居首位、脸书因移动社交广告而得天独厚,所以它们的数字广告收入遥遥领先、令人羡慕。那么,亚马逊凭什么可以跻身数字广告公司三甲,并且增长速度惊人呢?从行业属性上看,"电商"和"媒体"二者相距甚远,甚至风马牛不相及,将电商强行纳入媒体的说法,当然也显得不伦不类、十分别扭。亚马逊不是媒体,可是,为什么电商之王亚马逊也能在数字广告市场上异军突起、熠熠生辉呢?答案是亚马逊创造了数字广告的新品类——电商广告。亚马逊的主要身份是超级电商,**使广告成为电商的主要收入来源之一是亚马逊在商业上的又一重大创新和突破。**

亚马逊的广告收入在2017—2022年的5年内增长了近10倍(见图10-5),2022年度广告收入达到377.4亿美元(比2021年的311.6亿美元增长了21%),2023年度广告收入达到469.1亿美元(比2022年的377.4亿美元增长了24%)。这个数据虽与谷歌和Meta还相差甚远,却是另辟蹊径而不是模仿的结果,且处于上升之中。因此,人们将亚马逊广告视为全球数字广告的第三股力量——零售电商广告。

回顾十多年前,2012年亚马逊在美国市场的广告收入(占全球市场的74%)仅4.5亿美元,2013年达到6.6亿美元,2015年也仅11亿美元左右。

2012年10月,亚马逊发布了全新的广告计划——亚马逊媒体集团(Amazon Media Group,AMG),这标志着亚马逊真正开始创新拓展广告业务。2013年,亚马逊的全球广告收入(扣除流量购买成本)达到8.35亿美元,较之2012年的6.1亿美元,增长超过36%。

2018年,亚马逊从战略和组织构架上整合强化广告业务,成立亚马逊广告(Amazon Advertising),这是亚马逊广告发展的一大事件。

2021年,亚马逊年广告收入311.6亿美元。2022年,亚马逊年广告收入

377.4 亿美元。2023 年，亚马逊年广告收入 469.1 亿美元，只占亚马逊总收入
（5 748 亿美元）的一小部分，不到亚马逊营销云（Amazon Marketing Cloud，
AMC）的一半，但因不需要像 AMC 那样大量投入基础设施，使得广告业务的利
润与 AMC 的利润接近，为 200 亿～250 亿美元。数字广告的魅力更加凸显
出来。

且看亚马逊如何利用其优势资源创造有别于谷歌和 Meta（Facebook）的数
字广告"新物种"——电商广告。

亚马逊首先是一家零售商，对标全球零售之王沃尔玛，二者的年收入已相当
接近。2022 年，沃尔玛年收入 5 728 亿美元，亚马逊为 5 140 亿美元；2023 年，沃尔
玛年收入 6 110 亿美元，亚马逊为 5 748 亿美元。

亚马逊的搜索广告，既是步谷歌的后尘，又有其自身优势。因为商品购物
类的搜索在所有搜索中占有很大的比例，亚马逊的商品搜索需求极大，而且在
亚马逊上看到广告后可以直接购物，不需要跳转页面，这一点促成了亚马逊广
告更高的转化率。搜索后直接一键完成购买，十分方便，这也令谷歌和 Meta 羡
慕。亚马逊亦通过朋友推荐，开拓基于社交的展示广告，它拥有与电商高度相
关的、经用户"同意"的海量一手数据，至少可以掌握用户的消费意图和实际购
买数据。在保护个人数据隐私和抵制 cookies（一种存储在用户计算机上的小型
文本文件，用于记录用户在网站上的活动信息，如登录状态、浏览偏好等）及第
三方数据的大趋势下，即使不能使用更广泛的用户资料，亚马逊也因为比 Meta
更加主动而有更大的广告空间。

概括起来，亚马逊的广告模式基于其具有以下 5 个方面的主要资源或潜在
的广告优势。

（1）**庞大的用户群体**。亚马逊拥有经常访问亚马逊网站和使用亚马逊产品
的庞大用户群体，这为广告主提供了巨大的曝光机会。

（2）**巨量的消费者数据**。亚马逊所拥有的数亿用户的购物数据是相较于其
他竞争对手的最大优势。亚马逊长期追踪数亿网购用户在亚马逊网站上的浏

览、搜索及购买记录,在这一过程中积累了大量的用户数据。亚马逊拥有的消费者购买行为信息,无疑比单纯的 cookies 更有价值。其丰富的消费者基本数据和行为数据,包括消费者的购买记录、浏览记录和搜索记录等巨量数据,可以帮助广告主精确定位和瞄准目标受众。这是亚马逊广告的核心竞争力之一。

(3) **强大的技术平台优势**。亚马逊拥有强大的技术平台,可以实时跟踪广告效果,并且可以根据客户数据动态调整广告策略,以不断实现广告效果优化。亚马逊开发了强大的推荐算法,利用这些算法为消费者推荐适合的商品,2023 年推出的亚马逊广告服务器(Amazon Advertising Server)可实现亚马逊消费者助力动态创意优化,还可以通过亚马逊营销云(AMC)提供关于广告活动效果和广告投放洞察的相关信息。通过将亚马逊广告服务器的跨媒体分析引入亚马逊营销云,用户可以获得有关受众和销售的高级洞察(Amazon Ads Insights),从而帮助他们优化在亚马逊的广告活动方案。

(4) **无处不在的数字触点**。亚马逊的目标既简单又巨大:亚马逊希望其无处不在,成为人与人及其设备之间几乎每一次互动的一部分。例如,亚马逊的智能音箱 Echo 是一个实现完全交互的数字新触点。Echo 是由其 Alexa 技术提供支持的众多设备之一,是实现亚马逊战略的一部分。随着亚马逊智能音箱设备在家庭中的普及,人们只需一个简单的口头命令,便可以轻松且随时随地地从亚马逊网购。

(5) **广泛的广告渠道**。亚马逊的广告渠道包括亚马逊自身的网站、亚马逊设备、亚马逊技术平台等,加上外部的广告联盟(Amazon Advertising Platform 和 Amazon Mobile Advertising Network),如 2013 年亚马逊发布的移动广告 API,允许开发者在应用内投放显示广告,并可以和其他广告网络同时嵌入应用当中,广告内容将来自亚马逊和其他广告主,让广告实现最大的曝光率和效果。

总体而言,超级零售平台、丰富的用户群体及数据、技术创新能力和广泛的广告渠道都是亚马逊吸引广告主的优势资源,利用人工智能技术整合这些资源后,亚马逊的广告部门已成为其增长最快的利润中心。正因如此,亚马逊成为全球数字广告的三大公司之一就水到渠成了。

但是，为什么亚马逊的广告收入还远不及谷歌（2023 年谷歌公司的广告收入为 2 379 亿美元）和 Meta？这是因为亚马逊广告的电商模式还没有前两类数字广告模式那么成熟，具体来说，虽然亚马逊左手拥有丰富的供应商和品牌，右手拥有巨量的消费者和数据，但"每条广告怎样才能一对一实时准确匹配"这个最关键的问题并未完美解决。前述脸书广告正是靠破解了这一关键问题才一飞冲天的（参见第 9 章）。可以预见的是，亚马逊代表的电商广告一旦在广告与消费者精准匹配上有了突破，其广告收入完全可能达到千亿美元级别。让我们拭目以待。

最后，笔者要强调让我们脑洞大开的**亚马逊广告的两大启示**。

第一，欲把握亚马逊广告的精粹所在，就不能用媒体的概念去理解 21 世纪的数字平台。说亚马逊是一种新的广告媒体（零售媒体），无疑是削足适履、故步自封。数字广告的基因三角是消费者、数字平台、广告主。数字平台已替代 20 世纪的媒体与广告代理商。广告与消费者之间的连接不再是传统媒体，而是多样化的、活跃的、实时可达的全方位数字触点。

第二，亚马逊揭示和证明了电商平台具有天然的广告优势：左手握着巨量消费者数据，右手连通大量的广告主（供应商）。只要能用妥消费者数据，有效匹配并激活二者之间的数字触点，那么从逻辑上讲，所有的电商平台都可能是潜力极大的广告平台，广告收入都有可能成为电商新的主要收入来源之一。例如，TikTok 正在提供新的证明。

数字广告的大机遇并不限于美国，中国的字节跳动和阿里巴巴都已进入全球数字广告五强之列。TikTok（字节跳动公司旗下）在欧美市场风起云涌、生机勃勃，值得我们从广告的视角看看它的独特之处。

短视频广告：TikTok 寻求新机会

2022 年是 TikTok 广告的标志年份，其广告收入越过 100 亿美元大关。

2023年，TikTok 的广告收入为 132 亿美元，与全球数字广告前三甲的公司 2023 年的广告收入（谷歌 2 379 亿美元、Meta 1 310 亿美元和亚马逊 469.1 亿美元）相比虽然还相距甚大，宛若巨人身旁的小孩，但也是令人刮目相看的孩子，是数字广告的后起之秀。

TikTok 的广告收入处于引人注目的快速上升阶段（见图 10-6），它的广告起步于 2019 年（3.4 亿美元），2020 年达到 14.1 亿美元，2021 年达到 38.8 亿美元，2022 年广告收入为 116.4 亿美元（是 2021 年的 3 倍）。Insider 公司称，2022 年 TikTok 在美国数字广告市场的占有率增长了一倍多，不过 TikTok 整体份额仍然很小，只占美国数字广告支出的 2%。

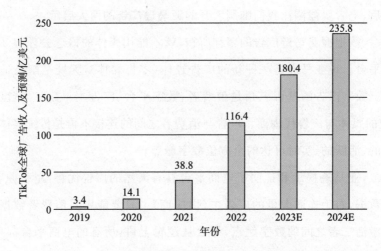

图 10-6　TikTok 广告收入的增长

注：2023、2024 年为预测值。

资料来源：eMarketer。

从行业属性看，TikTok 集社交网络和电商于一身，但它的广告模式不是简单模仿 Meta 或亚马逊，而是另辟蹊径，力图创造新的广告竞争优势。TikTok 广告的两个主要战略支撑点是年轻的一代和短视频广告。

第一，以年轻人为主要目标。TikTok 首先在美国市场非常成功，其高速增长得益于对 Z 世代（通常指 1995—2009 年出生的一代人，也被称为"网生代"）、千禧一代(通常指 1981—1994 年出生的一代人)等群体的影响和疯狂传播,在美国的月活跃用户近 1 亿。TikTok 的用户中,有 66％的用户年龄在 30 岁以下,其中 41％的用户年龄为 16～24 岁。Tiktok 的热门视频大多贴近年轻人的生活热点和现实需求,比如会渗透到学校和家庭作业中等。

第二,**聚焦短视频广告**。TikTok 广告的撒手锏是短视频(见图 10-7)。TikTok 公布的数据显示,其短视频广告覆盖了超过 10 亿的成年用户(2022),特别针对西方世界的 Z 世代或比其他社交平台上更年轻的受众。从消费者的角度看,喜好或偏好总是从文字信息转向图像信息,从静态图片转向动态视频。因为更省力、更娱乐,这种行为趋势是强大而不可逆转的。事实证明,在数字技术的支持下,短视频已成为社会和人们狂热的追捧对象,并且不限于年轻人,而向所有人群扩散。

图 10-7　TikTok 短视频界面
来源:TikTok 广告平台

TikTok 在广告领域紧紧抓住了这个重大的趋势和机会。**TikTok 并不是短视频广告的发明者,但它将短视频广告玩得风生水起,创造出新的境界**。虽然视频网站的开拓领先者是 YouTube(被谷歌收购),但其"视频"的范围和品类非常宽泛。TikTok 则集中力量专攻短视频和广告。例如,TikTok 广告平台为用户提供工具包"video creation kit",用户可以自定义使用这个工具包中现成的视频和图片模板,里面还有 300 多种免费的背景音乐供选择使用。TikTok 的短视频广告确实更容易吸引受众,特别是年轻人的注意力。

要说短视频,得从全球音乐电视台(Music Television,MTV)说起。20 世纪 80 年代初,弗雷德·塞伯特(Fred Seibert)和阿兰·古德曼(Alan Goodman)在美国成立了一家专注于青年市场的广告公司——Fred/Alan 公司,同时开创了全球音乐电视台(MTV)。在电视广告的基础上,全球音乐电视台于 1981 年首次亮相,其目标是吸引年轻人,他们必看视频,崇尚狂热的广告。全球音乐电视台改变了广告的外观,创造了一个狭窄的、排除年长观众的消费者社区。音乐频道虽然最初很难获得赞助商,但最终取得了成功。

TikTok 的广告特色体现在以下 4 个方面。

(1) 以短视频广告为主。TikTok 广告以快短片的形式播放,一般以 15 秒为主。动态画面远胜文字,能有效吸引受众,并使其留下更深的印象。

(2) 轻松自然的口语对话。TikTok 广告多以轻松自然的口语对话开头,以让受众了解更多信息,此外也将简洁的链接等信息置于短片末尾,以邀请受众参与。

(3) 丰富的表情与设计。TikTok 的广告采用多种表情与设计,既有丰富的音乐,又有夸张的动画,以吸引受众的兴趣。

(4) 连接吸引力强的社交活动。TikTok 广告结合社交传播特性,吸引受众参与挑战性或分享等有趣的活动,维持受众的参与度和黏性。

总之,TikTok 数字广告快速增长的原因有很多,除了上面讲的两个战略支撑点,以下因素也扩大了 TikTok 的广告优势。

(1) 平台用户规模大。TikTok 的用户规模庞大,吸引了数亿活跃用户,这使得品牌能够在广告中获得大规模的受众。

(2) 电商快速增长。TikTok 在电商领域的布局和增长(见图 10-8)使品牌可以在 TikTok 上直接进行商品推广和销售,从而提高广告转化率和收益。

(3) 平台用户年轻化。TikTok 的用户群体主要是年轻人,这些年轻人是品牌最重要的消费者,因此品牌能够通过 TikTok 获得更精准的目标受众。

(4) 广告形式的创新。TikTok 的广告形式非常新颖和多样化,如品牌挑战、原创音乐和品牌合作等,这些广告形式能够吸引用户的注意力和提高用户的参与度。

(5) 定向广告投放。TikTok 的广告平台拥有海量的定向广告投放功能,这些功能可以帮助品牌实现更精准的广告投放,从而提高广告效果。

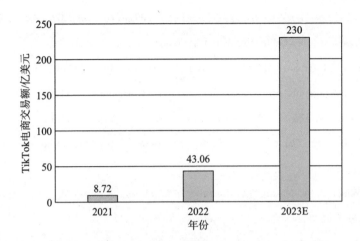

图 10-8　TikTok 电商的快速增长

注：2023 年为预测值。

资料来源：雅虎财经、36Kr、FastData。

（6）用户参与度。TikTok 的用户通常会在平台上花费大量的时间，这使品牌能够在广告中实现更高的用户参与度。

掩卷静思，在数字广告轰轰烈烈的 20 年间，令人印象最深刻的是，技术和知识的融合使广告绝处逢生、脱胎换骨。**知识是广告创新发展的第一推动力**。虽然广告充满了实战的精神气质和立足市场、拒绝纸上谈兵的本性，但几乎从现代广告发育之初，就已有学者和学术的身影，相伴于广告的成长，并且贡献斐然。让我们走进下一章"学源流长"，了解历史上的学者们如何以专业知识创新推动了广告的历史进程。

注　释

[1] J. McDonough, K. Egolf. *The Advertising Age Encyclopedia of Advertising* [M]. New York：Routledge, 2015. 条目：Wanamaker, John, 1838—1922.

[2] Ad Industry Still Doesn't Know Which Half of Ad Budgets Wasted | Ad Age [EB/OL]. [2023-09-21]. https://adage.com/article/special-report-magazines-the-alist/ad-industry-half-ad-budgets-wasted/69778.

［3］ G. J. Tellis. *Effective Advertising*: *Understanding When, How, and Why Advertising Works* ［M］. Thousand Oaks, Calif.: SAGE Publications, Inc., 2003.

［4］ Effective Advertising［EB/OL］//SAGE Publications Inc.（2023-08-19）［2023-09-21］. https://us. sagepub. com/en-us/nam/effective-advertising/book11407.

［5］ H. W. Hepner. *Effective Advertising*［M］. New York: McGraw Hill, 1941.

［6］ N. H. Borden. *The Economic Effects of Advertising*［M］. Homewood, Ill.: R. D. Irwin, 1942.

［7］ R. S. Winer, S. A. Neslin. *The History of Marketing Science*［M］. New Jersey: World Scientific Pub., 2014.

［8］ R. S. Winer, S. A. Neslin. *The History of Marketing Science*［M］. 2nd edition. New Jersey: World Scientific Pub., 2023:209-235.

［9］ R. Landa. *Advertising by Design*: *Generating and Designing Creative Ideas Across Media*［M］. 4th edition. Hoboken N. J.: Wiley, 2021.

［10］ A. Goddard. *The Language of Advertising*［M］. 2nd edition. London: Routledge, 2002.

［11］ 卢泰宏,周懿瑾.消费者行为学:洞察中国消费者［M］.4 版.北京:中国人民大学出版社,2021.

［12］ R. Vaughn. *How Advertising Work*: *A Planning Mode*［J］. Journal of Advertising Research, 1980, 20(5):27-33.

［13］ R. H. Colley. *Defining Advertising Goals for Measured Advertising Results*［M］. New York: Association of National Advertisers, 1961.

［14］ 1995 年,所罗门·杜卡(Solomon Dutka)试图延伸科利法。

［15］ 例如,Vakratsas and Amble 在 1999 年进一步充实提出 market response theory、cognitive response theory、affective response theory、persuasive hierarchy theory、theory of minimal involvement、integrative theory。

［16］ 有文献提出,埃尔莫·李维斯似乎在更早的时候就引入了 AIDA 模型。参见:Autoren-kollektiv. *Handbuch der Werbung*［M］. Wiesbaden: Gabler Verlag, 1968:24.

［17］ 参见 20 世纪 90 年代的有关综述,如 D. Vakratsas, T. Ambler. *How Advertising Works*: *What Do We Really Know*? ［J/OL］. Journal of Marketing, 1999, 63（1）:

26-43；D. W. Stewart，E. M. Clark，T. C. Brock. *Attention*，*Attitude*，*and Affect in Response to Advertising*［M］. New York：Psychology Press，1994；J. J. Davis. *Advertising Research*：*Theory* & *Practice*［M］. 2nd edition. Upper Saddle River，N. J.：Prentice Hall，2012.

［18］S. Craig. *Daniel Starch's 1928 Survey*：*A First Glimpse of the U. S. Radio Audience*［J/OL］. Journal of Radio & Audio Media，2010(17)：182-194.

［19］New Book Reports 37％ of All Advertising is Wasted［EB/OL］//Ad Age.（2006-08-08）［2023-09-21］. https://adage. com/article/news/book-reports-37-advertising-wasted/110937.

［20］T. S. 库恩. 科学革命的结构［M］. 李宝恒，纪树立，译. 上海：上海科学技术出版社，1980.

［21］US Ad Spending vs. Personal Consumption Expenditures（PCE），2000—2022（billions and ％ of PCE)［EB/OL］.［2023-09-21］. https://www. insiderintelligence. com/chart/262060/us-ad-spending-vs-personal-consumption-expenditures-pce-2000-2022-billions-of-pce.

［22］约瑞姆·杰瑞·温德，凯瑟琳·芬迪森·海斯. 广告的未来：全接触点价值创造［M］. 粟志敏，译. 北京：中国人民大学出版社，2020.

［23］W. F. Arens，M. F. Weigold. *Contemporary Advertising and Integrated Marketing Communications*［M］. 16th edition. New York：McGraw Hill Education，2021.

11

学源流长：
知识如何驱动广告

核心问题：知识如何驱动广告的进步？

主要人物：

沃尔特·迪尔·斯科特（Walter Dill Scott，1869—1955）

霍奇基斯（G. B. Hotchkiss，1884—1953）

约翰·沃森（John B. Watson，1878—1958）

丹尼尔·斯达奇（Daniel Starch，1883—1979）

斯蒂芬·福克斯（Stephen R. Fox，1948—　　）

奥托·克莱普纳（Otto Kleppner，1899—1982）

威廉·阿伦斯（William F. Arens，1941—2006）

内容精要：

本章探讨知识如何驱动广告的进步，回顾20世纪学者对广告的贡献，特别是早期心理学家如斯科特、霍奇基斯和沃森的奠基性工作。斯科特是广告理论的开创者，霍奇基斯建立了第一个广告学系，沃森则将行为主义心理学引入广告实践。本章还详细分析了广告研究的格局和理论来源，包括传播理论和劝说理论。传播学的"5W"模型和劝说理论的演变对广告学产生了深远影响。本章最后对广告教育的取向和两大经典教科书《克莱普纳广告教程》和《当代广告学》进行了评述，指出了其局限性和改进方向。

或许有人认为，广告不过是江湖叫卖、雕虫小技，何谈知识和学问？殊不知，一百多年来，广告正是靠知识的驱动才有了今天！本章将揭开学者投身广告的历史源头，并综述其进一步将广告变为一门学科和进入大学课堂的努力。其间广告出现了不同的思想流派和路径，为了厘清发展的脉络，笔者必须以一些代表性的人物和著作作为基础，这些人物和著作都是经过比较后精选出的，笔者重在对其进行剖析和评论。这一切都试图回答一个重要问题：**知识如何驱动广告的进步？**

现代广告在一百多年中的增长惊人，究其增长的动力，除了现代商业的需求和技术应用的驱动，专业知识是广告增长的重要驱动力量。

知识如何驱动广告发展？在上一章中，互联网、算法、人工智能对广告的赋能已经体现得相当充分。本章再回溯 20 世纪学者对广告的贡献，主要涉及以下三个方面：其一，早期心理学家是如何参与和推进广告的成长的；其二，20 世纪广告研究的发展格局与广告的主要理论思想来源；其三，广告教育思想略评。本章还将简析作为知识综合和继承的两部代表性英文原版广告学教科书——《克莱普纳广告教程》和《当代广告学》。

11.1 早期学者对广告思想的贡献

在广告思想史上，早期就出现了学者的身影，并为推进广告的发展作出了奠基性的重要贡献。随着广告对经济社会的影响不断增强，更多学科的学者将目光投向广告，使广告研究呈现出多学科、多元化的格局，丰富了广告的理论色彩。其中，一些研究直接推动了广告的发展，另一些研究则只代表学者自身的学科兴趣。本节重点阐述对广告实践产生直接推进作用的早期学者和思想。他们赋能广告，以学术滋养了广告的成长。

根据营销史奠基学者巴特尔（R. Bartels，1913—1989）的统计，1950 年以前的(英文)广告书籍不少于 130 种。[1] 20 世纪下半叶,关于广告的研究和著作数量有显著的增长。在广告书籍的浩瀚海洋的上空,广告学术的先驱犹如古老的星辰,闪烁着至今不灭的熠熠光辉。

广告思想的光芒最初来自**心理学**,以 20 世纪初学者对广告作用机理的探求和应用的学术探究弥补了商业的急功近利。这种最早期的思想追求,**使心理学成为广告的重要基石**,对广告发展的深远影响至今仍随处可见。因此,心理学是最先进入广告领域的学科。19 世纪末,商业的繁荣吸引了一批心理学家,他们积极

图 11-1　斯科特(Walter Dill Scott,1869—1955)

尝试将心理学注入商业应用。广告是他们首先关注并认定大有可为的领域,于是兴起了心理学向广告靠拢的新潮流,并对广告的发展产生了巨大的影响。在一百多年中,许多心理学家对广告思想不断作出贡献,我们先择要述评这一学术源头上最了不起的 3 位人物:沃尔特·迪尔·斯科特(Walter Dill Scott,1869—1955,见图 11-1)、霍奇基斯(G. B. Hotchkiss,1884—1953)和约翰·沃森(John B. Watson,1878—1958)。这 3 位学者都逝世于 20 世纪 50 年代。

斯科特:最早开拓广告理论的心理学家

文献表明,在 1900—1916 年,基于心理学的第一批广告著作相继问世:1900 年,美国明尼苏达大学的哈洛·盖尔(H. Gale)出版了最早的《广告心理学》(*The Psychology of Advertising*);1903 年,西北大学的斯科特出版了《广告理论》(*The Theory of Advertising*,见图 11-2[2]);1913 年,哥伦比亚大学心理学导师何林沃斯(H. L. Hollingworth)出版了《广告与销售》(*Advertising and Selling*);1916 年,密歇根大学心理学教授阿达姆(H. F. Adams)出版了《广告的心智法则》(*Advertising and Its Mental Laws*),这些著作的作者都是

美国大学的心理学学者。

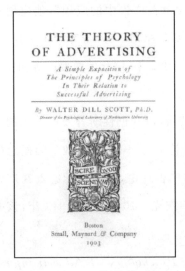

图 11-2　斯科特 1903—1908 年出版的英文版著作

　　其中，真正作出奠基性贡献的人物首推斯科特。他是最早让广告实践中的人们看到理论作用的学者，最早提出了"广告理论"的概念，并建立了广告理论的最早框架。他思想的深度和广度，使他成为在心理学方面对广告有奠基性贡献和长远影响的首屈一指的代表人物。

　　美国西北大学的凯洛格管理学院何以成为全球市场营销学的殿堂？除了有现代营销学之父菲利普·科特勒（P. Kotler，1935—　）先生担任终身教授，还因为早年西北大学校长斯科特在广告等领域的开创性工作所播下的种子。当现代广告的晨曦刚刚露出地平线时，斯科特就着手建构广告理论和广告心理学，这需要何等的学术远见和气魄！

　　当年，斯科特在德国获得博士学位后，任教美国西北大学，开启了他不同寻常的学术发展道路：他没有固守在心理学的纯学术范围里常规发展，而是将目光和兴趣投向全新的领域——广告和商业。斯科特以深厚的心理学功力，运用心理学的概念、理论和方法，研究商业活动和广告，开辟了新的学科领域。[3]

1901 年,斯科特在玛瑙俱乐部(一个市场业务人员的协会)进行了首次广告实验,同年又在芝加哥演讲"不经意的注意在广告中的应用",他应用心理学的知识和实验,阐述了广告吸引注意力的 6 条原则,在广告界产生了强烈的影响。他被邀请撰写系列文章在杂志上发表。1902 年,他开始教授广告和应用心理学课程,并在杂志上陆续发表了相关主题的文章。

斯科特将心理学原理应用于广告技巧,以开创性研究及已发表的文章为基础,在 1903 年出版了首部著作《广告理论》[4]。该书以心理学的概念(如注意、联想、认知、心理图像等)建构出最早的广告理论,其问世标志着在广告这个充满实践色彩的领域,开始出现了问鼎的曙光。10 年后的 1913 年,该书进行了再版。

1908 年出版的《广告心理学》(*The Psychology of Advertising*)[5]是他的另一本代表著作(见图 11-2),这是将心理学引入广告研究乃至营销学的著作,也是建立商业心理学分支的经典著作。9 年后,已是校长的斯科特出版了修订版的《广告心理学》(1917),这是斯科特对广告学的最后一次重大贡献,这本书直到 1978 年还在重印发行。中国最早翻译引进的广告学教科书,就是商务印书馆在 1926 年出版的斯科特的《广告心理学》的中译本,如图 11-3 所示。[6]

图 11-3 商务印书馆出版的中译本《广告心理学》(1926)

我们知道，直到今日，"广告心理学"和"广告理论"依然是广告学中两个极具价值的研究领域，斯科特的这两本开创性的著作，是这两个重要领域的奠基之作。因此，斯科特可以称得上是广告理论当之无愧的先行者和拓荒先驱。

斯科特不仅在广告思想理论和学科创建上厥功至伟，他也致力于用创新的学术方法解决广告的实际问题，为广告实务的发展提供知识的驱动力。1913 年，他的《理论与实践中的广告心理学》（*The Psychology of Advertising in Theory and Practice*）出版。他指出，广告中的许多问题都可以通过分析经验数据获得解决。他给出的新方法是通过调查来确定消费者购买产品的原因。他还以实验结果来支持某些断言，如矩形比正方形更让人赏心悦目。今天，亚马逊网站上仍在销售斯科特的一些书，包括这本《理论与实践中的广告心理学》（见图 11-4）。[7] 要知道，这距该书的初版问世已过去 110 年，离斯科特去世也已有 63 年之久，真正堪称广告学中的经典之作！

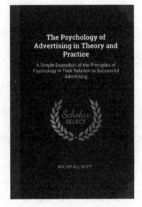

图 11-4　《理论与实践中的广告心理学》英文版

回顾斯科特的人生，他早年在美国西北大学获得硕士学位，受他老师的影响走上心理学之路，还差一点来中国访问。1900 年，31 岁的斯科特在德国师从著名心理学家冯特（W. Wundt），获得莱比锡大学心理学博士学位，随即任教于美国西北大学，创立了心理学实验室并担任主任。1908 年，斯科特晋升为教授。1909 年，西北大学商学院成立，他担任广告学教授和心理学系主任。

斯科特的独特之处在于他具有学术冒险精神。当时，他可谓学术圈内的一位叛逆者。当年，在大学心理学的学术圈内，大学教师们（包括同在西北大学任教的他的兄弟）都以标榜学术的崇高和纯粹为荣，以囿于学术象牙塔中为高，不屑于或看不起面向实践致力解决实际问题的学者和工作。斯科特特立独行，毅然选择了一条与众不同的道路。他没有在象牙塔中发展一般的心理学理论，而是走向社会，将学问贡献于解决实际问题。他专注于心理学在商业中的应用研究,尤其是心理学与广告和管理的关系,他致力于将心理学运用到商业和广告中。这在当时不仅需要拓荒的精神,更需要勇气和决心。所幸,斯科特有一位支持者——他曾经的硕士导师乔治·柯(George A. Coe)。这位导师给了他以积极正面的肯定,并鼓励他研究并开拓广告心理学。[8]此外,在与西北大学同城的芝加哥大学内,另一个重要的心理学家约翰·杜威(John Dawey,1859—1952)——对美国产生重大影响的著名学者,也正致力于创立他的实用主义。[9]杜威的"知行合一"的学术主张与斯科特的选择可谓不谋而合。历史证明,他们代表了学术的新方向。

1920 年,51 岁的斯科特当选为西北大学校长,开创了他第二段精彩的学术生涯。斯科特在任校长期间为西北大学筹集了超过 7 000 万美元的资金,并在芝加哥扩建校园方面发挥了重要作用。同时,他的思想在更广的范围内发挥着引领作用。他完成了一批新著作,被后人公认为是最早和最出色的商业思想家之一。在斯科特长达 60 多年的学术研究生涯中,他奉献出的创新商业思想和一批重要著作令人惊讶和肃然起敬。

斯科特是将心理学理论和技术引入商业实践并且作出最大贡献的先驱大学者,也是广告学和市场营销学的重要先驱人物之一。在 1920 年以前发行的 6 本营销学重要著作中,就有 2 本是他写的。[10]他还开发了基于心理学的人力测试评估工具(先在军队、后在公司使用),他的著作《人事管理》(*Personnel Management*)成为人力资源管理领域的奠基之作,1954 年出至第 5 版。[11]因此,斯科特也被称为"人事心理学(Personnel Psychology)的先驱"。他的著作还包括《提升商业活动中人的效能:心理学的贡献》(*Increasing Human Efficiency in Business:A Contribution to the Psychology of Business*)、《影响商业的人物》(*Influencing Men in Business*)、《商业心理学》(*Psychology of Business*)等。

斯科特于 1955 年在美国埃文斯顿去世,享年 86 岁。在他写的传记中,记述了他在芝加哥的成长和发展,以及对他有重要影响的人。

霍奇基斯：开创了第一个广告学系

2016 年，霍奇基斯（G. B. Hotchkiss，1884—1953，见图 11-5）被列为"广告先驱者"。[12]霍奇基斯比斯科特年轻 15 岁，他的贡献何在？一言以蔽之，他开了美国大学广告学教育的先河。

霍奇基斯容貌英俊、目光锐利，1884 年出生于美国康涅狄格州，毕业于耶鲁大学，学的是英语专业，获得了学士和硕士学位。他最初的想法是教英国文学和写诗，但后来却成了广告和商业写作的拓荒者和重要的营销先驱人物之一。

图 11-5 霍奇基斯（G. B. Hotchkiss，1884—1953）

1914—1917 年，他出版过多个版本的《商业英语手册》(*Handbook of Business English*)[13]。他得天独厚的语言优势帮助他在广告文案写作上捷足先登、一举成名。

霍奇基斯是大学广告学系的开创者，也是备受尊敬的广告教育奠基人。他在纽约大学商学院任教长达 42 年（1908—1950），1950 年从纽约大学退休后一直担任名誉教授，直到 1953 年去世。1915 年，霍奇基斯在纽约大学建立了广告学和营销学系，并担任该系主任 20 年。这标志着大学历史上第一次出现了"广告学系"。霍奇基斯撰写了许多广为人知的关于广告和相关主题的书籍，包括《广告文案》(*Advertising Copy*)[14]、《广告学概论》(*An Outline of Advertising*)[15]和《营销里程碑》(*Milestones of Marketing*)[16]等，堪称广告教育领域的先驱文献。

霍奇基斯认识到广告在商业教育中的重要价值，他的广告学立足于从广告与整个市场分配过程的关系，以及从广告的社会和经济功能的角度来体现广告的价值。1915 年，霍奇基斯与其他人合著的《广告学：原理和实践》(*Advertising：Its Principles and Practice*)[17]是早期最有影响力的广告学教科书的范本。1920 年，他又与人合作出版了《广告学原理》(*The Principles of Advertising*)[18]。

霍奇基斯确立的广告学框架的主要特色是兼顾内外两大方面,即综合了外部广告环境和内部广告运作的诸多问题。霍奇基斯也是奉行"知行合一"的广告学教授,他早年在纽约大学时担任过著名的乔治·巴顿广告公司的文案撰稿人,兼职做过《纽约太阳报》的记者,并且经常参与企业咨询活动。霍奇基斯于1922年担任全国广告教师协会主席。他在广告教育和商业写作方面都产生了深远的影响。

沃森:对广告影响最大的心理学家

在斯科特之后,出现了对广告实践作出巨大贡献的另一位伟大心理学家,他就是比斯科特出生晚不到10年的约翰·沃森(John B. Watson)。在"20世纪百位广告名人榜"中,科学家和学者凤毛麟角,首位代表者就是沃森,他排在第38位。[19]

图11-6 约翰·沃森(John B. Watson,1878—1958)

沃森相貌俊秀、目光犀利,特立独行、自成一格(见图11-6)。沃森在心理学界大名鼎鼎,是行为主义心理学的创始人,被誉为"行为心理学之父"。提到沃森时,大多数人只知道他在创立行为主义心理学方面的重大贡献,可能未曾想到,沃森的一生分为截然不同的上半场和下半场:前半生在大学开创学术新领域,后半生投身商业广告注入新知识。他真可谓学界的传奇、广告界的奇人!

1903年,沃森在著名的芝加哥大学(University of Chicago)获得心理学博士学位,并留校任教。1908年,他成为约翰霍普金斯大学的心理学教授,并立即创立了一个比较(或动物)心理学研究实验室。1913年,他在划时代的文章"心理学:作为行为主义者的观点"(*Psychology as the Behaviorist Views It*)[20]中,第一次提出了行为主义心理学的新学术思想观点,他声称心理学是人类行为的科学，就像动物行为一样，应该在严格的实验室条件下进行研究。沃森创立的行为主义心理学流派在 20 世纪 20 年代至 30 年代成为美国占主导地位的心理学。1925 年，沃森还写了一本有助于普通大众进入专业心理学领域的有趣科普读物《行为主义》(*Behaviorism*)，普及行为主义心理学的基本概念。沃森创立的行为主义心理学流派，在 20 世纪二三十年代成为美国占主导地位的心理学。

1921 年，43 岁的沃森离开霍普金斯大学，转而全职加盟智威汤逊广告公司 (JWT)。在迈出人生转折的这一大步前，沃森已是创立了心理学新分支的名声鼎盛的大学者，在学界和学者生涯的历史上，这几乎是绝无仅有、令人惊讶的个案。沃森的这次人生大转折曾经轰动一时，有人揣测，是因 1920 年沃森与第一任妻子离婚引发的流言，促使他离开霍普金斯大学。笔者以为，更重要的原因是：投身广告界可以为他自己带来意义和价值。

直至 1946 年退休，沃森投身商业广告领域长达 25 年之久。广告界称他是"广告界的普罗米修斯"，希腊之神普罗米修斯冒死将火种带给人类，沃森则亲身向广告界送来了心理学的知识光芒，这在很大程度上改变了广告业的面貌。沃森因而被公认为美国广告业的先驱，在 1999 年荣登"20 世纪百位广告名人榜"。

沃森加盟的智威汤逊 (JWT) 是首屈一指的广告公司，该公司当年的掌门人斯坦利·雷索 (Stanley Resor) 当然是促成此事的关键人物。沃森的行为主义心理学主张，心理学的目标是预测和控制，这与商界的目标特别吻合。雷索期待沃森将学术和新理念应用到广告实践中，两人一拍即合、珠联璧合，企业家与大学者面对面促膝交流，实现以学术优化广告过程和效果的理想。他们共同使基于"科学"方法的广告决策占据突出和主导地位，在广告实操中发挥出显著的威力。[21] 同时，沃森还在美国各处发表有关"广告的科学"(science of advertising) 的演讲，推动、促成行为心理学在广告中的推广应用。

沃森认为，广告应该从心理学角度进行研究，应该更多地考虑消费者购买行为的心理因素，而不是只吸引消费者关注价格和产品特征。他强调广告中消费者的情感因素的重要性,这使广告更具吸引力,更能够激发消费者的购买欲望。他主张,在广告中强化消费者的情感因素,能更好地满足消费者的需求,让广告变得更加有效。

沃森在将行为主义概念引入广告实践时,特别聚焦挖掘消费者的基本心理情绪——爱、恨和恐惧(love,hate,and fear),以此深化、强化广告的吸引力。他开拓了以"爱、恨和恐惧"为广告创意基本元素的基本方向。这种广告被证明是非常有效的。一个典型的例子是,最早以"性"为创意元素的广告就出现在智威汤逊广告公司所做的伍德伯里香皂的广告语"A Skin You Love To Touch"里面,以爱的触肤之感觉体验深深打动了消费者(参见第3章)。

沃森将心理学应用于商业广告,展现了行为主义心理学的强大威力,以及将科学引入广告的合理性。智威汤逊的灵魂人物雷索与他联手共进,在科学广告的时代大潮中,推动了科学广告思潮的兴起和发展。但沃森并未拘泥于刻板的数据及印证之中,在更长远的历史视野中,沃森的重大贡献是开启了消费者行为心理学的商业应用[22]。他强调消费者的情感因素,这亦通向了广告的艺术路线和后来的创意革命。

斯科特和沃森这两位杰出心理学家走出学术象牙塔、拥抱广告的勇气和行为,跨越时空、潜移默化地影响了中国的一位心理学家马谋超。这位中国科学院心理学所的研究员在中国广告大潮蓬勃兴起的20世纪90年代初写了一本《广告心理学基础》[23]的书并出版。这本薄薄的书,在开放不久的中国,受到广泛的关注和传播。此情此景,与90多年前斯科特在美国普及、宣讲广告心理学知识几乎没有大的不同。

以知识推进广告的早期代表人物,除了上述3位,还应列举乔治·盖洛普(George Gallup,1901—1984)和丹尼尔·斯达奇(D. Starch,1883—1979)。限于篇幅,在此仅略描数笔,暂不详细展开。

盖洛普这个名字通常与政治民意调查有关,但他除了是民意调查的奠基人物之外,在广告领域也有着漫长而杰出的职业生涯:从他在20世纪20年代作为研究生写的广告研究论文开始，一直到他在一流广告公司扬·罗必凯工作长达 15 年的经历。

盖洛普在 1935 年创建的盖洛普公司，后来成为全球知名的社会调研公司及该行业的鼻祖和领头羊。1948 年，乔治·盖洛普登上《时代》杂志封面（盖洛普公司创始人、著名社会科学家），如图 11-7 所示。在 1999 年发布的"20 世纪百位广告名人榜"上，盖洛普荣居第 45 位。[24]

图 11-7　1948 年《时代》
杂志封面人物盖洛普

除了盖洛普，还有第 10 章中提到过的斯达奇，他是心理学家和商业咨询专家，也是 20 世纪初期市场营销和消费者研究的先驱之一。他在美国威斯康星大学和哈佛商学院任过教授（1920—1926），又在美国广告代理商协会（4A）主持过研究咨询部。1923 年，斯达奇创立了从事广告和市场研究的公司，在广告效果测试方面有所发明。他也是早期代表性广告学教科书的开拓者之一，代表作有《广告学：原理、实践及技术》（*Advertising：Its Principles，Practices，and Techniques*）[25] 等，如图 11-8 所示。斯达奇享年 96 岁，在"20 世纪百位广告名人榜"中名列第 84 位。

图 11-8　斯达奇的代表作

11.2　广告研究的格局和两种逻辑

20 世纪以来,广告研究在广度和深度上不断推进[26],其重要标志是在 20 世纪下半叶有三本研究类的广告期刊陆续问世:1960 年创刊的《广告研究》(*Journal of Advertising Research*,JAR,美国广告研究基金会主办)、1972 年创刊的《广告学刊》(*Journal of Advertising*,JA,美国广告学会主办)和 1985 年创刊的《国际广告学刊》(*International Journal of Advertising*,IJA)。这三本期刊作为研究类的期刊被科学网(Web of Science,WOS)收录,表明广告研究在近半个世纪有了质的进展。其他的广告杂志,如 1930 年创刊的《广告时代》,虽具有广泛的影响力,但都未被列入学术研究的范畴。

笔者以为,广告研究迄今大致可分为**三个层面:其一,提升广告功效的研究;其二,广告的外部研究(社会与文化);其三,广告发展的自身研究(广告史)**。其中,提升广告功效的研究和理论是最重要的,如前所言,这也是早在 20 世纪初就开启了的研究领域。广告对经济社会的影响越来越大且不容忽视。20 世纪中叶之后,广告的外部研究吸引了历史学家、社会学家和文化研究学者的兴趣和关注,出现了关于广告宏观外部研究的一批重要著作。

本节先以不同研究视角展现广告研究和理论的**格局和两种思想逻辑**,通过代表性著作粗略论及**广告研究的外部路线和内部路线**,然后重点阐述、评论提升广告功效的两大理论来源及其发展。

广告研究的多元视角

正如营销思想史奠基人罗伯特·巴特尔所言,广告思想的发展经历了 3 个阶段:初始、整合和专业化。[27]初始阶段关注的是广告的实用功能(推销);整合阶段引入了心理学、经济学、社会学的思考;整合之后,很快向纵深发展,形成了多个分支领域和专门主题,如广告文案、广告创意、广告媒体、广告策略、广告效果、广告文化等。

广告学是一门实用性很强的应用学科,从具有代表性的广告学教科书便可明显反映出来(参见本章后面部分)。通过吸收相关的学科知识而形成广告理论,是广告学科的一个特征。因此,把握广告学科思想脉络的前提之一是,需要梳理和认清其多学科或多种视角的格局。20 世纪初以来,广告研究的视野从心理学、营销管理和艺术设计蔓延到人文社会科学的许多方面,主要可归纳为以下 6 个方面。

1. 心理学的视角和广告心理理论

广告心理学从心理学的视角研究广告,着眼于广告的受众,探讨广告如何影响人们的心理和行为,如广告认知、情绪、情感、购买行为等;基于消费者对广告的反应,考虑如何改善广告策略。

自 20 世纪初至今,从最早的心理学家斯科特的《广告心理学》到现代的美国心理学家凯文·麦斯威尔(Kevin Maxwell)的《广告心理学:理解消费者行为》(*Advertising Psychology: Understanding Consumer Behavior*),广告心理学研究的人物和著作可谓汇流成大河,络绎不绝。[28]

2. 传播的视角和广告传播理论

传播在广告发展中占有很重的分量。20 世纪兴起的传播学对广告学术思想和理论的影响及贡献巨大。广告的传播过程及消息的发送者、接收者和环境之间的关系是这方面研究的重点。本章后面将进一步阐述传播理论体系的建立。

3. 市场的视角和广告营销理论

自从现代广告转型为企业和产品服务(参见第 2 章)之后,广告的销售使命和营销使命就越来越显著。20 世纪 60 年代建构的以满足顾客需求和赢得市场为中心的营销管理与广告在理论思想和学科架构中融为一体。毫不奇怪,广告被视为营销管理中的一个要素[29]，营销理论（如整合营销传播）被广告学作为重要的支点。营销学家对广告的研究和贡献甚多。[30]应当指出，有人将此视角误为经济学并不妥当、准确，管理学与经济学各有千秋，已分立门户。

4. 设计及艺术的视角和广告设计理论

广告设计理论从作品的视角研究和提升广告，探讨如何从设计、创意、表现形式等方面达成广告的目标效果。从广告海报开始的这一视角由来已久，涉及艺术流派和设计风格的演变。正如美国广告学家罗斯（James Ross）所言，广告设计理论主要关注广告活动如何使用有效的设计，以达到有效的效果。

5. 社会的视角和广告社会学

广告社会学运用社会学知识研究广告与社会的相互影响，探讨广告对社会的影响，例如广告如何影响人们的价值观、社会风俗和行为方式等，以及广告出现的社会背景。

6. 文化的视角和广告文化史

广告文化研究的视角关注广告如何影响文化和社会，以及文化如何影响广告；探讨广告如何反映不同的文化价值观，以及广告文化如何塑造社会文化环境，如何影响消费者的思维方式、行为方式和价值观，广告如何影响社会的发展和如何影响文化的变迁。

上述 6 种研究视角并没有包括技术的视角。随着 21 世纪数字广告的大发展，广告研究跨界进入技术领域，广告数字智能技术正成为日益重要的新知识领域和广告研究的新方向。

广告史研究的两种逻辑

在简要勾勒了广告理论的思想来源和多种研究视角的格局之后，让我们揭示**广告史研究的两种逻辑：外部主导和自身主导**。

先从广告的外部研究说起。20 世纪下半叶，人文社会科学的众多学者纷纷涉入并推动了广告思想的发展，他们以欧美一些大学教授为主，发表了一批有影响的论著。这些著作的问世与传播，既反映了社会学、文化学对广告的关注和思想影响，也映射出了广告发展对人文社会科学的影响。以下简要列举，让读者略窥其概貌，并明确其学术视角和定位。

广告社会学研究方面，美国社会学家和文化研究专家霍尔姆斯（John Holmes）的《广告：社会变迁的社会学研究》（*Advertising：A Social Change Sociology Study*）一书，打开了从广告来考察美国社会变迁的新视角。美国社会学家哈里斯（Will Harris）的著作《广告文化：现代社会的社会学研究》（*Advertising Culture：A Sociological Study of Modern Society*），则是从广告文化的角度展开现代社会的研究。

英国盖特勒（David Gauntlett）教授于 2008 年出版的著作《媒体社会：影响和效应》（*Media Society：Effects and Consequences*）[31]，是广告社会学研究的进一步深入，主旨是探讨广告对社会的影响，提出了广告社会学的理论模型，涉及广告如何影响消费者行为，消费者如何对广告做出反应，广告如何影响社会的行为和思维方式，以及广告如何影响社会文化和价值观。

在**广告文化史**的著作方面，美国在 20 世纪 90 年代出版了两本代表性著作，其传播和影响范围甚广。其一是美国罗格斯大学历史学教授李尔斯（Jackson Lears）在 1994 年出版的《丰裕的寓言：美国广告文化史》（*Fables of Abundance：A Cultural History of Advertising in America*，见图 11-9）。该书很早就有中译本[32]，挖掘了美国 19 世纪广告的起源，研究了美国消费主义的兴起。李尔斯的基本论点是：广告通过将物质丰富的物品视为经济地位和社会进步的象征，强化了美国的清教徒式异化。作者最核心的关注是广告文化与清教徒精神从冲突到接纳的历史，这也是该书的亮点。

另一本广告文化史著作是美国历史学家西沃卡（Juliann Sivulka）教授在 1997 年出版的《肥皂剧、性和香烟：美国广告文化史》（*Soap，Sex，and Cigarettes：A Cultural History of American Advertising*）[33]，见图 11-10。该书讲述了美国

广告作品随时序发展的进程,书中配有大量生动、美观的广告插图,以吸引和打动读者。作者的基本写作角度是广告如何反映社会并推动社会创造,即通过广告看美国社会文化的变化。

图 11-9 《丰裕的寓言:美国广告文化史》英文版

图 11-10 《肥皂、性和香烟:美国广告文化史》英文版

应该强调,多角度的开放式研究广告史固然是好,但围绕**"谁是广告史的主体或主角"出现了两种研究的逻辑:外部逻辑(如社会或文化)和内部逻辑(如人物和作品)。**另一批广告史研究者主张,广告史当然应该是广告本身主导,包括广告自身的思想、人物、活动和事件。

以广告自身为主体、用历史学方法写出的广告史著作,首推美国著名历史学家斯蒂芬·福克斯(Stephen R. Fox,1945—)在 1984 年出版的《魔镜创造者:美国广告及创造者的历史》(*The Mirror Makers:A History of American Advertising and Its Creators*)一书,见图 11-11。[34]该书在国外长期备受广告界内外的尊重和推崇,是《广告百科全书》中引用较多的文献之一。这种基于广告内部逻辑的广告史获得了广告界的充分肯定,最具影响力的广告人奥格威为此书写的推荐语是:"每个广告专业的学生和每个从业者都必须阅读这本书。为什么？因为它是有史以来最可靠的广告史。"

该书通过深入研究，生动地描绘了对广告的全面理解，为读者呈现了一幅丰富而深刻的美国广告历史画卷。书中详细介绍了美国广告业的历史脉络，其主线聚焦于广告创作者的生平和作品。通过对广告人和广告创意的追溯，展示了广告是如何塑造美国文化的。通过对广告创作者和广告历史的追溯，揭示了广告在美国社会发展中的作用和影响。对于对广告感兴趣的人、广告从业者及广告研究者来说，这是一部很有价值的广告史著作。其主要特色如下。

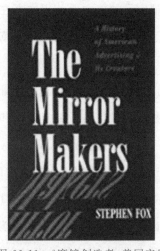

图 11-11 《魔镜创造者：美国广告及创造者的历史》英文版

（1）广泛而深刻的研究。作者在书中展示了对美国广告历史广泛而深刻的研究。他不仅仅关注广告行业的发展，还对广告创作者的生平和作品进行了深入挖掘，使读者能够更全面地理解广告业的演变过程。

（2）广告创作者的生动描绘。书中生动地描绘了一系列广告创作者的生平故事，这让历史变得更加具体而有趣。通过这些人物的经历，读者能够窥见广告业的内幕，以及广告从业者在推动行业发展中所扮演的角色。

（3）文化和社会背景的关联。本书巧妙地将广告业发展置于广泛的文化和社会背景之中。作者展示了广告是如何反映和塑造了美国社会的价值观、潮流和文化的，为读者提供了对广告的深刻理解。

（4）对广告创意和营销策略的分析。作者对广告创意和营销策略进行了深入的分析，揭示了广告创作者如何在不同时期应对挑战，如何采用创新的方法推动广告业的发展。对于广告从业者和市场营销人员来说，这是有价值的学习资源。

（5）对反文化运动的关注。书中对广告与反文化运动之间的关系进行了深入研究。这一方面使得本书在描绘广告历史时更加全面,另一方面也让读者能够了解广告如何适应社会变革和文化转变。

(6)语言生动,易读性强。作者以生动、有趣的语言风格编写了这本书,涉及广告行业的历史和文化背景,具有很强的可读性。这让学者和一般读者都能轻松地理解广告业的复杂性和变迁过程。

此书的副标题"A History of American Advertising and Its Creators"指明了这条主线。但是,作者或出版商采用"The Mirror Makers"(魔镜创造者)这一隐喻的主书名,传达了其对广告业的深刻看法,却颇费理解、耐人寻味。如何解读此书名的隐喻? 笔者以为,"The Mirror Makers"(魔镜创造者)是指广告人和广告业,魔镜的前面是产品、品牌等广告之物;人们通过广告看到的是经过魔镜折射出的"镜像",是广告创意的结果。广告就像创造一种魔镜,反映和投射出产品、品牌及社会、文化和消费者的形象。这绝不是刻板的照相,所以中译为"魔镜"而不是"镜子",以避免误解。

将广告看作是一种反映和塑造社会文化的工具,可能有多层含义。

(1)广告的反映和影响。此镜不仅是一种表面的反射工具,还具有改变人们视觉感知的作用。同样,广告作为一种文化表达形式,不仅是对社会的反映,同时也在塑造和改变社会观念、文化价值观等方面发挥着作用。书名可能强调了广告的这种双重性。

(2)广告创作者的作用。将广告从业者称为"The Mirror Makers",可能意味着他们不仅是广告制作者,更是社会的反映者和塑造者。他们通过广告传达信息,塑造品牌形象,同时也在某种程度上参与社会和文化的创造过程。

(3)广告业的历史性审视。"A History of American Advertising and Its Creators"强调了书的历史学视角。书名整体可能意味着通过对广告人和广告业历史的审视,让读者能够看到广告是如何在历史中反映和影响美国社会的。

福克斯这本书的局限在于时间边界,他只写到20世纪为止。该书1997年再版时,他为1984年的初版补充了一个21页的"1997版导言",但是这篇长长的导言也只是主要补充了两方面内容：全球广告业的疯狂并购（参见本书第8章）和广告创意的进一步发展。遗憾的是，作者并没有听见远处正传来的惊天动地的隆隆雷声，未能预感和意识到 21 世纪数字广告正在到来。

遗憾的是，相对上述李尔斯和西沃卡的广告社会文化史的著作都早已被译为中文出版，福克斯的这本可视为经典的广告史著作却还没有译为中文出版。这对于中国广告界和广告研究者来说，未免是一种缺失或偏漏。

另一本广告史著作——图格（Mark Tungate）的《广告之地：广告的全球历史》（*Adland：A Global History of Advertising*）[35]，则是完全基于广告内部逻辑的描述性著作。图格采用了叙述性的写作方式（narrative writting），具有明显的记者风格。相比之下，福克斯的广告史著作不仅有历史学的专业严谨性，而且有更宽阔的视野。福克斯在内部逻辑主导下，兼顾了外部逻辑。1990 年，由美国历史学家诺里斯（James D. Norris）所著的《广告与美国社会的转型，1865—1920》（*Advertising and the Transformation of American Society，1865—1920*）[36]一书，专门研究了美国早期广告的转变，以及广告与社会转变二者之间的相关互动，也是一本兼顾内部逻辑和外部逻辑的广告史著作。

广告社会史和广告文化史的一些著作或许被看成广告史的上乘之作[37]。诚然，广告不仅仅是商业行为，还是文化的一部分，这使得广告思想史在研究社会变革方面具有独特的价值。但值得指出的是，上述列举的 5 本书却是将"文化"或"社会"作为主体，广告只是社会文化研究的"取样"或桥梁，这显然是作者自身的学科爱好，并非广告界的主流所需，因为这些著作首先是文化史或社会史，即使被视为广告史著作，也是喧宾夺主的广告史，离广告本身甚远，对广告界影响甚微，更谈不上对改善广告实际运作的启示和贡献。有鉴于此，在简略论述广告的外部研究之后，我们更要将目光和重心转向对广告自身研究的理论思想上。

11.3　广告理论的思想来源：传播学理论和劝说理论

　　如前所述，广告学作为一门学科，是在多学科的基础上形成的，其理论体系具有交叉学科的特征。其中，心理学、传播学、营销管理和数字技术的影响尤为重要。心理学为广告学理论奠定了基础，而**传播学理论**和**劝说理论**在广告理论中发挥了关键作用。以下分别追溯这两个理论对广告学的贡献及其来龙去脉。

传播学理论

　　20世纪中叶，大众传播的蓬勃发展极大推进了广告产业，广告与传播结为一对孪生兄弟，传播媒体为广告插上翅翼，助广告飞入千家万户，广告为媒体提供成长的财源。"二战"后兴起的传播学理论源于媒体，也自然而然成为广告知识库中的重器。广告学迫切地将传播学理论作为自己的学科基础，例如我国高校中最早设立广告学专业的厦门大学，便与传播学教育的奠基者威尔伯·施拉姆（Wilbur Schramm，1907—1987）的弟子余也鲁（1924—2012）相关，余也鲁从**香港中文大学引入传播学作为厦大广告专业的基础**。后来，许多所高校的新闻传播学院设立广告专业，也都以传播学作为广告专业的基石。传播学成为广告学的近缘学科。

　　"二战"后的几十年间，传播学成为热门的显学，吸引了一批活跃的人物。尽管后来出现了某些理论的分支和流派[38]，但传播学的核心思想和理论的底层逻辑仍来自美国的哈罗德·拉斯韦尔（Harold D. Lasswell，1902—1978）。拉斯韦尔是真正佩戴"传播学奠基人"这项桂冠的人物。不少人将施拉姆称为"传播学创始人"，但这并不合适，他只是传播学教育的先行者。

　　在拉斯韦尔的重要开创性贡献中，首推他于1948年提出的传播学"5W"模型。虽然这只是出自他的一篇种子论文《社会传播的结构与功能》[39]，但该论文提出了传播学的一个最简洁的、最普遍的学科框架，被学界认为是纲领性的力作、传播学的经典成果和独立宣言。1946 年，拉斯韦尔和史密斯合著出版《宣传、传播和舆论》一书，书中第一次明确提出了"大众传播学"的概念，并分别论述了传播过程中的"渠道""传播者""内容"和"效果"等要素。拉斯韦尔与合著者的三册巨著《宣传与传播世界史》，在他逝世后的第二年（1979）出版问世。

"5W"模型（见图 11-12）中的五个 W 分别是：Who（谁说）、Say What（说什么）、In Which Channel（通过什么渠道）、To Whom（对谁说）、With What Effect（产生什么效果）。

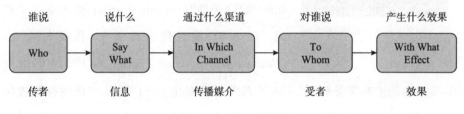

图 11-12 "5W"模型

五个 W 指向 5 大问题域，引申出大众传播的 5 大研究领域或分支：信息源分析、内容分析、传媒分析、受众分析、效果分析，进而各自展开了无数的研究问题和丰富的应用策略。例如，后来应用很广的"广告代言人"策略，属于对第一大问题域"谁说"的延伸研究；广告创意属于对第二大问题域的挖掘和深入；媒体研究及策略则属于对第三大问题域的分解和细化；等等。

拉斯韦尔之后，传播学的最重要的突破点是传播中的互动效应，带来了传播效果的飞跃。这一场景主要发生在 21 世纪社交媒体和数字平台问世之后。

劝说理论

"从传播转向劝说"，这是广告理论的一大步，劝说理论（persuasion theory）有助于更好地研究、设计和传播广告，以提高广告的说服力。劝说其实比传播本身更接近广告的目的，因而更重要。有人会说，传播理论中不是也涵盖了劝说在内的"传播效果"吗？是的,但劝说是被置于次要的位置,不是理论的中心。

图 11-13 卡尔·霍夫兰(Carl Hovland,1912—1961)

迈出这一大步和实现理论重心的转移,首先归功于耶鲁大学心理学和传播学教授卡尔·霍夫兰(Carl Hovland,1912—1961),见图 11-13。这位社会科学家是通过实验法测量态度的改变和传播效果的先驱,亦被视为改变传播学的重要学者,他因开创劝说理论概念而备受赞誉。

霍夫兰重要的思想贡献是用"劝说"(persuasion)取代"传播"(communication)作为第一关键词。1953 年,他在代表性著作《传播与劝说》(*Communicating and Persuasion*)[40] 一书中阐明,传播和劝说都很重要,但主次关系发生了变化——广告从传播的视角进化到劝说的视角。正如现代广告的定义更突出劝说:广告是一种劝说工具,旨在创造、改变或塑造接收者的态度和行为。显然,这是广告思想理论的一次跃迁。

在人类思想史上,劝说是一个古老又历久弥新的命题。

古希腊亚里士多德(公元前 384—前 322)在其《修辞学》中就提出过劝说的完整框架,包括三种关键方式:情感说服(pathos)、逻辑说服(logos)、人格说服(ethos)。亚里士多德将情感说服置于首位,即"动之以情"应先于"晓之以理";他又发挥了人格说服的三要素论,即成功的劝说者应具有三要素:见识(good sense)、美德(good moral)和好意(good will)。亚里士多德的着眼点是劝说者的人格威信,依靠劝说者的可信度和人格威信,能使受众觉得可信[41],即传播学框架中的"谁说"这个环节。

两千多年后的 20 世纪 50 年代,万斯·帕卡德(Vance Packard,1914—1996)出版《隐蔽的劝说者》(*The Hidden Persuaders*)[42] 一书,揭示了广告作为劝说者是隐形的、隐蔽的,广告常常会利用心理手法和人性的弱点诱惑、误导消费者。帕卡德的《隐蔽的劝说者》引发了强烈的社会反响,成为广受关注的畅销书

（参见第 12 章）。

作为现代劝说理论的奠基人，霍夫兰的贡献有两点：其一，他将理论重心从"传播"转向"劝说"；其二，他提出了一个标准的劝说模型（1959）和一套原则。霍夫兰认为，劝说是引起人的态度改变的有效途径，即通过给予一定诉求，引导接受者的态度和行为趋向于劝说者的预定方向。广告劝说理论涉及试图用广告影响人们去做一些他们本来不会考虑的事情。霍夫兰的劝说模型包括四个基本要素：劝说者、劝说对象、劝说信息和劝说情境。其中，劝说者、劝说信息和劝说情境构成了态度改变的三个外部刺激要素。

现代劝说理论自霍夫兰之后不断发展。[43]例如，广告劝说理论的主要贡献者之一斯坦顿（Amy Stanton）的代表性著作包括《广告劝说理论：理解和应用》（*Advertising Persuasion Theory：Understanding and Applying*）和《广告劝说：创造和持续影响》（*Advertising Persuasion：Creating and Sustaining Influence*）。

1983 年，佩蒂（R. E. Petty）提出了根据消费者卷入状态选择正确的广告劝说路线的详尽可能性模型（Elaboration Likelihood Model，ELM）。佩蒂将劝说路线（persuasion route）分为两种：一种是劝说的中心路线（central route to persuasion）；另一种是劝说的外围路线（peripheral route to persuasion）。ELM 对广告策略的指引非常清楚：对高卷入度的购买（如购房），广告应使用中心路线，将重点放在信息的可信度上，以提高对内容的吸收，例如请专家或权威机构做代言人，要强调品牌的可靠性、高质量等特征；对低卷入度的购买（如买饮品），广告应使用外围路线，将重点放在信息的形式而不是内涵上，如通过运用视觉化的符号、邀请名人等来增加吸引力。[44]

布莱克（William Blake）曾写过《劝说的艺术》（*The Art of Persuasion*）一书，随之出现了**劝说理论的另一座高峰——影响力（influence）理论**，因为它构成了**劝说理论的另一种视角**，引发了一批影响广泛、引人注目的畅销书和经典著作出版的现象。这些来自心理学和社会科学的思想和知识对广告的价值巨大，不容忽视。

影响力领域的奠基性学者是享有"影响力教父"（godfather of influence）之称的美国社会心理学家罗伯特·西奥迪尼（Robert B. Cialdini,1945—　），他的研究也被《哈佛商业评论》列入"当今商业的突破性思想"之中。西奥迪尼的代表性著作《影响力：劝说心理学》（*Influence：The Psychology of Persuasion*）[45]产生了空前的积极反响。该书被译为 40 多种语言，售出超过 300 万册，是《纽约时报》的畅销书，被列入"纽约时报商业畅销书排行榜"。《财富》杂志将该书列入"75 本最聪明的商业书籍"。该书还被列入"有史以来 100 本最佳广告书籍"，并高居第三位。[46]西奥迪尼的著作还包括《影响力：科学与实践》《前劝说：一种革命性的影响和说服方式》等，见图 11-14。[47][48][49][50]

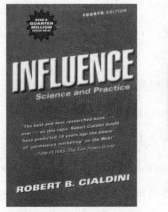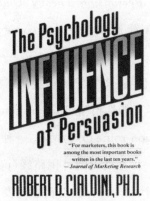

图 11-14　西奥迪尼的代表性著作

在此特别要指出，《影响力》一书中提出的"影响捷径"为广告贡献了有效劝说的指南针，有助于理解消费者受到的关键性影响，以及他们做出简单、快捷选择的六大捷径。[51]这六大捷径如下。

（1）社会认同。从众心理、社会认同发生在我们看到他人将要或者已经做出选择时。

（2）权威。专家、评论家、医生或律师都在特定的、相关的产品领域具有权威性,那些使用过产品的代言人也具有权威性。

(3)承诺和一致性。承诺使人放心,如品牌。人们也倾向于和自己的信仰、态度及过去的行为保持一致。

(4)吸引力。吸引力也称为喜爱,人们倾向于追随和模仿那些对他们有吸引力的人,如名人。

(5)稀缺性。人们会本能地更想拥有难以得到的某些东西。稀缺性产生吸引和偏好。

(6)互惠。互惠使人放心、容易接受,如慈善拍卖,并且往往伴随内在的强烈愿望去偿还和报答恩情。

本章在强化了心理学、传播学和劝说理论对广告理论的贡献之后,针对中国的广告学多数不在商学院的现状,最后还有必要回溯营销管理理论对广告思想和实践的作用。

11.4 营销管理理论如何影响广告?

20世纪初兴起的市场营销学启蒙了广告和销售渠道两个领域,后来发展到赢取市场的营销管理,其理论方法从结构上改变了广告的角色和思想,产生了基于营销的广告。广告与营销的结合或融合是广告历史发展中最具长远意义的底层逻辑。**现代营销学的顾客导向、战略策略和消费者行为,也由此贯彻、渗透到广告领域,影响广告的理论和实践。**例如,奥格威作为广告界最有影响力的人物,对广告与营销的结合起了非常重要的作用。在广告的各种不同流派中,奥格威是"营销流派"的领军人物,这从他的传记和广告主张中便可以充分得到印证。反过来说,正是因为奥格威透彻且坚定的营销观念,才使他独树一帜,影响力高于或超越广告界其他的精英和英雄(参见第5和第6章)。

商业广告的主导地位也在客观上促使**基于营销的广告**成为主流,因为倾听市场的声音是决定性的。广告商获得的成功程度直接取决于它们如何向正确的受众以正确的方式提供正确的信息。如果广告商未能识别市场中的机会,缺乏对受众的洞察和描述,或者未能正确地将市场知识转化为营销策略,就难以取得成功。为此,广告商首先借助心理学的研究方法,其次借用营销管理的原理方法,试图准确掌握受众群体,帮助设计有效的广告活动,并更有效地传播他们的信息。

20 世纪以来,广告在市场经济中快速发展,广告的**商业功能**很快便成为重中之重。曾经在哈佛商学院任教后又在智威汤逊广告公司工作的契瑞通(P. T. Cherington)在 1913 年出版的《广告:商业推动力》(*Advertising as a Business Force*)一书中,强调广告是一种**"商业力量或驱动力"**,或者是一种重要的商业工具,从市场经济和实用的角度肯定了广告是一种强大的商业力量。[52]这种思想成为现代广告时期的重要主体思想,这种观点在后来的发展中也将广告拉向营销管理,形成了基于营销的广告。

广告与营销在理论上的互动互促有两个重大的例证:20 世纪 70 年代的定位论,起初是广告圈从广告策略的角度提出的,后来却成为营销战略乃至整个营销学中非常重要的理论之一;1990 年提出的整合营销传播(Integrated Marketing Communication,IMC)理论,是基于营销传播的创新,其影响最大、反响最快的却是在广告界,它极大地改变了广告公司的理念和实际运作。不仅如此,整合营销传播还被许多广告学教科书作为重要的理论依托,这从后面的内容中可以看出。

管理进入广告领域是在 20 世纪五六十年代,其标志是 1959 年尼尔·博登(N. H. Borden)和马歇尔(M. V. Marshall)发表的著作《广告管理》(*Advertising Management*)[53]。如果追溯广告管理的思想发端,则是奥伯迈尔(Obermeyer)在 1948 年最早开设过广告管理的课程(他的书在 1969 年才出版)。[54]这一发展导致了基于管理的广告的产生。

管理学本身发展的一个关键时期就是在 20 世纪五六十年代,管理学奠基人德鲁克的最重要著作《管理的实践》发表在 1954 年。对广告而言，20 世纪四五十年代是大众媒体特别是电视与广告结合的时期，大众媒体广告对管理提出了强烈的需求。

管理思想和管理方法对广告领域的影响包括不同的层面或方面。其中最重要的是**广告媒体管理**（Media Management），它包括媒体策略的管理、目标导向的媒体战略、媒体的选择和优化，以及后来更加重要的从广告的接收者（消费者）角度出发的媒体传播效果管理等。由于大众媒体广告的规模不断扩大，媒体代理（公司）的管理也发展起来，即广告主、广告代理公司和媒体之间的管理。

管理的功能也在其他方面发挥出来，广告公司的组织演变与管理密切相关。**广告公司（内部）管理**解决公司的人力资源与组织架构、业务流程、客户关系等。**广告行业管理**涉及广告行业协会、行业交流等。**广告教育管理**包括广告人才培养和知识系统的建立、发展。**国家广告管理**包括广告法律和广告伦理等。**广告的国际管理或全球管理**包括国际社会对广告的推动和交流、广告奖等。

11.5 广告教育：取向比较与两本经典教科书

之所以要溯源广告教育，不仅是因为广告教育是知识推进广告的后继力量，也是因为广告教育思想的多元和混沌的现状。以当代中国为例，伴随着改革开放和市场经济的发展，自 20 世纪 80 年代中期算起，广告学进入大学已近半个世纪，但广告学的学科定位并不清晰，广告学教科书随意性也很大。**探索广告学科在中国的进化和发展，聚焦广告教育和广告学教科书的历史观察，都将对如何优化广告教育和强化广告学学科建设带来有益的启示。**

本节在明晰广告教育全球基本格局的背景下，提出了广告学的比较和选择问题，并试图通过对两本经典广告学教科书的点评引发反思。

纵观全球广告学大学教育的分布，一般有三种选择或取向：其一，将广告学大学教育置于商学院(市场营销学专业)；其二，置于传播学院；其三，置于艺术设计学院，由此形成了互补的特色。在北美高校，广告学大部分开设在商学院，并且数量最多。例如在美国，广告学分布在商学院、传播学院和艺术设计院校的比例约为 50%、25% 和 25%，商学院占据了半壁江山。

广告学分布于商学院之所以在国外成为主流，是基于以下两大原因：第一，广告的前提是市场经济环境，现代广告从传统广告脱胎，最重要的是实现了服务企业(广告主)的转型(参见第 1 章)，这意味着与市场营销结合成为主轨道；第二，现代广告早期以促销为使命，后来对整合营销传播十分青睐，乃至延续至 21 世纪以消费者行为导向为核心，始终没有离开过市场营销学的范畴，从而形成了广告学中的商科(并非经济学)传统，并产生了最广泛的影响。

在中国高校，由于历史背景的因素，广告学专业多数设在新闻传播学院(1984 年，厦门大学在国内设立第一个广告学专业)，在教育部的学科分类中也隶属于新闻传播学。后来，艺术设计类院校(如广州美术学院)也开设了广告学专业。暨南大学和中山大学则是国内(20 世纪 90 年代初)率先在商学院营销学专业开设广告学课程的学校。

让我们再从广告类图书这条线深入。如果在网上搜索或在图书馆浏览，可以发现广告类图书有很多，作者不同、目标各异、水准悬殊、各有千秋。其中，以实用为导向、面向实操的广告书籍大有市场。例如，近些年在美国广告界口碑甚佳的是乔治·费尔顿(George Felton)的《广告：概念与文案》(*Advertising： Concept and Copy*)[55][56]一书，该书 2013 第 3 版(初版 1994 年)中的三大板块分别为战略、执行、工具箱，从制定明智的策略到通过强有力的广告执行，完全接地气，迎合实务的需要，完全省略了广告的基础知识和背景等内容。书中和随附的网站上有大量可供参照的广告。另外，以广告原理和方法为追求的广告书籍也早就有了，如前述斯科特的《广告理论》(1903)等。

不过，我们的重点是教科书。虽然教科书中的知识往往滞后于实践，但教科书反映了学科整体的知识结果及进步。从以下对代表性的广告学教科书的述评中，可以得出许多启发。

1910 年，斯达奇（D. Starch）的《广告原理》（*Principles of Advertising*）[57] 问世，见图 11-15。该书综合了广告的各个方面，标志着广告思想进入知识整合的阶段。斯达奇的《广告原理》也是早年引入中国并翻译成中文的广告学教科书之一。前述 1915 年霍奇基斯等编写的广告学教科书，亦在早期产生过重大影响。不过，对后来的广告教育影响最广泛的广告学教科书，却是另外两本。

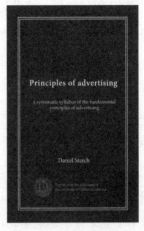

图 11-15 《广告原理》英文版

1910 年之后，各种版本的广告学教科书渐多。在众多的广告学教科书中，笔者选择《克莱普纳广告教程》和《当代广告学》这两本予以重点述评。其主要原因是因为这两本书或寿命最长，或影响最广，都产生了长远的效应，具有较强的代表性。尽管如此，本书还将指出它们并非完美，仍存在某些不容忽视的缺陷。

这两本教科书的相同之处在于：首先，面向的对象皆为大学本科生，所以广告研究的内容都偏弱；其次，**内容上都偏重营销管理导向，传播和设计都服从这个前提**。例如，阿氏的《当代广告学》围绕"营销传播组合"组织全书内容，凸显广告学的实用性和营销色彩，这在实用主义的、以商业为主导的、市场营销成熟的美国是很自然的。而对中国以新闻学为背景的广告学专业，采用这本教科书或许是好的补充。此外，这两本书还有一个巧合，其合作及后继者都极为尊重第一作者，在第一作者逝世之后，他们不仅将著作持续更新下去，更虔诚地维护原第一作者的学术地位，或在书名前冠以开创者的名字（Kleppner's），或仍然不改变开创者为第一作者（William F. Arens）的署名。

除了《克莱普纳广告教程》和《当代广告学》外，值得提及的另一本影响较大的广告学教科书是《广告与促销：整合营销传播之视角》(*Advertising and Promotion：An Integrated Marketing Communications Perspective*)[58]，它已出版到第 12 版(2021)。该书是大部头，约 800 页，其鲜明的特色是将广告学纳入营销管理的框架之中，多被商学院选为广告课程的教材。

出于了解广告教育演变的基本需要，下面集中述评影响最大的两本广告学教科书。

克莱普纳(O. Kleppner，1899—1982)的《广告学教程》(*Advertising Procedure*，见图 11-16)是广告学教科书的元老，自 1925 年第 1 版后一直持续再版至今。克莱普纳逝世后，第二梯队的作者托马斯·拉塞尔(T. J. Russell，1941—　)和罗纳德·莱恩(Ronald Lane，1940—　)接棒。从第 11 版(1989)开始，书名冠上了克莱普纳的名字，具体为《克莱普纳广告教程》(*Kleppner's Advertising Procedure*)。到 2010 年第 18 版问世，第二梯队的两位作者也垂垂老矣，新增了第三梯队的卡伦·怀特希尔·金(Karen Whitehill King)和美国佐治亚大学广告学教授汤姆·赖克特(Tom Reichert，1966—　)。至此，该书的出版与再版前后经历了 85 年之久。[59][60][61]

图 11-16　《克莱普纳广告教程》中英文版本

这本教科书阐述的是美国广告界著名营销学者克莱普纳的广告理念。克莱普纳先生因在广告教育上的突出贡献而荣获"尼克尔斯杯"的奖项(现在的

"克莱恩杯"）。克莱普纳的著作在美国广告界甚至曾被奉为"圣经"，人们说，无论遇到广告方面的何种问题，"克莱普纳"都是他们第一个想到的名字。该教程展现了**"令人兴奋和充满活力的广告世界"**，其特色是从三个关键视角或角色——广告专业代理、公司营销管理和媒体管理出发，为学生提供全面的、清晰的广告知识和技能。

该教程的作者有着丰富的实战背景。克莱普纳不仅是一位非常成功的广告公司经理，还担任过美国广告联合会（AAF）理事长，并因其广告教学方面的杰出贡献而荣获"克莱恩杯"。第18版的两位作者均为佐治亚大学广告系的教授，并均有自己的广告公司。此外，拉塞尔教授曾担任著名的《广告学刊》的主编，发表过许多论文；莱恩教授则任该杂志的广告部经理。

本书首次出版于1925年。克莱普纳去世后，本书仍在修订，第18版的作者是罗纳德·莱恩、卡伦·怀特希尔·金、汤姆·赖克特三人。莱恩从事过广告业的各种工作，为可口可乐、美国全国鸡肉协会、美汁源等大型客户提供过创意服务，因对广告教育和行业的贡献而被美国广告联合会（AAF）授予"突出广告教育家"的称号。金和赖克特是佐治亚大学格雷迪新闻与大众传播学院的广告学教授。

第18版整合了营销学、传播学、心理学、社会学、人类学等领域与广告实践相关的最新信息，并提供了大量最新的广告范例和数据资料，运用精彩的图片、生动的文案、巧妙的创意和精心的编排，将广告本身与其他营销传播因素之间的密切联系揭示出来，对广告的各个阶段做出了精准的描述，让人感受到广告行业所蕴含的乐趣和挑战，揭示了新媒体时代广告策划和执行的巨大变化。

在《克莱普纳广告教程》英文初版问世的80年之后，中国内地开始出现中译版，从15版开始（人大社，2005）一直到18版，清华大学出版社则是出版了英文影印版（1997，13版）和中译版。[62][63][64]

第二本代表性的广告学教科书出现在20世纪80年代初，是以美国威廉·

阿伦斯(William F. Arens,1941—2006)为主要作者的《当代广告学》,于 1982 年首版,2021 年英文第 16 版问世[65][66],见图 11-17。该书 19 年内更新了 16 版,是全球更新最勤、普及最广的广告学教科书。

20 世纪 80 年代以来,《当代广告学》产生了较大的影响。为了继续扩大市场和影响力,作者在 2012 年开始推出该教科书的杂志版"$M:Advertising$",目前已出至第 4 版(2021)[67],见图 11-18,并译为多种语言。在 2006 年该书第 10 版出版、阿伦斯逝世之后,维戈尔德(Michael F. Weigold)在维持该书原有基调的同时不断改进创新,作出重大贡献,维戈尔德先后任该书第三、第二作者,是佛罗里达大学 UF 本科事务副院长和广告学教授。他在该校教授广告课程近 20 年,并定期教授广告研究、科学传播和传播理论课程。维戈尔德作为杰出的第二代作者,估计还能创作若干新版。

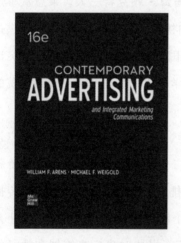

图 11-17 《当代广告学》英文第 16 版

图 11-18 杂志版第 4 版(2021)

阿伦斯的教科书在中国受到追捧,包括国内名校在内的一批大学将其选为教材。在丁俊杰教授团队(中国传媒大学,原北京广播学院)的长期推进下,阿伦斯《当代广告学》的中译版本从第 6 版开始陆续问世,并有多家出版社介入。2000 年有第 7 版中译本,2010 年有第 11 版(25 周年纪念版)中译本,2023 年有第 16 版中译本[68][69]，被称为"广告学世界级权威威廉·阿伦斯经典之作"（见百度百科条目"阿伦斯广告学"及中译本简介）。试问：阿伦斯的《当代广告学》有何过人之处？又有何局限呢？

快速迭代更新、改版速度极快是该书的一个显著特色。它一般 2～3 年改版一次，最快时 1 年更新一版（如从 2008 年第 11 版到 2009 年第 12 版）。[70]

阿伦斯《当代广告学》在内容上最显著的特征是**实用性**，很容易落到实处进行操作。全书回答的是"HOW"（如何做广告）的问题，基本不回答"WHY"（原理及研究）的问题，很少或尽量简洁回答"WHAT"（是什么）的问题，适合本科生学完此课程后进入广告行业工作。以其第 16 版（2021）为例，全书三大部分共 18 章：第一部分（1～4 章）概述广告的基本概念和宏观背景；第二部分（5～10 章）建立广告策略的框架；第三部分（11～18 章）是具体执行与反馈。后两大实用部分占 14 章。值得指出的是，2021 年的 16 版相对领先，内容上有所突破，初步增加了数字广告这一重要内容，开创了新的教学场景，并加入了"杰出广告人物"的内容等。为追求实操效果，该书插入了个案分析、场景练习和互动讨论等环节，这些内容构成了该书的亮点。该书作者阿伦斯还出版了其他一些书，如《广告与营销策划》（*Advertising and Marketing Plan*）、《广告：创意与文案》（*Advertising：Creative and Copy*），这些书都反映了阿伦斯的实用性创作特征。

阿伦斯《当代广告学》的另一个重要特征是**与市场营销学结合或融合，带有强烈的市场营销色彩**。第 16 版（2021）的书名加上了"整合营销传播"，将广告学理论和内容框架建立在整合营销传播之上。书中许多内容，如战略规划、定位、关系营销也都源于市场营销学。这些都充分反映了作者的营销学取向。不过，因为市场营销学本身处于大变化和发展之中，囿于"整合营销传播"既是该书的特色，也是其局限所在。

为了一目了然地理解该教科书的实用性，有必要介绍一下作者的经历。阿伦斯并不是一位学者，而是一位杰出的和受人尊重的实战人物，是一位热爱广告、经验丰富和见识过人的商界人士。

阿伦斯在伯克利大学读本科期间，就开始涉足广告媒介代理、客户经理等实务。他在广告业工作了 35 年，后来还是战略整合营销与传播咨询公司 Stratimark Consulting 的总裁。1975 年，阿伦斯创办了威廉·阿伦斯公司，为很多全国性和国际性客户，如墨西哥国家银行（Banco Nacional de Mexico）等，提供服务并获得过大奖。1982 年，阿伦斯的公司与墨西哥最大的广告公司合资创办了 Arens & Guiterrez 公司，这是成立时间较早的西班牙语广告公司，为麦当劳等创作西班牙语广告。1989 年，阿伦斯还担任过圣地亚哥一家连锁药店的首席营销官。

在高手云集、奇才辈出的美国广告界，阿伦斯的经历和功力可谓平平，例如他未入选广告名人堂。不过，他大胆地做了一件一生中最重要且长远的事：写一本领先的广告学教科书，以合作的方式更新改版延续其寿命，从而影响全世界。他做到了！这可能是他在广告事业上影响最大之事。或者可以说，《当代广告学》是作为广告人的阿伦斯最成功的"广告"，值得赞许和钦佩。

阿伦斯及其后继者坚持不懈的努力，表明其最大的梦想是在广告教育领域创造出最大的影响力，要后来居上，超越 1925 年出版的《克莱普纳广告教程》。阿伦斯的起点比克莱普纳晚了 57 年。按版次计，虽然《克莱普纳广告教程》历经 85 年已出到第 18 版（2010），但阿伦斯的广告学仅用 39 年就出到了第 16 版（2021），并在大学校园之外推出社会普及的杂志版，这些都是为了完成这一雄心勃勃的梦想。尽管阿伦斯已逝世十余年，但他对广告教育的影响却犹如青松长存。这也再次印证了广告学是一门以实战为主的学科。

最后，为提升中国广告教育，明确《克莱普纳广告教程》和《当代广告学》这两本影响最广的广告学教科书的局限所在，亦十分必要，且十分迫切。为抛砖引玉，笔者提出以下看法。

（1）虽然这两本教科书都具有代表性且影响深远，但在飞速发展的数字广告和人工智能面前，它们都显得有些力不从心，难以跟上时代的脚步。值得注意的是，这两本广告学教科书都**未能构建出数字广告范式更替的知识地图**。即使看最新的英文版，[71][72]《克莱普纳广告教程》2010年英文第18版距今也已过去了14年，已不可能反映数字广告新的重大进展。阿伦斯《当代广告学》的英文第16版出版于2021年，吸纳、新增了数字广告的若干新内容，但理念和概念还停留在20世纪的现代广告范式之中，例如套用"媒体"的概念解释数字平台，这无疑是旧瓶装新酒，显得思想滞后。如果加上中译版的延时，缺乏反映广告前沿的理论新知的缺陷就更加明显了。广告领域在2010年之后发生了惊天动地的变化，全球现有的广告学教科书总体上跟不上广告现实的迅速变化，在此呼唤反映广告最新范式和趋势的全新教科书问世。

（2）这两本教科书都**缺乏广告理论的深度**。广告教育不能回避"**广告学是一门实用性强的应用学科**"这一基本特征，但也不可忘记广告学教科书有过两种不同的追求：**以广告原理和科学方法为主；以广告实务为主**。这两本代表性的广告学教科书都选择了后者，与20世纪之初美国斯科特的《广告理论》的动机与风格大相径庭。它们虽充分认识到其特征和定位是实用，但书中几乎没有广告研究的内容，更谈不上反映研究前沿。其中2014年的中译本《广告学》[73]是译自阿伦斯的杂志版第1版（2012），作为大学教材未免偏浅。

（3）这两本教科书都**基于西方文化背景，缺乏与中国本土文化情境的对接和落地**。所以，**应探索中国文化情境中的广告学内容，补充中国本土化的广告案例，并贡献于全球**。

本章结束之际，我们已可以清晰了解到，广告学作为一门学科，是多学科孕育的结果。在广告学的知识基因中，有心理学基因、营销管理基因、传播学基因和艺术设计的基因。21世纪，**技术和AI正在改变广告学的基因结构**，新的技术基因似乎将更强大，这对广告学的知识结构和人才培养提出了巨大而紧迫的挑战。

在知识和技术的驱动下，广告在市场经济中犹如无所不在的幽灵，占比不断增长，同时又伴随着"坏名声"和长期困惑，这是广告思想史无法回避、必须面对的另一个重大主题。为此,让我们进入拨开迷雾的下一章"亦善亦恶"。

注 释

[1] R. Bartels. *The History of Marketing Thought*[M].3rd edition. Columbus Ohio:Publishing Horizons,1988.

[2] W. D. Scott. *The Theory of Advertising:A Simple Exposition of the Principles of Psychology in Their Relation to Successful Advertising*[M].Boston:Small,Maynard & Co. ,1903.

[3] J. McDonough,K. Egolf. *The Advertising Age Encyclopedia of Advertising*[M]. New York:Routledge,2015.条目:Taylor & Francis,pp.1407-1409.

[4] 同[2].

[5] W. D. Scott. *The Psychology of Advertising:A Simple Exposition of the Principles of Psychology in Their Relation to Successful Advertising*[M].Boston:Small, Maynard & Co.,1908.

[6] 史可德.广告心理学[M].吴应图,译.上海:商务印书馆,1926.

[7] W. D. Scott. *The Psychology of Advertising in Theory and Practice:A Simple Exposition of the Principles of Psychology in Their Relation to Successful Advertising*[M]. Philadelphia:Franklin Classics Trade Press,2018.

[8] E. C. Lynch. *Walter Dill Scott:Pioneer Industrial Psychologist*[J/OL]. Business History Review,1968,42(2):149-170.

[9] 乔·安·博伊兹顿.杜威全集·中期著作(第十二卷)[M].刘华初,马荣,郑国玉,译.上海:华东师范大学出版社,2012.

[10] J. P. Wood. *A Pioneer in Marketing*[J/OL].Journal of Marketing,1961,25(5):74-75.

[11] W. D. Scott. *Personnel Management:Principles,Practices,and Point of View*[M]. 6th edition. New York:McGraw Hill,1961.

[12] D. G. B. Jones,M. Tadajewski. *The Routledge Companion to Marketing History*[M]. London:Routledge,2016:1-22.

［13］G. B. Hotchkiss. *Handbook of Business English*［M］.Chicago：Hewitt Press,1914.

［14］G. B. Hotchkiss. *Advertising Copy*［M］.New York：Harper & Brothers,1924.

［15］G. B. Hotchkiss. *An Outline of Advertising：Its Philosophy,Science,Art,and Strategy*［M］.London：Macmillan,1940.

［16］G. B. Hotchkiss. *Milestones of Marketing：A Brief History of the Evolution of Market Distribution*［M］.London：Macmillan,1938.

［17］H. Tipper，H. L. Hollingworth，G. B. Hotchkiss，F. A. Parsons. *Advertising：Its Principles and Practice*［M］.New York：The Ronald Press,1915.

［18］H. Tipper，H. L. Hollingworth,G. B. Hotchkiss，F. A. Parsons. *The Principles of Advertising：A Text Book*［M］.New York：The Ronald Press,1921.

［19］Ad Age Advertising Century：The Top 100 People［EB/OL］//Ad Age.(1999-03-29)［2023-09-22］.https://adage. com/article/special-report-the-advertising-century/ad-age-advertising-century-top-100-people/140153.

［20］Psychology as the Behaviorist Views It［EB/OL］//Psychology.［2023-09-22］.https://www. all-about-psychology. com/psychology-as-the-behaviorist-views-it. html.

［21］P. J. Kreshel. *John B. Watson at J. Walter Thompson：The Legitimation of"Science" in Advertising*［J］.Journal of Advertising,1990,19(2)：49-59.

［22］F. Parrado. *J. B. Watson and Advertising：The Beginnings of Consumer Psychology*［J］.Revista Colombiana de Psicologia,2013,22(2)：401-406.

［23］马谋超.广告心理学基础［M］.北京：北京师范大学出版社,1992.

［24］同［19］.

［25］D. Starch. *Advertising：Its Principles,Practice,and Technique*［M］.Chicago：Scott, Foresman & Co.,1914.

［26］Joel J. Davis. *Advertising Research：Theory and Practice*［M］.2nd edition. Upper Saddle River, N. J.：Prentice Hall,2012.

［27］同［1］.

［28］如 F. H. Heller 的 *Advertising Psychology*；Geoffrey Meyers 的 *Advertising Psychology*；Neil Breen 的 *Advertising Psychology*；Bill Beck 的 *Advertising Psychology*；

Jeffrey Reider 的 *Consumer Psychology*，等等。

[29] P. Kotler, K. L. Keller, A. Chernev. *Marketing Management*［M］. 16th edition. Hoboken, N. J.: Pearson Education, 2022.

[30] S. M. Ulanoff, D. A. Aaker, J. Myers. *Advertising Management*［M］. Englewood Cliffs, N. J.: Prentice Hall, Inc., 1975:612［J/OL］. Journal of Advertising, 1975,4(4):46.

[31] D. Gauntlett. *Media Society*: *Effects and Consequences*［M］. Thousand Oaks, Calif.: Sage Publications, 2008.

[32] 杰克逊·李尔斯. 丰裕的寓言：美国广告文化史［M］. 任海龙，译. 上海：上海人民出版社，2005.

[33] 该书的中译本为：朱丽安·西沃卡. 肥皂剧、性和香烟：美国广告 200 年经典范例［M］. 周向民，田力男，译. 北京：光明日报出版社，1999.

[34] Stephen. R. Fox. *The Mirror Makers*: *A History of American Advertising and its Creators*［M］. Reprint edition. Urbana: University of Illinois Press, 1997.

[35] Mark Tungate. *Adland*: *A Global History of Advertising*［M］. 2nd Revised edition. London: Kogan Page Ltd., 2013.

[36] James D. Norris. *Advertising and the Transformation of American Society*, *1865—1920*［M］. Westport Conn.: Praeger, 1990.

[37] 祝帅. 作为学科的广告史：发展、个案及趋势［M］. 北京：北京大学出版社，2020.

[38] 斯坦利·巴兰，丹尼斯·戴维斯. 大众传播理论：基础、争鸣与未来［M］. 5 版. 曹书乐，译. 北京：清华大学出版社，2014.

[39] Harold D. Lasswell. *The Structure and Function of Communication in Society*［M］. New York: Harper & Brothers, 1948.

[40] C. Hovland, I. Janis, H. Kelley. *Communication and Persuasion*［M］. New Haven: Yale University Press, 1953.

[41] C. Rapp. Aristotle's Rhetoric［M/OL］//ZALTA EN. The Stanford Encyclopedia of Philosophy. Spring 2022. Metaphysics Research Lab, Stanford University, 2022［2023-09-22］. https://plato. stanford. edu/archives/spr2022/entries/aristotle-rhetoric/.

[42] V. Packard. *The Hidden Persuaders*［M］. London: Longmans, Green & Co., 1957.

［43］ E. P. Bettinghaus,M. J. Cody. *Persuasive Communication*［M］.5th edition. London：Wadsworth/Thomson Learning,1994.

［44］ 卢泰宏,周懿瑾.消费者行为学：洞察中国消费者［M］.4 版.北京：中国人民大学出版社,2021.

［45］ R. B. Cialdini. *Influence：The Psychology of Persuasion*［M］.Revised edition. New York：Harper Collins,2009.

［46］ 100 Best Advertising Books of All Time(Updated for 2021)［EB/OL］.［2023-09-22］. https：//www. shortform. com/best-books/genre/best-advertising-books-of-all-time.

［47］ R. B. Cialdini. *Influence：Science and Practice*［M］.4th edition. Boston：Allyn and Bacon,2001.

［48］ R. B. Cialdini. *Pre-Suasion：A Revolutionary Way to Influence and Persuade*［M］.New York：Simon and Schuster,2016.

［49］ N. J. Goldstein,R. B. Cialdini,S. J. Martin. *Yes！50 Secrets from the Science of Persuasion*［M］.London：Profile Books,2007.

［50］ S. J. Martin,N. J. Goldstein,R. B. Cialdini. *The small BIG：Small Changes that Spark Big Influence*［M］.London：Profile Books,2014.

［51］ 同［45］：246.

［52］ P. T. Cherington. *Advertising as a Business Force*［M］. New York：Doubleday, Page & Co.,1913.

［53］ N. H. Borden,M. V. Marshall. *Advertising Management：Text and Cases*［M］.Revised edition. Homewood, Ill.：R. D. Irwin,1959.

［54］ 同［1］：48.

［55］ G. Felton. *Advertising：Concept and Copy*［M］.London：Prentice Hall,1994.

［56］ G. Felton. *Advertising：Concept and Copy*［M］.3rd edition. New York：W. W. Norton & Co.,2013.

［57］ D. Starch. *Principles of Advertising：A Systematic Syllabus of the Fundamental Principles of Advertising*［M］.Madison,Wis.：The University Cooperative Co.,1910.

［58］ G. E. Belch, M. A. Belch. *Advertising and Promotion：An Integrated Marketing*

Communications Perspective[M].12th edition. New York：McGraw Hill Education,2021.

[59] O. Kleppner. *Advertising Procedure*[M].London：Prentice Hall,Inc.,1925.

[60] T. J. Russell, R. Lane. *Kleppner's Advertising Procedure*[M].11th edition. London：
Prentice Hall,Inc.,1989.

[61] R. Lane, K. King, T. Russell. *Kleppner's Advertising Procedure*[M].18th edition.
Upper Saddle River,N. J.：Pearson,2010.

[62] J. 托马斯·拉塞尔,W. 罗纳德·莱恩.克莱普纳广告教程[M].王宇田,王颖,钟莉,译.
15 版.北京:中国人民大学出版社,2005.

[63] W. 罗纳德·莱恩,卡伦·怀特希尔·金,汤姆·赖克特.克莱普纳广告学[M].程言,王
佳雯,等译.18 版.北京:中国人民大学出版社,2019.

[64] W.罗纳德·莱恩,卡林·怀特希尔·金,J. 托马斯·拉塞尔.克莱普纳广告教程[M].李
东贤,刘颖,译.17 版.北京:清华大学出版社,2008.

[65] C. L. Bovée, W. F. Arens. *Contemporary Advertising*[M]. Homewood, Ill.：R. D.
Irwin,1982.

[66] W. F. Arens, M. F. Weigold. *Contemporary Advertising and Integrated Marketing
Communications*[M].16th edition. New York：McGraw Hill Education,2021.

[67] M. F. Weigold, W. F. Arens. *M：Advertising*[M]. 4th edition. Dubuque：McGraw
Hill,2021.

[68] 威廉·阿伦斯,迈克尔·维戈尔德,克里斯蒂安·阿伦斯.当代广告学[M].11 版.丁俊
杰,程坪,陈志娟,等译.北京:人民邮电出版社,2010.

[69] 威廉·阿伦斯,迈克尔·维戈尔德.当代广告学与整合营销传播[M].16 版.林升栋,顾
明毅,黄玉波,等译.北京:中国人民大学出版社,2023.

[70] *Contemporary Advertising* 的英文版出版年份：1982,1986,1989,1992,1994,1996,
1999,2002,2004,2006,2008,2009,2011,2013,2017,2021.

[71] 同[61].

[72] 同[66].

[73] 威廉·阿伦斯,等.广告学[M]丁俊杰,等译.北京:中国人民大学出版社,2014.

12

亦善亦恶：
广告应使世界更美好

核心问题：广告如何使社会和未来变得更美好？

内容精要：

本章探讨广告在现代社会中的双重角色，既有助于经济繁荣，又面临道德质疑。通过回顾广告的历史和现代运作，笔者揭示了广告的三大焦点问题：打扰、欺诈和隐私权。数字广告的兴起带来了新的挑战，尤其是个人数据隐私权的保护。广告界内部的自律和反思，以及政府的监管，都是为了确保广告的真实性和道德性。展望未来，广告将继续在技术和文化的双重影响下演变，特别是人工智能的应用正在深刻重构广告的未来。

广告业充斥着神话与误解,在常人眼中,广告行为虽然影响巨大但铺张浪费,在推动经济繁荣的同时却又在道德方面受到质疑。人们对于广告行为的历史起源和现代运作都不甚了解。和普通公众一样,在广告界内部,许多这样的神话与误解同样广为流传。

这段简洁而精辟的论述,来自负有盛名的"牛津通识读本"之一的《广告》(*Advertising : A Very Short Introduction*)[1]一书。它揭开了"不识广告真面目"的朦胧面纱。因此,需要从社会和文化的更大视角来反思和审视广告。本章的核心问题是:**广告如何使社会和未来变得更美好?**为此,本章力图梳理清楚有关广告的对立观点并概括其中的代表性论述,提炼广告的主要问题,回顾对广告的监管历程,最后简要展望广告的未来。

12.1 数字陷阱:成也萧何,败也萧何

技术的漏洞可以通过升级来弥补,但人的道德漏洞却防不胜防。可曾记得,我们在第9章和第10章中集中论述过21世纪数字广告的划时代辉煌。遗憾的是,太阳之下也有阴影,商业中的人性之恶会将美好变成丑陋。道德阴影的一个明显例证发生在中国,2005年程序化广告购买崛起,2012年前后在中国蓬勃兴起,却因人祸戛然中断。

据2016年7月中国汽车网的报道:

2016年,宝马中国市场总监曹某被实名举报,勾结多家DSP(需求方平台)公司收受贿赂、数据大面积造假,甚至虚假包装空壳公司作为长期DSP供应商用以洗钱。[2]

中国的程序化广告市场在2012年之后迎来空前繁荣,2012年也被称作"中国程序化广告元年"。在随后5年左右的时间里,程序化广告一路高歌猛进,资

本也疯狂加码，至 2018 年，融资金额超 500 亿元，其中很大部分是以程序化为代表的数字营销公司所贡献：聚胜万合、智云众、艾德思奇被相继并购，爱点击（iClick）、汇量科技（MobiVista）等也成功上市。

DSP 数据造假点燃了毁灭这场繁荣的导火线，蝴蝶效应将行业的遮羞布毫不留情地掀开。信任既失，往日备受追捧的 DSP、RTB 等，成为业内要刻意避讳的商业陷阱。宝洁等广告主炮轰虚假流量、流量作弊和不透明的广告投放。程序化广告购买预算因此大面积缩减，包括可口可乐、万事达信用卡、葛兰素史克、联合利华等在内的知名品牌，都先后从代理商程序化购买撤出，程序化广告购买顿时落入深渊，真是"成也萧何，败也萧何"。

这并非数字广告领域欺诈行为的个案。近些年，在中国中央电视台保护消费者权益的 3·15 晚会上，互联网广告每年都会被点名，而这可能只是冰山一角，下面试列举二三。[3]

（1）**诱导与欺骗。** 为获得用户点击和流量，不惜诱导、欺骗和干扰用户，如模拟弹窗、假关闭、假红包、样式替换、强行替换网站页面、搜索来源重定向和落地页劫持等。

（2）**流量造假。** 广告主也被收割。Adbug 在 2019 年发布报告称，发现了一个巨大的流量作弊网络（简称"红眼网络"），该作弊网络每天浪费广告主 2 000 万元广告费，宝洁、亿滋、欧莱雅、福特、苹果等 100 余家品牌被欺诈。

红眼网络的核心手段就是多层嵌套，将 A 的页面隐藏嵌套在 B 的页面上，用户直接访问 B 将同时调用 A 代码，如此一来，虚假流量就产生了；同理，如果 B 再将自己的页面嵌套在 C 上，用户访问 C 时，A 与 B 也将同时被调用……最高嵌套网络达 99 层，除了最上面一层，剩下的 98 层都是虚假流量。

（3）**伪造数据和效果。** Admaster 数据显示，2018 年上半年，无效流量平均占比近 30%。按照当年数字广告 3 000 亿美元市场规模计算，仅无效流量就造成 1 000 亿美元损失。正因如此，宝洁等大品牌从 2018 年开始强制要求 App 支持 SDK（Software Development Kit，软件开发工具包）形式的监测，从源头保证数据的可靠性。

数据伪造可以将 A 媒体的流量伪装成 B 媒体的流量,轻而易举地实现挂羊头卖狗肉。更有甚者,通过购买 IP 地址和设备直接集群或者群控,以虚假无效流量和点击绕过第三方监测。第三方监测当然也会构建反作弊算法,但这只是"道高一尺、魔高一丈"的比试。

程序化服务商甚至可以直接过滤广告主所在的地域、办公区 IP 地址、LBS (Location Based Services,基于位置服务)位置等,将广告主蒙在鼓里,以应对广告主核查广告是否真正投放。广告主也会要求提供广告投放的截图或视频,但这不难造假。

抨击数字陷阱的英文书籍已陆续问世,且书名往往耸人听闻,例如《数学杀伤性武器》(*Weapons of Math Destruction*)和《算法压迫》(*Algorithms of Oppression*)等。

"假作真时真亦假",广告一路走来,誉毁参半,加上广告的无所不在、影响太广,导致人们对广告的看法极度分化,有如水火不相容。

12.2　由来已久的对弈

广告是好是坏？是对是错？关于广告的是非功过,众说纷纭,从来就没有停止过,而且针锋相对、莫衷一是。广告方面的书籍非常多,可谓汗牛充栋。但遗憾的是,连篇累牍地大书特书,反而造成了人们对广告的误解、偏见和朦胧。

我们不禁感叹,广告是人类文化现象中耐人寻味的活动之一。[4]因此,从广告的社会学、伦理学等多角度审视广告也就更有意义和价值。**对广告的反思构成了广告思想史的重要组成部分。**

面对广告发展的长河中长期存在的广告褒贬观点和对立思想,以及从未中断过的对广告的质疑争论，笔者并不期望统一思想观点，而只想缓解盘根错节的困惑和缠绕未止的纷争。或许，尽量梳理清楚广告的善恶思想，广告的双刃剑效应会不证自明。

引车卖浆者关于广告的褒贬，或可暂且按下不表。如果剥离出大政治家、大思想家、大学者有关广告言论的观点，则可以显示出这个问题的深度和源头。让我们略作以下列举。

最抬举广告的人，恐怕是著名的美国总统富兰克林·罗斯福了。这位总统曾对广告倍加褒扬：“如果我能重新生活，任我选择职业，我想我会进入广告界。若不是广告传播高水平的知识，过去半个世纪各阶层人民现代文明水平的普遍提高是不可能的。”罗斯福的夫人为“好运道”牌人造奶油担任广告代言人的事迹，成为现代广告史上的佳话。

另一位美国总统乔治·华盛顿说：“广告是商业活动的引擎，它可以激发人们的创造力，并使人们更加了解自己的需求。”

英国著名首相温斯顿·丘吉尔对广告的赞誉更加具体，他说：“广告培育了人的消费力。它为人争取有一个美满的家庭、为自己和全家争取有更好一点的衣着、更好一点的饮食立下了目标。它激发了个人的努力，也刺激了生产。”

美国历史学家大卫·波特充分肯定了广告的历史性影响，他说：“现代广告的社会影响力可以与具有悠久历史的教会及学校相匹敌。广告主宰着宣传工具，它在公众标准形成中起着巨大的作用。”

人工智能之父艾伦·图灵说：“广告是一种把消费者和生产者联系起来的有效方式。”

著名音乐家贝多芬说：“广告是一种用来促进商业活动的有效工具。”

英国剑桥学派创始人，著名经济学家阿尔弗雷德·马歇尔对广告则是有保留地赞扬，他称赞广告为“新产品”传递信息，但指责“竞销性的广告”造成浪费。

相反地，正如福克斯所指出的，“广告已经成为我们这个时代的主要替罪羊：对于批评家来说，这是一个既方便又明显的目标”[5]，把广告贬得一无是处的政治家和大学者也不乏其人。例如,英国政治家、工党领袖安奈林·比万说:"广告是罪恶的勾当!"

著名的历史学家阿诺德·汤因比认为,"想不出在什么情况下广告能是不邪恶的"。他还断言:"人类的前途,要看人们同麦迪逊大道(广告界的象征)斗争的结果。"

20世纪最伟大的科学家爱因斯坦说:"广告是现代文明的一种瘟疫。"

著名作家乔治·艾略特(George Eliot)说:"广告是贪婪的货币,可以买到任何东西,甚至是那些不可买到的东西。"马克·吐温(Mark Twain)说:"广告就是一种让人们把钱花在别人认为有价值的东西上的策略。"

对于上述这些智商都堪称顶级的人物对广告大相径庭的言论,人们不免十分吃惊、大惑不解! 有些对人类产生过重大影响的大学者、大思想家竟然视广告如洪水猛兽,这本身就是一个耐人寻味的现象,亦很难解释,或许只能理解为"盲人摸象"。值得注意的是,人们对广告的看法和评价受到许多因素的影响,如个人经历、文化背景和观察视角,以及讲这些言论的具体场景或背景,因此存在对立观点是不可避免的。面对关于广告的截然相反的观点,有人慨叹:"广告无真理,只有喜欢不喜欢。"即对广告的判断主要属于伦理的范畴。对广告的善恶评说,让我们想起"一半是天使,一半是魔鬼"的格言。天使与魔鬼的撕拼,善与恶的较量,使这个世界很无奈,也使这个世界很精彩。

笔者以为,人们对广告的各种看法和评价,可概括在以下三种视角或范畴中。

(1) **经济视角**。广告被视为向消费者传递信息、推广产品或服务的促销工具,是经济增长的推动力。相反,它也造成了浪费和增加了成本。

(2) **伦理视角**。广告提供了必需的市场信息,也推动社会公益慈善事业,如环保、节能等。相反,广告也存在欺骗性或误导性,会侵犯消费者;还可能鼓吹过度消费主义。

(3) **文化视角**。广告被视为是文化价值观、态度和信仰的某种反映。因此,广告可作为理解和解释文化和信仰的一种方式。反过来，因为文化或信仰的不同，所以才出现了对广告的或褒或贬。

对广告的价值判断主要集中在两个方面：**基于经济价值**和**基于伦理价值**。前者多在"功与过"，后者多在"是与非"。广告作为大众消费文化的三大支柱之一，在推动经济发展方面，功不可没；在酿成社会问题方面，也罪责难逃。

从经济视角来看，广告为消费者提供了可选择的更完整的信息，鼓励更多的卖家有效竞争，这种竞争通常会促使卖家以更低的价格生产更多、更好的产品，从而服务于消费者和公司的自身利益。广告驱动消费品市场的增长似乎无可怀疑，如可口可乐和宝洁。广告更大的意义在于为媒体、数字平台提供了主要的财源，带来了广泛的免费服务。

当然，**只有市场经济需要广告**。正如克莱普纳（O. Kleppner）在其广告教程中所指出的[6]：

在需求大于供应的短缺经济中，广告很少能成功。为什么？商品的稀缺导致人们几乎不需要说服就可以购买商品。在这样的经济中，企业只需通知公众商品可用的地方和价格就足够了，不需要复杂的大规模广告工作。相比之下，商品过多会导致购买通常同样可选且必要的情况。在一个众多品牌争夺消费者钱包的市场经济中，广告不仅需要告知他们，还需要说服他们一个品牌比另一个品牌更好。

从伦理视角审视广告，更是我们关注的重点。

最早从经济和社会层面深刻思考广告的正面和负面价值且影响最大的著作当推 1927 年尼尔·博登（N. H. Borden）的《广告问题》（*Problems in Advertising*）[7]。此书可谓是广告伦理研究的开山之作，引发了广告伦理学著作相继问世，如 2013 年帕都（C. J. Pardun）出版的《广告与社会》（*Advertising and Society：Controversies and Consequences*）一书，就是围绕广告对社会的影响和广告伦理研究的一次重要综合研究[8][9]。

广告是道德的吗？广告会诱使消费者购买他们其实不需要的东西吗？广告会让我们更加物质主义吗？广告会以潜意识方式左右和控制消费者吗？广告会伤害消费者吗？这些问题涉及两个方面：一是对广告伦理的审视；二是如何对广告进行有效的监控。我们将稍后讨论第二个方面，接下来先分析广告伦理的焦点所在。

12.3　广告的三大焦点问题：干扰、欺诈、隐私权

综合广告的各种负面社会影响，笔者认为可以将其归纳为以下三大焦点问题。

（1）广告是令人讨厌的噪声干扰。常见且普遍的抱怨之一是，广告太多了，不厌其烦。

（2）广告是虚假的，是欺骗或操纵消费者的陷阱。

（3）广告侵犯和滥用了个人隐私数据。

关于问题（1）和问题（3），在第10章和本章后面分别有所论及，故不再在此赘述。下面就问题（2）展开，这也是广告界和社会长期关注、议论的一个焦点问题。

从伦理的视角反思广告的欺诈性，其导火线是一本影响很广泛、引发了轩然大波的书——《隐蔽的劝说者》。威尔·罗杰斯曾说："广告是说服人们把他们没有的钱花在他们不需要的东西上的艺术。"《隐蔽的劝说者》则开门见山地抛出了一个人人不得不关注、不能不警惕的问题：

我们大多数人在日常生活中如何被广告操纵，其手法远远超出了我们的想象。

鉴于此书的标杆意义和影响力，有必要多费笔墨述之。20世纪50年代后

期,有两本以广告为主题的畅销书震动了美国,后来风靡世界。一本是1958年迈耶的《麦迪逊大道》,我们在第5章中已经介绍过。另一本就是1957年万斯·帕卡德(Vance Packard)的《隐蔽的劝说者》[10],全书围绕上述问题展开。这两本书对美国社会造成的冲击之强,折射出当时如日中天的广告如何深深触动了社会的神经。

《隐蔽的劝说者》(见图12-1)是帕卡德出版的第一本书,很快使他声名鹊起。1957年,该书迅速攀升至畅销书排行榜,并很快被翻译成多种语言,产生了国际影响。尽管这本书在很短的时间内吸引了众多读者,但它颇具争议。很多人认为他以社会评论家的身份为揭示广告的内幕作出了突出的贡献。只不过,喜欢这本书的多是消费者,因为它使消费者警醒。广告界许多人却讨厌它,因为它对"隐蔽的"商业手法和广告技巧做了深透的揭示。当然,无论是褒

图12-1 《隐蔽的劝说者》英文版,1957年

是贬,客观上它都如火山爆发一般,极大地提高了广告的社会影响力和关注度。

该书是为"二战"后的消费者撰写的,通过揭发难以察觉到的滥用广告的行为,提高公众对广告策略的认知。帕卡德讲述了广告公司为弄清楚消费者对产品的态度所采用的多种心理学"深度探索"方式,从而使广告可以操纵消费者,达到增加销售的目的。他举了许多例子,说明广告如何通过玩弄潜意识和思维习惯,不露声色、巧妙地说服消费者。他指出,尤其在安全感、自我满足、性、自信感、归属感、价值保障和刚性需求等方面,广告更具有隐蔽的吸引力。这正是书名"隐蔽的劝说者"的来由。

帕卡德认为,营销人利用(或如他所说的"滥用")心理学,在消费者不知情的情况下运用广告引发消费者的焦虑和购买愿望,是为了提升销售和发现新的广告和销售方式。他指责广告商利用心理访谈等种种"深度探索"途径收集的

信息来改进广告并推动商品销售,犯有大规模操纵罪。

客观而言,《隐藏的劝说者》这本书是对公众心理、广告激励购买的研究而写出的优秀通俗社会学著作,旨在唤醒消费者意识的觉醒,间接呼吁广告商要重视广告伦理道德。帕卡德的高明之处在于书中几乎没有直接述说"广告技巧"这个表面上的主题,但这反而加剧了美国人对操纵和精神控制的恐惧,成为自20世纪30年代以来阅读最广泛、传播和曝光最多的畅销书之一。帕卡德后来还写了一系列颇有洞见和独特思想的通俗社会学著作,可谓独树一帜、鹤立鸡群。强烈批评广告的他,可能没有想到身后的殊荣:在他逝世之后的1999年,《广告时代》评选"20世纪百位广告名人榜"时,帕卡德仍受到尊重,入选该榜(位列第99位)。他的入选也体现出广告界的豁达和开明。

其实,对广告的反省和批判并不只在广告圈之外,优秀的广告人早有所思,并有所行动。试看广告人对广告的自我反思。

12.4 广告界的反思和自律

大卫·奥格威说:"当广告宣传邪恶的东西时,它才是邪恶的。"

在广告人的圈子内部,对广告进行深刻反思和警醒的声音亦时有出现。让我们以两位代表人物说明之:一位是影响至大、有"现代广告教皇"之称的奥格威;另一位是被称为"广告业里反广告的鼻祖"霍华德·勒克·戈萨奇(Howard Luck Gossage,1917—1969)。

奥格威在《一个广告人的自白》这本代表作中,坦然讨论了"广告是否应予废止"(该书最后一章)这个大问题。奥格威客观地列举了极端反对广告和赞同广告的大人物(反对者如著名历史学家阿诺德·汤因比等,赞同者如美国总统富兰克林·罗斯福和英国首相温斯顿·丘吉尔等),以及"广告引起价格上升"等负面的代表性观点。奥格威最后给出的结论是"广告不应予废止,但广告必须被改造"[11]。由此可见，奥格威的过人之处在于思想开放、视野开阔、眼光长远。

奥格威对广告业还有过尖锐的批评，他列举了广告"面临的三个危机性问题"：

第一，制造商们花在打折销售上的钱是他们花在广告上的钱的两倍。他们用打折的办法获取销量，而不是使用广告来建立强有力的品牌。这是任何一个傻瓜都可以做到的。他说："靠打折促销建立不起无法摧毁的形象，而只有无法摧毁的形象才能使你的品牌成为人们生活的一部分。"

第二，广告公司受到把广告看成一种前卫艺术形式的人的骚扰。他们一生里什么也没有卖出去，他们的野心只是获得戛纳广告节的奖项。

第三，广告公司依然在通过浪费他们客户的钱来重复犯同样的错误。

另一个代表人物是霍华德·勒克·戈萨奇，他以直言不讳、尖锐批评广告而闻名，不过他的手法是自嘲、讥讽和幽默，被称为是"广告圈中最机巧的反叛者"。他以抨击、自嘲广告而独具一格、自成一家。在他反常规而成功的广告作品之上，他更是一位广告思想家。[12]他甚至被称为"旧金山的苏格拉底"。《广告时代》称戈萨奇是"影响全球广告创作的广告文案撰稿人"，他去世后入选广告文案名人堂（1970）。在"20世纪百位广告名人榜"中，他高居第23位。由此可见，他是业内一位声望颇高又远虑深思的人物。

20世纪60年代初，戈萨奇就已经指出了广告可能存在的各种问题。戈萨奇抨击广告的滥用、缺乏克制和不尊重受众。在《广告有希望吗》中，他清醒地强调，广告是"轻率的、无聊的，而且实在是太多了"。他反对广告的重复，认为一个好的广告要比频繁的广告轰炸消费者更好："你不必用100把BB枪击伤大象。在正确的位置开一枪就能置它于死地。只需要一次直接命中，就足以杀死一头大象。"他主张应让消费者参与广告。他认为广告代理商的主要职能最终将是公共服务。同时，他还认为广告太有价值了，不能只浪费在商品上；相反，应该用广告来促进社会事业。

广告人的反思推动了广告行业自律行为和制度的建立,提高了广告行业的道德标准和公信力,为广告业的可持续发展奠定了基础。早在 1900 年,为重新获得因欺诈性广告和劣质产品而失去的消费者信心,一些广告公司的高管成立了广告俱乐部,以维护广告的真实性,这些俱乐部随后演变成为美国广告联合会(AAF)。广告商逐渐意识到,仅靠字面上真实的广告不足以满足要求,必须达到更高的标准。

1911 年,面对广告的信任度下降和政府限制性行动的潜在威胁,当时美国主要的广告行业杂志《印刷者墨迹》提出过一项广告监管示范法规。

美国广告联合会(AAF)是行业自律组织的一个典型代表[13],成立于 1905 年,是由广告商、代理商、媒体公司和广告俱乐部组成的全国性广告团体协会。该协会为真实和负责任的广告制定标准,致力于广告立法,并积极影响各机构遵守其守则和原则。

美国广告联合会通过由广告商、代理商、媒体公司、当地广告协会和大学分会组成的全国协调基层网络,来捍卫和提高广告行业的声誉。例如,美国广告联合会 1984 年通过的《美国商业广告原则》(*The Advertising Principles of American Business*)颇具代表性,它定义了真实和负责任的广告的 8 条标准。

(1)真相:广告应讲真话,揭露重要事实,遗漏这些事实将误导公众。

(2)证实:提出广告诉求之前,广告主和广告代理商应提交所掌握的证据予以证实。

(3)比较:广告应避免对竞争对手或竞争对手的产品或服务作出虚假、误导或未经证实的陈述或声明。

(4)诱饵广告:广告不得提供待售产品或服务,除非此类要约构成销售广告产品或服务的善意努力,并且不是将消费者转向其他通常价格较高的商品和服务的手段。

(5)担保和保证:担保和保证的广告应明确,并有足够的信息让消费者了解其主要条款和限制,或者,如果篇幅或时间限制无法披露担保和保证,则广告应清楚地指出消费者在购买前可以在哪里查看担保和保证的全部文本。

（6）价格声明：广告应避免虚假或误导性的价格声明，或无法证明的节省声明。

（7）证言：包含证言的广告应仅限于见证真实和诚实的见解和经历的合格证人的证言。

（8）品位和体面：广告不得含有冒犯良好品位或公共道德的陈述、插图或暗示。

1971 年，美国国家广告审查委员会（National Advertising Review Board，NARC）成立，后改名为美国广告自律监管理事会（Advertising Self-Regulatory Council，ASRC），表明在行业自律的基础上又向前迈出的一步：加强与政府合作，以自律加政府监管进一步强化对广告的控制。

美国广告自律监管理事会（ASRC）目前是监管美国广告的最全面和最有效的机制之一，由商业改善局理事会、美国广告联合会、美国广告代理商协会（4A）和美国全国广告商协会（ANA）联合设立，主要目的是促进和执行广告中的真实性、准确性、品位、道德和社会责任标准。

美国联邦贸易委员会（FTC）是州际贸易中销售的产品广告的主要监管机构。美国食品药品监督管理局（FDA）通过监管确保食物、药品、治疗设备、化妆品是安全有效的。FDA 的审查使广告中的健康和营养诉求更加谨慎。

药品广告因政策而变。20 世纪初，制药公司只向医生推广处方药，由医生决定患者服用哪些药物。20 世纪中叶的广告只限于非处方药。但在 20 世纪 90 年代，各种因素共同改变了格局：1997 年生效的 FDA 新规定首次允许直接向消费者投放处方药广告，制药公司开始以前所未有的强度直接向消费者宣传处方药，美国的药品广告在 20 世纪 90 年代末进入革命性的增长期。美国制药行业将每 1 美元收入中的 35 美分用于营销，而在研发上的支出为 15～18 美分。

从广告人的反省到广告业的自律组织，从自律组织的合并到与政府的合作,发展的趋势是广告管控的不断强化和升级:自律→监控→政府监管。除了广告界的自律,20世纪中叶开始建立及完善广告的政府监管制度。对广告的监管是一种外部力量,它促进和确保了广告界的自律。更重要的是,监控升级最后走上了广告法治的道路,以法律强行制约和制裁广告有害的一面,更强有力地保护了消费者。例如,加拿大实施严厉的广告法律,"在物质方面虚假或误导"的任何公开宣传都是违法的,后果严重。只要广告是虚假的,就是犯罪。如果罪名成立,广告商或代理商高管会面临入狱、支付罚款或二者兼有的后果。

广告里程碑 12:广告法律和监管制度的确立

广告使人类更直面人性的善恶这个永恒的问题。人在神与兽、天使与恶魔之间,非要有外部的制衡力量才能保证社会的健康和发展,例如"将权力关进笼子""法治大于人治"等。历史证明,制衡恶的力量不能仅靠个人英雄的义勇或道德的约束,而必须建立法治至上的制度保障。所以,除了广告人的自律外,为了追求广告至善的崇高目标,还有赖于政府的监管和广告法律的健全。为此,各国纷纷出台了广告法。[14]

因为欺骗性广告在19世纪的最后几年变得更加普遍,所以在20世纪之初,诸如1906年美国国会的《纯食品和药品法》等立法表明,政府已认识到要保护公众免受垄断,以及杜绝广告对产品和服务的不真实描述。在这一时期,公众和政府监管机构开始拒绝自由放任、不受监管的经济体系的概念,需要一定程度的消费者保护。广告商的行为则处在一种微妙的平衡之间。

所幸的是,自20世纪中叶以来,广告的外部制约系统逐步建立并完善起来。禁止烟草广告就是明显的例证。烟草行业和公司有钱有势,曾经是最主要的广告大户,是广告费投入最多的行业。20世纪上半叶,烟草曾是广告公司巨额收入的稳定来源。例如,在传统的美国男性吸烟者市场,雷诺烟草(RJ Reynolds)公司的骆驼牌(Camel)、利吉特和梅尔烟草(Liggett & Myers)公司的吉时牌（Chesterfield）和美国烟草公司的幸运牌（Lucky Strike）之间发生了激烈的品牌竞争，各家公司都投入巨额资金在广告上。后来，香烟市场又以新一代年轻、自由的女性为目标，各家公司又都通过大量做广告创造女性吸烟市场，结果美国女性吸烟者的数量从 1923 年的 5％上升到 1933 年的 18％。

烟草广告对媒体和广告代理商都是极大的诱惑。所以，禁止烟草广告阻力不小、困难重重。但是，在 20 世纪后半叶，禁止烟草广告的目标终于实现了！这主要归功于广告法律的干预和实施。

1964 年，美国禁止主要杂志刊登香烟平面广告。

1970—1971 年，美国联邦政府禁止电视及电台做香烟广告。

1971 年，美国国会禁止烟草制品的广播广告。

1972 年，美国国会禁止香烟的电视广告。

20 世纪 90 年代中期，中国政府禁止在大众传播媒介或者公共场所、公共交通工具、户外发布烟草广告。

2003 年，美国食品药品监督管理局（FDA）发布《烟草控制条例》（Tobacco Control Act），全面禁止香烟广告。

2016 年，联合国为防止儿童和青少年抽烟，发布要求全球各国禁止烟草广告的新法律。

2017 年，英国广播监管机构对电视节目和广播节目的广告进行监管，原因是担心这些广告会影响儿童的心理健康。

2018 年，美国参议院通过了一项法案，禁止任何广告宣传暴力（破坏性）游戏，原因是暴力游戏会影响儿童和青少年的健康发育。

政府加强监管的另一个典型领域是个人数据和隐私保护。数字广告的两难是又一次善恶之交——保护个人信息之善与不惜个人隐私的商业金钱之欲的交锋。这一次，维护善恶之间的平衡力量依然是靠法律的威力。

数字广告越来越依赖消费者行为数据,随着数据泄露和滥用事件的增加,消费者对个人隐私的关注度逐渐提高。21世纪20年代前后,许多国家和地区出台了更加严格的个人数据保护法规,这些法规要求企业对消费者的数据进行更加严格的保护,并给消费者更多的控制权和透明度。根据高德纳(Gartner)公司的数据,2023年,65%的世界人口的个人数据受到现代隐私法规的保护。迄今为止,已有不少于50个国家(地区)为保护个人信息数据立法(含修订)。兹简单列举若干如下(按时间)。

欧洲最早启动更严格的控制保护个人隐私的法律。2018年5月起,欧盟的《通用数据保护条例》(general data protection regulation,GDPR)生效。GDPR的实施旨在回应数字化时代个人数据泛滥的问题,加强对个人隐私的保护,提高组织对数据处理责任的认识。GDPR不仅适用于欧洲联盟(EU)成员国,还适用于与欧洲联盟有业务往来的全球组织,不论其所在地。这对于推动全球数据保护标准的提高,以及在全球范围内促使其他地区制定类似法规,具有里程碑的意义。

以下是GDPR的要点及其意义。

(1) **个人数据的定义**。GDPR对"个人数据"进行了广泛的定义,包括任何可以识别个人身份的信息,如姓名、地址、电子邮件地址、IP地址等。

(2) **个人权利的强化**。GDPR加强了个人对其自身数据的控制权。个人有权知晓他们的数据将如何被使用,有权访问、更正和删除自己的数据。

(3) **数据处理的合法性**。任何处理个人数据的组织都需要明确、合法的处理基础,如个人同意、履行合同、法定义务、保护生命利益、公共任务或正当利益。

(4) **数据保护官(data protection officer,DPO)的指派**。针对某些大规模或敏感数据处理的组织,GDPR要求指派独立的数据保护官来监督数据保护的合规性。

(5) **数据泄露通知**。当发生数据泄露时,组织需要在规定的时间内通知监管机构和受影响的个人,除非数据泄露不太可能对个人权利和自由造成高风险。

(6) **跨境数据流**。GDPR 允许在一定条件下将个人数据传输到非欧洲经济区(European Economic Area,EEA)的国家,但要求接收国提供适当的数据保护水平。

(7) **巨额罚款**。违反 GDPR 规定的组织可能面临高达全球年度收入的数额的罚款,这对组织来说是一项重要的惩罚,其目的是确保组织遵守 GDPR 的规定。

2000 年,加拿大实施《个人信息保护及电子文档法案》(*personal information protection and electronic documents act*,PIPEDA)。

2000 年,阿根廷实施《个人数据保护法》(*personal data protection act*,PDPA)

2005 年,日本通过《个人信息保护法》(*amended act on the protection of personal information*,APPI)。2017 年,日本施行新版的《个人信息保护法》。

2018 年,美国《加州消费者隐私法案》(*california consumer protection act*,CCPA)实施。它是美国第一部全面隐私法律,向加州消费者提供各种各样的隐私权利保护。

2021 年,中国开始实施《个人信息保护法》(*personal information protection law*,PIPL)。中国的个人信息保护法构建了以"告知—同意"为核心的处理规则。

这些法规限制企业收集和使用个人数据的范围和方式,从而对数字广告的生存和发展产生影响。但数字广告是一个巨大的市场,也是经济的重要支柱之一,企业为了获得更好的商业效益,会寻求创新,或通过技术手段来绕开这些法规的限制。消费者也可能会因为个人利益的考虑而选择分享他们的个人数据,所以数字广告仍前途光明。总之,法律将限制数字广告的"恶",但不会致其死。

12.5 数字广告的两难：个人数据的获取与保护

从第 9 章、第 10 章已知，数字广告可以说是基于个人数据的广告，或者说，个人数据是数字广告的"命穴"或"血液"。在网络上，个人数据量大得惊人，以谷歌为例，其一年从用户收集的个人数据，如果用 A4 纸打印出来，足足要耗费 569 555 张纸之多，若堆叠起来高度将超过 57 米。

谷歌的数据收集点包括：

- 位置；
- 使用的应用和创建的网站；
- 搜索和书签；
- 电子邮件、联系人和日历数据；
- 谷歌云端硬盘文件；
- 谷歌环聊会话；
- YouTube 视频；
- 在手机上拍摄的照片；
- 听的音乐。

脸书（Meta）也有 52 000 个数据采集点，包括：

- 您曾经发送或接收过的每条消息；
- 基于您喜欢和评论的内容的可能兴趣；
- 您发送的贴纸；
- 每次登录时，您从何处登录，什么时间，从什么设备登录；
- 您曾经连接到账户的每个应用；
- 随时访问您的网络摄像头和麦克风；
- 手机联系人、电子邮件、日历、通话记录、消息，下载的文件、游戏、照片和视频、音乐，搜索历史记录，浏览历史记录等。

人们对隐私的渴望并不新鲜，它可以追溯到 1986 年的《电子通讯隐私法》。但近十余年个人数据的隐私权问题已浮出水面，关注的热度有增无减。近几年已经到了一个巨大的"拐点"。

除了如前所述外，许多国家（地区）已开始为此立法，商业竞争也直接触碰到个人数据的敏感区。2021 年 4 月，苹果"应用追踪透明"（App tracking transparency，ATT）隐私采集许可新政正式实施。该功能要求应用在跟踪用户数据前，必须先获得用户的允许。2021 年，苹果和谷歌限制跨平台/应用/网页追踪顾客，对 Meta 造成巨大冲击，因为其限制了获取网上行为的信息。这迫使Meta 发展自己的平台，将降低受制于苹果和谷歌作为一个重要的发展方向。VR 也许就是下一个平台。

数字广告的个性化、精准化及广告效果的前提和基础是个人行为数据的跟踪收集和加工。个人数据隐私权的保护力量和依赖消费者个人数据的数字广告的增长追求两者之间存在着冲突，形成了深层次的两难对峙：**要么选择广告，获取免费服务；要么选择拒绝广告，但消费者要为服务付费。**

可以想象两种极端的情景：消费者 A 在受保护的前提下开放自己的个人数据，他获得的回报是能更高效地免费获得他需要的各种信息，相当他有 AI 的信息助手；消费者 B 关闭或不允许平台利用其个人数据，他将失去免费的信息服务和其他服务的机会，例如，B 如果不提供手机号和地址，就不可能享受网购和外卖等服务。现实中的情景多半在 A 和 B 之间，一些消费者可能更倾向于选择性地分享他们的个人数据，所以会形成多样化并存的博弈格局。

在这两端之间，需要寻找共存的方案。基于用户行为和数据的数字广告面对重大的挑战和创新：能否在越来越严的个人隐私保护的法律环境中，找到合理方案继续发展？在保护用户隐私的同时，如何提供更有效率的信息触达方式和更有效果的数字广告？

如何解决广告侵犯个人隐私数据问题？这涉及不同的视角和解决途径，具体如下。

(1) 强化法规和监管。一些人认为，应该通过强化法规和监管来限制广告商对个人隐私数据的收集和使用。这可能包括明确的法律框架、数据保护法规，以及对不当数据处理行为的处罚。

(2) 用户自主权和透明度。观点之一是加强用户对个人数据的掌控权，使用户能够更主动地管理和选择自己的隐私设置。透明度也是关键，用户应该清楚地知道他们的数据将被如何使用。

(3) 匿名化和脱敏。通过采用匿名化和脱敏技术，广告商可以在保护用户隐私的前提下进行一定程度的个性化广告投放。这种方法有助于防止直接关联到特定个人的信息泄露。

(4) 区块链技术。区块链技术可以用于保护个人隐私。通过去中心化和分布式的特性，区块链可以提供更安全、透明和可追溯的数据管理方式，减少中间人对个人数据的掌控。

个人隐私权的保护力量可能会对数字广告的增长趋势产生一定的阻碍，但数字广告行业仍然具有强大的发展潜力，企业也会通过各种手段来应对这些限制和挑战。探索已经逐步展开，例如，2020 年 6 月，苹果公司提出了新的隐私规则：开发者在对用户进行广告跟踪时，需要事先获得用户的明确同意。这意味将"默示同意、明示退出"的机制更改为"明示同意"机制。

技术创新正在提供在无 cookies 世界中取得成功所需的工具。相比于苹果公司所采取的激进措施，谷歌公司则是采取技术方案来解决数字广告业务中的隐私保护问题，其中之一是"隐私沙盒"（privacy sandbox）计划。2019 年，谷歌公司就尝试在广告业务中引入"隐私沙盒"。2023 年，Meta 等公司开始实施"端对端加密"技术，更严密地保护个人通信的内容。[15]

时至今日，相关的技术进展可以说是相当之快，主要有以下几个方面。

(1) 同态加密。同态加密允许在加密的状态下对数据进行计算，而不需要解密它。这种技术使得在不暴露原始数据的情况下，能够对加密数据进行分析,为广告定向提供了一种更加隐私保护的手段。

(2) 联邦学习。联邦学习是一种机器学习的方法,可以在不共享原始数据的情况下进行模型训练。这有助于广告商从分散的用户设备中学习,而无须直接访问个人数据,从而减少对隐私的侵犯。

(3) 零知识证明。零知识证明允许一个实体向另一个实体证明某个陈述是真实的,而不必透露实际的信息。在广告领域,零知识证明可以用于验证某个用户属于一个特定的目标群体,而无须透露用户的个人信息。

(4) 分布式标识技术。分布式标识技术试图通过分布式账本等手段,为用户提供更好的身份控制权,使用户能够决定何时分享他们的个人信息,以及分享哪些信息。

总体而言,解决广告侵犯个人隐私的问题需要综合运用法规、技术手段和用户教育。随着技术的发展和隐私保护意识的增强,可以预期会有更多创新的方法和解决方案涌现。

12.6 广告的未来

穿越几个世纪,广告几度凤凰涅槃,风雨过后见彩虹。进入变幻莫测的21世纪,本书最后的一个问题是:**广告的未来会如何?** 或许,这也是最值得深入讨论和广泛关注的一个重大问题。

温故而知新。试问,你对本书全部 12 章的哪些内容会印象格外深刻呢?笔者希望首先是人物及思想,其次是事件。回望广告从 1900 年至今的发展大脉络,广告似乎是商业丛林中古老又年轻的巨象,又如绵延不断的山脉。在广告历史的沧桑巨变中,有三座高峰格外醒目:科学革命—创意革命—数字革命(亦可称为"**三大革命**"),各领风骚的广告思潮及风流人物,所向披靡的技术之剑,更替迭代、气象万千。

在过去 120 年左右的时间内,广告一路走来,已经发生了石破天惊的巨大变化。

读者掩卷静思、闭目回顾,若干狂飙式人物和具有里程碑意义的事件或多或少会在脑海里一一浮现出来。哪些是关键性的?笔者在本书的附录 A"广告大事年表"中,删繁就简做了精要的归纳,值得读者参阅。

我们看到,在不断的演变中,**"何为广告"**和**"广告为何"**这两个基本问题的答案不断被刷新和迭代。从"广告是告之"到"广告是传播",从"广告为促销"到"广告为审美和娱乐",从囿于"商业的广告"到"广告是社会文化的镜子",从"广告的灵魂是创意"到"广告是一种算法",等等,广告这个精灵总在脱胎换骨,焕发出新的生命力,展现出意想不到的新境界。

那么,广告的未来将会如何?

在聚焦讨论未来广告前景之前,我们需要首先简要明确文化怎样影响广告的生存和发展。广告的进程受到许多不可完全预测的外部因素的影响,包括技术进步、经济兴衰、环境、社会和文化变迁。虽然 20 世纪证明了市场经济是广告兴旺的必要前提,虽然从 21 世纪的视角来看,技术是改变广告未来的主导核心因素,但是从更长远的时间尺度来看,文化因素对广告的影响似乎更加不可忽视。

文化如何推动或抑制广告的发展?

广告与文化的双向关系在本书多处已述,总体而言,广告从文化中汲取灵感,同时也通过广告的传播影响和塑造新的文化。广告是文化的一部分,既受制于文化的影响,又能够塑造和反映文化的特征。广告的成功与否往往取决于其在特定文化中的适应性和共鸣度。文化的多样性既为广告发展提供了丰富的资源,又为广告带来了适应性和挑战。广告需要适应或者促进社会观念的演变,以确保其与时俱进。广告需要敏感地处理文化差异,以确保广告的有效性和可接受性。**文化与广告如影随形,文化或繁荣成就广告,或阻碍扼杀广告。**

文化对广告发展的关键影响因素可归纳如下。

（1）**价值观和信仰**。开放还是封闭？创新还是保守？广告在传递产品或服务信息的同时，也传递了某种价值观和信仰。文化中的共享价值观会影响广告的内容和表达方式。广告还需要考虑目标受众所属文化中的道德观念、宗教信仰等，以确保广告的接受程度和效果。

（2）**社会习惯和行为模式**。文化塑造了社会的习惯和行为模式，广告通常需要与这些模式保持一致。例如，某些文化可能更注重个性和自我，另一些文化则可能更强调集体主义。广告在传递产品或服务的同时，需要考虑到目标文化中的社会行为规范。

（3）**语言和符号体系**。文化决定了语言和符号的使用方式，而广告正是通过语言和符号来传达信息的。广告的语言、图像和符号需要符合目标文化的语境和理解方式，以确保传达的信息得以被理解和接受。

（4）**审美标准**。文化塑造了人们对美的理解和欣赏，从而影响了广告的审美标准。广告在设计和表达上需要符合目标文化的审美趋势，以吸引目标受众的眼球，并产生积极的情感共鸣。

（5）**文化符号和象征**。广告经常使用文化符号和象征，以建立品牌形象或引发情感共鸣。这些符号和象征在不同文化中可能具有不同的含义，因此需要根据文化背景巧妙运用广告，避免产生误解或不当的解读。

（6）**文化故事和叙事结构**。不同文化有着独特的故事和叙事结构。广告的故事情节和叙事方式需要考虑目标文化中的故事传统和受众的审美习惯，以确保故事能够引起共鸣，并产生影响。

（7）**文化多样性的挑战**。在全球化的背景下，广告通常需要面对不同文化之间的多样性。一些广告可能在跨文化传播时会遇到挑战，因为某些元素可能在一个文化中有效，而在另一个文化中可能引起误解或争议。

不同文化如何对广告的发展产生影响？我们可以区分出两类文化：**刺激广告发展的文化和压抑阻碍广告发展的文化**。例如，现代西方文化鼓励创意和传播，儒家文化则强调含蓄和内敛。一般而言，文化取向是推动还是抑制广告，取决于文化的特征、观念和价值体系。

对广告发展起促进作用的文化取向大致包括以下四点。

● **鼓励创意和多元化**。创新、冒险的文化带来创意和表达的多样性。广告创意能够从不同文化中汲取灵感,形成丰富多彩的视觉和文化元素,以提高广告的吸引力。

● **消费主义的需求和激励**。文化对人们的消费习惯和需求产生深远影响。广告在理解和满足不同文化中的消费者需求时,可以更加精准地定位目标受众,促进产品和服务的推广。

● **社会互动和分享文化**。一些文化更注重社交互动和分享。社交媒体的兴起使得口碑营销变得更加重要,有助于广告通过社交渠道传播,获得更大的曝光度。

● **文化特有的符号和象征**。独特的文化符号和象征为广告提供了丰富的元素。通过巧妙使用文化特有的符号,广告可以更好地与目标文化的受众产生共鸣。

反之,阻碍抑制广告发展的文化取向也可以归纳为四点。

● **闭关自守或唯我独尊**。

● **意识形态、宗教或伦理的约束**。一些文化中的宗教和道德观念可能对广告内容施加限制。某些广告可能违背特定文化中的宗教信仰或道德规范,因而受到抵制。

● **反消费主义,反现代化**。

● **文化敏感性和传播误解**。不同文化有着不同的敏感主题和价值观。广告如果未能充分了解目标文化,可能会触及敏感点,导致传播误解或引发争议。

影响广告未来的技术因素

展望广告的未来,会有不同的观点,既有乐观的自信,也有悲观的看法。有人认为广告将在技术和创新的推动下迎来新的黄金时代,而另一些人则对广告行业的伦理、透明度和可持续性持有更多的担忧。

　　乐观派坚信：技术能带来广告新的增长，随着**创新和技术的加速发展**，广告业能够提供更具创造力和个性化的广告体验；虚拟现实、增强现实、人工智能等技术将为广告创意和传播带来新的可能性；广告业将更加注重可持续发展和社会责任；广告商将更积极地参与社会问题，倡导可持续发展，并通过广告传达正面的社会价值观。悲观派则担心：广告过度饱和会导致消费者对广告产生免疫力，广告更难以引起消费者的注意；**广告隐私问题面临更严格的法规和监管**，广告商恐难应对；随着广告竞争的日趋激烈，一些平台上广告投放的成本可能不断上升，这会对中小型企业构成挑战。

　　笔者对广告的未来持谨慎乐观的态度，这种乐观，逻辑上并不排除外部的"黑天鹅"或"灰犀牛"事件。人类在乐观与悲观之间徘徊，但唯有内心充满希望，才能迎接未来。这一立场不仅源于对广告立场的观察与启发，也基于以下分析。

　　在以变易为主导的背景下，让我们先明确变中之不变，主要有三点。

　　其一，人类对广告的需求不会消失。

　　其二，广告基因不会变，只是基因三角形有新的表述。消费者的广义广告需求（寻求信息的需求）和广告主的需求这两个要素不会消失，所以广告永远不会消失。但构成有效的广告运作的第三个要素完全改变了，传播媒体、广告代理公司退出历史舞台，全方位的数字触点平台和通用人工智能（AGI）实现上述两大需求的对接。因此，广告基因三角形（见图 12-2）的三方变为消费者、广告主、数字触点平台＋AGI。

图 12-2　广告基因三角形

其三,**数字广告仍将继续成长,其长期增长趋势不会逆转**。为什么?原因在于广告主、消费者和技术优势的正向因素的叠加:广告主越来越喜欢、相信和选择数字广告;数字终端的使用者越来越多,消费者的数字足迹不断增加;技术将开拓更多的数字领域和智慧算法,数字广告的广告效果将不断升级。

尽管电视、报刊和路牌广告等20世纪的传统形式的广告和运作并不会完全烟消云散,还会长期存在下去,但是,现代广告的式微、边缘化和大势已去是确定无疑且不可逆的。所以,下面讨论的广告未来,主要是指数字广告的未来。

在影响广告未来的各种因素中,生成式 AI 和 AGI 是影响数字广告未来的首要因素。2022年年底问世之后惊人成长的 ChatGPT,其超级大脑震撼全球。它正改变人类的未来,亦从根本上塑造广告的未来。如比尔·盖茨意味深长地提示:ChatGPT 出现的重大历史意义,不亚于个人计算机和互联网诞生。人类与黑猩猩的基因只有1.5%的差异,为什么人类能如此快速地进化而优于黑猩猩呢? 根本原因是人类具有语言和学习能力。同理,今天,生成式 AI 已具有更强大的语言和学习能力,宛如前所未有的超级大脑。

其实在2022年 ChatGPT 出现之前,2018年前后谷歌公司已开发出广告创意自动生成和自动优化的程序 UAC(Universal App Campaigns),帮助广告主生成创意和动态优化创意。[16]今天,20世纪广告最骄傲的创意领域也在被 AI 蚕食:关键词自动生成文案;文字自动生成图案和视频;实时优化广告文案和创意。AI 可以帮助分析用户的行为,完成广告自动购买,提供有效的广告投放策略,以更充分地满足用户的需求,为广告主提升广告效果。AI 还在继续快速改变广告,不断使自动生成广告更具潜力及魅力。

(1)**更有针对性的广告内容**。AI 可以分析消费者的行为和偏好,根据这些信息为消费者提供更有针对性的广告内容,从而提高广告的效果。

(2)**更高效的广告创意**。AI 可以根据大数据分析,提供更丰富的广告创意,从而提高广告的创意效果。

(3)**低成本或零成本的图像和视频生成**。例如,2024年推出的 Sora 等

AI 软件。

（4）**更智能的广告购买和投放**。AI 可以智能分析广告投放的效果，根据数据及时调整广告投放策略，从而提高广告投放的效率。AI 可以利用深度学习技术，更准确地定位广告受众，帮助广告主更有效地投放广告。

（5）**综合效益**。AI 技术的应用不仅大大降低了广告成本，还同时提升了广告效果。

半个世纪前，著名哲学家卡尔·波普尔（Karl Popper，1902—1994）曾提出过"三个世界"理论[17]，"世界 1"是指物质世界，"世界 2"是指精神（心理）世界，"世界 3"是人的思想知识世界，是人类创造的客观世界。生成式人工智能的问世，使波普尔的"三个世界"理论修改补充为"四个世界"理论，新的"世界 4"就是生成式人工智能，这是非人类创造出的独立的知识智慧世界。笔者对未来的判断是：**在许多领域，AI 将取代人类的主角地位，广告是 AI 取代人类的领域之一**。总体上，人类将不可能再是广告具体制作和投放的主角。

数字广告可能出现更惊人的甚至不可思议的新情况，例如新的替代平台可能兴起，新型广告平台的重要性日益增加，将开辟新的广告空间和广告市场。例如，以 ChatGPT 为代表的生成式人工智能很可能成为数字广告的新平台。[18] 新的平台将创新触达消费者的方式，并补充或替代原有的数字触点或数字平台。正如数字平台（搜索平台、社交平台、电商平台）替代大众媒体而颠覆了广告，又如沉浸式体验将成为广告的新王牌，广告将更加追求为消费者创造令人难忘和引人入胜的沉浸式体验，而不仅仅是传递信息，也不仅仅是从文字转向动态视频。

随着新技术和新平台的出现，技术对广告的驱动和影响将会继续增强。笔者认为，正在快速演变的广告具有以下三大趋势。

大趋势之一：广告自动化或 AI 化

广告的人工智能和自动化生成。广告自动化流程将变得更加普遍，从而为广告主带来更高的效率、更低的成本和更好的广告效果。

这意味着人类更多甚至完全退出广告制作和投放的具体操作环节,包括:①广告创意的自动生成,按主题自动生成文案、图片和视频,按对象个性化自动调整广告的内容和表现形式;②广告购买的自动优化;③广告投放的自动精准个性化。传统的广告公司和媒介公司将日渐式微,其大部分工作将被 AI 取代。或问:广告领域中 AI 留给人类的空间还有吗? 答曰:人只有少数几块地盘了,即原创性、人性化的体验和爱的情感依然具有难以取代的价值。

大趋势之二:个人选择广告的更大自由将激发更多技术创新

我们已经看到,广告的主控权已经从广告主和大媒体手中逐步并决定性地转移至消费者的手中。在受众对传播、沟通渠道拥有更大话语权的场景中,明智的广告商需要将自己的广告视为消费者乐意受邀的嘉宾,彻底抛弃粗鲁、强行入侵的机会主义者的形象。

随着全球对个人数据隐私保护的强化,消费者对广告将会拥有更大的个人选择自主权。动用个人信息必须以"告知和允许"为前提的法律正在推行,并形成共识。

未来的广告将在两难中找到平衡:依然以个人数据为基础而发展,同时更充分保护个人数据,包括基本数据和动态行为数据。这将倒逼数字广告的技术创新。

大趋势之三:虚拟广告(以元宇宙为代表)将崛起

元宇宙将导致出现虚拟世界的广告。与现实世界的广告不同,虚拟世界的广告会在虚拟场景中对人产生更深度的沉浸、更震撼的体验、更强烈的心理效应和更难以忘怀的效果,因此,虚拟广告会对人类行为有更大的影响。

2021 年拉开序幕的元宇宙不可避免地要开发元宇宙中的广告,**元宇宙将如何改变广告?**

元宇宙虚拟世界中的广告和现实世界中的广告是有区别的。元宇宙将会通过智能化、定制化和个性化的策略来改变和创新广告。虚拟广告可以更加直观地展示,如通过 3D 动画、虚拟现实技术等,让用户更容易理解和接受广告内容。虚拟世界中的广告可以更加具体地针对某一个用户，它们可以更加准确地针对用户的兴趣、偏好、行为习惯等，更有针对性地投放广告。

虚拟世界的未来广告会是何等模样？

- 创造更加有趣的广告体验。它将利用虚拟现实和增强现实技术来创造更加有趣的广告体验，吸引更多消费者的关注、加入和沉浸其中。

- 它将更多以视频和对话为形式。

- 它将创造和丰富虚拟的数字自我、虚拟人物和虚拟品牌。

- 它将提供更多的触联方式、更多的精准定位功能，从而使广告触达更深、更广。

- 它将帮助广告主更多地了解用户的偏好和行为，为他们提供更有个性的广告，提供更多的数据，更好地控制广告投放，从而提高广告的效果。

广告几经凤凰涅槃，仍然会有人怀疑并发问：**广告还会死吗？**

广告的演变及其未来

在过去几百年甚至更长的时间跨度中，广告的演变是显著的。从过去到现在再到未来，可以简化出五种不同质的广告形态（见图 12-3）：始于早期的**"原始广告"**，在 20 世纪上半叶跨入**"科学广告"**，又在 20 世纪中叶之后以更大的力量冲向**"创意广告"**，在 21 世纪头十年**"数字广告"**出人意表地开创了全新的格局。图 12-3 中的前面 4 步就是我们在本书中已经充分阐述过的广告演变轨迹。

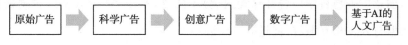

图 12-3　广告历史演变的大框架

著名广告史学家福克斯在他的《魔镜创造者》一书中，表达和贯穿的一个基本而重要的思想是：**广告（进程）具有一种持续循环的特质**（the consistently cyclical nature of advertising）。从本书所展示的广告演变中，也可以清晰地看出来广告在两极之间来回摆动,呈现出一种回摆式的螺旋上升趋势。尽管福克斯所说的"循环"与笔者所言的"回摆式的螺旋上升"二者论述的具体内容不尽相同,主旨却是不谋而合。"循环"或"回摆"可能表现在不同的层面,例如"硬销"或"软销"、"买点"或"形象"是策略层面,"理性"或"感性"是导向层面,"科学"或"创意"是范式层面。在更加宏观的视野中,笔者认为,"科学(技术)"和"人文"是广告追求的两座不灭的灯塔,**广告的历史就是在"科学(技术)"和"人文"的两极之间回摆前行。**把握这一点对我们洞察广告的未来至关重要。

从某种意义上讲,图 12-3 中的后面一步都是对前面一步的"反动":创意广告是科学广告的反面;数字广告是对创意广告的背离,也是科学广告的高级延续。

这里特别需要解释的是面向未来的广告第 5 个阶段——"基于 AI 的人文广告",这是理解未来广告趋势的基本概念。

所谓"**人文广告**",就是要在以 AI 为代表的高技术铺天盖地之时,在工具彻底改变而使广告完全面目全非之时,强调**广告源于人的需求和决定于人的体验感受这两个基本支点并没有改变。**而且,**基于 AI 的广告仍然离不开想象力和创造力!** 想象力和创造力永远是广告的灵魂。

20 世纪的"创意广告"与 21 世纪的"基于 AI 的人文广告"相比较,都指向人文的方向,但它们有两点不同:其一,创意广告追求人文精神的极大释放和肆意张扬,主体是广告人;基于 AI 的人文广告的主体则是广告接受者的人文体验。其二,创意广告与科学广告针锋相对、势不两立,基于 AI 的人文广告则拥抱技术,数据与人文相互兼容、促进。

广告离不开人性和人文,人文与科学(技术)更加完美的结合能将广告带向更好的未来!

可以确定的是,广告这个"幽灵"依然会存在于人类社会。广告作为连接供应端与消费端的桥梁,其存在的合理性不容怀疑,正如图格在《广告之地:广告的全球历史》一书的结束语所言,"有一件事是肯定的:广告不会消失。只要有人有东西要卖,广告就会占有一席之地[19]。"图格此言的前半句是对的,但这只是一种狭义的观点——仅在商业层面讲广告价值;面向未来,图格此言的后半句应修正为:只要人类需要信息,广告就会占有一席之地。

前述的谷歌和亚马逊广告案例中都提到过搜索广告,但它们是两种不同层面的搜索广告:亚马逊的是为商品购物的搜索广告,谷歌的是无所不包的搜索广告。图格之言与亚马逊搜索广告都在商业层面。**谷歌搜索则还有文化和知识创造的层面,乃至包罗万象的一切信息**,例如搜索"苏东坡",亚马逊搜索链接会指向商业促销的广告,如有关苏东坡的图书和推介苏东坡人生意义最闪光的地区黄州、惠州、儋州,甚至宣传与苏东坡有关的名菜佳肴等。但谷歌搜索链接不会局限在商业层面,还会包括有关苏东坡的全面信息、知识和研究,如传记、诗词、思想、人格和命运及研究文献图片等。这些广义的"广告"没有铜臭味,构成了拓展知识智慧的线索或地图,是人类所需要的推进文明的"维生素"。生成式人工智能(如 ChatGPT)正是由此而诞生。

1850 年,鲁道夫·克劳修斯(Rudolph Clausius,1822—1888)提出了宇宙万物演化不可逆的热力学第二定律,指出孤立系统会变得越来越混乱无序,最终走向"热寂"(毁灭)。他引入的衡量无序程度的"熵"会不断增大,故也称其为"熵增定律"。信息是负熵,能使系统走向有序。[20]所以,作为主动信息的广告会对减少世界(及个人)的无序状态增加确定性,推动世界变得更加有序,作出正面的积极的贡献。从这个意义上讲,**广告是让世界更有序的力量**。人类社会永远需要广告。

未来的广告应该使世界变得更加美好!

注 释

[1] 温斯顿·弗莱彻.广告[M].张罗,陆赞,译.南京:译林出版社,2014;W. Fletcher. *Advertising：A Very Short Introduction*[M]. Oxford：Oxford University Press,2010.

[2] 网传宝马中国市场总监曹杰被实名举报 相关方暂未回应[EB/OL].(2016-07-27)

[2023-09-23].https：//auto. china. com. cn/news/20160727/677336. shtml.

[3] EDEN,[2023].大数据广告暗黑史：百亿程序化的消亡[EB/OL].[2023-09-23].https：//
mp.weixin.qq.com/s?_biz＝Mzg3NjY5MDQ3OQ％3D％3D&mid＝2247483784&idx＝
1&sn＝7eaba884adeab4465ba3e1842a5be050&chksm＝cf2f2cc8f858a5de76771ffb37ed96b
0affe0ccad86f89ee0456189896ecf60fbc3ebfc41567&mpshare＝1&scene＝1&srcid＝1027ox
DeVpRPNEJcdcfn1oZc&sharer_sharetime＝1635327462301&sharer_shareid＝92db789f9
c28b2eb9bd1cf203584cb11♯rd.

[4] 卢泰宏,李世丁.广告创意：个案与理论[M].广州：广东旅游出版社,1997：262,265.

[5] Stephen R. Fox. *The Mirror Makers：A History of American Advertising and Its Creators*[M].Reprint edition. Urbana：University of Illinois Press,1997：前言.

[6] R. Lane,K. King,T. Russell. *Kleppner's Advertising Procedure*[M].18th edition. Upper Saddle River,N. J.：Pearson,2010.

[7] N. H. Borden. *Problems in Advertising*[M].Chicago：A. W. Shaw Co.,1927.

[8] M. J. Phillips. *Ethics and Manipulation in Advertising：Answering a Flawed Indictment*[M].Westport,Conn.：Praeger,1997.

[9] Carol. J. Pardun. *Advertising and Society：Controversies and Consequences*[M].2nd edition. Malden MA.：Wiley-Blackwell,2013.

[10] V. Packard. *The Hidden Persuaders*[M].London：Longmans,Green & Co.,1957.

[11] 大卫·奥格威.一个广告人的自白[M].林桦,译.北京：中国友谊出版公司,1991.

[12] J. McDonough,K. Egolf. *The Advertising Age Encyclopedia of Advertising*[M].New
York：Routledge,2015.条目：Gossage, H. L.,1917—1969.

[13] 同[12].条目：AAF,pp.48-50.

[14] 中华人民共和国广告法[EB/OL].[2023-09-23].https：//www. gov. cn/guoqing/2021-
10/29/content_5647620. htm.

[15] Facebook Messenger：The battle over end-to-end encryption[N/OL].BBC News,(2022-
01-19)[2023-09-23].https：//www. bbc. com/news/technology-60055270.

[16] Universal App Campaigns：What Are They,Best Practices & Setup[EB/OL].[2023-09-
23].https：//instapage. com/blog/universal-app-campaigns/.

［17］卡尔·波普尔.客观知识：一个进化论的研究［M］.舒炜光，卓如飞，等译.上海：上海译文出版社，2015.

［18］2023 年 3 月 24 日，OpenAI 宣布推出 ChatGPT plugins 插件功能，允许 ChatGPT 访问最新信息、运行计算或使用第三方服务，消费者未来的购物习惯和决策方式很有可能因此改变。

［19］Mark. Tungate. *Adland*：*A Global History of Advertising*［M］.2nd Revised edition. London：Kogan Page Ltd.，2013：Introduction.

［20］卢泰宏.论情报和情报系统的作用机理［J］.情报科学，1982(2)：15-21.

附　录

15—18 世纪关键时刻

1450 年　约翰内斯·古腾堡发明**铅活字印刷术**。

1473 年　世界上**第一份英文印刷广告**出现。英国人威廉·卡克斯顿为出售一本宗教书籍印刷了宣传页，广告从此有了大规模传播的可能。

1704 年　**第一份报纸广告**出现。波士顿的《波士顿新闻信》(*The Boston News-Letter*)发布了美国历史上的第一则报纸广告(促销一种物品)。

1796 年　**石版印刷技术**发明，插图海报出现。

1786—1812 年　**早期广告公司**在英国出现。

19 世纪关键时刻

1841 年　沃尔尼·帕尔默(Volney B. Palmer)成立**美国第一家广告代理公司**。

1865 年　英国现代广告之父巴雷特(Thomas J. Barratt)为梨皂(Pears Soap)开创**品牌广告**。

1871 年　洛德·托马斯广告公司(Lord & Thomas)在芝加哥创立。

1876 年　在美国费城创立的艾耶父子广告公司(N. W. Ayer & Son)实现了**广告代理的现代转型**：从为媒体服务转向为广告主(企业)服务。

1878 年　汤普森收购并以自己的名字命名了智威汤逊广告公司(JWT)。

1880 年　沃纳梅克(John Wanamaker)开创为百货商店雇佣**全职广告文案员**(约翰·鲍尔斯,John E. Powers)的先例。

1882 年　宝洁公司(P&G)首次投放广告(Ivory Soap,年预算 11 000 美元)。

1886 年　可口可乐公司(Coca Cola)首次刊登广告。

1888 年　**最早的广告业杂志**出现。路威尔(George P. Rowell)创办了名为《印刷者墨迹》(*Printers's Ink*)的杂志。

1888 年　艾耶父子广告公司聘请了**第一位全职文案撰稿人**。

1892 年　西尔斯公司(Sears)发起大规模的**直邮广告**,以 8 000 张明信片获得了 2 000 个新订单。

1899 年　JWT 首次在海外(英国)设立分公司。

1900—1929 年关键时刻

1900 年　**第一个广告学研究机构**在美国西北大学成立。

1903 年　斯科特(W. D. Scott)出版《广告理论》(*The Theory of Advertising*)。

1905 年　美国广告联合会(AAF)成立。

1911 年　JWT 在为伍德伯里香皂(Woodbury Soap)做的广告中**首次引入"性"元素**,广告语为"A Skin You Love to Touch"(你渴望触摸的皮肤)。

1915 年　霍奇基斯(G. B. Hotchkiss)在纽约大学建立**第一个广告学和营销学系**。

1917 年　美国广告代理商协会(4A)成立,创始会员 111 个。

1917 年　英国广告从业者协会(The Institute of Practitioners in Advertising,IPA)的前身英国广告代理商协会(ABAA)成立。

1922 年　**第一个广播广告**出现。美国纽约的 WEAF 广播电台播放了第一个付费的广播广告。

1923 年　扬·罗必凯公司(Young & Rubicam)创立。

1923 年　霍普金斯（Claude C. Hopkins）出版著作《科学的广告》（*Scientific Advertising*）。

1925 年　英国巴宝莉（BURBERRYS）发布品牌广告。

1925 年　克莱普纳（Otto Kleppner）出版《广告教程》（*Advertising Procedure*）。

1929 年　美国烟草公司为好彩香烟（Lucky Strikes）投入广告费 1 230 万美元，创下**单一产品最高广告费纪录**。

1930—1949 年关键时刻

1930 年　《广告时代》（*Advertising Age*）创刊。

1932 年　卡普莱斯（John Caples）出版《广告测试方法》（*Tested Advertising Methods*）。

1935 年　李奥贝纳广告公司（Leo Burnett Co. ）创立。

1936 年　《生活》（*Life*）杂志创刊。

1938 年　国际广告协会（IAA）成立。

1941 年　美国全国广播公司（NBC）旗下的电视台播放了**第一个电视广告**（宝路华手表），电视广告很快席卷全球。

1949 年　恒美广告公司（DDB）创立。

20 世纪 40 年代　雷斯（R. Reeves）提出影响久远的 USP 理论。

20 世纪 50 年代关键时刻

1953 年　美国广告研究基金会（ARF）成立。

1954 年　电影广告媒体代理商发起戛纳国际电影广告节（Cannes International Advertising Festival）。**戛纳广告奖**有"广告界奥斯卡"美誉。2011 年，"戛纳国际广告节"更名为"戛纳国际创意节"（Cannes Lions International Festival of Creativity）。

1955 年　品牌形象论以及经典的万宝路广告"The Marlboro Man"（李奥贝纳公司）问世。

1957 年　帕卡德（Vance Packard）的著作《隐蔽的劝说者》（*The Hidden Persuaders*）出版并畅销。

1959 年　恒美广告公司为大众汽车所做的"Think small"（从小处着想）的新广告打响了**创意大革命**的第一枪。伯恩巴克开创"创意团队"的新方式，将广告文案和艺术指导整合在同一作业团队中。

20 世纪 60 年代关键时刻

1962 年　奥格威的《一个广告人的自白》（*Confessions of an Advertising Man*）出版，产生极大影响。

1964 年　奥美广告公司（O&M）创立。其前身是 1948 年成立的 HOBM。

1967 年　美国超级碗广告问世，后成为影响最大、最昂贵的电视广告标杆。

20 世纪 60 年代　伯恩巴克提出 ROI（相关、原创、冲击）理论。

20 世纪 60 年代　广告业开始使用计算机技术分析广告投放数据、测量广告效果，这是**数据驱动广告**的先声。

20 世纪 70 年代关键时刻

1971 年　美国国会禁止烟草制品的广播广告。

1972 年　里斯（Al Ries）和特劳特（Jack Trout）提出**定位论**（Positioning）。

20 世纪 80 年代关键时刻

1980 年　泰德·特纳（Ted Turner）创立美国有线电视新闻网（CNN）。

1981 年　全球音乐电视台（Music Television，MTV）成立，狂热的视频对广告产生巨大冲击。

1983 年　互联网问世，使**在线数字广告**成为可能。

1983 年　百事可乐推出"新一代的选择"广告系列(天联广告公司),以崛起的超级巨星迈克尔·杰克逊为代言人,耗资 500 万美元。音乐、体育界的很多明星开始出现在电视广告中。

1984 年　苹果公司的电视广告"1984"产生革命性的深远影响。

1986 年　Needham Harper、DDB 和 BBDO 三大广告公司合并成为当时世界上最大的广告集团公司——宏盟集团(Omnicom),这被《时代》周刊称为"大爆炸"(the big bang)。

1986 年　萨奇兄弟广告公司收购 Backer & Spielvogel 广告公司,成为当时第三大的广告商。

1987 年　全球广告公司的鼻祖 JWT 被索雷尔(Martin Sorrell)的 WPP 集团强力吞购,这是资本改变全球广告业格局的最典型事件。

1989 年　WPP 集团以 8.64 亿美元收购了奥美广告公司。

20 世纪 90 年代关键时刻

1993 年　扬·罗必凯(Y&R)广告公司提出著名的品牌资产评估模型(Brand Asset Valuator)。

1994 年　**第一个互联网广告诞生**。HotWired.com 上刊登的首个互联网展示广告(AT&T 的横幅广告)开创了在线广告的先河。

1995 年　超级碗 30 秒广告售价突破 100 万美元。

1998 年　谷歌公司(Google)创立。

1999 年　《广告时代》发布"20 世纪广告 Top100 系列排行榜"。

2000—2009 年关键时刻

2000 年　谷歌公司发明 AdWords **搜索引擎广告**模式。

2001 年　博达大桥广告公司(FCB)被 IPG 集团收购。

2004 年　脸书(Facebook)创立,加上后来出现的推特(Twitter)等社交媒体,共同为**社交广告、个性化广告**开辟了新的广阔舞台。

2005 年前后　**程序化广告购买**成为数字广告中的热门领域。

2005 年　YouTube 创立,**视频广告**开始发端。

2007 年　智能手机 iPhone 问世。

2010—2019 年关键时刻

2012 年　脸书首次公开募股,**社交媒体广告**迅速崛起。

2012 年　脸书首次推出**移动广告**。

2013 年　《哈佛商业评论》发布封面文章"传统广告已死"。

2015 年　全球广告支出接近 6 000 亿美元。

2018 年　广告史上的至尊象征 JWT 被合并终结。

2018 年　欧盟《通用数据保护条例》(*general data protection regulation*, GDPR)实施,对广告业的数据收集和隐私保护提出了更为严苛的强制要求。

20 世纪 20 年代关键时刻

2020 年　**移动视频广告**开始普及。

2021 年　脸书更名为 Meta。元宇宙开启**虚拟广告**新领域,利用增强现实和虚拟现实创建更沉浸式的广告体验成为趋势。

2022 年　ChatGPT 问世。人工智能的影响和应用突飞猛进、日新月异。

20 世纪百位广告名人榜

全球著名的专业期刊《广告时代》在 1999 年年末发布了"20 世纪百位广告名人榜"(The Top 100 People of the Century),以下为 104 名(其中有 4 席由双人分享,分别是第 8、14、22、48 席)入选者的名单,笔者综合了其主要贡献并简洁表述之。

1. 威廉·伯恩巴克(William Bernbach,1911—1982):广告创意革命的灵魂,世纪广告人物,开创了新的广告文化。

2. 小马里恩·哈珀(Marion Harper Jr. ,1916—1989):创新开拓广告帝国的先行者。

3. 李奥·贝纳(Leo Burnett,1891—1971):品牌形象论和芝加哥广告学派的奠基人。

4. 大卫·奥格威(David Ogilvy,1911—1999):全球最具魅力的"现代广告教皇"。

5. 罗瑟·雷斯(Rosser Reeves,1910—1984):创立了影响深远的 USP 理论工具。

6. 约翰·沃纳梅克(John Wanamaker,1838—1922):零售广告的先驱,说出了洞察广告效果的经典名言。

7. 威廉·佩利(William Paley,1901—1990):哥伦比亚广播公司(CBS)的

缔造者,广播广告的先驱。

8. **莫里斯·萨奇**(Maurice Saatchi,1946—　)和**查尔斯·萨奇**(Charles Saatchi,1943—　):英国广告业的表率,资本并购广告公司的始作俑者。

9. **阿尔伯特·拉斯克**(Albert Lasker,1880—1952):现代广告之父。

10. **杰·怡特**(Jay Chiat,1931—2002):创造了最具震撼的苹果计算机的电视广告"1984"。

11. **韦兰德·艾耶**(Wayland Ayer,1848—1923):现代广告公司的奠基者。

12. **赫尔特·克朗**(Helmut Krone,1925—1997):创意革命旗帜 DDB 的艺术指导。

13. **尼尔·麦克尔罗伊**(Neil McElroy,1904—1972):发明了品牌经理制度。

14. **斯坦利·雷索**(Stanley Resor,1879—1962)和**海伦·兰斯当·雷索**(Helen Lansdowne Resor,1886—1964):使 JWT 成为全球广告人的祖庭。

15. **布鲁斯·巴顿**(Bruce Barton,1886—1967):BBDO 的缔造者,赋予广告以宗教魅力。

16. **马丁·索雷尔**(Martin Sorrell,1945—　):WPP 集团的缔造者,通过并购改变了广告界。

17. **亨利·卢斯**(Henry Luce,1898—1967):他创办的《时代》(*TIME*)周刊及出版王国长远影响着世界。

18. **李·克劳**(Lee Clow,1942—　):全球广告创意人的偶像。

19. **玛丽·威尔斯·劳伦丝**(Mary Wells Lawrence,1928—　):广告界无冕女王。

20. **阿尔弗雷德·斯隆**(Alfred Sloan,1875—1966):将广告纳入通用汽车公司战略的企业家。

21. **约翰·卡普莱斯**(John Caples,1900—1990):他的广告测试方法开创了数据驱动广告的道路。

22. **丹·维登**（Dan Wieden，1945—2022）和**戴维·肯尼迪**（David Kennedy，1940—2021）：以"Just Do It!"成就了耐克品牌新形象。

23. **霍华德·勒克·戈萨奇**（Howard Luck Gossage，1917—1969）：对广告深度反思的最机巧的广告人。

24. **雪莉·宝丽柯弗**（Shirley Polykoff，1908—1998）：以染发的创意广告开辟出染发大市场。

25. **乔伊斯·霍尔**（Joyce Hall，1891—1982）：以设计创意广告开创了贺曼（Hallmark）贺卡公司。

26. **雷·克罗克**（Ray Kroc，1902—1984）：麦当劳之父，以广告建立麦当劳品牌。

27. **艾伦·罗森希恩**（Allen Rosenshine，1939—　　）：全球超级传播集团宏盟的创立者之一。

28. **克劳德·霍普金斯**（Claude C. Hopkins，1866—1932）：科学广告流派的奠基人。

29. **泰德·特纳**（Ted Turner，1938—　　）：传媒巨头 CNN 创始人。

30. **哈尔·里尼**（Hal Riney，1932—2008）：软广告和感性诉求的先驱。

31. **菲尔·杜森伯里**（Phil Dusenberry，1936—2007）：BBDO 的创意灵魂人物。

32. **艾拉·赫伯特**（Ira C. "Ike" Herbert，1927—1995）：可口可乐品牌管家。

33. **鲍勃·盖奇**（Bob Gage，1921—2000）：提出"艺指＋文案"工作模式，DDB 首位艺术指导。

34. **康泰·纳仕**（Conde Nast，1873—1942）：创办吸引高端广告商的时尚杂志。

35. **约翰·斯梅尔**（John Smale，1927—2011）：再造宝洁公司品牌。

36. **布鲁斯·克劳福德**（Bruce Crawford，1929—　　）：为音乐疯狂的广

告人。

37. **约翰·肯尼迪**(John E. Kennedy,1864—1928):广告文案的先驱,以"(广告是)纸上的销售术"影响了拉斯克。

38. **约翰·沃森**(John B. Watson,1878—1958):将行为心理学注入广告的科学家。

39. **史蒂夫·乔布斯**(Steve Jobs,1955—2011):苹果公司之父,以广告建立与众不同的品牌形象。

40. **菲利斯·罗宾逊**(Phyllis K. Robinson,1921—2010):"我世代"倡导者。

41. **威廉·伦道夫·赫斯特**(William Randolph Hearst,1863—1951):美国报业大亨。

42. **菲利普·盖尔**(Philip Geier,1935—2019):将 IPG 集团打造成为超大广告集团。

43. **简·特雷希**(Jane Trahey,1923—2000):第一位年收入达 100 万美元、创意出众的广告女性。广告界的女性主义者。

44. **约翰·约翰逊**(John H. Johnson,1918—2005):为美国媒体的彩虹增添了永久的一抹黑色。

45. **乔治·盖洛普**(George Gallup,1901—1984):消费态度研究的先行者,美国民意调查创始人。

46. **雷蒙·罗必凯**(Raymond Rubicam,1892—1978):创立 Y&R 广告公司,现代广告的奠基者之一。

47. **基思·莱因哈德**(Keith Reinhard,1935—):确立麦当劳的品牌个性,宏盟集团创建人之一。

48. **卡尔·艾利**(Carl Ally,1924—1999)和**阿米尔·加尔加诺**(Amil Gargano,1933—):竞争性广告创意的成功者。

49. **夏洛特·比尔斯**(Charlotte Beers,1935—):职位最高的广告女性,麦迪逊大道女王。

50. **大卫·萨诺夫**(David Sarnoff,1891—1971):现代电视之父。

51. **乔治·巴顿**(George Batten,1854—1918):BBDO 创建人之一,笃信宗教的广告人。

52. **詹姆斯·韦伯·扬**(James Webb Young,1886—1973):广告创意思想家。

53. **杰克·廷克**(Jack Tinker,1906—1985):麦肯广告公司的创意台柱。

54. **李·艾可卡**(Lee Iacocca,1924—2019):美国汽车行业的传奇广告英雄。

55. **唐·贝尔丁**(Don Belding,1897—1969):美国西海岸广告之父。

56. **西奥多·麦克马纳斯**(Theodore F. MacManus,1872—1940):品牌价值观广告的开创者。

57. **小西尔维斯特·L. 韦弗**(Sylvester L. Weaver,1908—2002):广播电视广告先驱。

58. **查尔斯·奥斯汀·贝茨**(Charles Austin Bates,1866—1936?):广告文案的鼻祖。

59. **斯坦·弗雷伯格**(Stan Freberg,1926—2015):讽刺幽默广告的开拓者。

60. **鲁珀特·默多克**(Rupert Murdoch,1931—   ):全球传媒帝国缔造者。

61. **哈里森·金·麦肯**(Harrison King McCann,1880—1962):麦肯广告公司奠基人。

62. **伯尼斯·菲茨-吉本**(Bernice Fitz-Gibbon,1894—1982):零售广告的开拓创新者。

63. **乔·塞德迈尔**(Joe Sedelmaier,1933—   ):电视广告的幽默大王。

64. **西奥多·贝茨**(Theodore L. Bates,1901—1972):达彼思广告公司(Ted Bates & Co.)创建人。

65. **霍华德·齐夫**(Howard Zieff,1943—   ):电视广告的喜剧之王。

66. **沃尔特·汤普森**(J. Walter Thompson,1847—1928):JWT 创立者。

67. **罗伯特·雅各比**（Robert Jacoby,1928—　）：因将达彼思广告公司出售给萨奇兄弟广告公司而成为极富有的广告人之一。

68. **亚瑟·戈弗雷**（Arthur Godfrey,1903—1983）：广播电视广告明星。

69. **老尼尔森**（A. C. Nielsen Sr.,1898—1980）：现代市场研究奠基人。

70. **老詹姆斯·H. 麦格劳**（James H. McGraw Sr.,1860—1948）：创建了国际出版公司麦格劳-希尔。

71. **杰里·德拉·费明纳**（Jerry Della Femina,1936—　）：创意广告流派的代表人物之一,声称"超级碗就是审判日"。

72. **本·达菲**（Ben Duffy,1902—1970）：BBDO 总裁,新业务拓展高手。

73. **欧内斯特·埃尔莫·卡尔金斯**（Earnest Elmo Calkins,1868—1964）：将设计美带入广告的先锋。

74. **乔治·路易斯**（George Lois,1931—2022）：麦迪逊大道上特立独行的"坏小孩"。

75. **迈克尔·乔丹**（Michael Jordan,1963—　）：品牌（耐克等）代言人的标杆。

76. **西奥多·雷普利尔**（Theodore Repplier,1889—1971）：著名广告组织活动家。

77. **鲁恩·阿尔利奇**（Roone Arledge,1931—2002）：现代体育频道和体育营销的创新缔造者。

78. **托马斯·伯勒尔**（Thomas J. Burrell,1939—　）：第一位担任美国广告代理商协会（4A）主席的黑人。

79. **小克莱恩**（G. D. Crain Jr.,1885—1973）：著名的《广告时代》杂志的创始人。

80. **爱默生·富特**（Emerson Foote,1906—1992）：著名的 FCB 联合创始人。

81. **比尔·贝克**（Bill Backer,1926—2016）：品牌广告和歌曲的顶级创

意人。

82. **乔·皮特卡**(Joe Pytka,1938—):电视广告的一流大师。

83. **费尔法克斯·科恩**(Fairfax Cone,1903—1977):FCB 的联合创始人，博学多才的执行副总裁。

84. **丹尼尔·斯达奇**(Daniel Starch,1883—1979):科学广告流派的重要人物，广告测试的先驱。

85. **约翰·鲍尔斯**(John E. Powers,1837—1919):广告文案奠基者，被称为"现代创意广告之父"。

86. **维克多·施瓦布**(Victor O. Schwab,1898—1980):以测试改善广告文案的先行者。

87. **迈克尔·奥维茨**(Michael Ovitz,1946—):好莱坞最具影响力的广告人。

88. **塞勒斯·柯蒂斯**(Cyrus H. K. Curtis,1850—1933):创新现代杂志的出版人，美国富豪。

89. **霍华德·贝尔**(Howard H. Bell,1926—):美国广告联合会主席，建立广告法规的核心人物。

90. **理查德·洛德**(Richard Lord,1926—):备受尊敬、屡获殊荣的广告人。

91. **迈克尔·艾斯纳**(Michael Eisner,1942—):带领迪士尼成为顶级文旅品牌和多媒体巨头。

92. **阿尔·阿亨鲍姆**(Al Achenbaum,1925—):建立广告商代理评估和账户审查。

93. **史蒂夫·法兰克福**(Steve Frankfurt,1931—2012):Y&R 才华横溢的创意总监。

94. **莱斯特·伟门**(Lester Wunderman,1920—2019):直效行销之父。

95. **佩吉·查伦**(Peggy Charren,1928—2015):《儿童电视法案》的主要推

动者。

96. **弗兰克·胡默特**(Frank Hummert,1879—1966):广播肥皂剧及广告的开创者。

97. **山姆·维特**(Sam Vitt,1926—):独立媒体购买模式的开创者。

98. **克里夫·弗里曼**(Cliff Freeman,1941—2021):以"牛肉在哪里"闻名的广告创意人。

99. **万斯·帕卡德**(Vance Packard,1914—1996):以《隐蔽的劝说者》一书对广告和社会产生了极大的影响。

100. **斯蒂芬·M. 凯斯**(Stephen M. Case,1958—):美国在线(America Online)创始人。

资料来源:名单依据《广告时代》网上资料"The Top 100 People of the Century"。

网址:https://adage.com/article/special-report-the-advertising-century/ad-age-advertising-century-top-100-people/140153.

20 世纪标杆广告百杰榜

1999 年,《广告时代》杂志评选出"20 世纪标杆广告百杰榜",入选广告需达到或通过以下三条标准之一:①是否构成了广告或社会流行文化的分水岭;②是否促进了新品类的形成或帮助客户品牌成为其所属行业的龙头;③是否令人难以忘怀。具体榜单排名如下(按顺序列出品牌与产品名称、广告语、广告代理商及时间)。

1. 大众甲壳虫汽车(Volkswagen),"Think small"(从小处着想),DDB,1959 年。

2. 可口可乐(Coca-Cola),"The pause that refreshes"(享受清新一刻),D'Arcy Co.,1929 年。

3. 万宝路(Marlboro),"The Marlboro Man"(万宝路牛仔),Leo Burnett Co.,1955 年。

4. 耐克(Nike),"Just Do It!"(尽管去做!),Wieden & Kennedy,1988 年。

5. 麦当劳(McDonald's),"You deserve a break today"(今天你该休息了),Needham,Harper & Steers,1971 年。

6. 戴比尔斯(De Beers)钻石,"A diamond is forever"(钻石恒久远,一颗永流传),N. W. Ayer & Son,1948 年。

7. 绝对伏特加(Absolut Vodka),"The absolut bottle"(绝对伏特加酒瓶),

TBWA,1981 年。

8. 米勒淡啤(Miller Lite beer),"Tastes great, less filling"(美味妙不可言),McCann-Erickson Worldwide,1974 年。

9. 伊卡璐染发剂(Clairol),"Does she ... or doesn't he?"(她染了？还是没染?),FCB,1957 年。

10. 安飞士出租车公司(Avis),"Avis is only No. 2"(我们是第二),DDB,1963 年。

11. 联邦快递(Federal Express),"Fast talker"(快腿当差), Ally & Gargano,1982 年。

12. 苹果计算机(Apple Computer),"1984",Chiat/Day,1984 年。

13. Alka-Seltzer 药品(Alka-Seltzer), "Various ads"(广告万花筒),Jack Tinker & Partners、DDB、Wells Rich Greene,20 世纪六七十年代。

14. 百事可乐(Pepsi-Cola),"Pepsi-Cola hits the spot"(百事,就是这个口味),Newell-Emmett Co. ,20 世纪 40 年代。

15. 麦斯威尔咖啡(Maxwell House),"Good to the last drop"(滴滴香浓,意犹未尽),Ogilvy, Benson & Mather,1959 年。

16. 宝洁象牙皂(Ivory Soap),"99 and 44/100% Pure"(纯度 99.44%),Procter & Gamble Co. ,1882 年。

17. 美国运通(American Express),"Do you know me?"(你知道我吗?),Ogilvy & Mather,1975 年。

18. 美国陆军(U. S. Army),"Be all that you can be"(成为最好的自己),N. W. Ayer & Son,1981 年。

19. 安乃近解热镇痛药(Anacin),"Fast, fast, fast relief"(快、快、快速见效),Ted Bates & Co. ,1952 年。

20. 滚石乐队(Rolling Stone),"Perception. Reality. "(真实的感觉),FMR (Fallon McElligott Rice),1985 年。

21. 百事可乐（Pepsi-Cola），"The Pepsi generation"（新一代的选择），BBDO，1964年。

22. 海沙威衬衫（Hathaway Shirts），"The man in the Hathaway shirt"（穿海沙威衬衫的男人），Hewitt，Ogilvy，Benson & Mather，1951年。

23. 博马剃须刀（Burma-Shave），"Roadside signs in verse"（路边的诗句牌），Allen Odell，1925年。

注：Burma-Shave公司在当时采用了一种独特的广告方式，他们将广告内容分成多个简短的诗句，逐个放置在沿路的标牌上，形成连贯的广告信息。这些标牌以幽默和押韵的形式传递广告信息，成为当时非常受欢迎和具有影响力的广告形式。

24. 美国汉堡王（Burger King），"Have it your way"（我选我味），BBDO，1973年内。

25. 坎贝尔浓汤（Campbell Soup），"Mmm mm good"（啧啧，真美味），BBDO，20世纪30年代。

26. 美国林业总署（U. S. Forest Service），Smokey the Bear/"Only you can prevent forest fires"（护林熊/"只有你能防止森林火灾"），Advertising Council/FCB。

27. 百威啤酒（Budweiser），"This Bud's for you"（为你准备的百威），D'Arcy Masius Benton & Bowles，20世纪70年代。

28. 媚登峰内衣（Maidenform），"I dreamed I went shopping in my Maidenform bra"（真想穿媚登峰内衣去逛街），Norman，Craig & Kunnel，1949年。

29. 胜利唱机公司（Victor Talking Machine），"His master's voice"（主人之声），Francis Barraud，1901年。

30. Jordan汽车（Jordan Motor Car Co. ），"Somewhere west of Laramie"（拉勒米以西的某处），Edward S. (Ned) Jordan，1923年。

31. 伍德伯里香皂（Woodbury Soap），"A skin you love to touch"（你渴望

触摸的皮肤），JWT，1911。

32. Benson & Hedges 100s 香烟，"The disadvantages"（有害），Wells Rich Greene，20 世纪 60 年代。

33. 国家饼干公司（National Biscuit），"Uneeda Biscuits' Boy in Boots"（Uneeda 饼干的穿靴男孩），N. W. Ayer & Son，1899 年。

注：这是优力达饼干的品牌形象广告，塑造了一个渴望优力达饼干的穿靴子小男孩，用以传达产品的亲和力和吸引力。

34. 劲量电池（Energizer），"The Energizer Bunny"（劲量兔子），Chiat/Day，1989 年。

35. 莫顿食盐（Morton Salt），"When it rains it pours"（倾泻如雨），N. W. Ayer & Son，1912 年。

注：这个广告语传达了莫顿食盐在潮湿条件下仍然能保持流动性的特点，突出了其抗结块的卖点。

36. 香奈儿香水（Chanel），"Share the fantasy"（梦幻分享），DDB，1979 年。

37. 通用土星汽车（Saturn），"A different kind of company, A different kind of car"（不一样的公司，不一样的汽车），Hal Riney & Partners，1989 年。

38. 佳洁士牙膏（Crest toothpaste），"Look, Mom-no cavities! "（快看，妈妈，我没有蛀牙!），Benton & Bowles，1958 年。

39. M 巧克力（M&Ms），"Melts in your mouth, not in your hands"（只溶在口，不溶在手），Ted Bates & Co. ，1954 年。

40. 天美时手表（Timex），"Takes a licking and keeps on ticking"（经得摔打，依旧准确），W. B. Doner & Co & predecessor 公司，20 世纪 50 年代。

41. 雪佛兰汽车（Chevrolet），"See the USA in your Chevrolet"（乘雪佛兰逛美国），Campbell-Ewald，20 世纪 50 年代。

42. CK 内衣（Calvin Klein），"Know what comes between me and my Calvins? Nothing! "（我和 Calvin 亲密无间），1980 年。

43. 里根竞选总统广告（Reagan for President），"It's morning again in America"（美国迎来又一个清晨），Tuesday Team，1984 年。

44. 云丝顿香烟（Winston cigarettes），"Winston tastes good—like a cigarette should"（云丝顿，香烟该有的味道），1954 年。

45. 美国音乐学校（U. S. School of Music），"They laughed when I sat down at the piano, but when I started to play! "（我开始演奏时，众人目瞪口呆！），Ruthrauff & Ryan，1925 年。

46. 骆驼香烟（Camel cigarettes），"I'd walk a mile for a Camel"（只为一支骆驼烟，我宁愿走一英里），N. W. Ayer & Son，1921 年。

47. 温迪汉堡（Wendy's），"Where's the beef? "（牛肉在哪里？），Dancer-Fitzgerald-Sample，1984 年。

48. 李施德林漱口水（Listerine），"Always a bridesmaid, but never a bride"（总是伴娘，从未新娘），Lambert & Feasley，1923 年。

注：这个广告语旨在突出使用李斯特林漱口水可以避免因为口臭而错失机会，暗示使用者可能从伴娘成为新娘。

49. 卡迪拉克（Cadillac），"The penalty of leadership"（出人头地的代价），MacManus，John & Adams，1915 年。

50. 让美国美丽组织（Keep America Beautiful），"Crying Indian"（哭泣的印第安人），Advertising Council/Marstellar Inc. ，1971 年。

51. 宝洁 Charmin 卫生纸，"Please don't squeeze the Charmin"（请别冷淡了 Charmin），Benton & Bowles，1964 年。

注：Charmin 意为"迷人"。

52. Wheaties 麦片（Wheaties），"Breakfast of champions"（冠军的早餐），Blackett-Sample-Hummert，20 世纪 30 年代。

53. 可口可乐（Coca-Cola），"It's the real thing"（这是真的），McCann-Erickson，1970 年。

54. 灰狗巴士(Greyhound),"It's such a comfort to take the bus and leave the driving to us"(有坐车之乐,无开车之累),Grey Advertising,1957年。

55. 家乐氏西式爆米花(Kellogg's Rice Krispies),"Snap! Crackle! and Pop!"(咬一口,咔嚓脆),Leo Burnett Co.,20世纪40年代。

56. 宝丽来拍立得(Polaroid),"It's so simple"(就是这么简单),DDB,1977年。

57. 吉列剃须刀(Gillette),"Look sharp, feel sharp"(看似锋利,确实锋利),BBDO,20世纪40年代。

58. 莱唯斯雷面包(Levy's Rye Bread),"You don't have to be Jewish to love Levy's Rye Bread"(不是犹太人也照样喜欢莱唯斯雷面包),DDB,1949年。

59. Pepsodent增白牙膏,"You'll wonder where the yellow went"(奇怪,黄斑哪去了),FCB,1956年。

60. Lucky Strike香烟,"Reach for a Lucky instead of a sweet"(好运胜过甜蜜),Lord & Thomas,20世纪20年代。

61. 七喜汽水(7 UP),"The Uncola"(并非可乐),JWT,20世纪70年代。

62. 威斯克洗衣粉(Wisk detergent),"Ring around the collar"(洁净领渍),BBDO,1968年。

63. 西梅精华(Sunsweet Prunes),"Today the pits, tomorrow the wrinkles"(今时之斑点,明日出皱纹),Freberg Ltd.,20世纪70年代。

64. Life麦片(Life cerea),"Hey, Mikey"(嘿,米奇),DDB,1972年。

65. 赫兹租车公司(Hertz),"Let Hertz put you in the driver's seat"(让赫兹把你带到驾驶座上),Norman, Craig & Kummel,1961年。

66. Foster Grant太阳镜,"Who's that behind those Foster Grants?"(戴Foster Grants太阳镜的是谁?),Geer, Dubois,1965年。

67. 柏杜鸡(Perdue chicken),"It takes a tough man to make tender chicken"(硬汉也能做出鲜嫩鸡肉),Scali, McCabe, Sloves,1971年。

68. 贺曼卡片（Hallmark），"When you care enough to send the very best"（如果你真的在乎，就寄最好的贺卡），FCB，20 世纪 30 年代。

69. Springmaid 床单，"A buck well spent"（物有所值），In-house，1948 年。

70. Queensboro 集团，"Jackson Heights Apartment Homes"（杰克逊高地公寓之家），WEAF, NYC，20 世纪 20 年代。

71. 施坦威钢琴（Steinway & Sons），"The Instrument of the Immortals"（不朽的乐器），N. W. Ayer & Son，1919 年。

72. Levi's 牛仔裤，"501 Blues"（501 款蓝色牛仔裤），FCB，1984 年。

73. 黑玉蝠貂（Blackglama-Great Lakes Mink），"What becomes a legend most?"（什么最适合传奇?），Jane Trahey Associates，20 世纪 60 年代。

注：这个广告语以神秘和优雅的方式强调了 Blackglama 水貂皮草的高贵和经典地位。

74. 蓝仙姑葡萄酒（Blue Nun），"Stiller & Meara campaign"（斯蒂勒与米拉广告喜剧），Della Famina, Travisano & Partners，20 世纪 70 年代。

注：这个广告以喜剧演员 Jerry Stiller 和 Anne Meara 夫妇的幽默表演著称，用以宣传蓝仙姑葡萄酒。

75. 哈姆啤酒（Hamm's beer），"From the Land of Sky Blue Waters"（源自蓝天水乡），Campbell-Mithun，20 世纪 50 年代。

76. Quaker Puffed 麦片，"Shot from guns"（枪炮爆米花），Lord & Thomas，20 世纪 20 年代。

注：这个广告强调了 Quaker Puffed 麦片采用高压加热的制作工艺使其谷物膨化，如同从枪炮中射出一样。

77. ESPN 体育频道，"This is Sports Center"（这里是体育中心），Wieden & Kennedy，1995 年。

78. Molson 啤酒，"Laughing Couple"（欢笑的一对），Moving & Talking Picture Co.，20 世纪 80 年代。

79. 加州乳品加工协会（California Milk Processor Board），"Got Milk？"（喝牛奶了吗？），1993 年。

80. 美国电话电报公司（AT&T），"Reach out and touch someone"（伸出臂膀，拥抱世界），N. W. Ayer & Son，1979 年。

81. 百洁霜（Brylcreem），"A little dab'll do ya"（每次只需一点点），Kenyon & Eckhardt，20 世纪 50 年代。

82. 嘉灵黑啤（Carling Black Label beer），"Hey Mabel，Black Label！"（嗨！梅布尔，嘉灵黑牌），Lang，Fisher & Stashower，20 世纪 40 年代。

83. 五十铃（Isuzu），"Lying Joe Isuzu"（说谎的乔·五十铃），Della Famina，Travisano & Partners，20 世纪 80 年代。

84. 宝马（BMW），"The ultimate driving machine"（终极驾驶机器），Ammirati & Puris，1975 年。

85. 德士古公司（Texaco），"You can trust your car to the men who wear the star"（你的车可托付给佩戴星标的人），Benton & Bowles，20 世纪 40 年代。

86. 可口可乐（Coca-Cola），"Always"（永远的可口可乐），Creative Artists Agency，1993 年。

87. 施乐（Xerox），"It's a miracle"（它是个奇迹），Needham，Harper & Steers，1975 年。

88. 巴特尔·杰默斯葡萄酒（Bartles & Jaymes），"Frank and Ed"（弗兰克和埃德），Hal Riney & Partners，1985 年。

89. 达能酸奶（Dannon Yogurt），"Old People in Russia"（俄罗斯的老人），Marstellar Inc. ，20 世纪 70 年代。

90. 沃尔沃（Volvo），"Average life of a car in Sweden"（车在瑞典的平均寿命），Scali，McCabe，Sloves，20 世纪 60 年代。

91. 6 号汽车旅馆（Motel 6），"We'll leave a light on for you"（始终为你亮灯），Richards Group，1988 年。

92. 果冻(Jell-O)，"Bill Cosby with kids"(比尔·考斯比和孩子们)，Young & Rubicam，1975 年。

93. IBM，"Chaplin's Little Tramp character"(小丑卓别林)，Lord，Geller，Federico，Einstein，1982 年。

94. 美国旅行者箱包(American Tourister)，"The Gorilla"(大猩猩)，DDB，20 世纪 60 年代末期。

95. 赞宝除臭剂(Right Guard)，"Medecine Cabinet"(药柜)，BBDO，20 世纪 60 年代。

96. 梅宝(Maypo)，"I want my Maypo"(我要我的梅宝)，Fletcher，Calkins & Holden，20 世纪 60 年代。

97. 百服宁(Bufferin)，"Pounding heartbeat"(强有力的心跳)，Young & Rubicam，1960 年。

98. 箭牌衬衫(Arrow Shirts)，"My friend, Joe Holmes, is now a horse"[我的朋友乔·霍尔姆斯，(穿箭牌)如同马]，Young & Rubicam，1938 年。

99. 扬·罗必凯自身广告(Young & Rubicam)，"Impact"(震撼)，Young & Rubicam，1930 年。

100. 林登·约翰逊竞选美国总统(Lyndon Johnson for President)，"Daisy"(雏菊)，DDB，1964 年。

以上入选的广告，每一个都有其精彩的故事。但是，仅凭一句简单的广告语，不知其背景和场景，实难以理解这些广告何以伟大。让我们以最后一条入选广告为例略作说明。

林登·约翰逊(Lyndon B. Johnson)是美国历史上的一位总统，他在 1963 年至 1969 年任职。1964 年他竞选总统期间，出现了一则非常有名的、称为"Daisy"的广告。这则广告最初于 1964 年 9 月 7 日播放，是约翰逊竞选团队制作的。广告的主要内容是一个可爱的小女孩在一个花园里，她正在数着雏菊的花瓣。

当地数到"9"时，画面切换到一个导弹发射的场景，接着是一个巨大的爆炸蘑菇云。广告结束时，有一个声音在背景说："这次选举，请投票给约翰逊。因为你的生活和你的孩子的生活取决于它，每一天都可能下（蘑菇）雨。"这则广告的目的是通过暗示共和党候选人巴里·戈德沃特（Barry Goldwater）对核武器使用的立场，表达对他激进的军事政策的担忧。这则广告的情感强烈，利用了人们对核战争的普遍恐惧，试图让选民相信：如果选错了总统，可能会导致灾难性的后果。这则广告引起了很大的争议，一些人批评它是在利用恐惧来获得选民的支持，而其他人则认为它成功地传达了对戈德沃特的担忧。不管怎样，这则广告在美国政治广告的历史上留下了深远的影响，被认为是将情感与政治联系起来的典型例子。

资料来源：榜单依据《广告时代》网上资料"The Top 100 Campaigns of the Century"。

网址：https://adage.com/article/special-report-the-advertising-century/ad-age-advertising-century-top-100-advertising-campaigns/140918.

全球排名前十的广告主(2022)

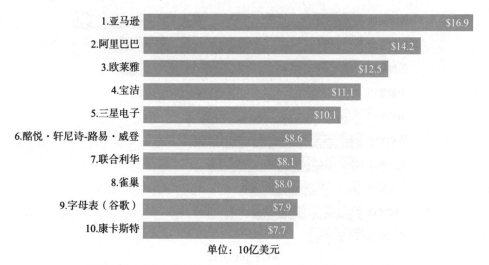

1.亚马逊 $16.9
2.阿里巴巴 $14.2
3.欧莱雅 $12.5
4.宝洁 $11.1
5.三星电子 $10.1
6.酩悦·轩尼诗-路易·威登 $8.6
7.联合利华 $8.1
8.雀巢 $8.0
9.字母表（谷歌） $7.9
10.康卡斯特 $7.7

单位：10亿美元

资料来源：Ad Age World's Largest Advertisers 2022(December 2022).

附录 E

全球排名前十的广告代理公司(2022)

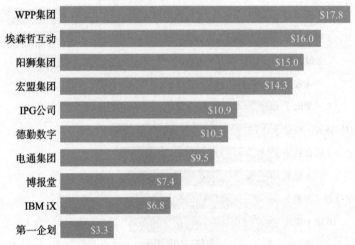

单位：10亿美元

资料来源：Ad Age Agency Report 2023（April 2023）.

推荐书目与文献：
广告思想与实践

广告类的书目与文献多如牛毛,以下精选核心必读的 20 本/条。

广告史

[1] Stephen R. Fox, *The Mirror Makers: A History of American Advertising and Its Creators* [M]. Reprint edition. Urbana: University of Illinois Press, 1997.

[2] Mark Tungate. *Adland: A Global History of Advertising* [M]. 2nd Revised edition. London: Kogan Page Ltd., 2013.

[3] Jackson Lears. *Fables of Abundance: A Cultural History of Advertising In America* [M]. New York: Basic Books, 1994;中译本:杰克逊·李尔斯.丰裕的寓言:美国广告文化史[M].任海龙,译.上海:上海人民出版社,2005.

[4] J. McDonough, K. Egolf. *The Advertising Age Encyclopedia of Advertising* [M]. New York: Routledge, 2015.

[5] 卢泰宏,林慕.广告思想简史[M].北京:清华大学出版社,2025.

[6] Ad Age Advertising Century: The Top 100 People [EB/OL]//Ad Age. (1999-03-29) [2023-09-22]. https://adage.com/article/special-report-the-advertising-century/ad-age-advertising-century-top-100-people/140153.

广告思想和方法

[7] Claude C. Hopkins. *Scientific Advertising* [M]. New York: Cosimo Classics, 2010(originally published in 1923);中译版:克劳德·霍普金斯.我的广告生涯 & 科学的广告[M].邱凯生,译.北京:中国人民大学出版社,2008.

[8] Rosser Reeves. *Reality in Advertising* [M]. 19th ed. Fairfield, Conn.: N. W. Widener, 2015(originally published in 1961);中译本:罗瑟·瑞夫斯.实效的广告:达彼思广告公司经营哲学[M].张冰梅,译.呼和浩特:内蒙古人民出版社,1999.

[9] John Caples. *Tested Advertising Methods* [M]. 5th edition. Upper Saddle River, N.J.: Prentice Hall, 1997.

［10］David Ogilvy. *Ogilvy on Advertising*［M］.New York：Vintage，1985；中译本：大卫·奥格威.奥格威谈广告［M］.曾晶，译.北京：机械工业出版社，2013.

［11］V. Packard. *The Hidden Persuaders*［M］.New York：Pocket Books，1975.

［12］Al Ries，Jack Trout. *Positioning：The Battle for Your Mind*［M］. 20th Anniversary edition. New York：McGraw Hill Education，2001；中译本：艾·里斯，杰克·特劳特.定位：争夺用户心智的战争［M］.邓德隆，火华强，译.北京：机械工业出版社，2002.

［13］R. B. Cialdini. *Influence：Science and Practice*［M］.Boston：Allyn and Bacon，2001.

广告教科书

［14］R. Lane，K. King，T. Reichert. *Kleppner's Advertising Procedure*［M］.18th edition. Upper Saddle River，N.J.：Prentice Hall，2010（originally published in 1925）；中译本：W.罗纳德·莱恩，卡伦·怀特希尔·金，汤姆·赖克特.克莱普纳广告学［M］.18 版.程言，王佳雯，等译.北京：中国人民大学出版社，2019.

［15］W. F. Arens，M. F. Weigold. *Contemporary Advertising and Integrated Marketing Communications*［M］.16th edition. New York：McGraw Hill Education，2021；中译本：威廉·阿伦斯，迈克尔·维戈尔德.当代广告学与整合营销传播［M］.16 版.林升栋，顾明毅，黄玉波，等译.北京：中国人民大学出版社，2023.

［16］Simon Kingsnorth. *Digital Marketing Strategy：An Integrated Approach to Online Marketing*［M］.3rd edition. London：Kogan Page Ltd.，2022.

广告人与广告杰作

［17］David Ogilvy，A. Parker. *Confessions of an Advertising Man*［M］. Revised edition. Harpenden，Herts，UK：Southbank Publishing，2012（originally published in 1963）；中译本：大卫·奥格威.一个广告人的自白（纪念版）

[M].林桦,译.北京：中信出版社,2015.

[18] J. W. Young. How to Become an Advertising Man[M].Lincolnwood, Ill.：Passport Books，1989(originally published in 1963).

[19] Ad Age Advertising Century：The Top 100 Campaigns[EB/OL]// Ad Age.(1999-03-29)[2023-09-21].https://adage.com/article/special-report-the-advertising-century/ad-age-advertising-century-top-100-campaigns/140918.

数智广告实战指南

[20] Google 官方资源：Google Ads 免费学习平台 Skillshop；Meta 广告学习资源 Meta Blueprint；其他实用链接。

后　记

该书的写作和出版，可谓偶然中的必然。2001 年，我荣幸入选"中国广告20 年 20 人"。未想到 20 年后还有一个回响，2021 年春我又荣获了"广告教育终身成就奖"（广东省广告协会）。意外之余，受之有愧。这个偶然事件重新激活了我早年广告教育的热情和情结，从而萌发了为广告教育再尽一份心力的念头。于是，我重返广告研究领域，并且聚焦在"广告思想史"上。2015 年，我曾在厦门大学小范围讲过"广告思想史概略"，可算是发端。2020—2023 年，我集中、系统研读了大量的相关文献资料，温故而探新，终有了豁然贯通的新认识和不少新的发现。本书的写作至少五易其稿，在 2023 年夏季酷热中画上了初稿的句号，后来又一再修补打磨，力求至广大而尽精微。我在有人视为"雕虫小技"的广告领域如此大费笔墨是否值得？就交给时间去判断和回答吧！我想将相关的背景向读者做一交代。

从 1992 年我在中山大学管理学院开创广告学课程（先本科，后硕士研究生的"广告研究"），至 2023 年完成《广告思想简史》一书初稿，前后 30 余年首尾相连，恰似在人生中画了一个圆圈。在我的学术生涯中，集中投入研究广告历时10 年左右，后来我的学术重心转移至消费者行为学、营销管理和品牌战略和营销思想史。尽管广告只是中间的一段经历，却是最有情怀的一段。尤其在晚年自己还能返回广告学领域，完成拙作，并得以问世，可谓实现一个心愿，令我安详和喜悦。

回顾起来，我的"广告十年"（1992—2002）实是潜移默化滋养本书的土壤，孕育了我的广告情怀。也可以说，没有前面的广告十年经历，就不会有今日的这本书。此时此刻，我尤其感恩 30 多年来每位朋友与贵人的相助和这份广告缘分。改革开放初期，在中国内地消失了近半个世纪的广告，如海潮巨浪般从东南沿海席卷而起，我见证了中国现代广告重新发芽和迅速发展的难忘一段。也有鉴于此，从个人视角简要以图文略记述其点点滴滴，也许是值得的。

记得 1992 年我在中山大学开设广告学课程起步时的彷徨，一方面，认定其需求之迫切;另一方面,又对该学科的进展相当不了解。可是当时的图书馆内,广告学书籍陈旧过时、残缺不全。那时还无法使用互联网,巧妇难为无米之炊,我唯有开门造车另辟两条门径:一条师从港台,另一条立足调研。

20世纪八九十年代,中国台湾出版的广告书籍对大陆的广告学来说是一扇窗。对我更是近水楼台,我从香港寻觅到一本台湾1989年出版的上乘的《广告学》教科书[1],反复精读、受益匪浅。更幸运的是,我得到了香港城市大学广告学张秀兰(CHEUNG Sau Lan Fanny)博士(见图1)的倾力相助。在很长一段时期内,她每年持续不断地给我寄新版的英文广告学教科书,前后共十几本,还源源不断地提供香港最新鲜的广告和营销获奖案例资料。这些学术养料使我基本能把握广告教育的最前沿动态。

图1 与张秀兰博士合影(2001,香港)

为进一步洞察中国广告市场和本土案例,从1993年起我一直混迹广告圈,不惜投入大量的时间(包括大部分周末),广泛地进行实地调研和访谈,参与评审和培训。调研兵分两路:一条线是跨国广告公司,如奥美广告(广州总经理梁荣志、大中华区董事长宋迭铭)、麦肯光明(广州总经理程超人)、盛世长城、广旭、萨奇兄弟广告公司等。我还访问了包括台湾的颜伯勤和汪志龙、香港的纪文凤等一批重磅的广告人物,立足于洋为中用。后来,我还与何佳讯合作出版《蔚蓝智慧:读解十大跨国广告公司》[2]一书,目的是帮助本土广告公司提高竞争力。

调研的另一条线是面向在广州崛起的本土杰出的广告公司,包括国有和民营两类,主要有广东省广告公司(温卫平和丁邦清)、白马广告(韩子定兄弟)、天艺广告(袁小鹰和邝丹妮)、黑马广告(张小平)、旭日广告(李明、陆穗岗及王建朝)、金长城广告(李谋)、新境界广告(潘殿伟)、天进广告(冯帼英)、蓝色创意广告(何旭玲和柳军)、九易广告(傅杰)、金马广告(冯总)和四川巴蜀新形象(孟兴中)等。

知行合一的门径使我脚踏实地、左右逢源、茅塞顿开、功力大增。我由此逐步构造出自己的与本土结合的广告学讲义,在教学中推出广告学新的框架,加上与个案的互动体验,可谓别开生面。功夫不负有心人,我讲的广告学成为学生当年期盼和享受的一门课程,一直受到学生的追捧,教学评分长期居高。多年后,一些学生还记得我课堂上讲的"Just One"(聚焦在一点上)和 KISS(Keep It Sweet and Simple,令文案甜美而简约)。

开门求师又使我结识了一批朋友。刘立宾(1944—)是近半个世纪以来中国广告的主要推动人物之一(见图2)。感恩与立宾结缘。1995 年,他盛情邀请我加入《国际广告》编委会及广告丛书编委会,扩大了我的广告视野(见图3)。擅长摄影的立宾,是一个心高气傲、为事业可舍命陪君子的男子汉。他厌俗媚重才气,为办好《国际广告》杂志,常常在自己家以私奉公接待朋友。我也因此认识了中国传媒大学(原北京广播学院)的丁俊杰教授、黄昇民教授及张玉庭等,上海师大金定海教授,以及《中国广告》杂志的宋文敬、《广告导报》的凌平等,还参与了出版广告丛书和"日本博报堂中国生活形态调查"(1994—1995)等专业广告活动。

图 2　刘立宾（1944—　）　　图 3　与刘立宾（左）一同参加评审广告奖（1998，广州）

　　立宾之所以看重我或与我发表了一些广告文章有关。例如，我在 1993 年发表的第一篇文章《演进中的营销观及其广告策划》；1994 年与李世丁（1942—2021）合作，为《广告潮》的每周"广告创意漫笔"专栏（信息时报，袁乐清）的供稿；1995 年后我的文章更多在《国际广告》上发表，如"三亿六百万启示录——《广州日报》媒体市场化之路""聚焦跨国广告公司十五年中国路"[3] 等；直至 2004 年后无暇顾及而止。[4] 李世丁（见图 4）的古文和美学修养甚佳，来中山大学作过两次访问学者，返校后于 1996 年晋升教授。2015 年，我作小诗一首纪念我们的合作。

赠世丁（2015 年 5 月 26 日）

相识不觉廿五载，康园访谈犹记新。

文心妙语雕创龙，广告华章织锦麟。

赣水经纶在满腹，江湖豪气总感人。

文章从来憎命达，雪泥鸿爪明月心。

　　1995 年，我与世丁合著出版《广告创意 100》[5] 一书，1997 年又出了修订版《广告创意：个案与理论》[6]，迎合了当时市场的渴望和需求，一再重印、粉丝如鲫。据北京广告人书店徐智明说，这本书是那些年国内最畅销的广告书。这得益于贵人相助，特别是台湾广告学泰斗、辅仁大学教授颜伯勤（1922—2004）和在香港有"火凤凰"之称的著名广告人纪文凤分别为本书倾情作序。技艺高超、有情有义的广告创意人广州黑马(张小平,1954—2015)(见图5),专为本书设计封面及书内若干惟妙惟肖的人物漫画。这些广告界头面人物的墨宝神笔,使拙作锦上添花、熠熠生辉。

图4　与李世丁(右)在广州(1995)　　　　图5　张小平(广州黑马)

　　颜伯勤是中国台湾广告学泰斗,关于平面广告的个案分析是他尤其出色的广告研究。在未曾谋面的情况下,颜教授爽快且认真快捷地为《广告创意100》一书作序,从他寄来的亲笔手书和照片(见图6)中,我感受到他的温文敦厚、严谨恭谦。1995年秋,我邀请他到中山大学做广告分析的演讲,后来发表了对他的专访稿"情有独钟话广告"[7]。我也因此认识了他的学生——台湾润利公司创始人汪志龙。

图6　颜伯勤赠家中小照及书序原件

广州在 20 世纪 90 年代领全国广告的风气之先,不但表现在跨国、本土国有、本土民营这三类广告公司都蓬勃活跃,而且媒体也率先开拓广告市场。例如,《广州日报》是那时全国报业推进广告的领头羊。从 1994 年春开始,我应邀连续多年担任"广州日报全国优秀广告奖"评审(广州日报 黎元江、邢珍),我亦受聘为中国广告学术委员会委员、广东省及广州市广告协会顾问(广协 杨忠愚、金培武),参与香港龙吟榜广告奖、台湾时报广告奖颁奖(2001)等活动,增长了我对广告作品的感知和体验,亦结识了暨南大学傅汉章、厦门大学朱月昌、广州美院应梦燕等教授(见图 7 和图 8)。

图 7 广州日报广告奖评委(1998,广州):前左 4/5/7 为洪一龙、
傅汉章、应梦燕;后左 3/4/6 朱月昌、刘立宾、卢泰宏

图 8 自左林一民、颜伯勤、卢泰宏、李世丁(1996,广州)

1999—2006年,中央电视台(CCTV)聘我为广告策略顾问,我先后接触到该台广告部主任谭希松、郭振玺、夏洪波、何海明等。作为主要演讲者之一,我奔走于各地,忙碌于演讲或培训(见图9和图10),许多情景令人难忘。1998年8月20日,我在广州花园酒店应奥美全球之邀,在98'国际品牌战略研讨会上首位演讲"品牌行销在中国",奥美国际在广州日报做了全版广告。

图9　成都演讲(1999,CCTV)　　　图10　2007年CCTV广告招标

有所遗憾的是,那些年在广告学术方面我仅开了一些好的题目,而未能继续深入探索,包括:广告的中西文化比较、广告市场的结构与比较、广告重心波动[8]和华文汉字创意[9]。例如,1997年我与林一民教授合作的《商业传播中的儒家传统与现代规范》等。[10]

我亦受对中国市场和企业成长有过很大影响的《销售与市场》杂志之邀,从1994年开始长期为其专栏供稿。以推介应用新潮的行销理论及个案分析为主,我带领CMC(中国营销研究中心)团队在该刊发表了一百多篇应用文章,如在国内最早普及定位论和整合营销传播(IMC)、透视中国消费者行为等专题连载文章。或许这对企业产生了较广泛的影响,加上出版了《实效促销SP》[11][12]和《营销中国》(年度报告)[13][14][15]等实战畅销书,引来了一批本土企业家恳切上门的咨询需求。例如,1999年应长城汽车创始人魏建军、王凤英之恳邀(见

图 11),2002 年应保利地产创始人李彬海、宋广菊的盛情邀请(见图 12),我率CMC 团队分别为这两家公司连续服务了十余年,完成了一系列咨询项目。这真是不可多得的机遇,使我们得以与中国具有代表性的民企(长城汽车)和国企(保利地产)共同成长,身临其境地见证了中国企业的高速增长,从微小起步到壮大成为行业头部企业的现实过程,我们也从跨国广告公司及摩托罗拉(中国)、喜威(中国)、本田汽车(中国)等跨国企业学到了许多东西。

图 11　与长城汽车创始人魏建军(左 2)和王凤英(右 2)(2008,保定)

图 12　左起:李彬海、卢泰宏、宋广菊(2002,广州)

回首我在广告江湖浪迹十年、风生水起,实得益于"天时、地利、人和"。"天时"乃 20 世纪 90 年代中国开放改革走向市场经济,国内广告业蓬勃兴起,对广告知识的相关需要如饥似渴,可谓适逢其时、天赐机会。"地利"乃身处改革开放最前沿和引领中国广告潮流的广州和中山大学,那时言广告必称广州,成为关注的焦点。当然,更难得的是"人和",我十分幸运得到上述诸多贵人相助,若无这些条件,何来水到渠成。

那激情燃烧、孜孜以求的岁月令人难忘,曾以小诗一首记之。

潮涌珠江幸相迎,创意起舞展新程。

十年广告激情梦,赢得江湖薄幸名。

池中荷莲远喧嚣,枝头夕阳留余金。掩卷回首,早年吸取广告实践的养分,不仅形成了我知行合一的学术风格,也留下了许多美好而温馨的回忆。本书问世之际,广告界的若干朋友已驾鹤西去,令人伤感唏嘘。特附上 2021 年写的《印象叶茂中》一文以寄托我的哀思,该文也为近半个世纪前已渐行渐远的中国一代奋进的广告人留下一抹掠影。

卢泰宏

2023 年 7 月 29 日于珠海

附记:印象叶茂中

2022 年 1 月 19 日,中国广告协会学术委员会在网上举办"叶茂中先生追思会",纪念数天前(1 月 13 日)在上海病逝、年仅 54 岁的叶茂中(1968—2022,见图 13)。

图 13 叶茂中

在偌大的中国广告圈,此举并不寻常,罕有先例,足见叶茂中在圈内外的影响力之大。他是中国广告江湖教父式的狂飙人物,叱咤风云近 30 年。由广告学界出面向这位人物致敬,更增添了对他的肯定和尊重。

然而,走近叶茂中,就会发现称其为"先生"并不一定妥当和贴切。学界也许会追问:叶茂中的过人之处何在? 他给予学人的启示是什么?

笔者以为,他的人生高峰不在广告,而在行销;他的超越不在作品,而在人生精神。

我曾近距离观察过他,叶茂中极富个性,有强烈的自我,常常沉浸在自己的小世界之中。确如他那幅大帽檐遮盖住上半张脸的标志性头像:独特而不羁。

2003 年 12 月,我和他同以中央电视台广告策略顾问的身份,参加 CCTV 广告部等主办的武夷山论坛——企业营销创新。在由白岩松主持的、有许多企业大咖到场的正式会议上,我见他几乎坐不住三分钟,神不守舍,一转眼就离席不见,似钻回自己的"轨道"中去了。有一年请他到中山大学为学生开讲座,在大学的氛围和众目睽睽之下,他也绝不正襟危坐、一本正经,而是依然我行我素、短言快语、天马行空。

叶茂中的人生追求或本性,充分体现在他亲口朗诵的一首短诗之中(见叶茂中著《冲突·宣言》,叶茂中策划官方网站)。与此诗相呼应,他公司的 Logo 是激情的火加英雄的红星。

一直我们拒绝平庸,

我们拒绝驯化,

没有好创意就去死吧!

宁做旷野里奔啸的狼,

不做马戏团里漂亮的老虎,

我们的策划已不满足于客户认可,

更要求客户的成功。

好方案得不到完善的执行,

我们一样愤怒,

因为我们渴望成为英雄。

在许多人眼中,叶茂中已成为广告英雄。1997 年,叶茂中在北京创立了自己的公司，早期的叶茂中，是"金点子"或"广告金句"的代表人物。由他创作的"男人就应该对自己狠一点""地球人都知道"等广告语不胫而走、流传甚广。20世纪60年代广告创意革命开始，奥格威等三人以创意高于一切的飓风创造了史无前例的广告高峰。叶茂中等中国广告人显然深受创意革命的影响，一度都是"创意派"的忠实信徒。

叶茂中使一批品牌的知名度和销售业绩得到了大的提升。例如，他用6年的时间将真功夫快餐从东莞的几家小店推广至全国直营店464家，成为本土快餐第一品牌。还陆续为圣象地板、北极绒保暖内衣、大红鹰、柒牌男装、雅客V9、361度、红金龙等策划品牌广告。叶茂中的个人品牌光芒四射，然而其声名鹊起的代价是广告人夜以继日、奋不顾身的工作。这种自虐式的辛劳或为他后来患上胃癌埋下了祸根。在他身上，有奥格威的"为广告流血"的精神，有霍普金斯"一年相当于两年"拼搏工作的影子。与西方的广告人相比，中国广告人的艰苦卓绝，或有过之而无不及。

不过，叶茂中的无限风光并不仅仅如此。试瞭望他那最耀眼的三个高点。

第一个高点，是他跳出了"广告"，立足于"行销"。这是他与众多广告公司大不相同之处。他先人一步领悟到"金点子"的固有局限和潜在风险，事实上，他的一些策划也被人嘲笑和诟病。他没有满足或止步于早期"点子为王"的风采，从一开始他的公司不叫"广告公司"而称"营销策划公司"，到他最后十年的思考都指向并着力在"营销"和洞察消费需求上，足见他是以行销为基础和功底的广告人。在这一点上，他与广告思想史上著有《科学的广告》(1923)这一里程碑著作的霍普金斯又是一脉相承的。可以说，若论叶茂中的专业身份界定，"营销人"胜于"广告人"。

第二个高点，是他对中国本土行销理论的召唤和孜孜追求。他最爱唱的歌是充满乡土气息的《农民》。他写的几本书中，首尾两本最具代表性，第一本是《广告人手记》(1996)，最后一本是《冲突》(2版，2020)。前一本反映他初始的目标：模仿奥格威的《一个广告人的自白》(1963；大陆最早译本为1991)，名扬天下。

后一本总结了他十年磨一剑的内心追求——探索中国本土的营销理论。

他在《冲突》第2版前言中,遗憾于本土营销理论的匮乏,发出了这样的呼唤:"这么多年来,指导中国企业营销的一些主流理论,几乎都是舶来品,且其中不乏半个世纪前的理论,依旧在中国市场大行其道……所以这十年来,我脑海中总有个声音萦绕不去:中国人是否可以探索、总结出属于自己的在这个时代的营销理论?"

"营销的理论越来越多,营销却越来越难,是因为大多数理论偏离了营销的本质。市场营销的本质是什么?是洞察需求,而需求从哪里来,从冲突中来……因为有冲突,所以才有需求,这就是营销的根本所在。冲突是无处不在的,把冲突研究清楚,实际上就把市场营销的需求搞清楚了。"

虽然他对本土营销理论的探索只是试以"冲突论"更深揭示消费者的需求和心理,并没有画上完整的句号。但是,叶茂中这种开拓中国本土原创行销理论的冲动、探索和坚持,早于行销学界的绝大多数中国学者,其思想指向是难能可贵、值得尊敬的!

第三个高点,是他的两次跨越彼岸。

叶茂中最后的精彩是他背起画板、走向大自然,"行舟莫问风雨声",超然潇洒地创作了一批中国传统的山水画卷。

2020年10月1日至2021年2月28日,龙美术馆推出"叶茂中画展",展出了叶茂中不同时期的150多幅画作,令人赞叹不已、视为传奇。

显然,叶茂中也是一位成功的商人,有过人的商业头脑和创造财富的能力。他的策划项目开价动辄500万元。在地产上升初期,他买下北京的写字楼,到上海买苏州河畔、九间堂、汤臣高尔夫等国内顶级物业,至宋庆龄故居旁的巫山路别墅。他收藏了大量中国近现代艺术品。

他的上海公司大楼内布满名贵的收藏品,后期他沉迷于中国画创作及办画展,尽管是兴趣使然,似也不会与创造财富无关。这种商业能力也是学界人士难以望其项背的。

叶茂中在思想和行动上深受奥格威和霍普金斯的影响,他虽然没有进入国际的"广告名人堂",却是中国现代广告人的一个时代巨星。正如著名媒体人熊晓杰所言:"老叶是中国广告曾经的天花板。乙方心目中的英雄。对甲方很有立场,但对媒体和朋友很义气。当年他跟我们合作很愉快。"

我与叶茂中的最后一次交流是在微信上,2020 年 9 月 19 日上午我看到他的画展作品后,给他发了如下一条微信(经张环):

罗曼·罗兰在《约翰·克利斯朵夫》这部名著中曾提出,一个人的人生价值在于他到达彼岸的次数。祝贺叶茂中第二次到达彼岸!如此出色!如此精彩!我记得至少与你这位江苏老乡(注:叶茂中是江苏泰州人)见过两次面,一次在福建武夷山,一次请你到中大讲座。云淡风轻、月朗溪流。

仅仅 10 分钟后,收到叶茂中的微信回复如下:

卢教授好!武夷山和中大见面情景我也记得的,白岩松主持的哈!您是中国营销学之父,我深受您思想的影响,祝一切好!

当时我对他的未来充满乐观的期待,未曾料到一年半后的造化弄人、生命无常。由于各种原因,学界象牙塔与实战江湖之间总存在难以消除的隔阂或距离,或可慰藉的是,我与这位江湖英雄曾经相互走近、相濡以诚。

在时空的虚幻里,广告英雄叶茂中、成功商人叶茂中、钟情本土营销的叶茂中和怡情山水的叶茂中,都宛如喷发生命和升华自我之一缕袅袅向上的青烟,命运的交响曲伴随着短暂的人生,叶茂留青!

(本附文发表于微信公众号"秦朔朋友圈"2022 年 1 月 25 日)

注 释 ∙∙∙∙∙∙∙∙∙∙∙∙∙∙∙∙∙∙∙∙∙∙∙∙∙∙∙

[1] 罗文坤,郑英杰.广告学[M].台北:华泰书局,1989.

[2] 卢泰宏,何佳讯.蔚蓝智慧:读解十大跨国广告公司[M].广州:羊城晚报出版社,2000.

[3] 何佳讯,卢泰宏.聚焦跨国广告公司十五年中国路[J].国际广告,2002(3):47.

[4] 卢泰宏,贺和平,何佳讯.中国营销猛进史·2003[J].国际广告,2004(3):14-22.

[5] 卢泰宏,李世丁.广告创意100[M].广州:广州出版社,1995.

[6] 卢泰宏,李世丁.广告创意:个案与理论[M].广州:广东旅游出版社,1997.

[7] 卢泰宏,李世丁.情有独钟话广告——访华人广告大师颜伯勤教授[J].现代广告,1995
(3).

[8] 卢泰宏,何佳讯.中国广告重心波动[J].国际广告,2003(7):12-20.

[9] 卢泰宏,李世丁.没有牙齿,看你怎么念:再谈汉字在广告表现中的魅力[J].包装与设计,
1997(1):10-11.

[10] 卢泰宏,林一民.商业传播中的儒家传统与现代规范——中国"老字号"与西方品牌的文
化比较[C]//华夏文化与现代管理国际研讨会论文集,香港城市大学,1997:143-156.

[11] 卢泰宏,朱翊敏.实效促销SP[M].广州:广东旅游出版社,1997.

[12] 卢泰宏,朱翊敏.实效促销SP(修订版)[M].北京:清华大学出版社,2003.

[13] 卢泰宏,秦朔.营销在中国:2001营销报告[M].广州:广州出版社,2001.

[14] 卢泰宏.行销中国:02中国行销报告[M].成都:四州人民出版社,2002.

[15] 卢泰宏,贺和平.行销中国:03报告[M].杭州:浙江人民出版社,2003.

索 引